PARIS
CHALONS
Sur la Marne
TOUL
Longjumeau
Montlhery
Arpajon
CHARTRES
Etampes
Angerville
Bonneval
Chateauneuf
Toury
Artenay
Cercottes
ORLEANS
S. Benoit
Clery
S. Laurent
BLOIX
TOURS
Amboise
Montbazon
S. Maure
Dangé
Ingrandes
Chatelleraut
La Tricherie
POITIERS
Levroux
Issoudun
Charost
Villeneuve
La Charité
BOURGES
S. Florent
S. Ambroix
Vouillon
Chateauroux
Sancoins
Deols
Argenton
Le Chatelet
Chateaumeillant
Neuvy
S. Sepulcre
La Souterraine
Benevent l'Abbaye
LIMOGES
S. Leonard
Aixe
Chalus
Firbeix
La Coquille
Thiviers
Sorges
Les Filles
PERIGUEUX
S. Astier
TULLE
VEZELAY
DIJON
Saulieu
NEVERS
Decize
Fours
Luzy
AUTUN
CHALON
S. Saone
S. Pierre le Moustier
S. Amand
Tournus
CLUNY
CHAROLLAIS
Charolles
BESANCON
SALINS
FRANCHE
COMTÉ
GENEVE
DUCHÉ
ANNECY
DE
CHAMBERY
SAVOI
LYON
VIENNE
CLERMONT
Sauxillanges
S. Nectaire
ISSOIRE
Brioude
la Chaise Dieu
LE PUY
Monistrol
AURILLAC
Rocamadour
FIGEAC
Entraigues
Estaing
Aubrac
Espalion
Calmont
Conques
CAHORS
l'Hospitalet
Vazerac
MOISSAC
Cordes
GRENOBLE
VALENCE
COMTAT
AVIGNON
ARLES
AIX
MARSEILLE
TOULOUSE
CASTRES
Puylaurens
Murat
S. Martin
S. Gulhem
S. Gilles
Lodeve
Pons
MONTPELLIER
BEZIERS
Carcassonne
NARBONNE
Les Saintes Maries
FOIX
Saint Michel de Cuxa
PERPIGNAN
Elne
Urgel
Puigcerda
Ripoll
GERONE
CATALUÑA
Montserrat
Tarrasa
BARCELONA
TARRACONE
Isles d'H
Frejus
de Paris
Champ
Orléanois
DE
ry
Nivernais
Bour
Berry
Bourbonois
Marche
FRANCE
Limousin
Forez
Auvergne
Dauphiné
Languedoc
Guyenne
Provence
Roussillon
Foix
MER ME
Loire R.
Allier R.
Rhosne R.
Saone R.
Durance R.
Dordogne R.

HELMUT DOMKE

Frankreichs Süden

HELMUT DOMKE

Frankreichs Süden

Im Bannkreis der Pyrenäen

Auf dem Jakobsweg
durch das Languedoc,
das Roussillon
und die Gascogne

Prestel

München · London · New York

Auf dem Schutzumschlag: Blick auf Carcassonne
(Foto: allover, Kleve / Rolf E. Kunz)
Auf dem Vorsatz: Ausschnitt aus der
›Carte des Chemins de S. Jacques de Compostelle‹, 1648

Die Deutsche Bibliothek – CIP Einheitsaufnahme
Ein Titeldatensatz für diese Publikation
ist bei der Deutschen Bibliothek erhältlich.

4., überarbeitete Auflage 2000

Prestel Verlag · Mandlstraße 26 · 80802 München
Telefon 089/38 17 09-0 · Telefax 089/38 17 09-35

Lithographie: Eurocrom 4, Villorba (TV), Italien
Satz: Vornehm, München
Gesetzt aus der Sabon-Antiqua von Jan Tschichold
Druck und Bindung: Westermann Druck, Zwickau

Printed in Germany

ISBN 3-7913-2356-3

Inhalt

VORWORT

Nicht ohne geheimen Kummer legt der Verfasser den Schreibstift aus der Hand, der ihn auf der Via Tolosana, der letzten der Pilgerstraßen nach Santiago de Compostela durch Frankreichs Süden begleitet hat wie der Bordon oder Pilgerstab einst den Jakobusbruder des Mittelalters. Zu vielgestaltig die durchmessenen Landschaftsräume, in denen alles zum Bleiben aufforderte, als daß er ohne Schmerz von ihnen Abschied nähme – den blinkenden Küstenstrichen des Mittelmeeres, den Schluchten der Cevennen, friedvollen Weinquartieren des Languedoc und überschwenglichen Fruchtgärten des Roussillon unter dem Canigou. Selbst die wogenden Höhen der Corbières, die goldenen Hirsefelder des Lauragais, sogar die Hügel der Gascogne, wie vermöchte die Erinnerung jene endlosen Räume zu vergessen, die mehr und mehr in den Bann des Pyrenäenwalles gerieten, den die Santiago-Wanderer auf einst gefahrvollen Pässen überquerten, um endlich durch den großen Grabenbruch Aragons im gleichnamigen Flußtal nach Westen, zum Vereinigungspunkt aller Santiago-Wege aus dem Norden, nach Puente la Reina, umzubiegen. Der Verfasser hat von ihnen wie vom Wesen des Jakobuskultes und der gemeinsamen Route zum fernen Galicia im ersten und dritten Teil seiner Santiago-Trilogie, in ›Aquitanien‹ und ›Spaniens Norden‹ berichtet.

Auch dieser Band ist ein Landschaftsbuch, sogar im eigentlichen Sinn des Wortes. Keine der drei übrigen Hauptrouten durch das Frankreich südlich der Loire, ob ›Turonensis‹, ›Lemovicensis‹ oder ›Podiensis‹, erschließt die umgebende Landschaft gleich der so vielfältig aufgefächerten Tolosana, deren Name eher einem Sammelbegriff denn einer Straßenbezeichnung gleicht. Verbanden doch manche der mittelalterlichen Jacquaires mit ihrer großen Wallfahrt ein marianisches Anliegen, das sie parallel des Mittelmeersaumes durch das Roussillon bis zum Marienheiligtum des Montserrat führte. Die Mehrzahl bog freilich frühzeitig von der Küste ab, sei es in Montpellier, Béziers oder Narbonne, um auf verschiedenen Wegen Toulouse zu erreichen, hinter dem sich die Aufgliederung der Routen bis zum Somport-Paß oder dem von Roncesvalles wiederholte.

Es gibt geographische, aber vor allem historische Gründe dafür. Selbst wenn man von der Sarazenengefahr um die Jahrtausendwende absieht, blieb das Gebiet des Languedoc, der Gascogne immer eine Schicksalslandschaft. Vollends während der großen Epoche der Wanderschaft im 12. und 13. Jahrhundert, als die Katharerunruhen den Süden erschütterten und zum Untergang seiner Selbständigkeit führten. Sie verleihen der Tolosana ihre tragischen Akzente. Allein, auch während späterer Zeiten hielt die unheilvolle Entwicklung der Geschichte an. Nach dem Abklingen der großen Häresie folgte seit 1337 der Hundertjährige Krieg zwischen Engländern und Franzosen um das aquitanische Erbe; er schloß die große Pestepidemie des Südens und Hungersnöte ein. Das Reformationszeitalter brachte in gewisser Weise sogar das Ende der Pilgerschaft. Die 1559 anhebenden Religionskriege zwischen Katholiken und calvinistischen Hugenotten, die in diesem Buch freilich nur gestreift werden konnten, setzten den Santiago-Wanderer tödlichen Gefahren aus. Viele unwiederbringliche Monumente der Pilgerschaft, so Kirchen, Klöster und Bildwerke gingen damals zugrunde. Zwar bedeuten die 1702 in den Cevennen ausbrechenden Camisardenaufstände nur noch ein örtliches Nachspiel der Tragödie, aber die Große Revolution von 1789 machte vollends reinen Tisch. Erst nach der napoleo-

nischen Ära konnten einzelne ›Liebhaber von Altertümern‹ daran gehen, die Trümmer der an künstlerischen Genieleistungen so überreichen Pilgerepoche zu sammeln oder ihre Überbleibsel zu restaurieren.

Dieses Buch widmet sich dem gleichen Ziel. Es ist angesiedelt im geistigen Spannungsfeld zwischen der grandiosen Landschaft und einer von tiefer Tragik erfüllten Geschichte und versucht, die künstlerische Hinterlassenschaft eines viele Jahrhunderte währenden, jäh abbrechenden Menschheitszuges im durchwanderten ›Weltinnenraum‹ wieder sichtbar zu machen.

Keineswegs allein um der Historie willen! Geht doch von der Santiago-Fahrt des mittelalterlichen Menschen eine Aufforderung zu einer Überhöhung des Daseins aus, die dem Nachfahren von heute in seiner gewiß bequemeren, aber auch abgeflachteren Existenz als Spiegel der Selbsterkenntnis dienen mag.

PROLOG

Avant que je m'en aille
Il faut penser à moi
Je romprai la muraille
Qui me retient en moi …

Bevor davon ich gehe
Will ich gedenken mein.
Ich werde die Mauer durchbrechen,
Die in mich sperrt mich ein …

Französisches Pilgerlied

Schulter an Schulter

Mehr als ein halbes Jahrtausend ging seit den großen Pilgertagen vorüber, während die Knospen schwollen, die Blätter herabtaumelten und ganze Generationen ins Meer der Vergessenheit sanken. Aber noch immer wandern sie durch unsere Gedanken, jene Santiago-Fahrer des hohen Mittelalters, die man Jacquaires, Jacquots, Jacquets oder auch anders nannte. Ihr Weg ist ein Sinnbild der Menschheit. War sie nicht stets unterwegs, seit das erste vernunftbegabte Geschöpf über die Erde schritt, auf der Jagd, der Flucht, dem Heil oder jener unstillbaren Zukunftshoffnung nach, die doch eines jeden persönliches Ende einschließt? Seltsam widersprüchliches, unstetes Wesen Mensch, das, eingeschworen auf eine Welt vermeintlicher Tatsachen, immer wieder, uralten Träumen oder Ängsten folgend, über das Rund der Windrose treibt!

Ein Vorsommertag jener Epoche, fünf Uhr nachmittags. Brettflach, von sumpfigen Auen und verlandendem Altwasser durchzogen, die Rhône-Ebene, im Altertum ein blühender Garten, derzeit halb in den Zustand der Wildnis zurückgesunken. Fern im Südosten ragt der Kegel des Mont Ventoux ins makellose Blau, der trotz der Jahreszeit noch immer seine Schneehaube mit der Wolkenfeder am Hut trägt. Eine mehr friedvolle als heroische Kulisse. Aber das anmutige Aussehen trügt. Gefährliche Glut lastet über der Landschaft, durch deren Schmelzöfen die Wanderer müssen, begleitet vom Schrillen der Zikadenchöre.

Auf dem von Bambushecken gesäumten Weg zieht, gleichmütig ausschreitend, eine Gruppe jener Jacquaires, die bei der nächsten Ansiedlung, bald *Pont-Saint-Esprit* geheißen – noch ist die berühmte Pilgerbrücke nicht gebaut – in einem der bereitliegenden Nachen die Rhône queren wollen. Sie kommen aus Bayern. Zwei aus dem gleichen Heimatort sind zurückgeblieben, während die anderen voraus hinter den Grünschleiern der nächsten Wegebiegung verschwinden. Sie wandern keineswegs wie ihre rüstigen Gefährten dahin, die ihr Ziel zur Stunde des Abendläutens erreichen wollen. Der Ältere hat den Arm um den Hals seines Begleiters geschlungen und stolpert, halb geschleppt, unsicher vorwärts. Seine Lippen sind blau, die Grauhaare von Schweiß verklebt.

»Die Füße wollen nicht mehr«, keucht er jetzt. »Drüben gibt es Schatten«, und dann, fast tonlos, »kümmere dich nicht darum, wenn ich liegen bleibe. Vielleicht kommt ein Wagen vorüber ...«

Der Junge aber schüttelt abwehrend den Kopf. Er weiß, daß sich in den Sümpfen marodierendes Gesindel herumtreibt und nur auf seine Gelegenheit wartet. Schon ihr Zurückbleiben bedeutet Gefahr.

Zum Glück ist der Weg an diesem Tag viel begangen. Bald lassen sich die Schritte neuer Santiago-Wanderer hören; daher klimmt eine Stunde später ein kleiner Zug mit einer Trage aus Ästen und Bambusstengeln an der Landestelle jenseits des Stromes zum hohen Gegenufer des Ortes empor. Wo die heutigen Tages halb um Pont-Saint-Esprit geschwungene Platanenallee beginnt, schwenkt man südwärts ins Innere ein, quert eine schattige Häuserschlucht, dann die Rue du Couvent, um endlich die Rue Saint-Jacques zu erreichen, an deren Ende die Herberge liegt. Als sie, von der Last ermattet, die Bahre absetzen, erschrickt der junge Gefährte beim Anblick des Alten und schlägt ein Kreuz: ihre gemeinsame Fahrt ist zuende ...

Bald freilich wird er sich fassen, aufatmen und die Augen ins Ferne richten. Bedeutet nicht grade das Schicksal des Toten eine einzige Aufforderung, auf dem Heilsweg weiter zu wandern? Die Zuversicht aller Jacquaires überkommt ihn: wer liegen blieb, sank in Gottes Arm. So ist es verheißen. Am nächsten Morgen wird er allein oder mit neuen Begleitern über Nîmes und Saint-Gilles auf der Via Tolosana, der vierten der großen Routen, westwärts ziehn. Für den, der sich der Straße überantwortet hat, gibt es kein Aufhalten mehr. Weiter, nur weiter! Je größer Mühsal und Gefahr, desto verdienstvoller der Weg.

War ihre Epoche, fragen wir uns manchmal betroffen, eigentlich so heillos, oder was trieb die Pilger auf ihren Weg der unendlichen Mühen? Was die Lebensverhältnisse Europas und vollends in diesem Teil des Südens anlangt, durch welchen die Tolosana von nun an verlief, sie hatten sich derzeit erheblich gegen die Jahrtausendwende verbessert. Dennoch lebte in vielen Menschen ein unstillbarer Hunger nach Höherem. Sie schienen von einem tiefen Erschauern über die Fragwürdigkeit der eigenen Existenz erfaßt. Dazu kam ein neuerdings aufkeimendes Unbehagen über weltliche und klerikale Verhältnisse, das Kleinadel, Bürger wie Bauern ergriff. Sie antworteten darauf, anders als heute, nicht mit revolutionärer Auflehnung, sondern dem Aufbruch der Seele. Nur der Weg nach innen, der Wille zum Unbedingten machten frei! Sie brachten es fertig, Familienbande, Glück, Vermögen, kurz alles, was wir als Lebensqualität bezeichnen, aufs Spiel zu setzen, um wenigstens eine der Pilgerfahrten ins Heilige Land, nach Rom, nach Santiago de Compostela zu unternehmen, die unter andauernder Mühsal durch Todesgefahren führten. Selbst aus den entlegensten Winkeln des Kontinentes und der Britischen Inseln zogen sie unermüdlich heran. Auf dieser Wanderung wurden ihnen, geboren aus dem Drang nach Daseinserhöhung, innere Aufschwünge zuteil, die wir, sei es ablehnend oder staunend, oft aber sogar mit geheimer Verwirrung erahnen, ohne sie völlig nacherleben zu können.

Barret-Gurgand führen in ihrem Buch ›Priez pour nous à

Compostelle‹ für die geistig-seelische Lagerung des 11. und 12. Jahrhunderts präzise Gründe ins Treffen: den Erlösungsdrang der Menschen und die Nachwirkung der Offenbarung Johannis, der Apokalypse also, mit ihren Visionen endzeitlicher Schrecken. Niemand entgeht dem Letzten Gericht und den Strafen oder Plagen, die über die sündige Menschheit hereinbrechen werden! Als ›rançon de son âme‹ bezeichnet Pierre Garin aus Arras 1203 das Gelübde seiner Santiago-Fahrt, als Lösegeld für die Seele. Die in der romanischen Epoche allenthalben entstehenden Parusien, die Darstellungen der verheißenen Wiederkunft Christi zum Anbeginn des Weltgerichtes, bleiben das bedeutendste Thema der Kunst. Die Empfänglichkeit der Menschen für das Übersinnliche, ihre Frömmigkeit, ihre Hinwendung zum Höchsten sind spontan, ihre Fähigkeit zum metaphysischen Erlebnis dürfte zudem ungleich größer gewesen sein als die unsere, wie uns die Bildwerke jener Zeit belehren.

Nur folgerichtig, wenn sich die Devotion auf alles richtete, das vom Gnadenstrahl des Überirdischen getroffen war, die Wirkens- oder Ruhestätten der Heiligen vor allem, aber auch jene Reliquien, die späteren Reformern oder Aufklärern als so großes Ärgernis galten. Töricht, dergleichen als Idolatrie abzutun! Man verehrte darin nicht die Überbleibsel als solche, sondern in ihnen die Gnadenkraft; der Pilger erwies ihnen seine Devotion, damit seine Seele sich himmelwärts schwang und den Andächtigen auf der Brücke reiner Anschauung mit dem Überirdischen in Verbindung setzte. Er wußte noch nichts von Strahlungen, die das Weltall durcheilen, noch nichts von den verborgenen Kräften im Kern der Materie. Dafür besaßen die Emanationen des Geistigen und Religiösen für ihn greifbare Wirksamkeit. Um ihrer Segensmächte so innig und vielfältig wie möglich teilhaftig zu werden, nahm er weite Umwege in Kauf. Die Wanderschaft nach Santiago bestand ja keineswegs nur aus Weg und Ziel. Vielmehr schloß sie, vergleichbar den Perlen des Rosenkranzes, eine ganze Abfolge von Sanktuarien am Wege ein, bis der Bedefahrer im fernen Galicia zum Höhepunkt, dem Apostelgrab gelangte, um von hier womöglich nach Santa Maria Serena von Finisterre weiter zu wandern.

Dort konnte er hinausblicken auf das Mare Tenebrosum, hinter dem die Welt zuende war, für ihn gleichbedeutend mit der Grenze zum Absoluten. »Pour rompre la muraille«, wie das Pilgerlied in erstaunlicher Hellsicht für die innere Situation des Zeitalters sang.

Die *Via Tolosana,* die vierte, im Bannkreis der Pyrenäen nach Westen verlaufende Pilgerstraße, läßt sich an manchen Punkten nur noch schwierig nachvollziehn. Allzu heftig, allzu oft sind die Stürme der Geschichte über sie hingefegt und haben allzu viel Spuren ausgelöscht. Dennoch und trotz ihrer Auffächerung in eine Vielzahl von Einzelrouten, wird sie gelegentlich noch heute durch so eindrucksvolle Kunstwerke markiert, daß wir auch über sie Christi ›ego sum via‹ als Leitgedanken stellen dürfen.

Fast ständig im Anblick des französisch-spanischen Grenzgebirges quert sie jene Landschaften des Midi, die sozusagen ›auf den Pyrenäen reiten‹ und ihr einen gleichsam internationalen Charakter verleihen. Führt sie doch vom Languedoc über Roussillon, Gascogne, Béarn bis nach Aragon und Navarra. Man darf sie gleichzeitig als Route der Völker bezeichnen. Auf ihr sind neben Nordfranzosen und Provenzalen die Deutschen und ihre Grenznachbarn, Polen und Skandinavier, vor allem aber auch Italiener gelaufen. Was sich die Politiker der Gegenwart in eine staatliche Gemeinschaft umzusetzen mühen, war hier, wie an den anderen Hauptrouten, vor langen Jahrhunderten im Miteinander verschiedenster Nationen gelebte Wirklichkeit. Freilich kommt bei der Tolosana etwas Besonderes hinzu: das schwerwiegendste, schmerzlichste Problem des Mittelalters ist in ihrem Umkreis ausgekämpft worden. Allein, davon später.

Wie alle mittelalterlichen Straßen besaßen ihre vielfältigen Verzweigungen eigene Schwierigkeiten. Alte Römerwege wie die Via Domitiana konnten die Jacquaires nur noch streckenweise benutzen, sei es, daß die einstige Trasse zerstört war, sei es, daß ihre Richtung nicht günstig verlief. So folgten sie von Saint-Gilles dem sogenannten ›Cami roumieu‹ über Montpellier, um von hier nach Saint-Guilhem-le-

Désert und weiter über die Vorberge der Cevennen abzubiegen oder über Narbonne und Carcassonne durchs Lauragais nach Toulouse zu wandern. Manche Pilger benutzten gar eine Südroute durchs Roussillon. Wie gewöhnlich mied man versumpfte Täler und nahm lieber Steigungen in Kauf. Sich am Sonnenstand orientierend und immer bewußt, daß es die nächste Station vor Einbruch der Nacht zu erreichen galt, stiegen sie über Hügel, Landrücken, Höhen empor oder wanderten an Steilhängen entlang.

Auch wo ihr unaufhaltsamer Weg mit Verkehrsstraßen zusammenfiel, glich die Wanderung keinem Spaziergang. Das waren derzeit keine gepflegten Chausseen, sondern eher von tiefen Rädernarben durchfurchte, mit Schlammlöchern durchsetzte Spuren. Gelangten sie endlich in die Berge oder gar die Hochtäler der Pyrenäen, galt es beschwerlichen Gründen mit stürzenden Wassern zu folgen, um an ihrem Ende über Felsbrocken, Geröll und durch wüste Steinregionen emporzuklimmen, zwischen denen sich oft jede Andeutung eines Pfades verlor. Stimmte die eingeschlagene Richtung noch? Die Frage mochte sie oft genug beschäftigen. Am eigenen Leibe habe ich es erfahren.

Gewiß war durch fürsorgliche Regionalherren oder Mönche, die sich der Straße widmeten, endlich auch Reisige mit verschiedenartigen Sicherungsaufgaben manche Vorsorge getroffen. Da fand sich ein Rinnsal zum erquickenden Trunk, eine Quelle mit Korbgeflecht eingefaßt, wie man auf alten Bildern noch sehen kann. Da gab es Pilgerkreuze, die eine Herberge ankündigten, vor allem aber Wegezeichen, oft einfach aufgeschichtete Steinhaufen, ›Montjoies‹ genannt. Das Wort leitet sich vermutlich vom fränkischen ›mundgawi‹ her und bezeichnete ursprünglich einen Aussichtspunkt. Längst aber hatte es sich, geboren aus Pilgererfahrungen und Traditionen, in einen ›Freudenberg‹ verwandelt, gleich dem Montjoie vor Jerusalem, von dem die Kreuzfahrer einen ersten Blick auf die Heilige Stadt werfen konnten, oder dem galicischen Monte Gozo, von dessen Höhe das Auge in der Ferne Santiago de Compostela gewahrt. Die Bezeichnung findet sich noch heute oft als Ortsname auf französischen Karten.

Mochte freilich der Instinkt des mittelalterlichen Menschen noch geschärfter als der unsere sein – was tun, wenn Schnee die Landschaft in hohen Wächten bedeckte, die der Wind in den Vorbergen anhäufte? Nicht jeder konnte für seine Wanderung die günstigsten Monate nach der Aussaat im März bis zur Rückkehr im Spätherbst benutzen. Einerlei ob der Anmarsch zu weit war, der Pilger unterwegs erkrankte, ob er, einer auferlegten Zeitdauer wegen, die gute Jahreszeit versäumte oder die geeignete Route aus Unkenntnis verfehlte – manchmal blieb ihm nichts anderes übrig als die Wanderung in Sturm, Regen und Schnee, hier einbrechend ins klirrende Eis, von der beißenden Kälte des Bergwinters gepeinigt, dort bis zu den Knien im Firn versinkend. Der daheim ausgerissene Jungpilger Jean Bonnecaze, den man unterwegs mit Gewalt zum Militärdienst pressen wollte, mußte 1748 mehrere Nächte bei Eis und Schnee »à la belle étoile«, unter freiem Himmel, verbringen.

Blieb das auch ein Sonderfall, gefährliche Wetterstürze samt den Strapazen hoher Bergbesteigungen widerfuhren vielen Jacquaires auch im Sommer. Die meisten, die von Italien kamen, überstiegen den Mont Cenis, andere bogen auf der Südroute der Tolosana in Saint-Pé-de-Bigorre ins Tal von Ossau ab, um den Pyrenäenkamm am Col des Moines zu überwinden. Es gibt Berichte von der Überquerung großer Schneeflächen, bei denen man sich mit dem Bordon, dem Pilgerstab, stochernd von Punkt zu Punkt vortastete. Die Phantasie hat nicht viel zu leisten, um sich vorzustellen, wie sie bei solchen Gelegenheiten dahinstapften, Bart, Lippen und Wimpern eisverkrustet, die Hand am Griffstück des Wanderstabes von Frost erstarrt, die wenig geschützten Füße blaugefroren.

Senken und Ebenen boten Hindernisse anderer Art. Die Wege konnten gelegentlich Moräste, angeschwollene Bäche, Flüsse nicht umgehen, über die nur allzu selten Brücken führten. Fand sich Übersetzgelegenheit, gab es Ärger mit den Fährleuten. Die Preise waren gesalzen, die kleinen Boote mit Menschen vollgestopft. Wer ein Reittier besaß, tat gut daran, es, am Zügel schwimmend, hinter dem Nachen herzuziehen, damit das Gefährt nicht kenterte. Hochwasserzeiten konnten Katastrophen bedeuten. Barret-Gurgand zitieren eine Schilderung vom Lot-Übergang bei Coursavy, die genau so gut für die Tolosana gelten könnte. Die Fluten überschwemmen den niederen Brückenteil. Daher muß man mittels eines von Ketten gehaltenen Floßes bis zur Rampe am jenseitigen Ufer traversieren. Dort mühen sich Ordensbrüder mit hochgeschürzten Kutten, die auf dem halb untergetauchten Notgefährt zusammengedrängten Menschen und angstvoll wiehernden Reittiere hinüberzuziehen. Werden die Ketten halten? Gefahrvolle Augenblicke, die sich glücklicherweise zum Guten wenden! Ein anderes Mal versucht an anderer Stelle eine Vielzahl italienischer Pilger, unter denen sich die legendenumwobene Bona von Pisa befindet, wiederum bei Hochflut, einen überspülten Steg zu passieren. Niemand, nicht Pilgrim noch Pilgerin, wagt den Anfang zu machen, bis Bona nach kurzem Gebet mutig über die reißenden Wasser voranmarschiert, und wieder läuft alles gut aus. Wie oft solche Abenteuer übel endeten, konnte natürlich kein Opfer berichten. Oder es galt eine im Flußbett aufgemauerte, von Wasser überströmte Furt zu durchwaten, wie ich sie bei Mirande in der Baïse entdeckte. Wie sie aufspüren, wie, bis zum Oberschenkel eingetaucht, die Spur ertasten, wenn das Tageslicht schwand? – Mag dies als kleiner Einblick genügen!

Ein Wagnis blieb die Wanderschaft immer, und das Sterben am Weg ereignete sich so oft, daß die Herbergsväter für solche Fälle genaue Anweisungen hatten. Eingehüllt in den Mantel, trug man den Toten zum meist nahen Gottesacker. Der Ortskaplan sprach das Gebet; dann ging es ans Teilen, wenn sich kein legitimer Erbe fand. Freilich, wer zog schon nebst einem Angehörigen los? Der aussegnende Kleriker, die Herberge bekamen ihr Scherflein, die Kirche, die Armen, die Gefährten ein Erinnerungsstück, je nachdem. Mochte dergleichen wie im spanischen San Martin de Frómista mit seiner Vielzahl durchpassierender Pilger von den Umständen gegeben erscheinen, manchmal mutet es jedoch wie verkappte Fledderei an. Ende des 12. Jahrhunderts fielen in Viterbo, wie mir Werner Haftmann mitteilte, zwei Drittel der

Hinterlassenschaft eines verstorbenen Pilgrims an das ›Consilium militum‹, die Führung der städtischen Reitertruppe. Geschah dies, weil man hier den Jacquaires nicht grün war? Die Stadt galt als Hochburg der katharischen Häresie. Oder dachte man dabei an die Aufgabe dieser ›Kavallerie‹, für die Sicherheit der Straße zu sorgen?

Immerhin lassen solche Bestimmungen einen Nebenumstand erkennen: es gab etwas aufzuteilen! Der Santiago-Wanderer trug oft eine größere Barschaft bei sich. Galt zwar das mittellose Pilgern mit Hilfe erbettelter Gaben als besonders ›méritoire‹, verdienstvoll, wenn auch ›hasardeux‹, und mochte es gewissen Armutsidealen entsprechen, die Regel scheint es nicht gewesen. Schon die Ausrüstung kostete Geld, vollends, wenn einer zu Pferde daherkam. Zog ein hochgestellter Herr gar mit einer Eskorte durchs Land, wie jener Erzbischof von Arles, von dem uns ein ›Inventar‹ von 1351 aus Ostabat berichtet, mußte ein wahres Vermögen in seiner Kassette klingeln. In der Tat führte er zweitausend Goldstücke mit, für die Epoche eine riesige Summe.

Ausnahmen, gewiß! Aber auch der niedriger Gestellte wandte erhebliche Mittel auf. Fünfzig Livres trug Humbert, Sohn des Bürgermeisters Jacquemin du Puy aus Lyon bei sich, als er sich am 30. März 1342 hoch zu Roß nebst einem Diener auf die Route machte. Die Archive von Saverne berichten, daß 1609 ein Bürger sein gesamtes Hab und Gut veräußerte, um nach Santiago zu wandern. Ging das Geld unterwegs dennoch aus? 1522 versetzte ein Soldat aus Leipzig, offenbar in voller Montur losgezogen, in Compostela seinen Harnisch, um Schulden bei seinen Reisegefährten zu begleichen. Es gab viele Nebenkosten. Einmal für die Herberge, dann für das als besonders verdienstvoll angesehene Almosen in den besuchten Heiligtümern; gelegentlich, wie in Aragon, forderten örtliche Stellen Maut oder Brückenzoll. Nicht zuletzt wollte der Proviant bezahlt sein. Die ›Rues des Tables‹, die Straßen der Wechslertische in den häufig besuchten Pilgerorten, an denen man die heimische Währung umtauschen konnte, reden allein durch ihre Namen vernehmlich. Noch deutlicher aber läßt uns das Aufblühen der Abteien und Kirchen am Weg, die wahrhaft unerhörte Fülle großer Kunstwerke, an denen ganze Ateliers von Steinmetzen arbeiteten, erkennen, wie reichlich die Spenden flossen.

Wirklich gering dürften nur die Mittel jener ›Piétons‹ gewesen sein, die Name und Besitzstand unter selbst auferlegter Armut verbargen oder tatsächlich nichts hatten und im langen, um die Hüfte gegürteten Kleide dahinmarschierten, an den Füßen Sandalen. Sofern einer nicht gar, aus Gründen der Sühne oder Abtötung, barfuß ging, wie uns alte Bilder oft zeigen. Mitpilgernde Frauen saßen dann keineswegs bequem auf dem Zelter, den Kopf mit der Pelzhaube oder gar dem Hennin behäuptet, sondern wanderten, ein Tuch um das Haar geschlungen, mit der gleichen geduldigen Stetigkeit einher, die das Durchhalten zur Legende machte. Die neben ihnen marschierenden Männer trugen einen Hut mit herabhängender Krempe, den Körper umhüllt mit dem geschlitzten Pilgerhabit, das den Schritt nicht behinderte. Wenigstens in der Frühzeit. Seit dem 15. Jahrhundert verwandelte es sich in ein wadenlanges oder nur bis zum Knie reichendes Übergewand, während sich die Kopfbedeckung zur »Schweifkappe« mit schulterbreitem Rand entwickelte. Bis schließlich aus alledem ein noch heute benutztes Kleidungsstück hervorging, das in seinem Namen die Erinnerung an seine Herkunft bewahrt, die Pelerine ...

Verschollene, verwehte Tage, in denen die Wanderer über sich selbst hinauswuchsen! Es war dabei kein sportlicher Ehrgeiz im Spiel, sondern nur dies ›pour rompre la muraille‹, die Selbstüberwindung, und manchmal scheint es mir, als seien die Züge der Jacquaires die reinste Selbstverwirklichung der abendländischen Menschheit des Mittelalters gewesen.

Daß der Geist dieser Epochen endlich versiegte, schwunglos, matt und stumpf wurde, ja entartete, lag nicht allein im Wandel der Mentalität begründet. Der Pilgergedanke geriet in die Fänge derer, die es zu allen Zeiten in allen Schichten gab – der Macher und Funktionäre, kurz jener, die jedwede Bekundung von etwas Höherem auf seine praktische Verwendbarkeit abklopfen. Das lag zu einem Teil in der Sache selbst begründet. Bei der inneren Konzeption des Pilgerweges als ›rançon de l'âme‹ spielten Buße, Sühne und Selbstüberwindung eine tragende Rolle. Wenn aber die Pilgerfahrt von irdischer Schuld befreite, was lag näher, als auf diese Weise auch Rechtsvergehen abbüßen zu lassen, die das Mittelalter ohnehin stets vor dem Hintergrund des Metaphysischen sah?

Hatte sich Pons, Herr von Leras nahe Lodève, 1132 bezeichnenderweise noch selbst anbefohlen, sein Dasein nach einem Leben der Ausschweifung und Räuberei durch eine Santiago-Fahrt von den Zwängen des Bösen zu befreien – mit fortschreitender Zeit legten geistliche oder weltliche Instanzen den schuldig gesprochenen Inkulpanten immer häufiger eine Pilgerfahrt als Sühne auf. Schon bald wirkte der Katalog auf diese Weise geahndeter Vergehen erstaunlich breit gefächert. Vornehmlich in skandinavischen Ländern gehörten selbst schwere Verbrechen wie Totschlag, Parricid, besonders verwerfliche Unzucht oder gar Diebstahl von Kirchengut dazu. Mörder, so wird berichtet, hatten gelegentlich angekettet zu marschieren und mußten dabei das Werkzeug ihrer Missetat tragen. Bereits 1150 ahndete das Konzil von Clermont Brandstiftung – bei der engen Holzbauweise jener Epoche besonders schwerwiegend – mit einer Pilgerfahrt nach Jerusalem und Compostela; ähnlich ging Kaiser Barbarossa vor. 1328 sühnten die Räte der Gräfin Mahaut von Artois einen Attentatsversuch auf einen Profoß damit. Dann aber verwässerten sich die Anlässe deutlich. In Ypern betrachtete die Justiz eine Santiago-Fahrt als ›heilsame Art der Verbannung‹, um gegen Gotteslästerung, Hexerei, Verweigerung religiöser Pflichten, Prostitution und schließlich sogar einfache Übertretungen der Polizeivorschriften vorzugehen, darunter den für verwerflich gehaltenen Blumenverkauf unter dem Belfried oder das Baden in den Teichen der Stadt.

Die große Zahl überlieferter Fälle führt zweifellos irre und darf das Bild nicht entstellen. Einmal aktenkundig gemacht, blieben sie der Nachwelt bekannt. Von der Millionenzahl freiwilliger Santiago-Fahrer, von dem Nachruhm der Heimgekehrten berichtet die Geschichte nur wenig. Immerhin bleibt einzugestehn, daß die Diskriminierung wuchs. Vollends seit manche ›Strafpilger‹ desertierten und sich zu plündernden ›Coquillards‹, reinen Verbrecherbanden, zusammentaten, die im 14. Jahrhundert ganze Landstriche Frankreichs unsicher machten. Daß sich schließlich, wie ein Reglement von 1635 erkennen läßt, fahrende Musikanten, fliegende Händler, Dirnen, Zahnreißer, Theriak-Verkäufer, Falsch- und Marionettenspieler, kurz fragwürdiges Volk, unter die Bedefahrer mischten, machte ihren Ruf nicht besser.

Allein, es gab etwas, daß die Wallfahrt auf noch schwerwiegendere Weise, nämlich in ihrem innersten Kern in Frage stellte. Schon seit der Mitte des 13. Jahrhunderts wanderten Pönitenzpilger verfänglichster Art unter den Jacquaries mit, katharische Häretiker, die oft genug nur abschworen, um härterer Strafe zu entgehn. Während fünfzehn Jahren seiner Tätigkeit verurteilte allein der Inquisitor Bernard Gui, wie Daniel-Rops zu berichten weiß, von neunhundertdreißig schuldig gesprochenen Inkulpanten zweihundertzweiundfünfzig zur Pilgerfahrt nach Santiago. Daß solche Sektierer, deren Auftreten und Ausbreitung an der Tolosana dieses Buch besonders angeht, ihren Ideen insgeheim weiter anhingen und ketzerische Gedanken in die Reihen der Wallfahrer trugen, ist belegt.

Aber stellt dergleichen für uns Nachlebende den Jakobusgedanken ernsthaft in Frage? Was bedeutet der spätere Verfall gegen den inneren Aufschwung, dessen die Jacquaires des Hohen Mittelalters fähig waren, ohne davon – schweigsame Erfüller des Unbedingten – vor der Nachwelt Aufhebens zu machen? Was angesichts der Monumente, welche die Santiago-Fahrt hinterließ? Was schließlich vor den grandiosen Landschaftsbildern, welche die Wanderschaft auf Leben und Tod als stumme Zeugen einer Selbstüberwindung ohnegleichen begleiteten? Kurz, was besagt das alles gegen den ›Weltinnenraum‹, der, teils von der Pilgerfahrt erschaffen, teils von der Natur gegeben, die Straße noch immer als Sinnbild vergangener Menschengröße umstellt und uns bequem gewordenen Nachfahren den Spiegel der Selbsterkenntnis vorhält? Keiner der Wege macht das im guten wie schlimmen auf so eindringliche Weise bewußt wie die Tolosana!

Kehren wir also zu unserem von Pont-Saint-Esprit weitergewanderten Pilger aus Bayern zurück. Er hat unterdessen Nîmes gequert, ist wie üblich vor Tag aufgebrochen und schreitet nun mit neuen Gefährten nach knapp dreistündigem Marsch *Saint-Gilles-du-Gard* entgegen. Noch schwebt der friedliche Herdrauch des Morgens über den Dächern der damals viel größeren Stadt, und doch deutet das lebhafte Treiben vor den Toren auf geheime Erregung hin. Keiner der Wandernden ahnt etwas davon, niemand wird völlig begreifen, an welchem Ereignis er hier teilnimmt, und niemand vermag vorauszusehen, welche Schauer die dahinter wartende Region der Küsten, Lagunen und ansteigenden Gebirge schütteln – ein Land, durch das die Geschichte bald ihre glühende Pflugschar ziehen sollte. Wir schreiben den 12. Juni 1209.

ERSTES BUCH

OKZITANISCHE PASSION

DIE GROSSEN STUNDEN VON SAINT-GILLES

Das Tor

Ein Stück eintöniger Küstenlandschaft am Westrande der Camargue, preisgegeben dem Mistral, der sie peitscht, der Sonne, welche sie beizt. Dort, wo die Kleine Rhône nach Westen ausholt, um sich endgültig dem Meer zuzuwenden, und die Lagunen, Moräste, schwanken Weidegründe der Stiere in kaum merklich erhöhte Weingefilde übergehen.

Es ist wenig Anmutiges und noch weniger Verlockendes an dieser Region, in der *Saint-Gilles* so tief eingeschlafen liegt, wie nur je ein französisches Provinznest. Dies trotz des Lorbeerkranzes, den die Historie um seinen Namen flicht. Als ich zum ersten Male hier weilte, zu Weihnachten, es ist mehr als dreißig Jahre vorüber, türmten sich vor der Kneipe an der Ecke der Rue Gambetta und des Boulevard de la Gare die auf- und nebeneinander gestapelten Kästen mit dem Geflügel für die Verlosung von Reveillon, eine wahre Klagemauer des Federviehs. Zuoberst stand, angekettet und reglos, ein riesiger Truthahn, gestern noch Herrscher des Hühnerhofes einer Domäne im nahen Marais. Man hatte ihn in keinem Käfig unterbringen können; er hielt den Kopf gebeugt und schämte sich, ein entthronter König, dessen Erniedrigung meine Gedanken nicht losließ und bis in den Traum verfolgte. Seither verkörperte er für mich Saint-Gilles.

Es hat lange gedauert, bis ich ein anderes Verhältnis zu dieser wie ein armer Krebskranker zusammengeschrumpften Stadt gewann. Selbst angesichts der Schauwand ihrer Basilika abseits der Gambetta am kleinen Platz inmitten des Gassengewirres, der sich so großspurig Place de la République nennt. Gewiß, sie verschlug mir jedesmal von neuem den Atem, diese quergezogene Figurenfassade mit den drei tief gemuldeten Portalen über der breiten Freitreppe, den prunkvoll vorgelegten Säulen, dem Aufmarsch an Aposteln und biblischem Personal, dem überquellenden Reichtum an Schmuckwerk als Blickfang einer offenbar zusammengeflickten Kirche mit schmächtigen, ungleich hohen Fassadentürmen in einer Umgebung noch mittelmäßigerer Vorstadthäuser. Aber was sollte das? Es schien etwas ungebührlich Hochstaplerisches darin. Denn dort stand sie nun, an manchen Stellen verstümmelt, immerhin les-, gleichwohl kaum verstehbar, aber als Gesamtbild immer noch grandios, ja von hinreißender Schönheit und schwieg mit dem Stolz heruntergekommenen Adels, während sich ringsum das alte Nest der, zugegeben, manchmal nicht anmutlosen Gäßchen mit einem Kleinbürgerdasein beschied, das nichts, aber auch garnichts aus seiner trägen Selbstzufriedenheit aufrütteln konnte. – Der Anblick des gedemütigten Hahnes rumorte in mir!

Fast zwei Jahrzehnte später bin ich Saint-Gilles wiederbegegnet. Gewiß war mir unterdessen einiges Gedruckte über meine vernarbte Schöne in die Hände gefallen, doch nur, um unbequeme Schuldgefühle auszulösen, ein aufgegebenes Pensum nicht bewältigt zu haben. Bis ich also an jenem nüchternen Morgen erneut vor ihr stand. Anfangs abermals skeptisch über diesen antikisierenden Aufwand, aber dann fiel es auf einmal wie Schuppen von meinen Augen. Es war eine glückliche Stunde. Wer lange vergebens gesucht hat, versteht das. Es kam wie eine Erleuchtung über mich. Der Figurenaufmarsch blieb nun nicht länger ein verschlüsseltes Buch, das man schließlich verdrossen beiseite legt. Es lag aufgeschlagen vor mir, und gleichsam Zeile um Zeile ließ sich das Zeitenschicksal erkennen, das die Fassade spiegelte, ihre wahrhaft seherische Antwort auf die zu ihrer Entstehungszeit wachsende Häresie des Südens, und auch die Anziehungskraft, welche sie für die Jacquaires besaß.

In der Tat, die graue Schauwand vor mir, von der hugenottischen Soldateska des Jahres 1562, nachdem das Übrige, Glockenturm, Kirchengewölbe, Chor der Klosterkirche durch Feuer und Spitzhacke liquidiert war, als Zielscheibe für die Musketen benutzt – dieses riesige, geschändete und doch immer noch überwältigende Szenarium offenbarte sich als Tor zur Via Tolosana. Seine Thematik glich einem Eingangsmotto über dem großen Santiago-Weg des französischen Südens, auf das der Portico de la Gloria der Kathedrale im fernen Compostela Antwort gab.

Der Mann, der vor dem Ruhme floh

Das ehemalige Kloster auf den Schotterböden des Rhône-Deltas, um das sich bald eine ganze Stadt ansiedeln sollte, war nicht von ungefähr eines der großen Wallfahrerziele der mittelalterlichen Welt. Der heilige Ägidius, französisch Saint Gilles, der ihm den Namen gab und in der Krypta der einstigen Abteikirche, heute eine Basilika, ruht, gehörte nicht nur zu den Leitgestalten jener Epoche, er zählt auch zu den Vierzehn Nothelfern. Eingestanden, ich mache mir aus manchen mittelalterlichen Legenden ob ihres frömmelnden Tones nicht sonderlich viel. Aber zwischen den Zeilen dieser Lebensbeschreibung duftet es wie das Zimmer einer Begine nach Votivkerzen und Rosen.

»Aegid aber lebte um das Jahr 700«, heißt es in der Legenda aurea, bewirkte schon als Kind in seiner Heimat Athen Krankenheilungen, die alle Welt in Erstaunen setzten, und floh schließlich erschrocken über sich selber davon. Erst nach Rom, dann nach Arles, schließlich in eine trockene Einöde. Wo er ging, erhoben sich die Kranken von ihren Betten, die Wüste, die er durchschritt, blühte zum Blumenteppich auf, wo er sich zeigte, liefen die Leute hinter ihm her. Es quälte ihn. Er wollte mit seinen Gedanken allein sein. Endlich hörte er von einem Dornendickicht im Mündungsdelta der Rhône, machte sich auf den Weg und fand einen Durchschlupf. Im Innern entdeckte er – war es keine himmlische Fügung? – eine Höhle mit einer kleinen Quelle. Gott tat noch mehr. Er sandte ihm eine Hirschkuh, »die kam alle Tage … und nährte ihn durch ihre Milch«. Ein Zug voller Poesie; die unschuldige Kreatur nahm sich des Einsiedels an. Dennoch, Ruhe wurde ihm selbst hier nicht zuteil.

Eines Tages nämlich zeigen sich Jäger in der Umgebung.

Die Hunde wittern die Spur der Hindin, die zu ihrem Pflegebefohlenen flieht. Ein kleines Wunder begibt sich. Das Gebet des Eremiten kann die Meute bannen. Am nächsten Tag wiederholt sich das Schauspiel. Kopfschüttelnd verlassen die Jäger den Platz, kehren am dritten Tag mit ihrem neugierig gewordenen ›König‹ Flavius wieder. Ein Weidmann schießt einen Pfeil ins Gehölz, um das Wild aufzuscheuchen. Der aber sucht sich ein anderes Opfer, und so stoßen etliche Kriegsleute, die mit Schwertern eine Gasse ins Dickicht bahnen, auf eine rührende Szene. Am Eingang einer Höhle hockt ein verwundeter, alter Mann, an seine Füße geschmiegt die zitternde Hindin.

Wer ist, woher kommt er?, will Flavius wissen. Ägid gibt halb resigniert, halb gelassen Antwort. Der König wird sofort nach Ärzten und Heilmitteln schicken, möchte dem Verwundeten im Überschwang der Bestürzung obendrein alle Ländereien im Umkreis schenken. Der Einsiedel weist seine Hilfe lächelnd zurück. Führen Schmerz und Leiden nicht zu tieferer Selbstbesinnung? Was aber den Grund und Boden angeht – warum an dieser Stelle kein Kloster gründen? Freudig stimmt ihm der Herrscher zu, aber erst nach langem Drängen kann er den Eremiten bewegen, selber die Leitung des Konventes zu übernehmen ...

Soweit die Entstehungsgeschichte der Abtei. Ihre spätere Anziehungskraft erklärt sie noch nicht, und so spinnt die Legende den Faden weiter. Eines Tages hört ›König Karl‹ – dem Vernehmen nach Karl der Große, was doch zeitlich nicht sein kann – vom makellosen Leben des Klostervorstehers. Er muß dem Abt ein schweres Geheimnis anvertrauen; er hat Schuld auf sich geladen, so furchtbare, daß er sie nicht über die Lippen bringt. Wird der Abt sich seiner fürbittend annehmen? Bei der nächsten Messe hebt Ägid daher am Altar, Karls gedenkend, die Hände. »Da erschien ihm der Engel des Herrn und legte einen Zettel vor ihn«. Auf ihm steht das Verbrechen zu lesen; Gott wird dem Sünder dank seines Fürsprechs vergeben... Er hat auch andere Wunder getan, aber für das Mittelalter lag das Mirakel vermutlich in der Karlserzählung. Sie machte die ins Metaphysische reichende Kraft des Heiligen am deutlichsten sichtbar.

Goldene Zeiten

Als Ägidius 732 starb, lockte sein Grab sofort die Wallfahrer an, hernach auch die Jacquaires. Sie kamen in so hellen Scharen gezogen, daß es bald einer größeren Kirche bedurfte. Welch überragenden Anteil die Santiago-Fahrt an diesem Neubau besaß, läßt sich deutlich belegen. Das Ende des 11. Jahrhunderts entstandene ›Livre des miracles de Saint Gilles‹ nennt unter den ›Wohltätern zugunsten des Heiligen‹ Menschen aus ganz Frankreich, Deutschland, Polen, Dänemark und Italien auf ihrem Wege nach Compostela.

Es handelte sich wohlverstanden nicht eigentlich um jenes in den Religionskriegen so schmählich mißhandelte Gotteshaus, das wir heute so dürftig rekonstruiert erblicken. Der ursprüngliche Bauplan veränderte sich bis 1116 entscheidend. Statt der vorgesehenen, ebenerdigen Kirche entstand derzeit eine doppelgeschossige Basilika mit jener gewaltigen, sechzig Meter langen Krypta, die uns erhalten blieb. Sie birgt in der vertieften Confessio nicht nur das 1874 wiederentdeckte Heiligengrab, sie diente gleichzeitig als Andachtsstätte und Herberge der Pilger. An einem Schlußstein des Gewölbes vermag man es noch zu erkennen. Die Oberkirche mit einer Länge von achtundneunzig Metern schloß nach Osten jener feierliche Chor ab, der den Wirren der Hugenottenzeit zum Opfer fiel, auf der Westseite die Fassade der berühmten Bildwerke. Ihre reiche Ausgestaltung im 12. Jahrhundert besitzt freilich so dramatische Ursachen, daß sie ohne Rückblicke in die Epoche und die gleichzeitige Entwicklung der Stadt kaum zu verstehen ist.

Die seit Ende des 10. Jahrhunderts anschwellenden Pilgerströme aus aller Welt kamen auch der um die Abtei wachsenden Ansiedlung zugute; so sehr, daß man beim ersten Lesen geneigt ist, die Schilderungen für bare Ruhmredigkeit zu halten. Die Handwerker-, ein Judenviertel entstanden, sogar ganze Vorstädte, die schon 1381 wieder verlassenen Quartiere der ›Casals‹ und ›Barrans‹ oder die ›Gallinarié‹ im Westen. Den Kern dieses jäh erblühten Gemeinwesens umschloß ein mächtiger Mauergürtel von ovaler Form, von dem noch ein Stück an der Porte des Maréchaussées zu sehen ist. Nahe dem heutigen Bahnhof siedelten sich 1101 die Hospitaliter, dann nahebei auch die Templer mit einer eigenen Kirche an. Bald zählte man sieben Pfarreien, unter ihnen das Gotteshaus der völlig verschwundenen Abtei Saint-Jacques an der Pilgerroute nach Montpellier. Nicht weniger als hundertundneun ›Changeurs‹, meist Juden und Italiener, samt fünfundzwanzig Gehilfen, schlugen ihre Wechseltische auf und tauschten das von den Wallfahrern mitgebrachte Gold gegen den hier gültigen Sou Melgorien um.

Dieser Aufschwung blieb allerdings nicht nur den Pilgern zu verdanken. Wie oft die Abtei auch später in Auseinandersetzungen mit den Landesherren, den tolosanischen Grafen geriet, sie verdankte ihnen viel. Keineswegs, weil sie in der Stadt über eine Burg, ›Petra mira‹, verfügten, von der sich keine Spur erhielt, und auch nicht nur ob ihrer Schenkungen. Seit Raimond IV, der sich den Beinamen ›von Saint-Gilles‹ gab, zum ersten Kreuzzug aufbrach, der ihm eine neue Herrschaft im Orient eintragen sollte – seit dem Anheben dieses ›Mirage oriental‹ also bekamen die vier Häfen oder ›Ankergründe‹ eine ungeahnte Bedeutung.

Häfen? Man fragt es verblüfft. Wo läßt sich dergleichen beim Ausblick von den alten Remparts nach Osten finden? Indessen verlief die inzwischen halbversandete Kleine Rhône damals näher der Mauern. Vor Saint-Gilles ankerten die Schiffe der Genuesen und Pisaner und machten sich die Ladungen streitig. Sie trugen immerhin viel zum Aufschwung bei, da ihnen nicht nur der Orienthandel und die Versorgung der Stadt mit ihren zahlreichen Passanten und Bürgern oblag, sondern auch der Nachschub an Menschen, Reittieren und Ausrüstungen für die im Morgenland kämpfenden Kreuzfahrer aus dem Midi. Nein, es ist keine romantische Schönfärberei – das heute gleichsam leergestorbene Nest galt damals als eines der Zentren des Südens, sogar als sein Tor zur Welt, erfüllt vom Menschengetriebe und dem Lärmen der Stimmen aus halb Europa. Wir dürfen sicher sein, daß dabei die irdischen Freuden nicht zu kurz kamen, und die Polizei ein wachsames Auge haben mußte. An Gaunerstückchen, käuflichen Damen und Halsabschneidern hat es auch im Mittelalter nicht gefehlt ...

Den Höhepunkt erreichte dieses turbulente Treiben am 1. September, dem Ägidiustag, wenn die Pilger in noch größeren Massen als sonst heranströmten, um durch die Kirche zum Grab des Heiligen in der Krypta zu ziehen, während draußen die Buden und Auslagen der ›Foire‹, des großen Jahrmarktes, Plätze und Straßen überzogen. Chronisten des 12. Jahrhunderts und der Rabbi Benjamin von Tudela haben es eindringlich beschrieben. Allein, bald mischte sich in die teils andächtige, teils fröhliche Betriebsamkeit ein Unterton drohender Gefahr, die schließlich dem ganzen Süden zum Schicksal wurde und zu ihrem Teil gewiß auch der Pilgerstraße. Wie wenig wir ob der folgenden blutigen Ereignisse, denen ganze Ortschaften zum Opfer fielen, davon noch wissen.

Welcher Art die Bedrohung war? Nichts offenbart ihre eschatologische Abgründigkeit so symbolhaft und eindringlich wie die Fassade der Basilika.

Der erste Häretiker

In der ersten Hälfte des 12. Jahrhunderts, man nimmt an 1136, kam es in Saint-Gilles zu einem tumultuarischen Vorfall. Eine aufgebrachte Menge schleppte einen ehemaligen Priester vor die damals noch im Bau befindliche Abteikirche, türmte zusammengerafftes Brennmaterial zu einem Scheiterhaufen, band ihn darauf fest und verbrannte ihn. Er hieß Pierre de Bruys und stammte aus der Provence.

Seit ungefähr 1105 zog er im Habit eines Apostels barfüßig und langbärtig durch Südfrankreich und predigte vor dem allenthalben zusammenströmenden Volk. Anfangs hörten ihm die einfachen Leute neugierig, dann mitgerissen wie einem neuen Messias zu, bis endlich die Stimmung jählings umschlug. Voll Schrecken erkannte man den Radikalismus seiner Thesen, die bereits 1119 ein Konzil zu Toulouse verdammt hatte. Was er verkündete, glich in der Tat keineswegs mehr der kontemplativen Innerlichkeit so vieler Sektengruppen des vergangenen Jahrhunderts, sondern bedeutete offene Rebellion gegen die Grundfesten der mittelalterlichen Diesseits- und Jenseitslehren. Möge man doch, verkündete der Prophet, die Kirchen zerstören. Ließ sich im Stall, in der Kneipe nicht genau so gut beten? Warum die Taufe unmündiger Kinder, was bezweckten die Eucharistie, die Verherrlichung des Vaters durch das Opfer des Corpus Christi mysticum, was die Gebete für Tote? Wozu schließlich diente die Verehrung von Christi Marterholz? Viel besser, alle Kruzifixe zu verbrennen, denn Rechtfertigung vor Gott beruhe allein im Glauben und werde nur jenen zuteil, die es verdienten.

Insgesamt Lehren, die gewisse Grundzüge der späteren katharischen Anschauungen vorwegnahmen, die den Süden mehr und mehr ergriffen. Die Kirche erkannte durchaus die Gefahr. In der Tat blieben seine ketzerischen Gedanken selbst nach seinem Ende so wirksam, daß Erzabt Petrus Venerabilis von Cluny – Saint-Gilles gehörte trotz manchen Widerstrebens der Mönche seit langem zur cluniazensischen Kongregation – 1138 seine Schrift ›Contra haereticos petrobrusianos‹ hinausgehen ließ. Am schrecklichen Tode des Häretikers besaßen der Klerus oder der Lateran übrigens keinen Anteil.

Es gärte damals allenthalben in Europa, vor allem im Midi. Daher scheint es gewisser, als es die Kunstwissenschaft ob des Fehlens dokumentarischer Beweise eingestehen kann, wiewohl sie die Wahrscheinlichkeit zugibt, daß die Abtei an der Rhône-Mündung in der kurz nach diesen Ereignissen begonnenen Fassade eine antihäretische Bekundung des Glaubens dartun wollte. Sie galt seit jeher als Hort der Kirchenlehre.

Der Betrachter hat es nicht so leicht mit der Schauwand wie der erste Eindruck vermuten läßt. Was ihn unvermittelt in Bann schlägt, ist keineswegs ihr inneres Programm, sondern die enge Durchdringung romanischen Aussagewillens mit antiken und frühchristlichen Darstellungsmitteln. Römische Triumphbögen wie der zu Orange, Theaterwände wie jene vom Eutropius-Hügel dortselbst oder die verlorengegangene von Arles, die paläochristlichen Sarkophage der Alyscamps und anderer Fundorte haben Pate gestanden. Die

Übernahme antiker Traditionen ging bis ins Detail, so bei der Gewandung, für welche die römische Toga das Muster hergab. Aber man bediente sich auch der unerschöpflichen Fülle von Schmuckformen, sei es in der Kannelierung der Pfeiler oder Sockelwände, seien es die Arabesken und Rosetten. Allein, die Adaption reichte noch weiter. Auch der architektonische Aufbau, die statuarische Würde der ersten Apostelfiguren leiten sich von römischen Vorbildern her.

Diese Übernahme antiker Formensprache, durchglüht von romanischem Glaubensernst, ferner die hoheitsvolle Rundung der Portalöffnungen über den hinwallenden Szenarien des Frieses, die Kastennischen mit den Apostelfiguren, die gliedernden Pilaster und vorgelegten sechs Säulen in Gestalt römischer Originale haben ein Gesamtkunstwerk von außergewöhnlicher Eindruckskraft entstehen lassen, die kaum ihresgleichen besitzt. Die Kunsthistoriker bezeichnen diese Verschmelzung als ›antikisierende Renaissance des 12. Jahrhunderts‹. Mir scheint, eine solche Synthese sei nicht zufällig zustande gekommen. Sollte man sich nicht bewußt aus dem Lande stammender Vorbilder bedient haben, um dem, was es zu sagen galt, die Beweiskraft des Bestehenden und Unverbrüchlichen zu verleihen?

Das, worum es in Saint-Gilles geht, blieb im Grunde etwas völlig Neues, geradezu Anti-Antikes, geboren aus den brennenden Problemen der Zeit. Was wollen die in ungewöhnlicher Breite, als Säulen der Kirche gleichsam, nebeneinander gereihten Apostel in ihrer hoheitsvollen Haltung anderes, als die Fundamente christlicher Rechtgläubigkeit bekunden? Die Gottesmutter aus der Anbetung der Könige auf dem linken Tympanon, dem byzantinischen ›Nikoboia-Typus‹ nachempfunden, was stellt sie in ihrem machtvollen Thronen mit dem Kind auf dem Schoß anderes dar, als die von den Häretikern geleugnete Menschwerdung Christi? Die Auswahl der Themen auf dem Fries, vom Einzug in Jerusalem über das Abendmahl, den Judaskuß, die Geißelung bis zur Darstellung der Jünger von Emmaus ist schon ob der ausgewählten Detailszenen eine einzige Beschwörung der Passion und der Auferstehung des Herrn, die den Abtrünnigen so fragwürdig erschien, wie wir bald nachzuweisen haben. Was diese Absicht schließlich eindeutig belegt – auf der Schauwand, sieht man von Saint-Pons-de-Thomières ab, wird erstmalig die Kreuzigung Christi im Tympanon des rechten Portales zum Kernstück des Glaubens erhoben, mit anderen Worten, nachdrücklich auf das von Bruys so geschmähte Marterholz als Heilsmittel der rechtgläubigen Lehre verwiesen. Das alles kann um so weniger Zufall sein, als die Bildwerke der Schauwand kurz nach dem spektakulären Feuertode des Brusus und dem Erscheinen der Schrift des Petrus Venerabilis entstanden.

Gewiß, wir sind über die Datierung der Figuren nicht aufs Jahr genau im Bilde. Doch müssen sie nach den Untersuchungen von Whitney Stoddard zwischen 1140 und 1160 skulptiert worden sein. Ein zeitlicher Zusammenhang, der die Absicht dieser so klassisch anmutenden Fassade eindeutig macht: auf überwundene Löwen, Symbole des Bösen, gründen sich die vorgelegten Langsäulen, die Kurzsäulen der vorgeschobenen Sockel, die ursprünglich ein Vordach für das Mittelportal tragen sollten, auf menschenverschlingende ›Tarasquen‹. Allenthalben umkriechen lauernde, lemurenartige Tiere das Heilsgeschehen. Erzengel im Kampf gegen satanische Mächte flankieren schließlich die Apostelreihe …

Wir haben uns dieses überwältigende Werk mit seinen Schmuckformen, Adlerkapitellen, den herrlichen Sockelreliefs und Sparrenköpfen, dem auslugenden Frauenantlitz an der Giebelleiste, kurz diese gesamte, ebenso volltönige wie tiefgründige Symphonie aus Stein obendrein nicht im blassen Grau von heute vorzustellen, sondern in einer ganzen Skala von Tönen farbig gefaßt. Dazu gehörte das Kobaltblau für die Hintergründe, Rot in mancherlei Stufung, Okker, Gold und Gelb bis zur Eigenfarbe des Marmors. Jedes verfügbare Mittel war aufgeboten, um den Sieg der Rechtgläubigkeit über die Häresie zu einer beschwörenden Mahnung zu machen, die vor allem den durchströmenden Wallfahrern galt und mit ihnen den Jacquaires.

Allein, die Schauwand von Saint-Gilles stellt nicht nur eine Bekundung der Orthodoxie dar; sie ist auch ein Hauptwerk der Bildhauerkunst jener Epoche. Auf ihr lassen sich, vertreten durch die hier tätigen Künstler, Stufen einer plastischen Entwicklung ablesen, die einem Erkenntniswandel gleichkommen. Er führt uns, dem Jahrhundert weit vorausgreifend, in ein neues Zeitalter.

Fünf verschiedene Bildhauer lassen sich als Schöpfer der Apostel und des Frieses erkennen. Der erste, begabt mit einem starken Gefühl für majestätische Haltung, noch streng dem antiken Vorbild verhaftet, hinterließ an zwei Steinpodesten sogar seinen Namen: ›Brunus me fecit‹. War er identisch mit jenem Petrus Brunus, der 1171 und 1186 auf zwei notariellen Urkunden aus Nîmes als ›Meister der Holz- und Steinbildhauerkunst‹ auftritt? So lag damals sein Hauptwerk bereits hinter ihm. Der strenge, fast hieratische Faltenwurf weist ihn eindeutig als jenen Künstler aus, der die Apostel Matthäus und Bartholomäus am Nordtor, sowie den Johannes und Paulus des Mittelportales schuf. Unzweifelhaft aber stammt auch der Jakobus von ihm, der, kaum zufällig übrigens an der Kirchenschwelle aufgestellt, mit erhobener Hand und gelösterem Togenfall den Weg zu einer naturhafteren Haltung weist.

Der zweite Meister, gewiß weniger ausdrucksmächtig, wagt sich auf seine eigene, stilisierende Weise weiter vor. Er hat die dritte Figur, den Thomas geschaffen, dessen gedrehte Hüfte die tänzerische Bewegung der übergeschlagenen Beine einleitet. Daß er im plastischen Volumen flacher bleibt, scheint weniger eine Frage der Qualität als der Herkunft. Skulptierte er nicht auch das ekstatisch bewegte Kain- und Abelrelief auf einem der vorgeschobenen Sockel, das ihn der Plastik von Saint-Pierre in Angoulême naherückt? Einen dritten Bildhauer bezeichnet die Kunstgeschichte mit Stoddard als ›soft master‹ oder ›Meister der weichen Fügung‹. Wir verdanken ihm zwei Apostel zwischen dem Mittelportal und dem rechten Tor. Gewiß, er bleibt dem statuarischen antiken Vorbild treu, fühlt aber deutlich den inneren Zwang, auf dem eingeschlagenen Weg fortzuschreiten, indem er seine Figuren mit reichem Faltenwurf umhüllt. Diese künstlerische Entwicklung, die flüssigere Gebärdensprache und lebhaftere Körperbewegung, beweist er am schönsten auf dem Fries über dem nördlichen Portal, wo er Christi Aufbruch zum Einzug in Jerusalem mit köstlichen Details wie dem Losbinden des Esels versieht. Sein Hauptwerk bleibt das Marientympanon in seinem herrlichen Widerspiel statuarischer Würde und kurviger Umrisse.

Anders der ›hard master‹ oder ›harte Meister‹, so genannt ob seiner entschiedenen Meißelführung. Er spinnt seine Figuren wie den Andreas in symmetrische Gewandfalten ein und verrät zugleich eine barocke Neigung zur Schwunghaftigkeit der Linienführung. Die Fußwaschung, die Auferstehungsszene des Frieses stammen von ihm, allerdings auch das am meisten ›programmatische‹ Werk, das Kreuzigungstympanon. Wie sich dort die assistierend zugefügte Synagoge voll Ohnmacht vom Mysterium des Erlösungstodes wegbeugt, das wirkt gleichsam aus Erz geschnitten und verrät doch stürmische innere Impulse. Aber er kann auch voll zarter, eleganter Feinfühligkeit sein, so im Torso der Ecclesia unter dem Kreuz, die mit dem Kelch – ob der Verstümmelung kaum mehr erkennbar – Christi Blut auffängt, eine Anspielung darauf, daß die Kirche das heilige Erbe angetreten hatte.

Es gibt einen fünften, den zeitlich spätesten Meister, der alle anderen an bildhauerischer Erfindungskraft wie menschlicher Substanz überragt. Er überschreitet kühn die Grenzen, welche die mittelalterliche Kunst der plastischen Entfaltung setzte, um uns als souveräne Persönlichkeit entgegenzutreten.

Er bleibt nicht bei der Bewegung seiner Figuren stehn; er wagt bei der Gefangennahme Christi auf dem Fries brutale Gesichter darzustellen und ist wahrhaft dramatischer Steigerungen fähig, die räumliche Spannungen einbeziehen. Um die Anatomie mitspielen zu lassen, kleidet er seine Gestalten in ein fließendes Obergewand und den gebauschten, kurzen Leibrock, und doch bleibt das gleichsam nur Beiwerk. Schuf er doch auch die beiden flankierenden Monumentalreliefs zu seiten der Apostelreihe. Gewiß, das südliche, das Ringen der Erzengel mit satanischem Getier darstellend, dürfte eine frühe Arbeit sein. Aber es macht bereits ein Anliegen deutlich, das den Künstler offenbar nicht mehr losließ, tief aus den Bereichen des Seelischen stammte und sein Werk machtvoll aus seinem Jahrhundert hervorhebt. Für ihn wird die lebhaft agierende Monumentalfigur zum entscheidenden Thema und damit der seinem eigenen Bewegungsgesetz folgende menschliche Körper. Da entstehen Augenblicke von einsamer Größe; um so mehr, als der äußeren auch die innere Bewegung entspricht. Sein zum Glück von den Musketenschüssen kaum beschädigter ›Kampf Michaels mit dem Drachen‹ auf der linken Seite, nach dem er der ›Michaelsmeister‹ benannt wird, bedeutet in der Tat den Höhepunkt von Saint-Gilles!

Über dem sozusagen kontrapunktisch unter die Füße des Erzengels geringelten, fauchenden Untier hebt sich der Gottesstreiter in Kampfesstellung. Das linke, gestraffte Bein drückt den Drachenhals nieder, das rechte, angewinkelte, sucht Unterstützung auf dem festen Boden, während die Hände und Arme den tödlichen Stoß vollziehen. Trotz dieser heftigen, gespannten Haltung umspielen die Gewänder die Figur mit so harmonischen, modellierenden Faltenwürfen, daß ein wundervoll ebenmäßiger Körper darunter hervorscheint. Der Fürst der himmlischen Heerscharen konnte kein Asket, aber auch kein Athlet sein. Sogar die leichte Hebung der linken Schulter unterstreicht diese vollkommene Beherrschung der Anatomie und Ausgewogenheit.

Das menschlich Schönste aber bleibt das Herauswachsen des leicht schräg geneigten Halses aus den Schultern, der dieses unsägliche, zur Seite gelegte Haupt mit dem gewellten Haarschopf trägt. Die kräftigen Backenknochen bekunden mannhafte Entschlußkraft. Die Züge sind geprägt und dennoch! Bereits in der nämlichen Sekunde, in welcher der Erzengel die Lanze ins Maul des Drachen bohrt, blicken die Augen schmerzlich fragend über die Schwere seines Auftrags ins Ferne, und dies bleibt vielleicht die ergreifendste Antwort auf die große Häresie des Südens. So, als wisse er schon, was kommen und wie alles ausgehen werde. Der

Widerspruch blieb unlöslich, der Knoten, einmal geschürzt, unentwirrbar.

Ich habe oft und immer wieder ergriffen davor gestanden. Ja, er war das Wunder von Saint-Gilles! Nichts von Siegerpose, nichts von Pathos, nur dieser schmerzliche Vollzug des göttlichen Auftrags – es hat sich nichts ändern lassen! Wer ihm gegenübertritt, spürt, wie betroffen das Zeitalter im Innersten gewesen sein muß über die Ereignisse, die sich vorbereiteten und bald entladen sollten.

Es wird niemand verwundern, daß diese einzigartige Bilderwand im Lande Widerhall fand. Die Fassade und der Kreuzgang von Arles, die Skulptur von Notre-Dame-des-Pommiers in Beaucaire lehnen sich eng an das Vorbild von Saint-Gilles an, wenn auch vorwiegend im Stil und der Ikonographie. Aber auch an der Nachahmung einzelner Künstler hat es nicht gemangelt. So folgen dem Michaelsmeister die Skulpturen von Romans, dem ›soft master‹ hingegen die in Montpellier bewahrten, sehr zarten Apostelreliefs aus dem zerstörten oberen Kreuzgang von Saint-Guilhem-le-Désert, oder das ebenfalls dorthin verbrachte Madonnenrelief von Fontfroide südwestlich Narbonne. Selbst in Italien finden sich auf dem Umweg über Arles Filiationen in der Kreuzabnahme des Benedetto Antelami in Parma, anderes in Modena. Die Steinmetzen, die um 1200 Kapitelle und Pfeiler im kastilischen Santo Domingo de Silos schufen, müssen Saint-Gilles gleichfalls gekannt haben.

Es hat nicht an weiteren Übernahmen gefehlt, doch hieße ihre Aufzählung ein Stück Kunstgeschichte nachschreiben, um die es hier nur am Rande zu tun ist. Sie sollte uns lediglich dienen, die verbindende, ausstrahlende Kraft der Pilgerstraße durch den Midi sichtbar zu machen, die im alten, einst so berühmten Provinznest an der Kleinen Rhône einen ersten Höhepunkt ihrer Kunst erlebt hatte …

Letztes Zwischenspiel

Die Pilger des 12. Juni 1209, um endlich zu ihnen zurückzukehren, einerlei ob sie seit dem vorfrühen Morgen in gut dreieinhalb Stunden von Nîmes herangewandert waren, wie unser Gewährsmann aus Bayern, oder gar, entlang der Küstenstraße von Italien ziehend, im Marsch über Arles – die Jacquaires jenes Tages kamen in eine gleich einem Bienenstock vom Summen unzähliger Stimmen erfüllte Stadt. Manche Straßen hatte man kurzerhand abgesperrt, ihr Pilgerhabit freilich genügte, sie passieren zu lassen und sich bis zum Platz vor der Abteikirche durch eine drängelnde Menschenmasse zu schieben. Dort, eingekeilt in Mauern von Gaffern, erlebten sie ein seltsames Schauspiel, das uns Pierre des Vaux de Cernay beschrieben hat.

Ich weiß nicht, ob seine Schilderung dieses Tages Wolf von Niebelschütz als Vorlage für seinen Roman ›Die Kinder der Finsternis‹ diente, in dem er seinen Helden Barral, Graf eines mystifizierten ›Kelguriens‹ ähnlicher Kirchenstrafe unterwirft. Aber er gibt vollkommen die Stimmung des Augenblicks wieder. Vor dem Kirchenportal stand einsam in geöffnetem Menschenkreis ein Mann in Unterkleidung, »en braies et en chemise«, den unter dem Leibrock getragenen Hosen, sonst nur mit einem Hemd angetan. Er machte ob seiner demütigen Haltung durchaus nicht den Eindruck, den Großen der Zeit anzugehören.

Vor ihn hielt man die berühmteste Reliquie der Abtei, »du bois de la Croix et de l'Eucharistie«, den heiligen Kreuzesspan. Ihm gegenüber stand in feierlichem Ornat der päpstliche Legat Milon. Sei es aus aufrichtiger Reue, sei es aus Berechnung, der tolosanische Graf unterwarf sich einer selbst für diese Zeit unerhörten Demütigung. Er hatte sich nicht nur von dem Vorwurf der Häresie reinzuwaschen, sondern auch von der Anklage, teil an dem Mord zu haben, den einer seiner Diener an Pierre de Castelnau, Sendbote des Papstes Innozenz III gegen die katharische Ketzerei, im Vorjahre beging. Der gemeuchelte Legat des Heiligen Vaters lag inzwischen auf päpstliches Gebot hin in der Krypta von Saint-Gilles begraben. Man vermag seine Gruft dort noch zu sehen. Es gab noch mehr Anschuldigungen gegen den Landesherrn. Der Vorwurf, er habe sich an der Abtei vergriffen und das widerrechtlich auf ihrem Boden schon von seinem Vorfahren errichtete Schloß ›Petra mira‹ zu einer Festung gegen die Abtei ausgebaut, wog schwer. Das bedeutete die

Bedrohung eines dem Heiligen Stuhl unterstellten Konventes und also zugleich eine Brüskierung Roms. Dies unter anderem. Doch ließ man offensichtlich Milde walten, wenigstens vorerst. Eben hob der Graf die Hand zum Schwur, sich dem Papst und seinen harten Forderungen zu unterwerfen, um der Exkommunikation ledig und wieder in die Kirche aufgenommen zu werden.

Schon legte der Legat dem Beklagten seine Stola als Zeichen der Versöhnung um die Schultern. Darauf zog er ihn die Stufen zur Kirche hinan und durch den Mittelgang bis zum Altar, während er mit einer »poignée de verges«, einem Rutenbündel, auf ihn eindrosch. An der nachfolgenden Messe, eigentliches Zeichen für die Wiederaufnahme in die Gemeinschaft der Gläubigen, nahm der Gedemütigte kniend teil.

Der Andrang zur öffentlichen Abbitte des Grafen war so groß, daß in der Kirche keine Nadel zu Boden fallen konnte. Der Entsühnte vermochte das Gotteshaus daher keineswegs durch eines der Portale zu verlassen, sondern mußte durch den heute vermauerten Zugang zur Unterkirche oder Krypta hinabsteigen: »nue et flagellé«, wie es heißt.

Vielleicht nicht unabsichtlich am Grab des ermordeten Pierre de Castelnau vorüber, dessen Tod von Mörderhand auch fernerhin der auslösende Anlaß der blutigen Tragödie des okzitanischen Südens und letztlich die äußerliche Ursache zum Untergang des tolosanischen Grafenhauses werden sollte. Trotz der Sühne standen die Zeichen bereits auf Sturm. Doch gleich hiervon.

Erst lange, nachdem sich die Masse der Schaulustigen verlaufen, der tolosanische Graf den Schauplatz seiner Erniedrigung verlassen hatte, konnten auch unsere Pilger in die Krypta hinabsteigen, wo sie im Angesicht des Ägidiusgrabes die Nacht verbrachten, um kommenden Tages auf der Straße nach Montpellier, vorbei an der Abtei Saint-Jacques, nach Lunel hinauszuwandern.

Was sie erblickten, war nichts Besonderes und doch atmeten sie nach dem erregten Getriebe des Vortages auf, wenn sich auch kaum annehmen läßt, daß sie das Geschehnis verstanden hatten. Dies schon ob des sprudelnden okzitanischen Idioms willen nicht, mit dem man hektisch auf ihre Fragen antwortete. Wilder Kümmel reifte am Weg; einige Pinienhaine, Zypressen um weiße Gehöfte hier und dort in den endlosen Rebengefilden blieben unter dem leuchtenden Himmel der einzige Blickfang. Heiß waberte die Luft, während sie abwärts ins sumpfige *Vistre-Tal* stiegen. Vermutlich zogen sie zwei Kilometer nördlich von Aymargues entlang, wo es einen der weitgefächerten Wasserläufe der Gegend auf einer noch immer Pont de l'Hôpital genannten, engen und langgestreckten Brücke zu queren galt. Heute wie damals träumt darunter ein Bach hin. Fischlein spielen in der Kühle, Entenflott schwimmt auf dem Spiegel, Erlengebüsch und violettes Geblüh säumt die Ufer, über die neuerdings eine Asphaltstraße hinwegspringt. Ein paar alte Steine, einer davon löffelartig geformt, bedeckt mit verwitterten Zeichen, stehen am Brückenbeginn. Sie mochten den einstigen Herbergseingang bezeichnet haben. Weiter, in *Pont-de-Lunel,* mußte man, erneut auf einer Brücke, die Vidourle überschreiten, an der sich, Zeichen für die Beliebtheit der Route, abermals eine Pilgerherberge befand.

Ein Tagesmarsch lag nunmehr hinter ihnen. Daher kehrten sie ein und gelangten bereits am nächsten Morgen über Saint-Brés nach *Salaison.* Zur Linken versteckte sich das uralte *Mauguio* am gleichnamigen Etang in unendlich zerfaserter Küste im Dunst, einst Sitz der Grafen von Melgueil und ihrer weithin berühmten Münzstätte. Dann ging es am Südrand der Garrigues entlang auf Montpellier zu in ein Gebiet trügerischen Friedens. Entgegenkommende Landleute machten ein verschlossenes Gesicht, Reiterhorden streiften umher, musterten sie argwöhnisch und gaben sich doch mit dem Anblick ihres Pilgerkleides zufrieden.

Lassen auch wir sie ungestört weiterwandern, die mit zusammengekniffenen Lidern ins überquellende Licht der Weite spähen. Nehmen wir Urlaub, um etwas nachzuholen, ohne das unsere Erzählung vom Schicksal des Südens unvollständig bliebe – den Bericht über das tolosanische Grafenhaus, dessen derzeitiges Oberhaupt sie in Saint-Gilles unter Rutenschlägen zum Altar hatten taumeln sehen.

GRAFEN UND KETZER

Die Welt der Ramondins

Was unser Zeitalter vereinfachend Languedoc nennt, wird der historischen Vielgestalt, der vergangenen Größe und bitteren Tragik des Gebietes zwischen Garonne und Rhône, kurz des Midi, wenig gerecht. Manchmal hat es sogar den Anschein, als sollten mit seinem Namen Erinnerungen ausgelöscht oder verdrängt werden, die doch die Aura des Einmaligen umspielt. Gewiß, auch das Mittelalter besaß keine umfassende Bezeichnung für das, was zeitgenössische Verfechter seiner Eigenständigkeit mit dem Wort ›Okzitanien‹ beschwören. Die Sprache, so oft der Bannerträger historischer Tatbestände oder Ideen, stand bei der Taufe des französischen Südens nicht Pate. Sie konnte es nicht. Sie richtete in einer Epoche des Feudalismus ihre Aufmerksamkeit weniger auf das Gemeinsame als dynastische Unterscheidungen, und deren gab es nicht wenige.

Denn in diese auf ihre Weise geschlossene, von Strömen und Gebirgen begrenzte Landschaft teilten sich eine ganze Reihe von Feudalgebietern, unter denen das Geschlecht der Grafen von Toulouse herausragt. Was nicht bedeutet, daß sie allenthalben Herren im Hause waren. Wie ein mächtiger Keil schob sich im Osten, von der Lagunenküste ausgehend, die Seigneurie von Montpellier unter den sogenannten ›Guilhems‹ nach Norden vor, um 1204 durch Heirat der letzten Erbin, Maria von Montpellier, mit Peire II, König von Aragon, unter aragonesische Hoheit zu geraten und 1276, infolge der aragonesisch-katalanischen Erbteilung, Bestandteil des Königreiches Mallorca zu werden, bis sie 1349 durch Verkauf an Frankreich fiel.

Gleich einem zweiten Block drängte sich die Grafschaft

Foix ins tolosanische Gebiet, zwar den Oberherren in Toulouse lehnspflichtig und dennoch in mancherlei Hinsicht eigenständig. Sie fiel 1242 an die französische Krone. Ganz ähnlich verhielt es sich mit den Territorien des vizegräflichen Hauses der Trencavel, die ausgedehnte, je nach der wechselnden Macht der Oberherren, gelegentlich souverän anmutende Besitzungen um Béziers, Albi, im sogenannten Rasèz mit Carcassonne ihr eigen nannten und oft selbständige Politik betrieben. Hinzu kamen im Verlauf der Historie adaptierte Land- oder Grafschaften wie Armagnac, Agenais, Teile des Quercy mit wechselnder Zugehörigkeit und obendrein eine Reihe meist winziger Gebiete wie Melgueil oder Saint-Gilles unter zeitweiliger Hoheit des Heiligen Stuhles. Kurz, was so überschaubar anmutet, stellte im Mittelalter politisch ein vielfältiges Gebilde dar, dessen Einzelheiten sich oft genug kaum mehr zu wissen lohnen.

Die dominierende Kraft in diesem Konglomerat blieb indessen das oberherrliche, gräflich-tolosanische Haus, dessen Aufstieg und Verfall, vertreten durch seine exemplarischen Gestalten, das Schicksal des Midi am eindeutigsten spiegelt. Zusammengewachsen aus dem Toulousain und dem Albigeois nebst dem Lauragais, den Cevennen-Grafschaften Rouergue und Gévaudan, ferner dem Nieder-Languedoc zwischen Saint-Gilles und Narbonne, dem römischen Septimanien also, wirkt allerdings auch seine Hausmacht verwirrend genug. Um so mehr, als von Fall zu Fall neue Gebiete wie das Marquisat Provence hinzutraten, während andere sich von ihr lösten.

Diese Umstände, dazu eine gewisse Abenteuerlust der tolosanischen Grafen, ferner die nur lockere Verbindung der einzelnen Landesteile durch das Lehnsrecht, schließlich auch eine gewisse Läßlichkeit der Oberherren, insbesondere Graf Raimonds VI, haben das Aufkommen einer dem Midi zum Verhängnis gewordenen weltanschaulichen Strömung, der katharischen Häresie, begünstigt, die zwar einen Großteil Europas von Nordfrankreich bis Spanien, von den Rheinlanden bis Viterbo ergriff, aber einzig im Languedoc zu so hohen Flammen aufloderte. Die Gegenkräfte der Epoche, kulminierend im ›albigensischen Kreuzzug‹, sollten nicht nur die Scheiterhaufen der Opfer in Brand setzen, sondern auch den stolzen Überbau des herrschenden Grafenhauses in Asche legen. Das bedeutete mehr als einen historischen Unglücksfall. Eine der ältesten europäischen Kulturlandschaften, das gewaltige Feudalreich des französischen Südens verwandelte sich für lange Jahrhunderte in eine subalterne Provinz.

Auf und an den Uferbergen bei Narbonne, auf den Höhen des Lauragais und der Cevennen hausten ja schon die Menschen der Steinzeit. Das Bronzezeitalter hinterließ die Spuren der Megalithkultur. Kelten, Römer stellten sich ein, und bald zog Hannibal auf der ›Straße des Herkules‹ nach Italien. Westgoten, Franken, Araber überrannten das Land, bis die spätkarolingische Epoche dem Durchströmen der Völker ein Ende setzte. Ein nur noch undeutlich erkennbares Zeitalter, gewiß! Dennoch treten uns gerade aus dem mythischen Dämmer des 9. Jahrhunderts der 853 gestorbene Fredelon als erste, deutlich erkennbare Grafengestalt eines erblichen Hauses der Ramondins entgegen, das zwar der fränkischen, dann französischen Krone Huldigung schuldete, doch Jahrhunderte lang lediglich nominell. Sie also stellten die Nachfolge im Regiment einer Herrschaft und einer Residenz, in der schon 414 die römische Kaisertochter Galla Placidia glücklich gewesen war. Eine genealogisch nur vorübergehende Rolle scheint dabei jener fürstlichem Geschlecht entstammende Graf Guilhem von Toulouse, Herzog von Aquitanien, gespielt zu haben, der Stifter von Saint-Guilhem-le-Désert, der 812 starb; es ist später von ihm zu berichten.

Ramondins? Man bezeichnet sie so, weil nicht weniger als sieben Grafen des tolosanischen Hauses den Namen Raimond trugen. Nun geht es hier freilich nicht um eine Dynastengeschichte, sondern nur um jene Gestalten, deren Schlagschatten auf den seit dem 10. Jahrhundert begangenen Santiago-Weg fällt. Die einst eher geringfügige Grafschaft hatte sich unterdessen durch glückliche Erbschaften und Erwerbungen beträchtlich vergrößert. Vollends unter Guillaume IV von Toulouse, der zwar lange und erfolgreich regierte und doch nicht bedeutsam genug, um in der großen Geschichte Fuß zu fassen. Als er 1093 starb, hinterließ er lediglich eine Tochter, Philippa de Toulouse, die Guillaume IX, Herzog von Aquitanien, den Troubadour, heiratete, von dem in ›Aquitanien‹ erzählt worden ist. Vergeblich streckte er die Hand nach Toulouse aus. Die Nachfolge trat nach mancherlei Kämpfen als »wahrhafter Begründer des tolosanischen Staates«, wie Augustin Fliche ihn genannt hat, Guillaumes IV von Toulouse jüngerer Bruder Raimond IV an.

Der ›Mirage Oriental‹

Als nachgeborener Sohn schien er zu nichts Bedeutsamem bestimmt. Auch die Umstände, unter denen er aufwuchs, weckten kaum große Erwartungen. Seine Mutter, Almodis de la Marche, schon aus ihrer Ehe mit Hugues de Lusignan davongelaufen, ließ 1052 ihren zweiten Mann, Graf Pons de Toulouse, mit vier Kindern gleichfalls im Stich, um den Grafen von Barcelona zu heiraten. Acht Jahre später starb sein Vater. Damit schien sein Stern vollends zu sinken. Entgegen üblicher Erbteilung erhielt der Älteste, Guillaume IV den gesamten Stammbesitz, Raimond dagegen nur einen kärglichen Rest, die Hälfte des mütterlichen Leibgedinges, einen Teil des Bistums Nîmes und der Abtei Saint-Gilles, das hochragende Schloß von Tarascon und einigen Grundbesitz. Das Kloster nahe der Kleinen Rhône, das damals einen ersten Aufschwung erlebte, blieb die einträglichste Pfründe. Hinfort nannte er sich daher Raimond de Saint-Gilles, als der er in die Geschichte einging. Auch scheint auf jene unbestimmte Weise, die einer Prädestination gleichkommt, aus dem klösterlichen Erbe seine ständig wachsende Anlehnung an die Kirche zu rühren, die soviel in seinem Leben bewirkte. Macht und Gnade – trotz mancher schroffen Wesenszüge, man darf beides als Leitmotiv über sein Leben stellen. Allein, es kam noch etwas hinzu, eine offenbar aus dem Geiste ritterlicher Gesinnung geborene Unbedingtheit, die ihn während vorgerückter Jahre alles Errungene wieder aufs Spiel setzen ließ ...

Es mutet immer wieder erstaunlich an, wie das Schicksal seinen Auserwählten den Weg bahnt. Anfangs schien es nur ein freilich erstaunliches Glück, das Raimond widerfuhr: er erbte von einer kinderlosen Verwandten das Marquisat Gothien, mit anderen Worten das Narbonnais oder alte Septimanien, obendrein Rouergue und Gévaudan. Dagegen mißlang eine erste Heirat mit einer uns Unbekannten; Rom löste die Verbindung wegen zu naher Verwandtschaft auf. 1080, als er knapp dreißig zählte, verehelichte er sich erneut, diesmal mit Mathilde, Tochter Robert Guiscards von Sizilien, und hierin haben wir denn doch ein Vorzeichen zu erblikken. Die enge Verbindung mit dem normannischen Haus, so bezeugen die Historiker einstimmig, lehrte ihn eine gestraffte Staatsstruktur kennen, wie sie Wilhelm der Eroberer eben in England verwirklichte. Vor allem lenkte sie Raimonds Augenmerk auf ›Outre-mer‹ oder Übersee, womit derzeit die Ostküste des Mittelmeeres gemeint war. Sein ›mirage oriental‹, sein morgenländischer Traum, der für Toulouse im guten wie bösen soviel bedeutete, dürfte hier wurzeln.

Vorerst freilich fand er andere Gelegenheit, seine Erfahrungen und erworbenen oder angeborenen Fähigkeiten glanzvoll zu beweisen. Bereits 1088 übertrug ihm sein ohne männlichen Erben gebliebener älterer Bruder das Regiment des gesamten »Comté« – wir kennen die Gründe im einzelnen nicht – und Raimond führte seither den Titel eines Grafen von Toulouse, Herzogs von Narbonne und Marquis der Provence, regierte somit das gesamte spätere Languedoc zwischen Garonne und Rhône. Doch er beherrschte es nicht nur, er schmiedete es zu einer festgefügten Ordnung zusammen. Mit ihr wuchs gleichzeitig der Wohlstand; enge Freundschaft verband ihn auch mit Cluny. Papst Gregor VII. nannte ihn seinen »sehr lieben Sohn«. Er hätte mit seinem Leben zufrieden sein können, doch gilt für ihn wie für jeden Geniemenschen der Satz »Das Feuer spricht nicht, es ist genug!«. Nebst Alfonso VI von Kastilien zog er gegen die Sarazenen, erwarb sich einen legendären Ruf als Soldat und brachte sich aus Spanien – von den weiteren Schicksalen der Guiscard-Tochter wissen wir nichts – eine neue Frau mit, Elvira von Kastilien, eine natürliche Tochter Alfonsos und nicht nur dem Blute nach eine Schwester der ebenso tatkräftigen wie heroischen Jiména de Gormaz, Gemahlin des Cid.

Aus allem, was er unternahm, weht uns mit anderen Worten der Hauch des Außerordentlichen entgegen; auch das stets aufs neue Überraschende der inneren Getriebenheit fehlt in seinem Bilde nicht. Es läßt sich ja kaum mehr verstehen, daß er plötzlich, an der Schwelle des Alters, alles Geschaffene bedenkenlos in den Wind schlug. Nicht, um sich gleich manchem Großen hinter Klostermauern einzuschließen, sondern um der Erfüllung eines Auftrags willen, der ihm größer als alles andere schien. Er rüstete sich, als zähle er eben zwanzig, zum Aufbruch ins größte Abenteuer, das seine Epoche kannte und erklärte zudem, davon nicht wiederkehren zu wollen.

In der Tat widersprach es jeder Vernunft. Raimond, mächtig geworden, hochverehrt im Lande, fast fünfundfünfzig Jahre alt, folgte als erster dem Aufruf zur Befreiung des Heiligen Grabes, den Papst Urban II. am 27. November 1095 in Clermont verkündete. Der Heilige Vater hatte eben in Cluny den Hochaltar des grandiosen Kirchenbaus eingeweiht, den wir ›Cluny III‹ nennen, eine Gelegenheit, bei der man, nebenbei gesagt, wichtige Gespräche über den Ausbau der Pilgerstraße nach Compostela führte. Nunmehr also verkündete er seine Aufforderung zum ersten Kreuzzug, der wir denn doch genauer gedenken müssen. Sie ging den anwesenden Rittern so zu Herzen, daß sie immer wieder in den Ruf »Gott will es!« ausbrachen. Warum zögern, so hieß es da, das irdische Leben sei schlecht und voller Schlechtigkeit; die Menschen rackerten sich ab und plagten sich, um sich »an Leib und Seele zugrunde zu richten«. Eine erstaunlich moderne Formulierung, nur daß sie heute kaum so offene Ohren fände. Raimond machte sich unverzüglich zum Wortführer der großen Sache.

Die Wirkung des Aufrufs von Clermont war ungeheuer. Nicht nur der Adel, sondern auch eine große Zahl von Menschen aus den einfachsten Ständen, sie unter Führung eines seltsamen Fanatikers und Visionärs aus der Picardie, Peter des Einsiedlers, machte sich auf den Weg. Die Ritterverbände marschierten in Einzelkontingenten unter militärischer Gesamtleitung Gottfrieds von Bouillon, Graf von Niederlothringen. Um Raimond von Toulouse hatten sich die teilnehmenden Herren des Midi geschart, darunter die Träger so erlauchter Namen wie Girard de Roussillon, Guillaume d'Orange oder Gaston de Béarn.

Steven Runciman stellt es in seiner Geschichte der Kreuzzüge so dar, als habe Raimond starrsinnig den Anspruch auf die militärische Oberleitung erhoben. Viele Quellen berichten es anders. Danach wies er das Amt entschieden von sich, und auch seine spätere Haltung spricht dafür. Seine Frau, seine zwei legitimen Kinder nahm er mit auf den gefährlichen Weg in den ›mirage oriental‹. Zuvor verfügte er etwas, das den Chronisten der Pilgerstraße besonders angeht. »Viele seiner Besitztümer« vermachte er dem Kloster Saint-Gilles, das, nunmehr vermögend und selbständig, bald mit dem Neubau jenes Gotteshauses beginnen konnte, an dessen Schwelle Jakobus Wache hält. Am 25. August 1096 verabschiedete er sich von seinen tolosanischen Untertanen auf dem Vorplatz von Saint-Pierre-des-Cuisines in der Hauptstadt. Als Sachwalter der Grafschaft ließ er seinen natürlichen Sohn Bertrand zurück.

Über Istrien und Dalmatien gelangte man in vierzig Tagen nach Shkoder am Drin und stieß in Thrazien auf Widerstand. Während der Graf nach Konstantinopel vorauseilte, stürmten seine Truppen unter dem Ruf ›Toulouse, Toulouse‹ die hartnäckig verschlossene Stadt Russa an der Via Egnatia, um sie zu plündern, weil es an Lebensmitteln mangelte. Gleichwohl empfing Kaiser Alexios Komnenos den berühmten Tolosaner freundlich. Weiterziehend mußte er bei Nikäa den Hauptansturm eines türkischen Heeres abwehren. In Ikonion, dem heutigen Konya, erkrankte er auf den Tod. Neue Tage der Strapazen und Entbehrungen folgten, als man bei strömendem Herbstregen über die verschlammten Saumpfade des Antitaurus zog. Ganze eintausend Ritter und das Fünffache an Fußvolk, zogen sie durch das Küstenland zu Füßen des Libanon bis Arsuf, um sich von hier landeinwärts zu wenden. 1099 ging es im Eilmarsch von Ramleh weiter, bis sie am 7. Juli auf jenem Hügel standen, den die Jerusalempilger, gleich den Wanderern des Santiago-Weges, Montjoie nannten. Die Heilige Stadt mit ihren Mauern und Türmen lag in der Ferne vor ihnen.

Man findet ihre leidvolle Belagerung und Erstürmung, die wüste Plünderung, das noch grauenvollere Gemetzel der Bevölkerung oft genug dargestellt. Raimond vermochte wenigstens den tapferen Verteidiger Iftikhar samt seiner Garnison in der Davidsburg vor der mordtrunkenen Soldateska in Sicherheit zu bringen. Es blieb der einzige Lichtblick. Herrscher in der eroberten Satdt wurde Gottfried von Bouillon. Gewiß hatte Raimond, seit Antiochia alleiniger Führer, trotz mancher Fehler das meiste zum Gelingen des Feldzugs beigetragen. Doch scheute er sich nach eigenem Eingeständnis zu regieren, wo Christus einst den Opfertod starb, und zog nach manchem Intermezzo über Jericho nordwärts zurück nach Tripolis, das er zum Sitz einer neuen Grafschaft erkor. Nach langen Kämpfen gegen die Emire des Landes und einer denkwürdigen Schlacht unter den Mauern der Stadt gegen eine zwanzigfache Übermacht faßte er Fuß.

Herr von Tripolis war er damit noch lange nicht, aber er baute in den Vororten, etliche Meilen landein, eine riesige Burg als Bollwerk gegen die muselmanisch besetzte Zitadelle und nannte sie Qualat Sandschil. Hier erlebte Raimond 1103 noch die Geburt seines einzigen legitimen Sohnes Alphonse-Jourdain, so benannt, weil er mit Jordanwasser getauft wurde; seine anderen beiden Kinder waren ihm unterwegs gestorben. Dann kam auch für ihn die Stunde. Vermutlich in der Folge schwerer Brandwunden, die er bei einem arabischen Angriff auf seinen Stützpunkt davontrug, verschied er plötzlich am 28. Februar 1105, eine Rittergestalt, deren ganzes Leben, deren Todesbereitschaft wie ein Roman anmuten.

In Toulouse hielten die Vasallen treu zu Bertrand. Als sie jedoch von einem rechtmäßig geborenen Erben erfuhren, sandten sie dringliche Nachricht, weil Guillaume IX von Aquitanien, Gatte Philippas von Toulouse, ernsthafte Nachfolgeansprüche erhob. Noch schob sich der Papst schützend dazwischen. Doch kehrte Gräfin Elvira 1108 mit ihrem jetzt fünfjährigen Sohn eilig zurück, während Bertrand im Wechsel nach Südosten segelte, um die orientalische Grafschaft zu übernehmen. Erst recht glaubte der Aquitanier nunmehr seine Stunde in Toulouse gekommen; er bemächtigte sich der Stadt nach blutigen Kämpfen. Diesmal half das Schicksal nach. 1116 starb Philippa von Toulouse, und der Troubadour in der Tour Maubergeonne von Poitiers verlor jeglichen Anspruch.

Allerdings blieben Probleme in Fülle. Gelegentlich lächelte dem früh zum Manne gereiften Alphonse-Jourdain dabei das Glück. Als er jedoch nach Jahrzehnten des Kampfes beim Streit um Montpellier in Gefangenschaft geriet und nur durch große Zugeständnisse freikam, resignierte er unter Berufung auf sein 1146 in Vézelay abgelegtes Kreuzfahrergelöbnis und machte sich wie der Vater mit dem Großteil seiner Familie auf ins Heilige Land. Die tolosanische Grafschaft überließ er seinem Sohn Raimond V. Ahnte er, daß er geradewegs in den Tod zog?

In Tripolis regierte derzeit ein anderer Raimond, Enkel des Bastardsohnes von Raimond IV, Bertrand. Er konnte seinem Großonkel, dem legitimen Erben, kaum den Herrschaftsanspruch verweigern. Aber dann wurde Alphonse-Jourdain auf dem Weiterzug plötzlich krank und starb 1148 in Cäsarea unter Qualen. Sofort liefen Gerüchte um, Raimond von Tripolis habe ihn vergiftet. Andere hielten Königin Melisende von Jerusalem, die Tochter König Balduins von Flandern für die Urheberin. Sie sollte aus Liebe zu ihrer Schwester Hodierna, Gattin Raimonds, zu der Untat angestiftet haben. Die Wahrheit kam nie ans Licht …

Der Tod Alphonse-Jourdains nahm das Ende der orientalischen Linie nur knapp vierzig Jahre vorweg. 1187 starb ihr letzter Vertreter, Raimond II von Tripolis, ›Regent‹ des Königreiches Jerusalem, ohne Nachkommenschaft. Seine Grafschaft geriet in die Hände der Fürsten von Antiochia aus aquitanischem Stamm. Der tolosanische ›mirage oriental‹ war zuende.

Wachsende Schatten

In den Archives Départementales zu Toulouse werden zwei faszinierende Wachssiegel des Mittelalters bewahrt, Das eine zeigt einen Ritter in Rüstung mit zugeklapptem Visier und eingelegter Lanze, der auf schnaubendem Pferd im Karriere einhersprengt, den Körper mit einem ovalen, oben breiten, unten abgerundeten Schild gegen den Beschauer gedeckt. Es ist das Siegel Graf Raimonds VI. Als Schildzeichen trägt es die berühmte ›Croix de Toulouse‹ oder ›de Languedoc‹, ein nach unten lang ausgezogenes Kreuz, dessen Arme außen in drei miteinander verbundenen Spitzen nebst kleinen Kugeln enden.

Hoch zur Rechten vom Helm des Ritters erkennt man den Abendstern und den Halbmond als Bekundung, daß der Wappenträger über Besitzungen im Okzident und Orient gebot. Was für Raimonds VI Vorgänger und Vater noch hingehen mochte, doch für ihn selbst nicht mehr zutraf. Allein, mit dem Languedoc-Kreuz besaß es seine Richtigkeit. Es diente ursprünglich als Emblem der provenzalischen Grafschaft Venasque, kam also dem tolosanischen Haus seit der Heirat Graf Raimonds V mit Richilde, verwitweter Gräfin der Provence, Tochter Kaiser Barbarossas in den sechziger Jahren, ganz gewiß aber seit dem Teilungsvertrag von 1174 zwischen Barcelona und Toulouse zu.

Das andere Siegel gehörte Raimond VII, jenem tragischen Grafensproß, der nie mehr zu wirklicher Regierung gelangte. Heraldisch betrachtet ein ›Sceau de Majesté‹, wie es eigentlich nur regierenden Kaisern oder Königen zustand. Der Graf wird darauf als Gerichtsherr in langem Gewand dargestellt, ein Schwert über die Oberschenkel gelegt. In der linken Hand balanciert er das Modell oder Abbild des alten, längst verschwundenen ›Château Narbonnais‹, ehedem Pfalz der westgotischen, dann der karolingischen Könige und endlich gräfliche Residenz in Toulouse, kurz, ein Zeichen uralter Tradition. Das Wappen stammt von 1228, mithin aus einer Epoche, in der sich Raimond VII noch einmal verzweifelt an seine Hoffnung klammerte, seine Lage werde sich ändern. Aber wie hätte das noch geschehen sollen?

Denn inzwischen hatte sich für Toulouse die Welt verwandelt. Spürte es der Graf nicht selber, daß grade seine so überdeutlich beschworene Souveränität längst in der großen Tragödie Okzitaniens völlig zerstoben war? Erkannten nicht bereits seine Vorgänger den Abgrund, der sich vor ihnen auftat?

Freilich, es hatte alles so gut begonnen! Als Raimond V vierzehnjährig das Erbe Alphonse-Jourdains übernahm, nützten zwar die Herren von Foix und Carcassonne, wie zu erwarten, unverzüglich die vermeintliche Gunst der Stunde. Doch etwas völlig Unerwartetes geschah, das Waffenglück entschied gegen sie. Der junge Tolosaner saß fest im Sattel und er hielt sich darin, wenn auch nur durch einen ewigen Balanceakt während fünfzig Jahren seiner Regierung. Besorgnisse gab es genug. Im neuerdings vereinigten Aragon und Barcelona träumte König Alfonso II von einem mittelmeerischen Staat »auf dem Rücken der Pyrenäen«. Louis VII von Frankreich durchquerte 1154 bei der Rückkehr von seiner Pilgerfahrt nach Compostela das Languedoc mit verdächtig begehrlichen Augen. Gegenüber dem Vizegrafen Raimond Trencavel galt es stets auf der Hut zu sein und nicht minder angesichts der Machtballung Heinrichs II. Plantagenet von England ... Doch warum von den endlosen Querelen eines Dynastenlebens jener Zeit berichten? Das Land bewunderte seine Geschicklichkeit, und Toulouse fühlte sich unter ihm glücklich. Auch wenn er zu luxuriösen Vergnügungen neigte. Fiel nicht ein Abglanz der Hofhaltung, in der die Troubadours, ein Peire Ramon, Foulquet de Marseille, Peire Vidal aus und ein gingen, auf die Stadt zurück?

Nur eines bekam er nicht in den Griff. Die wachsende Häresie. Schon 1177 schickte er einen berühmt gewordenen Bericht nach Citeaux, allein werde er mit dem Übel nicht fertig. Die ersten Schatten kommenden Unheils fielen über das Languedoc. Kein Zweifel, Raimond, eher der Mann eines liberalistischen Gewährenlassens, hatte einer Bewegung, die sich über allem politischen Hin und Her und dem geselligen Treiben im Château Narbonnais vornehmlich im Westteil des Landes ausbreitete, zu wenig Beachtung geschenkt!

Als er 1194 starb, hinterließ er seinem Nachfolger Raimond VI eine »unmögliche Situation«, wie Philippe Wolff es nennt.

Warum die Saat der Häresie im Languedoc auf so günstigen Boden fiel? Das Land war keineswegs arm. Mit dem Beginn des 13. Jahrhunderts mehrte sich der Handel. Die Märkte des nahen Barcelona, die Jahresmessen von Beaucaire und Saint-Gilles schufen internationale Kontakte. In Narbonne, Saint-Gilles, Montpellier, vor ihrer Versandung die großen Häfen des Midi, sammelten sich bedeutsame Vermögen an, entstanden wichtige Konsulate. Man importierte aus Alexandria Leinen, Baumwolle und Luxusstoffe und führte im Wechsel Landesprodukte aus. Nicht zufällig lag der Getreidehandel von Genua 1254 in den Händen eines aus Narbonne gebürtigen Kaufmanns, und mit einiger Sicherheit stammten auch die berühmten Doria von hier. Ballen und Fässer mit exotischen Gewürzen, Spezereien, Süßwaren, Leder und Pelzen stapelten sich, sei es für den Ex- oder Import, auf den Kais, daneben Metalle vieler Art und Holz für den Schiffsbau. Außerdem verlud man Pferde, Maultiere aus dem Roussillon oder Ziegen. Selbst sarazenische Sklaven beiderlei Geschlechts kamen durch diese Tore ins Land, billig zudem, für ein Viertel des Preises, den ein Reittier kostete.

Das wiederum kam nicht nur den Kaufleuten zugute, sondern gleicherweise den Handwerkern im Hinterland. So Tuchwebern, Gerbern, Färbern, Säcklern, Riemenschneidern und Kürschnern, die in dieser Epoche ob der aufwendigen Kleiderwünsche wohlhabender Bürger ihr gutes Auskommen fanden. Dazu traten die Angehörigen zahlloser anderer Gewerbe. Es fehlte an nichts. Der Zulauf, den die Häresie fand, mußte daher andere als soziale Ursachen haben. Dennoch, sie wuchs von unten und durchdrang schließlich das gesamte Leben. Es lag wie ein tiefes Ungenügen über dem Lande. Der Drang nach Lebensvertiefung durchzieht ja das gesamte Mittelalter. Auch mochte ein gewisses Mißvergnügen an allzu routinierten Heilsformeln, dem Lebenswandel der Kleriker eine Rolle spielen.

Nun aber zogen die Sendboten neuer Glaubensvorstellungen durchs Land, die, wenigstens anfangs, ein Dasein in Armut, eine Rückkehr zur Einfachheit der Apostel forderten und sie vorlebten. Hier gab es nichts Läßliches, nichts Allzumenschliches mehr, hier wurde Ernst gemacht mit der Selbstheiligung. Sie nannten sich selbst Christiani, wenn auch, wie wir nachzuweisen haben, kaum mit Recht. Kein Wunder, wenn ihnen die Angehörigen zu Grübeleien neigender Berufe, besonders die Weber, verfielen.

Recht bald allerdings aber fanden sie bei anderen Bevölkerungsschichten ebenfalls Widerhall. Auch wenn der freigeistige und indifferente Hof sich gleichgültig zeigte und die Sendboten lediglich gewähren ließ. Ganz anders der geringere Adel und die Ritterschaft. »Warum sollten wir sie verfolgen«, erklärte ein alter Aristokrat, »sie leben anständig und sind mit uns verwandt.« Aber darin lag es nicht eigentlich. Die ›Milites‹ in ihren ›Castra‹ auf dem Lande hatten der Kirche eine Rechnung zu präsentieren und paktierten nicht von ungefähr mit den Sektierern. Elie Griffe hat ein bemerkenswertes Werk darüber geschrieben. Ob der andauernden Realteilung des Erbes war der ursprüngliche Besitzstand dieses Kleinadels oft auf ein Zweiundreißigstel geschwunden. Seit der gregorianischen Reform gingen zudem die Kircheneinkünfte, soweit sie einst, nicht ungeschmälert, durch ihre Hände gelaufen waren, verloren. Die aufs Praktische bedachten Kaufleute und Handelsherren ihrerseits fanden nichts an den Katharern auszusetzen. Mit fortschreitendem 13. Jahrhundert entwickelten sie sich, unbeschadet des einstigen Armutsideals, zu honetten Handelspartnern, vor allem die ›Parfaits‹ unter ihnen. Ja, seit es ihre Interessen verlangten, verkündeten die Sektierer, es gebe laut Matthäus, Kapitel 25, einen moralischen Unterschied zwischen Handelsdarlehen und dem von der Kirche als Wucher untersagten Geldverleih. Im Zeitalter des erwachenden Kapitalismus machten diese Argumente sich Freunde. Am erstaunlichsten blieb indessen der spontane Zulauf der Frauen, wiewohl die Katharer weibliche Wesen als Geschöpfe zweiten Ranges betrachteten.

Zugang zum Kern der Lehre und zur geistigen Welt der Vollkommenen oder Parfaits dürfte allerdings kaum jemand gefunden haben. Selbst die Croyants, Credentes oder Gläubigen nicht. Die eigentliche ›katharische Kirche‹ bestand im Grunde nur aus einer eingeweihten Gruppe von Perfecti, den Vollkommenen eben, denen wohl ihre Heilsbotschaft, nicht aber ihr eigentliches Bekenntnis glatt von der Zunge ging. Sie trugen übrigens viel dazu bei, die Vertreter des katholischen Klerus bei der Bevölkerung in Mißkredit zu bringen. Sie seien Hunde und Schweine, Hurer und Fresser, die ihre riesigen Einkünfte mit Ehebruch und Völlerei verpraßten ... Dies sollte, im Verein mit anderem, die Spannung bald ins Unerträgliche steigern. Hie Rechtgläubige, hie Katharer, der Riß ging oft mitten durch die Familien.

Als Raimond VI dieses Erbe antrat, sah sich die innerlich so gespannte Lage äußerlich kaum bedrohlich an. Er schien eine tatkräftige Natur, ohne es doch zu sein, und trieb, um nur einen zu nennen, große Pläne für die Einwölbung des 1078 von Bischof Izarn begonnenen Baus von Saint-Sernin in Toulouse voran. Mochte er, nach allzu kurzem Eheglück mit der ersten, auch seine zweite Frau – er sollte fünfmal heiraten – Béatrice de Béziers wegen katharischer Gesinnung verstoßen, so trug er doch im Religionsstreit auf beiden Schultern und wollte es mit niemand verderben. Seine Intelligenz, sein diplomatischer Instinkt hätten ihm die Gefahr zeigen müssen. Aber wie schon der Vater, glaubte er sein Heil im Taktieren, im Lavieren zu finden, wo alles nach Wandlung schrie. Er vernahm diese Stimme nicht. Es gibt Augenblicke der Geschichte, in denen ein Funke genügt, alles in Brand zu setzen. Er zuckte als wahrer Blitz hernieder. Am 14. Januar 1208 vergriff sich einer seiner Gefolgsleute am päpstlichen Legaten Pierre de Castelnau, der die Häresie schlichten sollte, und stach ihn nieder. Der Prälat war verhaßt, aber man mag es drehen und wenden, wie man will, es blieb ein offener Angriff auf die päpstliche Autorität.

Die Untat ist oft heruntergespielt worden, und man sollte Papst Innozenz III. immer wieder den Vorwurf machen, keine ordentliche Untersuchung des Falles abgewartet zu haben, ehe er seinen Bannstrahl schleuderte. Aber der Lateran hatte unendliche Geduld bewiesen und zahllose Diskussionen zwischen Katharern und Kirchenvertretern hingenommen, die zu nichts fruchteten, als den Sektierern Gelegenheit zu verstellter Wiedergabe ihrer Lehre zu geben. Schon 1165 in Lombers, dann 1178 kam es in Toulouse zu Tumulten, weil die Häretiker in einem öffentlichen Streitgespräch etwas völlig anderes behaupteten, als soeben gepredigt. Seit 1190 kannte man in Rom zudem Einzelheiten der Lehre genauer. Gleichwohl schlug man die Mahnungen eines Franziskus, eines Dominikus um der erhofften Verständigung willen in den Wind. Jetzt war die Stunde der Entscheidung gekommen. Man erkannte, daß man im eigenen Lande einen Feind »ärger als Sarazenen« besaß. Der Papst exkommunizierte Raimond VI und forderte das Eingreifen des französischen Königs Philippe-Auguste als legitimen Oberherrn von Toulouse. Dieser jedoch, mit Eroberungsplänen in England beschäftigt, versagte sich. Aber gab es noch Zeit zu verlieren? Innozenz griff zum letzten Mittel, das ihm blieb, und rief zum Kreuzzug gegen die Häretiker auf. Solchem Gebot konnte sich auch der Fuchs in Paris nicht entziehen.

Gewiß wäre es nie zu den nachfolgenden Exzessen gekommen, hätte die französische Krone eine reguläre Armee mit einem erfahrenen Feldherrn an der Spitze nach Süden geschickt. Sie aber entsandte nur ein Aufgebot von Freibeutern des europäischen Nordens, die, nach zeitgenössischen Berichten, weniger der versprochene Sündennachlaß als die Aussicht auf leichte Beute lockte. Der tolosanische Graf erkannte den Ernst der Stunde, der auch ihm, trotz seiner Demütigung vor Saint-Gilles, drohte, und reihte sich ein. Das Unheil, das damit über den ganzen Midi hereinbrach, konnte er nicht mehr abwenden. Bereits wälzte sich der Haufen von Schlagetots durch das Rhône-Tal, lediglich angeführt vom päpstlichen Legaten Arnaud-Amaury, um sich zuerst auf das unglückliche Béziers zu werfen, das dem Vizegrafen Raimond-Roger de Trencavel, Vasall des Tolosaners, unterstand.

Die große Häresie

Die katharischen Gedankengänge, die das mittelalterliche Gefüge des Abendlandes erschütterten, wie sie noch heute durch den Midi geistern, senkten ihre Wurzeln tief in die spekulative, gleichzeitig eigentümlich rationale Mystik des Ostens. Im zweiten Viertel des 10. Jahrhunderts trat im Süden Bulgariens ein Dorfpriester namens Bogomil auf; er verkündete eine Lehre, die bald auch im damaligen Byzanz Anhänger gewann. Die Welt sei böse von Grund auf. Nicht Gott, sondern der von ihm abgefallene Satan hatte die Erde erschaffen. Wer sie überwinden wollte, mußte in Armut unstet umherwandern, zum einfachen Leben der Apostel zurückkehren. Dies blieb das Leitbild der Sendboten, die bald in den europäischen Westen auszogen, weil sie daheim auf den erbitterten Widerstand der Ostkirche und der byzantinischen Kaiser stießen. Da jeder Druck Gegenkräfte auslöst, hatte sich unterdessen eine noch radikalere Gruppe von den Bogomilen abgespaltet. Ihre Anhänger nannten sich nach einer thrakischen Landschaft Dragowiten und erhoben Satan zum Gegengott. Südfrankreich hatte in Pierre de Bruys bereits einen Vorläufer solcher Anschauungen erlebt; ihm folgten bald, noch entschiedener, der redegewaltige, entlaufene Mönch Heinrich, der später in Albi Zuflucht fand, dann verwandte oder abgewandelte Reformbewegungen bis hin zum weltverachtenden Arnold von Brescia und Joachim von Fiore. Allen gemein blieb der Wunsch nach durchgreifender Erneuerung des Glaubens, nach Verinnerlichung, Buße und christlicher Armut an Stelle prunkvoller Kirchenzeremonien und reicher Pfründe für den Klerus, Forderungen, für die es mancherlei Gründe gab.

1143 traten die bogomilischen Sendboten in Köln zum ersten Mal an die Öffentlichkeit, apostolisch lebend, wandernd, fastend, ihre Tage in Gebet und Handarbeit zubringend. Einige ihrer Anhänger verfielen ob ihrer Absage an die Glaubenslehre der harten, für Häresie vorgesehenen Strafe und wurden auf den Scheiterhaufen geschickt. Dennoch, sie mehrten sich unablässig. Ihre Gefolgsleute gaben Besitz und Beruf auf, Klassenunterschiede vermischten sich; selbst Mönche und Nonnen eiferten der neuen Lehre nach.

Ihre Angehörigen nannten sich, nachweisbar zuerst 1163 und wiederum in Köln, die Reinen, griechisch Katharoi, vermutlich der Ursprung des Wortes Ketzer. Aber auch ›boni homines‹ oder mit Vorliebe Christiani, während die Außenwelt ihnen Schimpfnamen wie Popelicani, Piphli beilegte oder gar Texerans, möglicherweise weil sich besonders viele Weber unter ihnen befanden; in Frankreich auch Bougre für Schuft, eine Verballhornung des Namens Bulgare. Zu ›Albigensern‹ wurden sie wahrscheinlich, weil der Ketzer Heinrich einst in Albi Zuflucht fand und hier einer ihrer ersten Bischöfe saß. Trotzdem sah es noch so aus, als könne man sich eines Tages mit ihnen verständigen.

Im Mai 1167 erschien indessen in Südfrankreich ein neuer Sendbote. Er hieß Niketas, Bischof der radikal-dualistischen, also dragowitischen Gemeinde von Konstantinopel. Er traf sich in Saint-Félix-de-Caraman bei Toulouse mit den katharischen ›Bischöfen‹ der Region – die Sekte hatte sich schon damals nach katholischem Muster organisiert – und weihte drei neue Oberhirten für Carcassonne, Toulouse und Val d'Aran nach dem ›Ordo Drugonthiae‹. Ganz Südfrankreich hing nunmehr der dragowitischen Richtung an, die den Teufel als Gegengott proklamierte, eindeutig dualistische Züge trug und dennoch für sich beanspruchte, die vielbeschworene Urkirche des Christentums zu verkörpern.

Das eigentliche und wahre Erbe der Bogomilen von der apostolischen Armut trat allerdings bald zurück und wurde von den Waldensern aufgenommen, die kurz nach diesem Konzil auftraten. Es handelte sich um Anhänger des Kaufmanns Petrus Valdes aus Lyon, der all seinen Reichtum verschenkte, um ein Leben freiwilliger Armut, unsteten Wanderns und Predigens zu führen. Dergleichen lag in der Zeit. Schon im Jahrhundert zuvor dachte die Pataria in Mailand ähnlich und fand teilweise päpstliche Billigung …

Doch zurück zu den Katharern des Midi. Christiani … waren sie es noch? Schon ihre ›Abrenuntiatio‹ an jede irdische Macht, das Abschwören, den Mitläufern kaum völlig bewußt, stand gegen die Worte Christi. Doch das bedeutet keinen Einwurf gegen ihre Lehre an sich, auch wenn es für jede weltliche Obrigkeit, Kaiser, Könige, Grafen und erst recht die Kirche untragbar schien. Dergleichen rüttelte an den Grundordnungen der mittelalterlichen Welt. Vieles wog schwerer. Die Auffassung der Dragowiten von Satan als Gegengott, dem Minor Creator, und der Erschaffung des Menschen rührte bei aller mythologischen Verbrämung ans Absurde. Danach hatte Satan zur Verführung der Engel eine schöne Frau in den Himmel geschmuggelt, worauf viele der Himmelswesen, durch jäh erwachte Begierde ›schwer‹ geworden, das gläserne Himmelsdach durchbrachen, um, nach Petrus Martyr, »neun Tage und Nächte, dichter als Grashalme und Regentropfen« auf die Erde hernieder zu stürzen.

Diese gefallenen Engelseelen bannte der Minor Creator in menschliche Leiber. Er galt ja als Gott der Genesis und Erschaffer der diesseitigen Welt. Entsprechend sah man auch die Patriarchen und Propheten des Alten Testamentes als Teufelsgeschöpfe an. Johannes der Täufer hieß gar verächtlich ›der Wasserträger‹. Anders stand es mit dem Neuen Testament, das man wohl anerkannte und durch lebendige Nachfolge zu erfüllen suchte, doch in umgedeuteter Form – allein gleich davon! Welchen Sinn besaß das Dasein auf Erden? Der Mensch sollte Buße tun für den Abfall von Gott. Nur Weltenthaltung befreite vom sündigen Treiben hienieden. Sinnlos die Reue. Gnade äußerte sich nur in Form von Prädestination, die einzig den Perfecti oder Vollkommenen vorbehalten blieb, die den zahlenmäßig begrenzten Kern des Katharismus bildeten. Den Eintritt in ihre Elite konnte der gewöhnliche Mensch nur nach langer Vorbereitung, der Endura, durch ein reinigendes, zugleich das einzig gültige Sakrament, das Consolamentum erlangen. Nach ihrem Tod stiegen die Parfaits, triumphant von achtzehn Engeln begleitet, unmittelbar in den untersten Himmel auf – sie kannten deren sieben – wo ihrer grüne Wiesen und Vogelgesang harrten und sie weder Hunger noch Durst litten. Dafür hatten sie auf Erden ein Dasein harter Askese zu führen und unterlagen dem Eidesverbot, da Satan als Gott des Alten Testamentes das Schwören erfunden hatte, während der Waffengebrauch allen Katharern untersagt blieb; später, als die Not sie zur Selbstverteidigung zwang, mietete man sympathisierende Ritter und Kriegsknechte an. Einzig die Parfaits wiederum besaßen das Recht, das Servitium, das stets mit dem Friedenskuß endete, zu feiern, und das ›Pater‹, das

Vaterunser zu beten. Dies freilich nicht nur beim Gottesdienst, sondern im Lauf der Zeit immer häufiger: siebenmal am Tage, siebenmal bei der Nacht. Dabei sprach man es nicht nur einmal, sondern oft in ganzen Sequenzen oder Doblas, die nach Arno Borst, der eine grundlegende Arbeit über ihre Lehre veröffentlichte, wahrscheinlich aus sechzehn Paternostern bestanden.

»Bleich und mager vom Fasten, mit traurigem Gesicht und tränenreicher Stimme« und doch in der stillen Freude des Erwähltseins zogen sie durchs Land von einem klosterähnlichen Rasthaus zum andern, einzig Fisch, Brot und Gemüse genießend. Jedes Fett war bei der Zubereitung verboten. Dabei aßen sie aus einem eigens mitgeführten, neunmal gespülten Eßnapf, für dessen Unterlage sie besonderes Tischzeug mit sich führten. Kurz, ihr Lebenswandel, in stellvertretender Askese für die anderen, bedeutete zugleich eine Absonderung, einerlei ob diese Perfecti als Bischof, Ancianus, Diakon oder Sapiens – der eigentliche Theologe – fungierten. Der Croyant oder einfache Gläubige war ihnen ein ›Melioramentum‹, eine Ehrenbezeigung schuldig, indem er sich dreimal vor ihnen verneigte oder gar auf die Knie fiel und um ihren Segen bat. Ein allgemeines Oberhaupt, einen katharischen Papst gab es nicht, auch wenn man Niketas gelegentlich als solchen bezeichnet findet.

Diese Auslese genügte gleichsam als kleines Stück Sauerteig, um die große Masse der Credentes an die Glaubensgemeinschaft zu binden. Auch wir werden ihnen und ihrer Todesbereitschaft nicht jene Achtung versagen, die man dem gelebten, moralischen Rigorismus entgegenbringt. Freilich blieb es ein freudlos-gedrücktes Dasein, das sie den Croyants predigten; man glaubt es den tristen Dörfern in der Gegend um den Montségur und die Berge von Olmes, wo sie sich später festkrallten, noch heute anzusehen.

Der Credentes oder einfachen Gemeindemitglieder wartete ja keineswegs ein so freundliches Himmelreich; vielmehr unterlagen sie nach ihrem Ende der Wiedergeburt oder auch Seelenwanderung, bis sie im Lauf erneuten Erdenwallens den nötigen Grad der Läuterung erreicht hatten. Auch sie vermochten ihr Leben in Sündlosigkeit zu beschließen, wenn sie auf dem Sterbebett das Consolamentum empfingen. Allerdings bekamen sie seit diesem Zeitpunkt, selbst im Fall unvermuteter Genesung, keine Nahrung mehr; es ist jene zweite Form der Endura oder Abstinentia, die sogar für kranke Kinder galt. Sonst aber mochte der einfache Katharer, ohnehin der Erbsünde preisgegeben, in seinen Verfehlungen hinleben, wie es ihm gefiel, freilich zur öffentlichen Beichte vor der gesamten Gemeinde verpflichtet. Es verbarg sich hinter solcher scheinbaren Freizügigkeit offensichtlich ein Zugeständnis an das natürliche Verlangen des Menschen, galt doch jede geschlechtliche Vereinigung als sündhaft und selbst die Ehe als Hurerei. Schwangere Frauen ließ man zum Servitium, dem Gottesdienst, nicht einmal zu. Kinder betrachtete man mehr oder weniger als Teufelsbrut.

Freilich hat alles dies nicht die Gegenkräfte der Zeit, vor allem der Kirche herausgefordert, sondern ihre Feindseligkeit gegen Klerus und Obrigkeit, zu der sie die Menschen aufstachelten, und die Verleumdung der katholischen Glaubensinhalte, eingeschlossen die Kardinalpunkte der christlichen Lehre. Was sollten alle Sakramente, die eine blutgierige, hoffärtige Priesterschaft nur aus Habgier verkaufte? Sie waren töricht, böse, ja schändlich. Die Taufe, durch sündige Kleriker gespendet, sei nutzlos, weil mit ›aqua corrupta‹ vollzogen. Reliquienkult, die Verehrung von Christi Marterholz, das doch nur Satans Sieg dokumentiere, aber auch jede Kunst in den Kirchen galten für verderblich oder überflüssig. Vollends wurde die Eucharistie verworfen, weil die Materie, also auch das Brot als Leib Christi böse sei. Christus selbst aber war für die Katharer nicht Gottes Sohn, sondern ein Engel mit einem ›corpus phantasticum‹, dessen Kreuzestod man lediglich als ›mythologisches Ereignis‹ deutete.

Es war der entscheidende Punkt! Die Leugnung der Menschwerdung des Herrn, eingeschlossen den Opfertod, in dem für den Christen erst die volle Glaubenswirksamkeit beruht. Die lediglich teilweise Nachfolge von Christi Lehren, bei der die Passion, die Erlösungstat, das Wiedererscheinen des Herrn, kurz der gesamte eschatologische Aspekt, ausgeklammert blieb, machten aus der dragowitischen Lehre unter Hinzunahme der Seelenwanderung für den einfachen Gläubigen eine Moraltheologie esoterischen Charakters.

Was indessen derzeit noch mehr ins Gewicht fiel – die katharische Häresie bedeutet eine völlige Absage an die seit Jahrhunderten gewachsenen christlichen Glaubens- und Lebensformen, in die sich der mittelalterliche Mensch von der Geburt bis zum Tod, vom Morgenläuten bis zum Angelus eingebettet sah. Viele Katharer haben sich denn auch nicht davon trennen können, und es scheint mir keineswegs verwunderlich, daß mancher Sympathisant morgens zur Messe ging, im Vorübergehen an einem Heiligenbild sein Kerzlein aufsteckte und abends den Worten der ›Parfaits‹ lauschte. Konnte man jedoch von einem Papsttum, das eben unter Innozenz III., diesem vielleicht größten unter den Völkerhirten, auf den Höhepunkt seiner Selbstverwirklichung stieg, ernsthaft erwarten, daß es einer Zerstörung des ihm heiligen Glaubensgutes von innen heraus tatenlos zusehen werde? Seine Vertreter nahmen den ihnen zuteil gewordenen Auftrag, wenn auch manchmal überspitzt und unleugbar mit Machtstreben verbunden, ernst auf Leben und Tod.

Das Consolamentum, Kern und einziges Sakrament der katharischen Sekte aber bestand im wesentlichen aus einem Abschwören der katholischen Lehre und ihrer geweihten Verfechter.

Albigenserkreuzzug

Dergleichen und selbst der Mord an Pierre de Castelnau oder die aufgekommene Gewitterspannung rechtfertigen natürlich keineswegs, was nunmehr geschah. Indessen ist über den ›albigensischen Kreuzzug‹ soviel Tinte der Entrüstung geflossen, daß man den Schilderungen seiner Greuel kaum ohne einschränkende Zweifel zu glauben vermag. Was trug sich wirklich zu?

Im Juli 1209 erreichte der ›Ost‹ oder Heerbann des Nordens, angeführt vom päpstlichen Legaten Arnaud-Amaury, dem Abt von Citeaux, Béziers. Er bestand in der Hauptmasse aus zusammengelaufenem Volk, das sich seelische oder materielle Vorteile versprach. ›Ribauds‹, Lumpengesindel, nennen es die Quellen in der üblichen mittelalterlichen Verallgemeinerung für alles, was nicht über Stand oder Herkunft verfügte. Man hatte sich auf vierzig Tage Teilnahme gegen einen Sündenablaß verpflichtet; eine große Zahl von Pilgern auf dem Wege nach Santiago oder anderswohin schloß sich den Kreuzfahrern an. Zeitgenössische Berichte sprechen von einer halben Million Menschen, aber die Schätzungen von Dominique Paladilhe in seinem Buch ›Les grandes heures Cathares‹ von rund fünfzigtausend Teilnehmern scheinen realistischer. Bereits die Versorgung einer solchen Menschenmenge mußte große Schwierigkeiten bereiten und erforderte ungeheure Trosse.

Mit diesem Heer zogen rund fünftausend Ritter, eingeschlossen hochgestellte Herren wie Herzog Eudes III von Burgund, Adhémar von Poitiers und sogar Raimond VI von Toulouse, der hoffte, sich auf diese Weise salvieren zu können; einmal war sein Land nicht kriegsbereit, zum andern richtete sich der Zug nicht gegen ihn, sondern gegen seinen Vasallen, den jungen Vizegrafen Raimond-Roger Trencavel, dem Béziers gehörte. Er weigerte sich, vor der Heeresmasse zu kapitulieren und seine katharischen Untertanen in Béziers auszuliefern, wiewohl ihre Zahl nur rund zweihundertzwanzig betrug. Aber auch die Bitterois, die Bürger von Béziers, dachten so stolz wie ihr Vizegraf, eine Eigenschaft, die man ihnen gegenwärtig noch nachsagt. Ihre Überheblichkeit sollte sich bitter rächen. Während das Heer unterhalb des Abhanges, den das vizegräfliche Schloß und die Porte Saint-Jacques beherrschten, lagerte und die Pilger am nahen Orb-Ufer Erfrischung suchten, kam es am immer noch existierenden Vicux Pont zu einem verhängnisvollen Zwischenfall. Statt hinter der sicheren, kaum ersteiglichen Stadtmauer zu bleiben, wagten sich einige Maulhelden nach draußen und forderten die Kreuzfahrer heraus, man werde sie wie Vögel aus einem Haferfelde verscheuchen. In der Hitze gegenseitiger Beschimpfungen kam ihnen ein aufgebrachter Pilger zu nahe und wurde von der Höhe der Brücke in den Fluß gestürzt. Ein erbittertes Handgemenge hob an, die Städter mußten weichen und drängten schließlich gemeinsam mit Ribauds, Valets d'armes und Pèlerins durch die Porte Saint-

Jacques ins Innere. Alsbald ergossen sich ganze Ströme von Kreuzfahrern durch das offene Tor, und ehe die Ritterschaft in ihrem abgelegenen Zeltlager etwas merkte, war ein Massaker im Gange. Selbst die Priester, die ihre Altargewänder anlegten, entkamen dem Morden nicht, weder Kreuz noch Kruzifix entging der Zerstörung, weder Frauen noch Kinder blieben verschont. Nur der Vizegraf und die Juden überstanden das Gemetzel – sie waren rechtzeitig nach Carcassonne ausgewichen. Ein Großteil des Weichbildes ging in Flammen auf. Wieviele Menschen bei dieser Blutorgie umkamen? Zehn-, fünfzehntausend? Niemand weiß es. Als die Ribauds sich in leerstehenden Häusern einnisten wollten, erschien die französische Ritterschaft auf dem Plan und trieb sie mit Knüppeln hinaus.

Acht Tage später begann die Armee den Sturm auf Carcassonne. Raimond-Roger mußte sich nach zwei Wochen auf Gnade und Ungnade ergeben, weil der Sommer die Brunnen hatte versiegen lassen. Diemal kam die Bevölkerung besser davon, wenn sie auch ihre gesamte Habe verlor und die Stadt nackt bis aufs Hemd verlassen mußte. Trencavel warf man ins Gefängnis, wo er schon im November des Jahres starb, angeblich vergiftet, in Wahrheit wohl an der Ruhr.

Bereits bei seiner Niederlage erhob sich die Frage, was aus der Vizegrafschaft des ohnehin Exkommunizierten werden sollte. Die großen Herren unter den Kreuzfahrern interessierte das Lehen wenig. Sie gedachten auf schnellstem Weg heimzukehren, wie übrigens, nach Erfüllung des Gelübdes der vierzig Tage, auch ihre Truppe. Arnaud-Amaurys Wahl eines neuen Herrn fiel auf einen unbedeutenden Baron der Ile de France, der sich durch Todesverachtung und Tatkraft hervorgetan. Sein Ehrgeiz, aber auch seine rücksichtslose Intoleranz gegen jede Abweichung von der Orthodoxie ließen ihn als Mann der Stunde erscheinen. Er hieß Simon de Montfort. Seine Ernennung entschied das Schicksal des Südens.

Da ich der Meinung bin, daß die Humanitätsbekundungen der heutigen Menschheit fadenscheiniger anmuten denn je, und zudem ein ›papierenes Blutvergießen‹ nicht schätze, seien die künftigen Ereignisse ohne das übliche Wehklagen über die Grausamkeit des Mittelalters geschildert. Für den nur mit wenigen zuverlässigen Gefährten zurückbleibenden Montfort schien die Lage beinahe unhaltbar. Umgekehrt besaßen auch Toulouse und sein Graf seither einen Nachbarn, der schon um der Selbsterhaltung willen um sich schlagen würde, sobald er nur konnte. Genauso sollte es kommen. Ringsum erhoben sich die kaum bezwungenen Herren des Landes. Im Winter 1209 auf das Jahr 1210 verlor Montfort nicht weniger als vierzig Burgen oder feste Stützpunkte, bis es seiner tatkräftigen Frau Alice de Montmorency daheim gelang, genügend Teilnehmer für einen neuen Kreuzzug, vielfach ›Bede-‹ oder Wallfahrer, zu sammeln. Bereits im Frühjahr konnte er zum Angriff übergehen. Ein mißlicher Zustand trat ein; im Namen der Rechtgläubigkeit verteidigte hier ein Baron der Ile de France ein Lehen, das wie ein Pfahl im Fleische des Südens steckte. Die eigentliche Tragödie des Midi, die gewaltsame Überfremdung durch den Norden hob an.

Es spricht für Montforts militärische Klarsicht, daß er sich zuerst auf das Burgendreieck, das seinen neuen Besitz einschloß und sich in katharischen Händen befand, warf, Minerve, Termes und Cabaret. Das erste Bollwerk fiel nach harter Belagerung. Übrigens war es nicht Montfort, sondern der päpstliche Legat Amaury, der hier die Parfaits, hundertfünfzig an Zahl, auf den Scheiterhaufen schickte; sie sprangen, wie es heißt, leuchtenden Auges in die Flammen. Dann kam Termes an die Reihe, das erst, nachdem ein Kontingent lothringischer Pilger eingetroffen, durch den Einsatz der schweren Artillerie jener Tage, Wurfmaschinen also, fiel. Als letzte Bastion blieb nach Einnahme einer Reihe kleinerer Stützpunkte Cabaret übrig, eine Gruppe von vier Burgen im Norden von Carcassonne, deren Ruinen noch heute klagend über ihren gratigen Felsrücken aufragen. Ihre Eroberung verlief nach Ankunft eines weiteren Pilgerkontingentes im Jahre 1211 fast glimpflich.

Gewiß, es kam dabei zu Übergriffen, die schrecklich anmuten. Aber daß der päpstliche Legat, während man Häretiker wie Katholiken gleichzeitig umbrachte, gesagt haben soll: »Schlagt sie nur tot, Gott kennt die Seinen!« stimmt nicht. Der Ausspruch ist nachweislich rhetorische Zutat des deutschen Mönches Caesarius, der über die Geschehnisse berichtet hat. Ein anderes Greuel, das man Montfort anlastete, besaß wenigstens ein Motiv. So ließ er einhundert Gefangene verstümmeln und blenden, um den Elendszug sodann unter Führung eines Einäugigen fortzujagen. Aber muß man nicht auch erwähnen, daß man ihm zuvor zwei gefangengenommene Ritter seiner Gefolgschaft in noch ärgerem Zustand übersandt hatte, den einen nur noch als Leiche, nachdem ihre gesamte Mannschaft umgebracht war? 1211 hatte Simon fast die gesamte Vizegrafschaft der Trencavel wiedererobert oder von Gegnern gesäubert, eingeschlossen Lavaur, das in der Tat unter widerwärtigen Ausschreitungen fiel.

Umgekehrt unternahm Raimond VI von Toulouse, trotz der in Saint-Gilles 1209 übernommenen Verpflichtung, noch immer nichts gegen die Häretiker. Jetzt forderte ihn – auf wessen Betreiben bleibt unklar – ein Konzil in Montpellier ultimativ dazu auf. Obendrein sollte er, nach totaler Unterwerfung, im Heiligen Land in den Templerdienst eintreten. Zu spät begriff er, daß nunmehr das Schicksal an seine eigene Tür klopfte und ihm lediglich die Wahl zwischen Kampf oder Untergang blieb. Er rüstete, wie es heißt, ein gewaltiges Heer, und doch konnte er sich bei Saint-Martin-de-Lalande, vor Toulouse und Castelnaudary nur schwer gegen Montfort behaupten, der die Stunde gekommen sah, sich auch in den Besitz der Grafschaft Toulouse zu bringen. Es mutet verständlich an und paßt auch ganz zu der zögernden Art des Tolosaners, daß er Anlehnung bei Peire II, dem König von Aragon, suchte, der im Juli 1212 vor Navas de Tolosa entscheidend zum Siege über die Almohadenheere beigetragen hatte und im Lateran hoch in Ansehen stand.

Aragon, ohnehin als Lehnsherr von Montfort okkupierter Gebiete beunruhigt, verstand auch seinerseits, was die Glocke schlug. Er wandte sich brieflich an den Papst: während er gegen die Sarazenen kämpfte, habe sich der Nordfranzose eindeutig rechtgläubiger Landstriche bemächtigt, die seiner Lehnsherrlichkeit unterstanden, so in Comminges, Foix und Béarn. Das war eine klare Beschuldigung Montforts durch einen Vorstreiter der katholischen Sache, im Namen des Kreuzzuges in seine Tasche gewirtschaftet zu haben. In der Tat lagen die Dinge so, wiewohl man kaum an Peires Absicht zweifeln kann, sich seinerseits zum Oberherrn des ganzen Midi zu machen.

Die Antwort von Rom wartete der König gar nicht ab, sondern ließ sich am 27. Januar 1213 durch Raimond VI, mit dem ihn übrigens enge verwandtschaftliche Beziehungen verbanden, in Toulouse huldigen.

Ein Augenblick, in dem die okzitanische Sache sich noch einmal zum Guten zu wenden schien! Die Bindungen des Midi an den südlichen Nachbarn in ›Sitte und Sprache‹ waren stets enger als die an Frankreich. Die Namensgleichheit vieler Städte wie Granada und Grenade, Valencia und Valence, Toulouse und Tolosa nebst manchen und manchem anderen redet für sich. Montfort erkannte die Gefahr, die ihm durch eine Wendung des Kampfes ins Politische drohte. Nicht länger stand er als Vertreter der Rechtgläubigkeit gegen Häretiker, sondern als Franzose gegen Okzitanier. Auch wenn der Papst noch am 21. Mai als Resultat eines Konziles zu Lavaur einen Antwortbrief an den aragonesischen König schickte, trotz aller Freundschaft, die er für den Sieger von Navas hege, möge er den Grafen von Toulouse nicht länger unterstützen. Die mahnende Epistel bewirkte das Gegenteil; Peire beeilte sich, solange er die Truppe Montforts noch geringfügig an Zahl wußte, und marschierte von Huesca mit großem Aufgebot über die Pyrenäen heran. Am 8. September 1213 erreichte er Muret nahe Toulouse und schlug südlich Seysses ein Lager auf, um den Zuzug Raimonds zu erwarten.

War es Tollkühnheit oder jenes unbändige Gottvertrauen, das wir Montfort bei allem, was man gegen ihn vorbringt, zubilligen müssen? Zwei Tage später erschien auch er, auf verschlammten Wegen von Südosten über die in Trümmern liegende alte Abtei Boulbonne heranmarschiert. Es goß in Strömen. Kommenden Morgens sah er vor sich die weite Ebene von Muret, und ihm mag dabei nicht wohl zumute gewesen sein. Dort warteten abertausende Soldaten auf seine kleine Truppe, während auf der fernen Garonne eine ganze Flottille von Schiffen mit tolosanischen Milizen heranschwamm, allesamt erfüllt von Siegesgewißheit. Was gibt es zu sagen angesichts eines Ereignisses, das die Geschichte verändern sollte? Man hatte sich nordwestlich von Muret auf Seysses zu in drei Linien, also in klassischer Schlachtordnung aufgestellt. Noch erhielten beide Seiten Verstärkung. Montfort mußte gegen eine doppelte, ja dreifache Übermacht kämpfen, die Milizen nicht mitgerechnet.

Am Morgen des 12. September ging es los. Es heißt, der König von Aragon sei, etwas entkräftet, nur schwer in den Sattel gekommen. »Habia jagut ab una Domna« – er hatte die Nacht angeblich bei der schönen Herrin von Lombers verbracht, während Montfort in Muret vor einem Altar auf den Knien lag und um den Sieg betete. Raimond VI hielt sich nach seiner Art zurück und zögerte, doch Peire von Aragon wollte die Entscheidung erzwingen und attackierte. In Kürze entbrannte ein heftiger Kampf um Schloß und Altstadt von Muret, doch fiel die Entscheidung draußen im Feld. Montfort zog die dritte seiner Linien nach Westen heraus, fiel aus der Flanke über die anstürmenden Aragonesen her und rollte sie von der Seite auf. Und während die tolosanischen Milizen noch von Rache für ihre bisher im Kriege gefallenen Mitbürger träumten, hatte sich ihr Schicksal bereits entschieden. Montfort trug einen vollkommenen Sieg davon. Peire II von Aragon fiel, Raimond von Toulouse wurde vom Wirbel der Fliehenden mitgerissen ... Nein, wir können für ihn kaum jene ›mildernden Umstände‹ in Anspruch nehmen, die einige Historiker ihm zubilligen! Er ließ seine Milizen im Stich, die in kopfloser Flucht massenhaft in der Garonne ertranken.

»In Toulouse gab es kein Haus, in dem man nicht irgendein Mitglied beweinte«, bezeugt Guy de Puylaurens. Die Stadt mußte sich ergeben und wurde im römischen Laterankonzil von 1215, der größten Kirchenversammlung, die jemals stattgefunden, samt der Grafschaft Simon de Montfort überlassen. Raimond VI verlor jeden Herrschaftsanspruch; der Norden hatte gewonnen.

Gewiß, der unselige Krieg ging noch jahrelang weiter. Toulouse sollte aufbegehren, Montfort sich auf Beaucaire werfen, das nie häretisch gedacht hatte, um auch die provenzalischen Besitzungen des Tolosaners an sich zu bringen, während die Hauptstadt sich erneut gegen ein verhaßtes Joch erhob – was half es? Mochte Simon bei der nachfolgenden Belagerung 1218 vom Steinbrocken einer Wurfmaschine – der Fama nach bedienten sie heroische Tolosanerinnen – zerschmettert den Tod finden, am Ergebnis änderte es nichts mehr. Raimond VI und nach seinem Ende im August 1222 sein tapferer Sohn Raimond VII mußten trotz kleinerer Erfolge hie und da immer wieder ausweichen, bis der zweite Montfort, Amaury, kein Abbild seines Vaters, sich schließlich erschöpft zurückzog und sein Erbe an Frankreich übertrug, dessen Stunde nun kam – das Schicksal des Südens und des tolosanischen Hauses war damit endgültig besiegelt.

Schon 1214 hatte König Philippe-Auguste bei Bouvines in denkwürdiger Schlacht seine englischen und deutschen Gegner vernichtend geschlagen und nunmehr freie Hand für den Süden. Bald rückte der französische Kronprinz, der spätere Louis VIII heran, rottete die Bevölkerung von Marmande aus, holte sich aber vor Toulouse eine blutige Abfuhr. Noch einmal schien ein Hoffnungsschimmer die okzitanische Lage zu erhellen; offen paktierte man nun mit der Häresie und fand immer neue Anhänger unter den sogenannten ›Faydits‹, den von ihren Burgen vertriebenen Rittern des Südens. Die Exkommunikation Raimonds VII von 1226 durch Papst Honorius III. allerdings – Innozenz III. war schon zehn Jahre tot – ein neuer Kreuzzug unter Louis VIII durch das Rhône-Tal machte auch dieser Aussicht des Midi auf ein Eigenleben ein Ende.

1229 demütigte sich der letzte tolosanische Graf, nach Abschluß des Vertrages von Meaux oder Paris in der französischen Hauptstadt vor Notre-Dame. Er behielt nur ein kleines Restgebiet, das provenzalische Marquisat, und verheiratete seine einzige Erbin und Tochter, wie ausbedungen, mit Alphonse de Poitiers, dem Bruder des jungen Louis IX, den man später den Heiligen nennen sollte. Es gab keinen anderen Ausweg, wie sehr sich Raimond VII, nunmehr ob seines provenzalischen Restgebietes Vasall Friedrichs II., bemühte, sich dem Kaiser, dem Papst als Feldherr oder Unterhändler anzudienen. Was seine einstige Grafschaft betrifft – nach endlosen Jahren blutigen Kampfes konnte und wollte die Bevölkerung nicht mehr.

Die Ehe von Raimonds Tochter mit Poitiers blieb kinderlos. Das Erbe fiel, wie in der Abmachung von Meaux vorgesehen, an die französische Krone, und dies war vorläufig das Ende vom Lied.

Umkehr im Zorn

Daß sich die Pilger in ganzen Kontingenten zum Kampf gegen die Katharer stellten, hat zweifellos nicht nur der versprochene Sündenablaß bewirkt. Nichts mutet gegensätzlicher an als die Santiago-Fahrt mit ihrem Reliquienkult, ihrer Empfänglichkeit für Sinneseindrücke und die puritanische Häresie. Zwischen Weltüberwindung und Weltverneinung klaffte ein unüberbrückbarer Abgrund. Es gab freilich in weiten Teilen des Volkes auch andere Bewegungen der Abkehr. Immer mehr breiteten sich, besonders im Nieder-Languedoc, inspiriert von den Idealen der Zeit die ›Armen Katholiken‹ aus, geführt von dem bekehrten Durand de Huesca. Mitten im Herzen der Ketzerei, im Lauragais, aber wuchs zugleich eine Gegenkraft von historischer Bedeutsamkeit.

Schon 1206 hatte sich bei der Rückkehr von Rom im Bergdorf Fanjeaux der Subprior von Osma, Domingo de Caleruega niedergelassen, um von hier aus wandernd, predigend, als Bettler durchs Land zu ziehen, und die Sendboten der Katharer mit ihren eigenen Mitteln und durch die Macht des lebendigen Wortes zu schlagen. Vom ›Seignadou‹, dem Aussichtspunkt des Ortes über der herrlichen Landschaft war ihm eine visionäre Erleuchtung zuteil geworden. Er sah eine feurige Kugel über den Himmel ziehen, die ostwärts, auf Montréal zu, in Prouille zu Boden stürzte. Er verstand die Erscheinung als göttlichen Auftrag und gründete dort eine Zufluchtsstätte für zum Glauben zurückgekehrte Frauen und Mädchen. Bald konnte er einen Anhängerkreis um sich scharen, ähnlich wie in Italien Franziskus von Assisi; doch gelang es ihm erst 1216 in Toulouse die Zustimmung des Laterans für eine neue Ordensgemeinschaft zu finden, die Predigermönche, später Dominikaner genannt, deren Echo bald durch die Christenheit drang. Anders als die Benediktiner wirkten sie in die Welt und gründeten Schulen für die Bevölkerung, ja, sie führten die alte Schulphilosophie zu neuer Blüte, der Hochscholastik, als deren Meister wir einen Albertus Magnus, einen Thomas von Aquin auftreten sehen. Vom Odium der Inquisition, von der noch zu reden sein wird, haftete den Dominikanern zu Lebzeiten ihres Gründers nichts an, der übrigens den albigensischen Kreuzzug mißbilligte. Er ist schon 1221 in Bologna gestorben. Hinzu kamen ferner die Augustiner-Eremiten, aus deren Reihen später Luther hervorging, sodann die seit 1238 ins Abendland zurückkehrenden Karmeliter, aber auch weibliche Gemeinschaften wie die Klarissen. Allesamt Bettelorden von rigoroser Lebensform, deren Konvente sich meist in den Städten, inmitten der Menschenballungen ansiedelten.

Allein, noch war die Gedankensaat der Katharer keineswegs ausgerottet. Ihre Parfaits zogen sich lediglich in abgelegene Gebiete zurück oder wirkten, wie zu Carcassonne, aus dem Untergrund. Es beleuchtet die Zwiespältigkeit der Lage, daß der katharische Bischof Guilabert de Castres ausgerechnet zu Fanjeaux Rückhalt beim ländlichen Adel fand, 1225 zu Pieusse ein regelrechtes katharisches Konzil abgehalten wurde, und es noch zehn Jahre hernach in Toulouse zu einem schweren Zwischenfall kam …

1233 hatte eine Bulle Gregors IX. die Einrichtung von Befragungsgerichten unter Leitung der Dominikaner verfügt, eine recht zweifelhafte Maßnahme. Sie sahen die öffentliche Mahnung an alle Katharer vor, sich zu stellen, und schärften, was sie unerträglich machte, den Gläubigen die Anzeige von Verdächtigen ein. Die Vorladung eröffnete das Verfahren, bei dem der Denunziant dem Angeschuldigten unbekannt blieb; einen Verteidiger sah die Gerichtsbarkeit nicht vor. Rund zwanzig Jahre später sollte Innozenz IV. obendrein die Anwendung der Folter gestatten. Wer sich schuldig bekannte, kam mit kirchlichen Strafen davon, oft genug mit der Auflage einer Pilgerfahrt, auch nach Santiago, wobei der häretische Wallfahrer ein gelbes Kreuz auf der Brust und dem Rücken zu tragen hatte. Schwere Fälle wurden mit Gefängnishaft geahndet, doch scheint es solchen ›Emmurés‹, ›Eingemauerten‹, nicht allzu schlecht ergangen zu sein. Sie durften gelegentlich Besuch empfangen und erhielten, wie in Carcassonne, im Krankheitsfall Möglichkeit zum Ausgang. Nur wenn der Delinquent hartnäckig auf seinem katharischen Standpunkt beharrte, griff man zur äußersten Strafe, der Überstellung an die weltliche Gerichtsbarkeit und der Verurteilung zum Feuertod.

Noch immer höre ich einen Freund bei einem Gespräch in seiner Empörung über die Grausamkeit kirchlicher Instanzen des Mittelalters den Ruf ausstoßen: »Da flammten die Scheiterhaufen!« An Auschwitz und tausend andere Mordstätten der Gegenwart dachte er nicht. Es ist im Midi, anders als in der Champagne oder unter dem Terror eines Konrad von Marburg, so oft nicht dazu gekommen. Hinter dieser äußersten Strafe stand, wie beim Tode Jeanne d'Arcs, die Vorstellung, daß durch das reinigende, die sündhafte Leiblichkeit tilgende Feuer wenigstens die Seele gerettet werde. Was ihre Furchtbarkeit nicht mildert. In der Tat, das Mittelalter zeigte sich im Strafmaß niemals zimperlich, und selbst ein für so aufgeklärt geltender Fürst wie Kaiser Friedrich II. griff unbedenklich zu den härtesten Mitteln, wenn es Widerstände zu brechen galt. Kein Wunder auch, wenn die Betroffenen oder ihre Parteigänger sich wehrten. Beim Zwischenfall von Toulouse 1235 lud der Inquisitor Guilhem Arnaud zwölf angesehene Bürger wegen häretischer Umtriebe vor. Sie weigerten sich zu erscheinen, und die ›Capitouls‹, die Stadträte wiegelten die Bevölkerung zu einem Sturm auf den Dominikanerkonvent auf ...

Dennoch gelang es der Inquisition, die Katharer mehr und mehr zurückzudrängen. Schon 1232 zog sich Guilabert de Castres auf die Burg Montségur zurück, andere Häretiker verschanzten sich auf ähnlich unzugänglichen Bergbefestigungen wie Peyrepertuse, das sich allerdings schon am 16. November 1240 ergeben mußte, oder Quéribus, das am

1 *Montpellier: Medizinische Fakultät und Kollegkirche Saint-Pierre in einem Gebäude des Benediktinerkollegs, das Papst Urban V. 1364 stiftete.*

2 *Die Westansicht von Béziers mit der Alten Brücke und der Kathedrale Saint-Nazaire.*

3 *Blick vom Oppidum d'Ensérune auf den kreisrunden, seit 1248 trockengelegten Teich von Montady, dessen sternförmige Unterteilung auf ein mittelalterliches Entwässerungssystem zurückgeht.*

längsten aushielt. Dennoch rückte die Stunde des Unterganges unerbittlich näher, auch wenn sich die Katharer – wer wollte es ihnen verdenken? – durch Racheexpeditionen in die Ebene zu wehren suchten.

Bis der Krug überlief. Am 28. Mai 1242 hatte der Inquisitor Guilhem Arnaud mit seiner Begleitung von zwei Dominikanern und zwei Franziskanern in Avignonet bei dem residierenden Bailly des tolosanischen Grafen, Raimond d'Alfaro, um Herberge nachgesucht. In der Nacht wurden sie von einer Rittertruppe des Montségur, die ob des vierzig Kilometer langen Anmarsches zuvor unterrichtet gewesen sein mußte, überfallen und umgebracht. Man lastete die Untat nicht zuletzt Raimond VII an, der wieder einmal gegen den Vertrag von Meaux revoltiert hatte.

Diesmal schlugen die Parteigänger des französischen Königs hart zurück. Unter Hugues d'Arcy rückten sie mit einer ganzen Armee heran. Nach einigen dauerte die Belagerung des Montségur, auf dem Guilabert de Castres eben noch rechtzeitig gestorben war, ein ganzes Jahr, nach anderen einen Monat. Jedenfalls glückte es nach dem Einsatz einer unter unsäglich schwierigen Bedingungen im Fels durch berggewohnte Basken aufgebauten Kriegsmaschine, die Besatzung samt den katharischen Flüchtlingen unter dem Bischof Bertran Marti am 16. März 1244 zur Übergabe zu zwingen. Wer sich als katharisch bekannte, darunter einige Frauen, zog hinab in den Tod auf dem riesigen Scheiterhaufen, den man am ›Champ des Crémats‹ genannten Platz geschichtet hatte. Nachdem man sie noch einmal vergeblich bat, abzuschwören, versteht sich; die andern blieben verschont. Es ist später davon zu erzählen.

Im Frühjahr 1255 ergab sich auch Quéribus. Doch besteht kein Zweifel, daß die katharischen Gedanken damit nicht erloschen – die Prozesse der Inquisition dauerten noch während des ganzen Jahrhunderts an – und zumindest unterschwellig leben sie immer noch fort.

Nach Verschulden oder gar Sühne zu fragen, steht einem Zeitalter schlecht an, das so viele Massen- wie Einzelmorde erduldet, aber auch hingenommen hat. Es ist nicht anders, die Geschichte denkt in Menschen. Richten wir daher nicht über eine Epoche, die der innere Auftrag zu äußersten Entscheidungen zwang. Was uns einzig ansteht, ist der betroffene Blick in den Spiegel, den uns die Geschichte vorhält: wie hätten wir an der Stelle jener gehandelt, gleich welcher Partei? Der Teufel als Gegengott, das hieß damals die Welt aus den Angeln heben. Die gnadenlose Ausrottung der Ketzerei, das hieß gegen das innerste Christengebot, das der Liebe und Barmherzigkeit verstoßen. Das Mittelalter wußte in diesem Dilemma keinen Ausweg, und wir kennen ihn auch nicht.

AN DER LAGUNENKÜSTE

Die Geburt des Lichtes

Die Stunde, in der sich das Herz des Verzagten mit neuer Zuversicht füllt! Noch liegt Düsternis über dem kahlen Lande der Salzqueller und kniehohen Kräuter mit der fernen, kaum merklich hingestrichenen Nebelbank. An der erlöschenden Himmelsglocke wenige ermüdete Sterne, die sich zum Schlaf anschicken, während die irdische Szenerie sich in durchsichtigeres Grau verwandelt. Da und dort leises Rascheln. Eine erste Kreatur, die sich reckt? Auf dem Stiefel des unbeweglich auf seinem Stein hockenden Lauschers hat arglos eine winzige Maus Platz genommen und putzt sich, ein Käfer macht sich auf seinen ziellosen Weg, Bilder kreatürlicher Unschuld aus jenem friedvollen Augenblick, in dem sich die Nachtraubtiere gesättigt in ihre Höhlen verkrochen haben und sich das tägliche Wunder, die Geburt des Lichtes vorbereitet.

Wenig später wird blasses Rosa den Osten umsäumen und die halb amphibische Landschaft immer entschiedenere Helligkeit erfüllen, bis das große Feuergestirn seinen Rand über den Horizont schiebt und die ferne See, die nahe Lagune, die Gespinste der Gräben in Tiegel und Fäden überquellenden Lichtes verwandelt. Schon gliedern sich die dunklen Riesenbuckel zur Rechten in die Schirme und Stämme eines Piniengehölzes. Voraus zur Linken erwachen zögernd die Fenster eines vorgeschobenen Küstenortes, über den Himmel streicht ein langgestreckter Schof Flügelgetiers, Flamingos vermutlich, dem nächsten Futterplatz zu, während sich fern auf der Nehrung, die den *Etang de l'Arnel* vom Meer trennt, wie hingetupft eine Ballung von Bäumen gewahren läßt, ein Knoten von Gemäuer dazwischen, *Ma-*

guelone, dessen Heraufttauchen aus der Verlorenheit der Nacht wie aus dem Nebel der Mythe zu erleben ich vor Tau und Tag aufgebrochen war.

Dies meine erste Augenbekanntschaft. Es war meine langgehegte Marotte, dem Ort mit dem Märchennamen nicht in der nüchternen Kühle des Vormittags, der scharfen Helligkeit der Tagesmitte zuerst zu begegnen, die nur den Verfall preisgeben würden, sondern wie er sich einmal unversehrt in der Weite der Küste ausnahm. Ein nur zu Schiff erreichbares Inselbollwerk und eine Herausforderung an alle feindlichen Mächte der Erde, an Wasser, Wetter oder räuberische Piraten. Gewiß befahl meine Arbeit mich eigentlich ins historisch nur schwer zu entschlüsselnde Montpellier, diese Drehscheibe der Wege in Pilgertagen. Maguelone bedeutete jedoch in diesem ausgesetzten Lande aller Dinge Anfang; hier durfte ich hoffen, wenigstens auf erste Spuren zu stoßen.

Wir wohnten damals, nach vergeblichem Versuch, in Montpellier eine ruhige Bleibe zu finden, in *Palavas-les-Flots* am breiten Kanal, der das alte Seefahrernest durchfließt und zugleich als Fischerhafen dient. Beidseits der Kais liegen die Hotels, Restaurants und Trottoirkneipen. Die Unterkunft blieb ein Glücksfall, wie ihn der Zufall beschert. Madame, die zuerst so herb wirkte, taute von Tag zu Tag mehr auf, seit ich meine Neigung für El Cordobés bekundete, der hier gelegentlich zu einem Stierkampf in der Arena abstieg. Auch wir konnten kommenden Sonntags eine Corrida sehen. Daß sie uns Zimmer im obersten Stockwerk gab, war, bei eingebautem Lift, unschätzbar. Die benachbarten Balkone glichen Aussichtskanzeln. Nach links sah man aufs Meer, nach rechts gegen die Cevennen, hinter denen abends blutigrot die Sonne versank, während unten das Menschengetriebe quirlig über die Kais wuselte und der blaugrüne Kanal die Spiegelbilder vertäuter Fischkutter und blitzender Lichter zurückwarf. Es war noch nicht Reise- und Badezeit, und dennoch erschien nachmittags bei meist wolkenlosem Himmel halb Montpellier, um frische Seeluft zu genießen. Die Kneipen, die Fischrestaurants und die beiden Austernbuden auf den Kaimauern, in denen man stets gegrillte Gambas und frisches Muschelgetier bekam, saßen bereits zur Essens- oder Apéritifstunde gestopft voll mit Leuten. Es war etwas los. Leider, auch die Moped- und Motorradfahrer, diese Plage des Südens, stellten sich ein und veranstalteten allabendlich lärmende Schaurennen durch die Straßen beidseits des Wassers. Doch dem ließ sich, wenigstens psychisch, begegnen. Freund Eugen im Nachbarappartement legte ganze Batterien von Nespoli-Kernen auf der Balkonbrüstung als Wurfmunition bereit; Schaden konnten sie nicht anrichten, aber die Treffer aus luftiger Höhe auf einen Helm, gelegentlich auch in einen Busenausschnitt bereiteten uns ein lausbubenhaftes Vergnügen.

Abends drängten die Leute besonders dicht. Dann erschienen zwei Neger und breiteten große Tücher auf den Kais mit Krimskrams, Götzen und Lederhüten von der Elfenbeinküste aus. Gegen halb elf stellte sich der örtliche Musenvertreter mit Bart, Malkasten und steifem Hut ein, baute eine Staffelei mit dem Bild einer etwas ins Schiere geratenen Schönheit als Köder auf und wartete neben einer Stallaterne auf Kundschaft. Das ging so bis zwei Uhr nachts; dann wurde alles müde, nur die Belle Maguelone, der Stern im Westen fern über den Bergen nicht, während der Mond früher schlafen ging.

Tagsüber verbrachte ich meine Hauptzeit fleißig in Montpellier, ein Viertelstündchen nur mit dem Bus, oder schrieb, während Freund Eugen zeichnete, pinselte oder mit einem Kutter zum Hochseeangeln hinausfuhr. Meine Frau genoß das Leben auf ihre Weise am Strand oder unternahm mit Kapitän Bravida, einem pfiffigen Krauskopf mit lustig vorquellendem Bauch, der seinen Leibriemen nach hinten gurtete und geschwänzt wie ein Faun am Ruder stand, eine ›Promenade sur mer‹. Es waren glückliche Tage, zu deren Hauptereignissen die Sonnenuntergänge gehörten, wenn das sinkende Tagesgestirn den schnurgeraden Kanal in eine blinkende Ader von blutiger Glut verwandelte, welche die Erde in zwei Hälften zu schneiden schien.

Das Schönste an Palavas aber blieb, Maguelone lag nur ein Stündchen zu Fuß über die Nehrung des Etang de l'Arnel nach Westen hinaus …

Kathedrale im Meer

Ein heißer Tag. Von der landwärtigen Lagune roch es faulig. Seeseitig rollte das Meer in gelassenem Gleichmut heran. Blickte man zurück, entschwanden die Häuserkuben von Palavas und ganz fern, jenseits der Bucht, die Betonpyramide von La Grande Motte wie etwas Ungehöriges in einer bei aller Einförmigkeit erhabenen Szenerie, die eigentlich nur aus Licht, Wasser und schnurgradem Dünensträßlein bestand. Voraus aber trat, was mir, mehr vorgeahnt als bewußt, wie ein Wesenskern dieser Region erschien, immer greifbarer vors Auge, *Maguelone.* So war es wohl ein Weg der Bewährung: durchs Leere dem Ziel entgegen. Je näher wir kamen, desto mehr verstärkte sich meine Empfindung notwendigen Ausgesetztseins, wie es das Mittelalter so hingebungsvoll suchte. Nichts Festes, Gewohntes mehr um sich zu haben, das machte frei für den Ansturm von oben!

In Maguelone anzukommen, bedeutet noch immer eine Entrückung. Der Dünenweg kurvt hinan, läßt ein Steinkreuz, ein Wirtschaftsgebäude liegen, dann übergangslos der Eintritt in eine andere Welt. Himmelsweite, Meer, alle Ausblicke sind mit eines Schrittes Kürze ausgelöscht. Mitten im leuchtenden Raum dämmert ein Hain. Überdacht von Eukalyptus und Pinie, der Boden mit Nadeln dicht überstreut. Arome wölken allenthalben heran, untermischt mit dem herben Duft des Akanthus, der jetzt, Mitte Juni, trotz des Baumschattens in Überschwang blühte. Zur Rechten zwischen den Stämmen wuchs graues Gemäuer, der Chor von Maguelones alter Kathedrale, vom gelehrten Bischof Arnaud um 1030 begonnen, wo vordem schon ein westgotischer Kirchenbau lag. Karl Martell ließ ihn 737 zerstören, damit er den seebeherrschenden Sarazenen nicht als Stützpunkt dienen konnte, während die Inselbewohner ins Landesinnere zum ehemaligen Oppidum von Substantio abwanderten, dem Castelnau-lès-Lez von heute vor Montpellier, das Frédéric Bazille auf seinem Bild im Musée Fabre von Montpellier so hinreißend gemalt hat …

Erst nach dreihundert Jahren faßte man wieder Mut, legte den Bischofssitz zurück ins amphibische Vorland und begann über dem westgotischen Fundament eine neue Kathedrale ins Meer zu bauen, als Vorposteninsel des Port Sarrasin oder ›Sarazenenhafens‹. Lattes lief ihm später den Rang ab. Dazu kamen Konventsbauten, vor allem eine zweite Außenumwallung; die Sarazenen segelten noch immer plündernd entlang der Küste und neuerdings auch die Genuesen. Zwischen Les Saintes-Maries und Narbonne trifft man immer wieder auf solche Bollwerke. Schließlich entstand eine zwei Kilometer lange Brücke aus Steinpfeilern und Pinienbohlen zum Festland. Als Flucht- und Versorgungsweg.

Trotz solcher Dimensionen und gewaltigen Mauerwerks blieb das Gotteshaus im Innern ein bescheidener Kastenbau. Erst anfangs des 12. Jahrhunderts kamen Querschiff, die hohen Gewölbe und die Apsis, und abermals später die Außenummantelung mit ›pierre froide‹, wetterhartem, glattem Kalkstein, Widerlagern, Zinnen, Pechnasen und endlich der Einbau der wuchtigen Tribüne hinzu. Sie bot vierundsechzig Kanonikern Platz, die während des Chorgebetes ergeben ihre Tonsur beugten, die Streitaxt griffbereit neben sich, wenn draußen der Feind anlandete. Gegen Ende des 12. Jahrhunderts war auf der Insel eine richtige Festungsanlage von Klosterbauten um die mächtig aufragende Kathedrale mit einer Vielzahl von Türmen zusammengedrängt. Maguelone erlebte damals seine große Epoche, denn nun gesellte sich auch das Numinose hinzu. Seit langem Rom direkt unterstellt, bot es während einhundertfünfzig Jahren im Streit zwischen Kaisertum und römischem Pontifikat immer wieder den Päpsten Zuflucht vorm Äußersten, von Gelasius II. bis Alexander III.

Dies dank der Tatkraft seiner Bischöfe, deren berühmtester der 1190 gestorbene Jean de Montlaur war, ein Mann von entschiedenem Charakter, der sich keineswegs scheute, Guilhem VIII von Montpellier öffentlich anzuprangern, weil er seine zweite Frau, Eudoxia, Tochter des Kaisers von Konstantinopel, verstieß, um eine neue Verbindung mit Agnes von Kastilien einzugehn – vergeblich freilich, die Byzantinerin, Mutter Marias von Montpellier, verschwand im Kloster von Aniane. Doch was der mutige Bischof unternahm, bedeutete mehr; er förderte die eben in Montpellier entstehenden Rechts- und Medizinfakultäten, Keimzellen der berühmten Universität, und erreichte, daß auch Araber, Juden und mittellose Studenten sie besuchen konnten. Literarisch zeigte er sich lebhaft interessiert; wahrscheinlich geht auf seine Anregung die Erzählung von Pierre de Provence und der schönen Maguelone zurück. Trotz hart und autoritär regierender Herren lebte man in einer Epoche geistiger Hochstimmung. In Montpellier lehrte eben der vor Kaiser Barbarossa geflohene Jurist Placentinus aus Bologna römisches Recht ...

Die spätere Verlegung des Bischofssitzes nach Montpellier, wo schon Jean de Montlaur eine ›Salle de l'Evêque‹ hatte aufführen lassen, die Besetzung und Ausplünderung durch kalvinistische Truppen nach 1562, der Aufstand Rohans gegen die Krone, der Richelieu bewog, gleich so vielen Befestigungen des Südens auch Maguelone schleifen zu lassen, die Anlage des Kanals von Beaucaire nach Sète durch die Etangs oder Lagunen 1708 endlich, die den Abbruch der Brücke zum Festland erzwang, ließen das Wehrkloster völlig veröden und verfallen. Bis 1852 Monsieur Frédéric Fabrège die Insel kaufte und restaurierte, was noch zu retten war, im wesentlichen den Kirchenleib.

Wer heute den Torso des hochfahrenden Kathedralbaus umschreitet, sieht Folgendes vor sich: in die Ecke eines wuchtig aufstrebenden, giebelig bekrönten Steilgewändes gedrängt ein schmales Portal, überfangen und gerahmt von Marmorbildwerk. Das zur Linken rechtwinklig vorgezogene Gemäuer gehörte zur Tour de l'Evêque, auch Küchenturm genannt. Der Anblick verwirrt und bekommt erst Sinn, wenn man zur Rechten die verlorengegangene Tour Saint-Jean, den Johannesturm hinzudenkt. Der Zugang zum Portal hat also einst durch eine Art Zwinger von zwölf mal vier Metern geführt, der sich aus der Höhe leicht verteidigen ließ. Auch der Skulpturenschmuck des Portales macht etwas ratlos. Er ist keineswegs aus einem Wurf geschaffen, sondern zusammengesetzt. Zuoberst überwölbt ein breites Rundbogenfeld aus verschiedenfarbigem Marmor ein leicht angeknicktes Tympanon mit einem thronenden Christus im Viergetier aus der Zeit um 1200, dargestellt in leicht gelblich verfärbtem Stein nach der antikisierenden Tradition von Saint-Gilles.

Getragen wird es von einem mit Akanthusrosetten und einer mahnenden Umschrift überzogenen Türsturz, zu dem man einen römischen Meilenstein wiederverwandte; vom Kircheninnern her läßt es sich noch erkennen. »Tretet ein, wenn euch dürstet, in diesen Lebenshafen; laßt ab von euern Fehlern, wenn ihr einkehrt«, sagt das Epigramm dem Sinne nach und »dies verfaßte Bernard de Tréviers im Jahre der Menschwerdung des Herrn 1178«. Er muß sehr stolz auf sein lateinisches Verslein gewesen sein, daß er es so ausführlich datierte! Anteil am Kirchenbau besaß er offenbar nicht. Seitlich stützen zwei Kopfkonsolen den steinernen Balken, dessen Blattgerank das Schönste am ganzen Portälchen ist. Links und rechts aber sieht man auf den Rahmenpfosten Sankt Peter und Paul, die Patrone der Kirche, im Flachrelief dargestellt. Kniend schwingt Paulus das Schwert, da er seinen Weg als römischer Offizier begann, während Petrus sitzend die Schlüssel vorweist, beide überfangen von flachen Halbbogensegmenten, die am eindeutigsten belegen, daß die Bildwerke aus der Zeit um 1100 von anderer Stelle hierhin versetzt sein müssen. Ein Rüchlein karolingischer Tumbheit weht noch durch ihre Gebärde; man wollte weniger künstlerische als symbolische Zeichen setzen …

Wer sodann eintritt, ist von der Wucht eines Innenraumes betroffen, der sich kryptenartig und dämmerdunkel öffnet. Gedrückte Gewölbe, welche die Tribüne tragen, überfangen die ersten Joche. Erst hinter ihnen öffnen sich in machtvollem Aufschwung Vierung, Querschiff und Chor.

Seitlich finden sich der Wand seit der Restaurierung alte, rudimentäre Grabplatten eingelassen, die man in der Umgebung der Kirche bei Grabungen fand. Hatte nicht Papst Urban II. 1096 jedem, der sich auf der Insel gegen entsprechendes Legat beisetzen ließ, völligen Sündenablaß versprochen? Aber es sind nicht nur Menschen des Mittelalters, an die sie erinnern, sondern bereits der Antike. ›Vera in pace‹ steht auf dem Bruchstück eines aus dem 2. oder 3. Jahrhundert stammenden Steines zu lesen, auf einem andern lassen sich griechische Frauenporträts erkennen. War Maguelone bereits im Altertum eine Toteninsel ähnlich dem Mont Saint-Michel? Daß der Chor, die Vierung, die Seitenkapellen als Begräbnisstellen für die Kleriker dienten, die hier residierten, und nun unter teils skulptierten Grabplatten ruhen, in der Seitenkapelle Saint-Augustin gar der Neubegründer Bischof Arnaud, versteht sich beinahe von selbst. Sie tun ihren Schlaf gleichsam im Schatten der ewigen Stadt. Die beiden Flabella- oder Pfauenfächer auf dem Altar bezeugen es; ihre ›zahllosen Augen‹ symbolisieren die unablässige Wachsamkeit, aber auch Hoheit des Papsttums, dem Maguelone durch die Grafen von Melgueil direkt unterstellt war.

Da greift man's am eindringlichsten, was die einsame, ausgesetzte Kathedrale im Meer einmal bedeutete; ›die erste Kirche nach Rom‹ hat eine alte Urkunde sie genannt. Das wollte die Gewalt des Mauerwerkes wohl auch bekunden; es ist ja so mächtig, daß man die Seitenapsiden nach außen garnicht vortreten lassen mußte, sondern einfach dem zweieinhalb Meter dicken Gewände einmuldete. Am schönsten gewahrt man die Strenge, Größe und Wehrhaftigkeit dieses Gotteshauses der machtvollen, angeknickten Tonnengewölbe von der Tribüne her, – welch ein Ausblick auf die Chorapsis mit dem Hauptaltar, hoch dahinter die feingerippten, lombardischen Blendarkaden, die fast den einzigen Schmuck darstellen! Stein wollte alles sein, reine Sprache der Architektur, lediglich von den Stufungen der Gurtbögen und etlichen Lisenen akzentuiert. Einzig die Stelle, wo früher der Bischofsstuhl stand, der kahle Mauersockel dahinter, ehedem mit Wandteppichen behängt, bedurfte erhöhenden Architekturschmucks. – Es finden sich seltsame Löcher in den Schiffsgewölben, vier Reihen an Zahl, sogenannte akustische Vasen, dazu bestimmt, das am Altar gesprochene oder gesungene Wort zu verstärken. So mischt sich denn auch der Gedanke der Verkündigung ins machtvolle Formenspiel dieser Kirche ...

Maguelone, ein Name, dessen Wohlklang mich immer verzauberte. Die Kanoniker von früher müssen es wohl auch so empfunden haben, einerlei ob er sich nun aus dem Phönizischen, Griechischen, Keltischen oder gar von Maria aus

Magdala herleitet, die nach ihrer Anlandung mit Lazarus und den beiden anderen Marien auf dem nahen Festland eine Höhle bewohnt haben soll. Überhöhten sie, Kleriker, die sie doch waren, nicht schon im ausgehenden Mittelalter den Namen ihrer Kathedrale durch jene Erzählung von der betörend schönen Königstochter Maguelone aus Neapel, als deren legendäres Grab ein rankenumsponnener römischer Sarkophag an der Außenwand der Chapelle Saint-Esprit galt? Verwoben sie ihre Liebesgeschichte mit ›Pierre de Provence‹, beider Irrfahrten, wunderbarliches Wiedersehen am Strand des Port Sarrasin samt der Ringerzählung nicht mit der Sarazenengefahr, die für sie noch greifbare Wirklichkeit bedeutete, und mit der Weite der Meereslandschaft, die sich um sie dehnte? Einerlei, ob es Bernard de Tréviers, der Urheber der Inschrift auf dem Türsturz der Kirche in leoninischen Versen oder, wie es der Kanoniker Roquette will, Bertrand der Mesner, Verfasser der ›Alten Chronik‹ aus der Zeit des Jean de Montlaur war, der sie schrieb!

Auch uns ließ der Einklang von Märchen, Historie und Örtlichkeit nicht los. Trotz des Badebetriebes und des Gewimmels halbnackter Menschen in der Umgebung an Sommertagen. Man braucht nur im Frühjahr oder Herbst hinauszuziehn, da hat man das Eiland ganz für sich. Wir kamen wieder und wieder. Um den Einfall des Lichtes in der Kathedrale am Vor- und Nachmittag zu erleben, der schönen Schichtung des Steines willen, dazu alles Gebauten oder Gefügten. Oder um durch die ›Insel‹ zu streifen, zum Port de Sarrasin, zur ›Buschmadonna‹, die Monsieur Fabrège ausgegraben und wieder aufgebaut hat. Zur Chapelle Saint-Blaise aus der Renaissance, die als Bibliothek diente. Oder um ganz einfach hinauszusehen ins Land zurück, wo sich ganz fern der Pic Saint-Loup vor der Cevennenkette gewahren läßt. Schließlich, um abends über das Meer nach Frontignan mit den Flammen seiner Raffinerie zu schauen, zum Licht auf dem Berge Saint-Clair über Sète, an dessen Hängen Paul Valéry ruht, oder auch zur anderen Seite bis zur Pointe de l'Espiguette, wo der Leuchtturm noch spät, nein die ganze Nacht hindurch seinen suchenden Strahl in die See warf.

In der Tat, spät wurde es manchmal, und einmal als plötzlich Sturm aufkam und durch die Kronen von Maguelone fegte, haben wir auf dem Heimweg nach Palavas auch die Gewalt des Meeres und der Himmelsmächte erlebt. Da heulte und orgelte es brausend gegen die Nehrung, riß uns die Füße weg, wie es sonst nur der Mistral vermag, und die kochende See rannte immer höher, immer gischtender die Sände hinan, während voraus, an der Mole von Palavas – soviel ließ sich eben erkennen – das Wasser in weißen Wänden emporschlug und sogar der Kanal unter unserm Hotelbalkon in zitternde Erregung geraten war. Da erkannte man sie, jene andere Gewalt, welche diese Küsten neben den geschichtlichen Stürmen geprägt, zerstört und verwandelt hat, und das längst im Dunkel hinter uns verschwundene Maguelone erschien uns wieder als tröstliches Bollwerk der Beharrung und Überwindung.

Vergebliche Suche in Montpellier

Gewiß besaß Maguelone für den Santiago-Weg kaum unmittelbare Bedeutung. Es gab hier kein Heiligtum, keine Reliquie zu verehren. Dennoch darf es in dieser Erzählung nicht fehlen. Sein altes Gemäuer spiegelt den Geist wider, der in dem Küstenland während der romanischen und gotischen Epoche die Maßstäbe setzte. Vor allem in und um *Montpellier,* das die Pilger so zahlreich anzog.

Anders als Nîmes, Arles oder Narbonne entstammt die landeinwärts in den Garrigues gelegene Metropole des Landes keineswegs der Antike, sondern wuchs erst um die Jahrtausendwende aus zwei benachbarten Hügeldörfern zusammen, Montpelliéret im Südosten, das unmittelbar dem Bischof unterstand, und einer nahe gelegenen, seigneuralen Ortschaft, in der er gleichwohl geistig und geistlich das Sagen hatte. Man nannte sie Mont Peslier oder Monspessulanus, schließlich gar Monte Pestelario. Wahrscheinlich, weil hier eine zum Blaufärben benutzte Pflanze, das Pastell, wuchs. Die Grafen von Maugio hatten den Grund und Boden laut einer Urkunde von 985 dem ersten der ›Guilhems‹, Haupt einer herrschaftlichen Familie unbekannten Ursprungs, geschenkt.

Als die beiden Nachbargemeinden unter dem gemeinsamen Namen Montpellier verschmolzen, gab es Weber und Tuchfärber hüben wie drüben; rasch siedelten sich Kaufleute, dazu Händler oder Bankiers in einer Stadt an, die bald zu den reichsten der Küste zählte und im Orient, in Tyros, sogar eine eigene Kolonie besaß. 1202 kam sie durch die Heirat Marias von Montpellier mit König Peire II in aragonesischen Besitz, um auf dem Wege der Erbteilung samt den Balearen und dem Roussillon Teil des mallorquinischen Königreiches zu werden. Bis sie endlich in der Mitte des 14. Jahrhunderts um den Preis von hundertzwanzigtausend Goldtalern an die französische Krone verkauft wurde. Von den Katharerunruhen blieb sie verschont, um so schlimmer wirkten sich die Stürme der Religionskriege aus.

Schon frühzeitig waren die Santiago-Pilger in Montpellier erschienen. Nicht nur, weil ihr Weg vorüberführte, sondern weil Guilhem V, Teilnehmer am ersten Kreuzzug, aus dem Orient eine bald hochverehrte, schwarze Madonnenfigur mitbrachte, La Négra. Man stellte sie in der Marienkirche, im Herzpunkt der von Fremden viel besuchten Stadt auf. Grund genug für die Wechsler, rings um das Gotteshaus ihre Tische aufzuschlagen, von denen sich der Name Notre-Dame-des-Tables ableitet. Von diesem romanischen, nur noch aus einer alten Gravüre bekannten Bau blieb nach den 1562 beginnenden Religionskriegen, der Übernahme des Stadtregimentes durch die Protestanten und der anschließenden Belagerung unter Richelieu nichts übrig als drei Säulen und ein Kapitell; auch die mirakulöse Figur, ja die gesamte mittelalterliche Stadt ging damals bis auf wenige Reste zugrunde. Wer Hinterlassenschaften des alten Montpellier sucht, tut sich daher schwer. An seiner Stelle erhebt sich ein neu entstandener Stadtkern, gebaut nach den Gepflogenheiten des Südens. Das will sagen mit engen, schluchttiefen Gassen und hohen Fassaden über den alten Fundamenten, durchsetzt von den Hôtels einer neuen Oberschicht, meist im noblen Stil des 17. und 18. Jahrhunderts. Denn auch der Reichtum stellte sich wieder ein. Nur eines änderte sich wenig, die Führung der Straßentrakte und ihre Zunftnamen.

Freilich, wo waren einst die Jacquaires gezogen, wo untergekommen, wie weitergewandert? In Montpellier trennten sich doch zwei vielbegangene Wege. Die Hauptstrecke der Tolosana, der ich später zu folgen gedachte, zog nach Nordwesten, nach Aniane und Saint-Guilhem-le-Désert hinaus. Die wichtigste der Nebenrouten, gegenwärtig auch die meine, führte nach Südwesten auf Béziers zu. Doch nirgend ein sichtbares Zeichen; ich suchte umsonst, lernte immerhin Montpellier bis auf den letzten Winkel kennen, wenn auch zu wenig angenehmer Jahreszeit. Bis eines Tages endlich ... Doch das bildete bereits den zweiten Teil meiner Erzählung. Aber auch der eher törichte Beginn gehört dazu. Das so überschaubar erscheinende Montpellier gibt seine Rolle in Pilgertagen nur dem preis, der schrittweise zu seinen Ursprüngen vordringt, Schicht um Schicht.

Schon im vergangenen Hochsommer hatte ich nämlich mein Glück probiert. Das Unternehmen stand unter keinem guten Stern, die Hitze lähmte jeden Schritt. Das ganze Land glich einem Backofen. Die Küste war überlaufen von Urlaubern, die am Meer Erfrischung suchten, und immer noch rollten auf den großen Straßen aus dem Norden die Fahrzeugkarawanen heran, um ihre Menschenfracht in den Ghettos der Campingplätze zwischen Schilf, Lagune und Meer abzuliefern. Auch Montpellier bekam seinen Teil von dem Fremdenstrom. Immerhin fand sich Unterkunft in der schmalen, schattentiefen Rue Loys, nahe dem Boulevard Victor Hugo und der Comédie, wo wir glaubten, aufatmen zu können. Doch brütete in den Zimmern lähmende Stickluft; man mußte abends die Fenster hinter den Läden öffnen. Da drang nun aus der für den Verkehr gesperrten Gasse ein Höllenlärm, wenn die Polizei Feierabend machte. Die Mopedfahrer wußten offenbar Bescheid über ihre Dienstzeiten und jagten einander die ganze Nacht hindurch.

Morgens erhoben wir uns verstört. Trotz allem machte ich mich zeitig auf die Suche nach der Pilgerroute. Leider hielten die Archive in der Ferienzeit geschlossen, im Verkehrsbüro saß nur ein ahnungsloses Wesen. So marschierte ich, der Ostwestrichtung des Santiago-Weges vertrauend, an der Place de la Comédie vorbei durch die Rue de la Loge in die leicht gekrümmte Achse des Stadtkernes ein. Wo konnten sie anders gewandert sein? Die Schaufenster der Geschäfte waren bereits mit den ›Solde‹-Schildern des Sommerschlußverkaufes verklebt, und an den fahrbaren Kleiderregalen mit den Sonderangeboten hingen selbst die leichtesten Flatterfähnchen regungslos nieder, während sich der Brodem des Trottoirs mit den Autoabgasen vermischte. So bis zur dreieckigen Place Jean-Jaurès!

Linkerhand kamen die Hallen, voraus plätscherte rechts, nahe der Präfektur, verlockend der Brunnen. Überall nichts, kein Hinweis. In der Glut der Rue Foch glitt alles nur noch wie ein Schemen an meinen verklebten Brillengläsern vorbei. Montpellier im Sommer! Einzig das in der Ferne flimmernde Rundbogenloch des Arc de Triomphe beim Säulenportikus des Justizpalastes ließ eine zage Aussicht auf Kühlung zu. Dem Stadtplan nach mußte dahinter am Westend des alten Weichbildes die vorgeschobene Bastion der Esplanade du Peyrou mit dem Reiterbildnis Ludwigs XIV. folgen, flankiert von Schattenbäumen. Am Pavillon des Château d'eau an der Gegenseite, dem früheren Sammelbecken der über die ›Arceaux‹ oder Aquädukte heranrinnenden Wasser der Quelle Saint-Clément, dürfte es, wenn überhaupt, sogar Frischluft geben. Tatsächlich ging dort ob der erhöhten Lage ein leichter Hauch, während unterhalb des Aussichtspunktes die Hitze über den Dächern Montpelliers wie von einem Grillrost aufwaberte. Langsam begann der Kopf wieder zu denken. Was hatte ich falsch gemacht? Es haftete diesem mühevollen Weg etwas Lächerliches an; da war der Fuß durch die Achse der Stadt gelaufen, hatten die Augen den Hauptteil sogenannter Sehenswürdigkeiten ihrer großen, will sagen französischen Epoche absolviert, doch von dem, was ich brennend suchte, nichts gefunden!

Das ging so fort. Der andere Morgen endete im schattigen Frieden des Botanischen Gartens, den Valéry und Gide so liebten. Der dritte an der nahe gelegenen Tour des Pins, neben dem Babote-Turm im Süden der Altstadt das einzige Überbleibsel der ›commune clôture‹, der Ringmauer des alten Montpellier. Beflissen verkroch ich mich sogar in den wenig einladenden Leib von Saint-Pierre, ursprünglich Klosterkapelle und erst nach der Verlegung des Bischofssitzes zur Kathedrale erhoben. Aber von der herben Kahlheit des leergeplünderten Innenraums sprang kein Funke über, und nun quälte mich nicht mehr die Hitze am ärgsten, sondern die Vergeblichkeit dieses Treibens. Man verfügt auf Reisen nicht über viel Zeit.

War alles ganz anders, als meine Einbildung wollte und konnten vielleicht die Gassen nördlich der ›Achse‹ Auskunft geben, in denen die alten Hôtels einander folgen? Freilich, was hieß hier alt? Als sie nach der großen Zerstörung entstanden, wanderten die Pilger nur noch selten. Einerlei, zum alten Schatzamt, dem Hôtel des Trésoriers-de-France, heute Museumssitz, mußte ich ohnehin. Das ist ein machtvoller Bau mit Spitzbogendurchgang zum Binnenhof, von dem hinter doppelter Säulengalerie ein weiträumiges Treppenhaus zur Archäologischen Sammlung emporführt. Natürlich hielt man geschlossen. Nahebei fand sich ein Brunnen, einziger Rest des Hauses, in dem 1295 der heilige Rochus mit dem Kreuzstigma auf der Brust zur Welt kam, Sohn reicher Eltern, der alles ererbte Gut hingab, nach Italien eilte, um den Pestkranken zu helfen und bei der Rückkehr in die Heimat als Spion verdächtigt im Kerker starb. Das konnte ein Hinweis sein. Man findet den Apostel der Selbstaufgabe und der Barmherzigkeit allenthalben in diesem Lande im Habit der Jakobusfahrer dargestellt. Doch auch das trug zum gesuchten Pilgerwege nichts bei.

Immerhin, es war angenehm kühl in den Gassen; allmählich kehrte nach der hektischen Suche die Gelassenheit wieder und mit ihr die Einsicht, daß Wille allein nicht zur Entdeckung genügte und hingegebenes Anschauen besser sei, zumindest Gewinn eintrug. An den Hôtels, die nun folgten, waren Baumeister voller Ideale am Werk gewesen, die italienische und französische Einflüsse miteinander verschmolzen, um eine nur Montpellier eigene Architektur von anmutiger Würde zu schaffen. Langsam, ganz langsam begann sich der Geist dieser Stadt zu erschließen, wenn auch auf recht unerwartete Weise.

Denn nahebei folgte das Hôtel Saint-André, abermals mit fürstlicher Treppe hinter doppelter Säulengalerie. Abseits der schattentiefen Rue de l'Aiguillerie fanden sich im Hôtel de Varennes am Petrarca-Platz gar gotische Gewölbe, romantische Durchblicke, ein alter Brunnen, ein wunderschönes Renaissance-Portal. An der Stelle des Hôtels de Griffy mit der toskanischen Säulenfassade im engen Hof hatte – welch ein Fund – das erste Schloß der Guilhems gestanden. Das war denn doch eine verzauberte Gassenwelt, in der man Schritt um Schritt auf ein Kleinod stieß. Die Nachsuche bekam ihren eigenen Sinn. Seite um Seite blätterte Montpellier sich auf. Das Hôtel de Bordas in der Rue Carbonnerie – war es kein in den Süden verpflanztes Stück Paris? Die wuchtig zugehauenen Quadersteine des Hôtels de Solas ließen Florentiner Straßenfluchten erstehen, und als wahre Erfüllung solcher Mittlerrolle zeigte sich schließlich breitgelagert die Vieille Intendance, in der Paul Valéry 1894 den ›Monsieur Teste‹ schrieb. Ja, das war Zauber, der noch beim Hôtel de Mirman an der Place Aristide-Briand fortdauerte, wo man einst den Blumenmarkt abhielt und noch früher ein Kapuzinerkloster stand, sogar im Viertel südlich der Achse, wo sie Rue Barraterie heißt, wirkte er weiter: das Hôtel Montcalm, in dem einstmals der berühmte Marquis wohnte, der vor Québec für die französische Sache fiel, weiterhin, nur ein paar Schritte durch das köstliche Stufensträßlein der Bras-de-Fer, das Hôtel de Rodez-Bénavent, das Hôtel de Ginestous – allesamt Träume von zurückgezogenem, adeligem Hausen inmitten einer von Menschen durchströmten Gassenwelt hoher Fassaden mit höhlenartigen Boutiquen im Untergeschoß und düsteren Stiegen. Wenn Architektur zu Stein verdichtete Lebens- und Geistesform bedeutet, so lebte in den Hôtels eine sehr noble Gesinnung fort, die es verschmähte, sich nach außen zur Schau zu stellen, und sich selber genügte.

Nur was ich eigentlich suchte, die mittelalterliche Stadt der Pilgerschaft gab sich noch immer nicht preis. Am friedvollen Winkel der Place de la Canourgue mit dem seltsamen Einhornbrunnen auf der Höhe nahe dem Justizpalast dachte ich auf einer Bank im Baumschatten darüber nach. An der Gegenseite des Platzes strich die Rue du Palais vorüber. Palais? In der Tat hatte hier einst das bedeutendste, letzte Schloß der Guilhems gestanden, und ein Kreuz am Hügelrande erinnerte daran, daß dort die den Kanonikern von Maguelone unterstellte Heilig-Kreuz-Kapelle lag. Hinweise, immerhin. Aber genügte das? Ein Zipfel des Leichentuches über dem mittelalterlichen Montpellier lüftete sich, ein anderer fiel.

Es schlug eben fünf, Zeit zur Rückkehr. Entmutigt trottete ich durch die heiße Stadt zur Place de la Comédie. Ja, wo waren meine Jacquaires gezogen? Die zubemessenen Tage für Montpellier gingen zu Ende. Es galt zu besserer Stunde wiederzukehren. Vorm Café traf ich meine Gefährten. Alles war dicht besetzt, man plauderte und trank, bis plötzlich zwei Tische weiter eine alte Dame auf ihrem Stuhl zusammensackte und lang auf den Boden fiel. Der Hilfswagen mit Sanitätspersonal brauste heran, der junge Notarzt horchte das Hitzeopfer mit seinem Stethoskop ab, dann zog er das weiße Laken der Bahre über das weiße Gesicht.

Da war nun vermutlich ein Leben zu Ende gegangen, und mir schien, trotz des unablässig brausenden Verkehrsstroms an der Südseite des Platzes, als sei es mit ganz Montpellier vorbei und vorüber. Jenem der Pilgerzeit wohlverstanden. Doch das traf keineswegs zu.

Das wiederentdeckte Mittelalter

Als ich im kommenden Junibeginn wiederkehrte und in Palavas wohnte, nahm sich alles ganz anders aus.

Morgens, kurz nach sieben Uhr, ging an Werktagen der erste Bus nach Montpellier. Von Station zu Station lud sich das Vehikel mehr auf, während ich geruhsam in meine Ecke gedrückt die Tuchfühlung mit den Menschen des Landes genoß. Hinter mir drosch über zwei Bänke hinweg ein Schülertrupp Karten, und eine Woge von Hüften drängte bei jeder Schwankung in die Enge der Sitzreihen, bis das Gefährt schließlich hinter der Eisenbahnbrücke von Montpellier zur Gare routière einbog und sich der Phalanx anderer Busse einreihte, die von hier die gesamte Küste zwischen Aigues-Mortes und Sète bedienen.

Nunmehr strömte alles über eine Betontreppe hinab durch den Square Blanchon mit dem braungrün bemoosten

Springbrunnen zur mächtigen Häuserschlucht der Rue Maguelone. Dann öffnete sich wieder wohlbekannt die triangelförmige Place de la Comédie mit ihren Carrara-Nymphen und der Bastion von Cafés und Restaurants bis zur Esplanade des ›Champ-de-Mars‹, und wie immer umtoste den Südrand der Hornissenschwarm des Verkehrs. Erneut tauchte ich in die Rue de la Loge ein, um nach wenigen Schritten abzubiegen ins Labyrinth des alten Montpellier, im Ohr den einladenden Satz aus Paul Valérys ›Monsieur Teste‹: »Gemächlich werden wir durch die steinernen, gewundenen Gassen dieser alten Stadt wandern, die ihr ein wenig kennt.« Ein wenig! Das traf mich. Allein, dank fleißiger Winterlektüre erfüllte mich nunmehr Zuversicht.

Es gibt zwei aufschlußreiche Berichte über das mittelalterliche Montpellier. Der erste stammt von dem Rabbiner Benjamin von Tudela aus dem Jahre 1170. Nach ihm drängten sich in der Stadt Christen und Sarazenen in Menge, dazu lombardische Kaufleute, aber auch römische, solche aller Provinzen, Ägyptens, Israels, Griechenlands, Nordfrankreichs, Englands und natürlich Genuesen oder Pisaner. Wozu dank wachsenden Ruhmes der Universität – ihre medizinischen Kollegs bestanden seit 1220 – bald besonders viele junge Deutsche kamen. Trotz alledem, was vermögen historische Fakten schon über das eigentliche Leben auszusagen? Doch gibt es aus der Renaissance-Epoche, bevor sich durch die Religionskriege alles änderte, einen mit Wärme gechriebenen Bericht des jungen, aus Basel stammenden Studenten Felix Platter. Er hatte seine Heimatstadt mit sechzehn Jahren verlassen, um Medizin zu studieren, im Wachstuchbündel nur zwei Hemden und etliche Taschentücher bei sich, dafür im Kopf eine um so regere Beobachtungsgabe. Sie befähigte ihn, ein Bild des Lebens in dieser Stadt aufzuzeichnen, zwar mit den Augen eines Studenten gesehen, aber von dem des hohen Mittelalters unterschied es sich kaum.

Nach zwanzig Reisetagen traf er über Genf, wohl der ›Oberstraße‹ der Pilger folgend, in Montpellier ein und nahm bei dem Apotheker Laurent Catalan Quartier. Sein Gastgeber gehörte zu den allenthalben im Süden verbreiteten Marranen, getauften Juden, die im Geschäftsleben, aber auch unter den Universitätsprofessoren eine Rolle spielten. Einer der bedeutendsten davon, Antoine Saporta, ein Studienfreund von Rabelais, nahm sich Platters seit seiner Immatrikulation an der medizinischen Fakultät besonders an. Morgens und nachmittags hörte der Student je zwei oder drei Kollegs, abends arbeitete er, wie seine Kommilitonen von heute, bei der Lampe das Tagespensum auf, während andere, genau wie heute, das Licht in ihrem Zimmer nur brennen ließen, um Arbeit vorzutäuschen und auf Stadtbummel zu gehen.

Um 1550 war der Ruf Montpelliers als Heimstätte einer ›chemischen‹ Pharmazie in seinen Zenith gestiegen; anderwärts bestand die Heilkunst der Ärzte lediglich im Purgieren mit Sennesblättern, Lakritzenwurzeln und Kurieren durch fragwürdige Drogen. Laurent Catalan dagegen betrieb mit vier, fünf Gehilfen eine regelrechte Fabrik, in der er neben wohlriechenden Wässern vor allem Pharmaka herstellte. Einige seiner Herzmittel, sein ›Mithridates‹, sein ›Andromachus-Theriak‹ galten als unvergleichlich. Die Rezepte hielt er geheim und verbarg sie nebst einer Unterweisungsschrift des berühmten Arztes Falcon in einem sicher versperrten Gemach seines Hauses unter dem Dach; doch unser Gewährsmann wußte sich durch ein Dachfenster Zugang zu verschaffen, um sie, undankbar genug, zu kopieren.

Besonders leidenschaftlichen Anteil nahmen die jungen Leute an anatomischen Schauvorlesungen, für deren Sektionen man sich gelegentlich gestohlener Leichen von den Friedhöfen der Umgebung bediente. Man war nicht zimperlich. Auch in der Lebensführung nicht. Besonders die Deutschen galten als streitsüchtig, dem Trunk ergeben und gelegentlich als abgerissene Gammler. Sigmund Weisel aus Breslau besaß so wenig Mittel, daß er sich von Wassergeflügel ernährte, das er am Etang von Palavas fing. Dennoch ist er später als guter Arzt nach Schlesien heimgekehrt.

Das Interessanteste dieses Dokumentes bleibt, wie man überhaupt in dieser Zeit lebte. Eingeschlossen in die engen Mauern der Städte mit ihren nachts verschlossenen Toren gab es kaum eine Zerstreuung als die Kneipe. Die Sträßlein waren düster, die Fenster der Häuser mit Papier verklebt.

Des kostspieligen Glases bedienten sich nur wenige, und die seltenen Scheiben zeigten oft genug Sprünge. Im Winter hielt man die Räume dicht verschlossen; von der Zimmerdecke baumelten trocknende Trauben. Jedermann ging in dicke Hauskleidung vermummt und versuchte sich am Kamin zu wärmen, in dem einige Zweige oder Rosmarin knisterten. Nachts kroch man eng aneinander; niemand schlief in einer Bettstatt für sich. Im glühenden Sommer dagegen – hatte ich diese fiebernde Luft nicht selber erlebt? – versuchte man sich auf jede mögliche Weise vor der Sonne zu schützen, vornehmlich die Frauen, bei denen ein weißer Teint als Zeichen der Gepflegtheit galt. Um sich wenigstens etwas Abkühlung zu verschaffen, befeuchtete man in der heißesten Zeit die Zimmerböden mit Wasser. Quer über die Straßen hingen laubige Zweige gereiht oder aufgespannte Tücher, um Schatten zu werfen. – Die Pilger mögen es aufatmend empfunden haben.

Auch über die täglichen Mahlzeiten hat unser Gewährsmann berichtet. Mittags gab es Eintopf aus Kohl, Rüben und Hammel; nur selten fand sich ein Bröckchen Rindfleisch darunter. Kühe und Ochsen dienten hierzulande vornehmlich als Zugtiere und galten daher, kaum zu Unrecht, als zäh und sehnig. Abends kamen Salate und Gebratenes, alles in allem weniger Fleisch als in Deutschland auf den Tisch, doch um so reichlicher einheimische Zukost: nach Belieben sehr gutes Brot, genügend Rotwein, allerdings von mäßiger Qualität. Die Weinzubereitung lag im Languedoc derzeit noch im argen.

Winters sah die Speisekarte natürlich bescheidener aus. Dafür stopfte man sich den Bauch mit gerösteten Kastanien voll. Die Fastenzeit machte die Mahlzeiten noch eintöniger. Da blieb es bei der Kohlsuppe mit einem Schuß Öl oder Fisch, und mag uns die Auswahl von Meeresgetier auch verlockend anmuten, kein Gramm Butter machte das Gesottene oder Gekochte gechmeidig. Zum Glück war das Essen vitaminreich; zusätzlich kamen neben den allzeit beliebten Trauben in Sirup eingelegte Zwiebeln auf den Tisch, die man auf dem Bartholomäusmarkt, zu Zöpfen verflochten, kaufte, dazu auch schon einmal die hochgeschätzte Fruchtkonfitüre. Rohes Obst und Käse aß nur der gemeine Mann.

Er hat bei allem Studieneifer mit offenen Augen gelebt, der blutjunge Felix Platter und alles beschrieben, Geburten, Todesfälle, Mangelzeiten, Epidemien, die man als gottgegeben hinnahm. Nicht Fest, Mummenschanz oder Fasching, ließ er aus. Aber wahrhaft lebte er erst im Frühling auf, wenn man zu den Iriswiesen an der Lez-Quelle nahe dem Pic Saint-Loup zu Spiel, Tanz und harmloser Liebelei mit den hübschen Mädchen der Stadt hinauswanderte. Ein buntes Bild des Lebens in einem immerhin herausgehobenen Kreis?

Es gehörten auch düstere Seiten dazu. Eine Magd wird gehenkt, die ihr Neugeborenes in die Latrine geworfen hat. Am 21. September 1554 findet ein schauerliches Spektakel statt. Man führt einen jungen Mörder mit großem Pomp zur Hinrichtung. Der Delinquent muß auf dem Schafott seine Schandtaten berichten; am Schluß bittet er alle, für ihn zur Jungfrau zu beten, sie möge ihm Eingang zum Paradies verschaffen. Dann entkleidet ihn der Henker, bindet ihn am Boden fest und eine makabere Szene hebt an – er zerschmettert ihm die Glieder und tötet ihn endlich durch schwere Keulenschläge auf die Brust. Niemand erschüttert das Schmerzgeheul des Unglücklichen …

Philippe Wolff, der uns diese ›Memoiren‹ nachskizzierte, meint, ein gewisser Sadismus habe zu der bald liebenswürdigen, bald bösartigen Gesellschaft jener Tage gehört. In der Tat, die Mentalität des Mittelalters, die wir aus Katharerzeiten kennen! Empfand man eigentlich religiös? Aberglaube wird gelegentlich erwähnt, aber er besaß noch nicht jene neurotische und allgemeine Ausdehnung wie fünfzig Jahre hernach. Schon aber bereitete sich, seit etwa 1550, die protestantische Minderheit auf dic kommenden Tage der Religionskriege vor, in denen die mittelalterliche Kultur von Montpellier, ihre Gedankenwelt, ihre Lebensformen untergingen. Da sich an ihnen während langer Jahrhunderte wenig geändert hatte, dürfen wir annehmen, daß die Santiago-Fahrer die Stadt auf ihre Weise ähnlich erlebten. Sie zogen ja, anders als ich einst annahm, von Nordosten in das Weichbild ein, mitten durch die hohen Fassaden und überlaufenen Gassen.

Zwei große Straßen führten an Montepellier vorüber. Im Norden der teilweise der römischen Via Domitiana folgende ›cami ménete‹ oder Münzweg, im Süden der ›cami salinié‹, der von den Salinen der Etangs kam. Zwischen ihnen gab es noch eine dritte, direkte Route nach Montpellier; von ihr sah man Castelnau-lès-Lez ungefähr so liegen wie auf dem Bilde des Frédéric Bazille. Es war der ›cami roumieu‹ oder Pilgerweg, der den Lez überquerte, dann über den einst Merdanson, später Verdanson geheißenen Bach sprang und nun, schon innerhalb der Mauern, dem höchsten Punkt des Monte Pestelario zustrebte. Die steil ansteigende Straße heißt noch immer Pila Saint-Gély; der Name bedeutet im örtlichen Patois Saint-Gilles. In sie war zuvor übrigens auch die von Uzès über Sommières kommende Pilgerstraße gemündet, auf welcher der jüngst in den Studi medievali durch Damonte veröffentlichte italienische ›Pilgerführer‹ von 1477 seine Santiago-Fahrer einziehen ließ, die ihren Weg über den Mont Cenis, dann durch die Provence genommen und Saint-Gilles ausgespart hatten.

Weiß man um dieses Zusammentreffen vor den Toren Montpelliers, läßt sich leicht rekonstruieren, wie der Santiago-Weg innerhalb der Stadt verlief. Er ließ die höchste Erhebung, auf der heute die Ecole des Beaux-Arts thront und damit auch die Örtlichkeit, wo man einst Sankt Rochus als Spion festnahm, linkerhand liegen und tauchte in die Häuserschlucht der Rue de la Vieille-Aiguillerie ein. Von hier aus passierte er rückseitig die Salle de l'Evêque, den ersten provisorischen Sitz der Bischöfe von Maguelone in der Stadt. Schon öffnete sich vor den Jacquaires der kleine Platz, an dem die heutige Kirche Notre-Dame-des-Tables liegt, dann zogen sie zwischen den eng zusammengerückten Häuserfassaden der Rue de l'Aiguillerie mit den tief in die Bauwerke gehöhlten Werkstätten der Nadelmacher und Kurzwarenhändler bis zur gegenwärtigen Place Jean-Jaurès. Hier lag, im Mittelpunkte der Stadt, ihr eigentliches Ziel, das ursprüngliche, völlig verschwundene Gotteshaus Notre-Dame-des-Tables mit dem Gnadenbild der Négra.

Wenn wir einer offenbar aus der Erinnerung oder nach einem Vorbild geschaffenen Gravüre der Kirche aus dem

18. Jahrhundert trauen dürfen, so umlagerte oft genug eine dichte Volksmenge die Kirche, vollends bei besonderen Anlässen. Eben zieht auf unserer Darstellung der Heilige Vater mit der Tiara und dem dreifachen Kreuz ein, geleitet und gefolgt von Bischöfen, die Mitra auf dem Kopf, während die Andächtigen und Zuschauer sich um sie drängen. Am Portal ragen Hellebarden über die Köpfe, im Vordergrund humpeln Bettler über die Szenerie. Selbst an gewöhnlichen Tagen muß das Getriebe groß gewesen sein. Vor allem Händler, seien es Orientalen oder Europäer, wechselten ihre heimische Barschaft gegen die Landeswährung, um damit die Produkte der Region einzuhandeln: vornehmlich mit dem Extrakt der Cochenille-Eichen aus den Garrigues rot eingefärbte Tuche, aber auch Öl, Branntwein, Rotwein, Parfums, Kunstschmiede-, Edelmetallarbeiten und Lederwaren, kurz die Ladung für ihre Schiffe im Lez-Hafen von Juvenal. Oder aber, um mitgebrachtes Getreide, Kohle, Gewürze, die in den Pépierés sobeyrans am Lez gemahlen wurden, und andere Ware an den Mann zu bringen.

Mitten durch dieses Getriebe drängten sich die Pilger zum Gnadenbild, um nach geleisteter Devotion zu ihrem Quartier weiterzuwandern – durch die Rue de la Loge, dann abseits in die heutige Rue du Croix-d'Or hinein. Dort lag ihre ebenso geheißene Herberge. Wenn es auch in der Stadt deren mehrere gab, Damonte spricht von ›assai hosterie‹, blieb doch nur diese einzige bekannt und erhalten. Daß es für mich nach soviel vergeblicher Nachsuche ein großes Erlebnis war, plötzlich vor ihr zu stehen und ungläubig durch die großen Fenster in die Gewölbe des Erdgeschosses zu starren, wer kann es mir verdenken? Unerwartet befand ich mich am Ziel.

Die Herberge liegt in einer Region, schwer von Geschichte. Ganz nahe erhebt sich, nur um die Straßenecke und in die Argenterie hinein, ein gewaltiger Häuserblock. Gewiß haben die Zeitalter ihn stark verändert, gleichwohl läßt er sich immer noch als einstiges, machtvolles Burghaus erkennen – das Palais der Könige von Aragon mit einem erhaltenen Spitzbogenportal, verbunden mit dem Palais der Herrscher von Mallorca, das auf die Place Saint-Ravy mit dem hübschen Plätscherbrunnen hinaussieht. Hier haben sie also von Zeit zu Zeit gehaust, die Könige der Gebirge, Küsten und Inseln, und mittelmeerisches Schicksal geschmiedet. Garnicht weit davon, durch die Straße des Ancien-Courrier folgt das Palais de Tournemire, in dem Maria von Montpellier, wieder einmal vor den Launen ihres Gatten geflohen, 1208 ihren Sohn Jaime el Conquistador zur Welt brachte...

Noch einmal zur Croix-d'Or zurück! Bis zum 17. Jahrhundert hieß die Herberge ›Logis de l'Estoile‹. Ein angemessener Name für die Raststätte von Pilgern, die dem Jakobsstern folgten! Ein alter Brunnen steht seitab. Mochten in der Unterkunft später die Studenten samt Rabelais und Saporta ihre Späße getrieben haben, für mich blieb es ein Zeuge und zugleich eine Botschaft aus untergegangenen Pilgertagen. Gegen den Stein, den meine Hand angriff, hatten sich die Rücken der Jacquaires gelehnt, und zu den Gewölben des 13. Jahrhunderts, die mein Auge erblickte, hatten sie mit müden Lidern von ihrem Strohlager aufgeschaut.

Zwei Tage und Nächte durften die Santiago-Wanderer verweilen. Dann zogen sie südlich durch die Rue de la Saunerie hinaus. Es muß bei Saint-Denis gewesen sein, wo ihre Wege sich trennten, und die einen in Richtung Lodève, die anderen auf Béziers zu marschierten.

Es gibt in Montpellier eine weitere Botschaft aus Pilgertagen. Eine von ergreifender Kraft und hohem künstlerischem Rang im Archäologischen Museum des Hôtels des Trésoriers-de-France, das einer wissenschaftlichen Gesellschaft gehört.

Es war Samstag, zwei Uhr. Ein akademisches Viertel mußten wir im königlichen Treppenhaus warten, dann erschien ein junger Professor der Vorgeschichte, schüttelte etwas bedauernd den Kopf, daß wir nur die romanische Abteilung sehen wollten, und führte uns empor in den dritten Stock. Da öffnete sich ein einfacher Raum, voll mit den romanischen Überresten des Küstenlandes, die den Zerstörungen der Zeitalter entgangen sind. Stelen mit den Kapitellen von Kloster Psalmodi, nach Art eines Chorumgangs aufgestellt, bildeten den Blickfang. Was mich aber viel unwiderstehlicher anzog und worauf ich so lange gewartet hatte, war etwas anderes – nicht die Madonnenfigur von Fontfroide, nicht die Vielzahl romanischer Torsen, selbst der allzu rudimentäre Traditio-legis-Pfeiler von Saint-Guilhem-le-Désert nicht. Vielmehr werden hier zwei Reliefs zu seiten der Madonnenfigur gezeigt, die vom oberen Kreuzgang in Saint-Guilhem stammen, von dem noch zu berichten sein wird. Es heißt, daß die Mönche der einsamen Abtei diesen oberen Teil, gleichsam zum Eigenbedarf, ausbauten und schmückten, um sich vor den Pilgerströmen zurückziehen zu können.

Was sie, vermutlich von Meistern, die in Saint-Gilles arbeiteten, in Stein schlagen ließen, ist ein selten dargestelltes Motiv: die Unterweisung der Jünger durch Christus, seine Lehre hinauszutragen. Ein Hauch des Pfingstgeschehens wirkt hindurch. Auf der linken Platte lassen sich drei Apostel in altertümlich-statuarischer Form gewahren. Das rechte Relief ist bewegter gegeben. Fünf Apostelgestalten, davon zwei halb sitzend vor der hinteren Reihe, als hockten sie auf den Misericordien des Kirchengestühles. Alle wenden die Köpfe nach rechts zum Herrn. Withney Stoddard schreibt sie dem Soft master von Saint-Gilles oder seiner Werkstatt zu. Ihre ergriffene Anteilnahme an dem vorweggenommenen Verkündigungsauftrag ist unübersehbar. Gott, der Unausweichliche, wird sie rufen. In Zögern und Erschrecken lehnen sie ihre Oberkörper zurück, eine Bewegung, die bei den Sitzfiguren deutlich durch die Beinhaltung unterstrichen wird. Zwei von ihnen, Zeichen innerer Betroffenheit, fahren sich mit den Händen ans Kinn. Die Gewandfalten fallen in V-Form oder spielen weich über die Körper und modellieren die Schenkel, um die Reaktion des Leibes sichtbar zu machen, während sich die Gewänder an den Knöcheln kräuseln, als durchbebe das innere Erschauern sie von oben bis unten. Nimmt man die gesammelten, fast starrenden Gesichter, die wellige Führung von Haar und Bärten hinzu, endlich gar die gespannte Fußstellung, so wurde hier eines der subtilsten Themen des Apostolates Bild – das Gewicht des Auftrags, völlig ins Innerliche gewandt. Es ist, als vermengten sich ihre steten Zweifel an der eigenen Zulänglichkeit mit der Hingabebereitschaft jener, die zum Schwersten entschlossen sind und bald die Probe bestehen müssen.

Dem hier in zarter, fast lyrischer Ausdruckssprache zu begegnen, bar aller Pathetik oder Attitüde, läßt uns erst voll Schmerz erahnen, was in dieser Landschaft während der Hugenottenstürme – für Saint-Guilhem gilt das Jahr 1568 – zugrunde ging. Es war der überhöhende Kontext zum Anliegen der Pilgerstraße.

Im Lande Paul Valérys

Daß die Einzelwege der Tolosana sich in Montpellier trennten, die eine Pilgergruppe also nach Nordwesten, die andere dem Südwesten entgegenzog, bedeutete nichts Ungewöhnliches. Jede der vier großen Santiago-Straßen auf nachmalig französischem Boden entlehnte ihren Namen von dem wichtigsten Zwischenziel und fächerte sich im übrigen nach unterschiedlichen Gegebenheiten auf. Sei es jener der Zeitalter, sei es nach dem Anliegen des Pilgers oder der Schwierigkeiten der Jahreszeit. Kein Wunder daher, wenn auch die Tolosana, je näher sie den Pyrenäen kam, mehr und mehr einem Netz von Straßen glich. Mochte es anfangs ob der drohenden Sarazenengefahr geraten erscheinen, Toulouse im Schutz der Cevennen-Ausläufer oder vorgelagerter Bergzüge zu erreichen, zog man in späteren Zeiten offenbar bequemere Wege entlang der Küste vor. Dazu kam die Verschmelzung des Santiago-Anliegens mit anderen Devotionswünschen, so den zunehmenden »Pèlerinages mariaux«, den Marienwallfahrten. Sie dürften manchen Bedefahrer verlockt haben, von der großen Route abzuweichen, um über Perpignan nach Ripoll, dann zum Montserrat mit seinem berühmten Gnadenbild weiterzuziehn und erst dort die Richtung nach Westen einzuschlagen.

Bis Béziers oder gar Narbonne folgten diese Wallfahrer allesamt einer gemeinsamen Grundrichtung. Am genauesten hat ihre Route der erwähnte anonyme Pilgersmann aus Italien aufgezeichnet, dessen schriftliche Hinterlassenschaft Damonte herausgab. Abweichend von der heutigen Straße zog er samt seinen Wandergenossen von Montpellier genau nach Westen, *Pignan* entgegen, das »allato alla strada«, seitab der eigentlichen Straße lag, in der zwei ›hosterie‹, Gast- oder Rasthäuser seiner warteten. Darauf nach *Loupian* mit seiner herben, romanischen Wehrkirche, von dem man »das Meer sah«.

Das Meer? Unser Pilger meinte die riesige Lagune vor Sète, den Etang de Thau. Man zog daran entlang und weiter auf ›Sancto Uberio‹ zu, Saint-Thibéry, Sitz einer Benediktinerabtei, von der noch Reste stehen, einer »brutta città«, wie es heißt, einer häßlichen Stadt. Hier konnte man den Hérault auf der erhalten gebliebenen Brücke aus Römertagen queren. Bis ›Bises‹, Béziers also, gab es von nun an weder Schenke noch Obdach.

Ein leuchtender Morgen stand über dem Land, als wir uns, freilich die Straße über *Gigean* wählend, von Montpellier aufmachten. Ringsum endlose Weingärten, im Norden von fernen Höhenzügen begleitet, hier und dort helle Häuschen, kleine Gehölze, von Bambus gesäumte Gräben. Im Süden versperrten die hügeligen Heidegebiete der Montagne de la Gardiole den Blick auf die See. Platanenalleen wallten als stattliche Schattenkorridore gen Westen. Hinter Gigean ging es durch ein waldiges Quellental, dann erneut über Höhen, Senken. Schon zeigte sich das riesige Bassin de Thau und fern im Süden, am Anfang der Nehrung, das Vorgebirge des Mont Saint-Clair mit seinen Häuserringen am Fuß und Osthang. Sète. Das konnten wir, Pilger einer neuen Zeit, denn doch nicht auslassen. Werkshallen schoben sich vor den Blick, dazwischen öffneten sich Hafengewässer mit Seeschiffen; Kräne lauerten gleich Gottesanbeterinnen auf den Kais, und von Frontignan wehte der Wind Petroleumgerüche heran.

Sète mit seinem blinkenden Hafenbecken und der Einmündung des Canal du Midi, erst 1666 begründet, ist die Stadt Paul Valérys, der hier 1871 zur Welt kam und 1945 nach einem meist in Paris verbrachten Leben auf dem Cimetière marin im Angesicht des Meeres beigesetzt wurde. Er hat ihn durch seine von Rilke übertragenen ›Charmes‹ oder ›Zaubersprüche‹ unsterblich gemacht. Das Hinkommen erwies sich als schwer. Es war der Tag eines berühmten Volksfestes, des Fischerstechens auf dem breiten Kanal, der die Stadt am Bergfuß durchfurcht; man hatte beidseits Tribünen errichtet. In den Steilstraßen des rechten Ufers, neben denen auch Treppen hinauf- und hinabwallen, ging es hoch her. Im sonntäglichen Verkehrsgewühl spektakelten Fanfarenzüge oder Trommlerkorps, Plätze wie Treppenestraden standen voll mit Buden und gestikulierenden Händlern.

Endlich war nach tausend Hindernissen denn doch die nach Süden führende Grande Rue, bald auch der gilbende Berghang unter dem Fort Richelieu und damit der Friedhof erreicht, auf dem der Dichter in der mütterlichen Gruft der Grassi den ewigen Schlaf tut.

»Ihr Augen, hin zum Himmel, den Tempel mir zu zeichnen!
Und daß auf mir hier ruhe ein Altar ohnegleichen!«

hat Paul Celan einen vorwegnehmenden Vers in Valérys großem Symbolgedicht ›Die junge Parze‹ übertragen. In der Tat, so für immer in dieser von der Sonne gestreichelten Marmor- und Kreuzesstadt schlafen zu wollen, das war kein sentimentales Anliegen, sondern der Wunsch nach Verwirklichung einer dichterischen Existenz, in aeternum ›dargeboten dem Licht‹.

Die Tumben staffeln sich Etage um Etage den Berghang hinan, einfache und luxuriöse Pavillons mit Seeblick für die Ewigkeit, viel törichte Versuche der Nachlebenden darunter, die bürgerliche Reputation ihres Abgeschiedenen ins Universale zu projizieren. Sète in der Erwartung des Letzten Gerichtes. Aber ich sage es mit Ergriffenheit. Wischt nicht der Tod jede Eitelkeit fort? An den schmalen Randwegen wuchern Strandgräser, und zwischen den Grabstelen ragen hohe Zypressen auf, um verzauberte Winkel zu schaffen. An vielen Sarkophagen lehnen oder hängen steinerne, kleine Kränze wie Rettungsringe en miniature, gleichsam Opfergaben zur Feier der großen Verschmelzung mit dem Allgemeinen; dazu blüht allenthalben zwischen den Grüften Oleandergesträuch.

Die einzigartige Lage schließt das Musée Paul Valéry oberhalb des Friedhofs ein. Darin sieht man viele alte und neue Bilder von Sète und eine dem Dichter gewidmete Abteilung mit Erinnerungsfotos: ein intellektuelles Gesicht, das seine geheimsten Gedanken nie freigab, sondern in hermetischen Versen oder subtiler Prosa versteckte, dazu Zeichnungen, Manuskripte. Am ergreifendsten ein Bild seiner sensiblen Hände: die Rechte auf der Brust, die Linke hält die Zigarette. Diese ganz versunkene, private Gebärde hat mich am tiefsten berührt, während mein Blick immer wieder aus den Fenstern auf das schimmernde Dach der See hinausglitt.

Solches Abschweifen erschien mir an dieser Stelle legitim. Valéry hat es ja selbst in einem Brief an den Stadtrat von Sète, der ihm die Ehrenbürgerschaft antrug, dokumentiert, daß die unvergleichliche Weite sein gesamtes Werk durchdrang, »la mer, la mer tout recommencée«. Diese innere Ansiedlung stellt gewiß keine Antwort auf seine halb ironische, halb skeptische Geistigkeit dar, aber sie offenbart die Ursprünge einer genialen Existenz, die fast bis zur Hälfte unseres Jahrhunderts reichte und den Kanon einer ganz neuen, das Zeiterlebnis überhöhenden Schönheit beschwor. Es gibt in dieser Landschaft der makellosen Strände zwischen Meer und Lagune ein antikes Gegenstück zur verhaltenen Poesie des Cimetière marin. In *Agde,* am südwestlichen Ende des Etang de Thau. Die Jacquaires haben es nicht besucht. Aber das Agathé Thyché der Griechen, einst großer Handelshafen innerhalb der Hérault-Mündung, verleiht der Küste einen weiteren Akzent, den Adel unendlich alter Kultur.

1964 haben Taucher vor der Hérault-Mündung nahe Rochelongue in fast acht Metern Tiefe eine riesige Menge, siebzehnhundert Einzelstücke an Bronzebarren, Waffen aller Art, Gerätschaften, Schmuckwerk, gefunden, die heute im Musée Agathois zu sehen sind. Da war offenbar die schwimmende Handelswerkstatt eines Schmiedes der Bronzezeit untergegangen, ein Waffen- und Preziosenarsenal, das die Bevölkerung der Küste in einer Epoche versorgte, die für uns im Dunkel der Vorgeschichte liegt. Denn was wissen wir schon aus jener Zeit vor drei Jahrtausenden! Erwähnten nicht bereits Strabo, Ptolemäus und Plinius dieses ›Agde zum guten Glück‹, das seinen Nutzen aus der nahen See und dem Schutz eines benachbarten Basaltberges auf dem Cap d'Agde, wo sich heute die Nudisten tummeln, dem Rest eines alten Vulkanes, zog? Aus seinem harten, düsteren Material erbauten die Phokäer an Stelle des heutigen Quartier vieux ihre ersten festen Häuser – die Stadt ist ja älter als Rom – und aus dem nämlichen Basalt entstand im 12. Jahrhundert die Kathedrale Saint-Etienne am Flußufer, dieser gewaltige Festungsklotz einer Kirche mit seinen sparsamen, vorgelegten Arkaden, Zinnen und dem Karree seines Turmes, der Grundriß in Form eines großen T gezogen.

In der Tat, Agde ist in der großen ›Maginot-Linie‹ der Wehrkirchen, deren es allein im Département Hérault zweiundzwanzig gibt, die machtvollste. Nichts als abweisende Härte. Auch das Innere mit dem angeknickten Tonnengewölbe atmet trotz der schönen Maßverhältnisse den Geist der Abwehr gegen die Barbaresken. Noch heute läßt sich in der Decke ein Ochsenauge gewahren, durch das die Verteidiger hoch auf dem Dach ›Munition‹ und Versorgungsmaterial emporhieven konnten. Gewiß, man hat den wehrhaften Charakter später durch ein paar Zutaten im Innern anmutiger zu machen versucht, eine Tribüne nach Art des Roussillon vor die Schmalseite zum Fluß gewölbt und einen spätbarocken Retabel vor die glatte Wand von Chorpartie und Seitenkapellen gelegt. Zudem sollten zwei Kapitelle aus hellem Haustein am ›Triumphbogen‹ das Innere höher stimmen. Als Bauschmuck aus der Entstehungszeit läßt sich im Chorraum nur eine ungelenk in den spröden Stein geschlagene Eselsfigur erblicken ...

Bis in das zweite Kaiserreich hinein hat dieses Hafenstädtchen, das schon Marco Polo ›die schwarze Stadt‹ nannte, seine nüchterne Handelsaufgabe erfüllt. Und doch kam grade in diesem Agde während der zweiten Forschungskampagne von 1964 im Bett des Hérault neben zahllosen Amphoren ein einzigartiges Kunstwerk der hellenistischen Zeit ans Licht. Es ist der Bronzetorso des ›Epheben von Agde‹, ein Meter vierzig groß, nur mit einer einfachen Faltendrapierung über der linken Schulter bekleidet. Der völlig erhaltene, beschopfte Kopf eines heranwachsenden Knaben mit versponnenem Blick ist von unsäglicher und ganz persönlicher Anmut, wie antike Kunstwerke sie selten erreichten. Weiß

Gott, wann und warum man das Bild einst inmitten der Stadt in den Fluß stürzte. Vielleicht, daß die Zeloten einer neuen Epoche die Schönheit als Verfänglichkeit ansahen?

Bis Agde über ein geeignetes Museum verfügt, steht das herrliche Stück im Louvre neben der Nike von Samothrake. Offenbar hat man in der Stadt am Meer trotz ihres düsteren Steines nicht immer so herb gedacht, wie uns die drohende Gebärde der Kathedrale glauben macht ...

Noch eine dritte Stadt in dieser Region, etwas landein gelegen, gibt es, wo sich die eigenartige poetische Stimmung von Sète und Agde einstellt, freilich unter anderen Vorzeichen, halb tragisch, halb komödiantisch. Es ist *Pézenas.* Man hat garnicht weit dahin, über die Pilgerstation von Saint-Thibéry entlang dem Hérault nach Norden. Was mich angeht, meine ich sogar, auch hier seien einst die Jacquaires gewandert. Gewiß, es findet sich in dem Städtchen dafür kein anderes Zeugnis als die im Pilgergewand mit Muschelkragen, Bordon und Wanderflasche dargestellte Figur des heiligen Rochus nebst seinem treuen Hund an der Ecke des prachtvollen Commanderie-Baus der Johanniter von Jerusalem.

Pézenas reicht in seinen Ursprüngen auf Römerzeiten zurück, wurde durch seinen Wollhandel reich und avancierte später zur Residenz der Statthalter des Languedoc. Das waren die Montmorency bis zum makaberen Jahr 1632, als man dem Letzten von ihnen auf Richelieus Geheiß im Hof des Capitols zu Toulouse wegen seiner Revolte gegen die Allmacht der Krone den Kopf abschlug. Sein Nachfolger hieß Armand de Bourbon, Prinz von Conti, Gatte einer der ›Mazarinettes‹, einer der Nichten Mazarins. Er sollte Pézenas für kurze Jahre in ein ›Versailles des Languedoc‹ verwandeln. An seinem Wohnsitz, der ›Grange des Prés‹ mit ihren Parkanlagen und Wasserspielen versammelten sich die großen Herren der Region und die Edelleute, galante Damen, Künstler und Schriftsteller zu glänzenden Festen. Heute ist das Palais längst verschwunden; nur der Park selbst mit seinen Gehölzen und Wasserspielen samt einer Replik der Büste Molières von Houdon ist noch da; denn auch der große Komödiendichter, derzeit noch unberühmt, gehört zu Pézenas. Er hat 1650 mit der Truppe seines Wandertheaters zum ersten Mal in der Stadt und vor ihrem Gouverneur gespielt, dann erneut zwischen 1653 und 56. Es heißt sogar, daß ihm der Prinz, mit dem er sich nach längerer Freundschaft überwarf, als Vorbild für seinen ›Don Juan‹ diente und der heuchlerische Abbé Roquette aus dem Hofstaat für den ›Tartuffe‹. Noch heute gibt es manche Spur des Dichters in dem alten Städtchen – das Haus des Barbiers Gély, wo er sich oft einstellte und die Menschen studierte, deren Züge er für seine Komödien brauchte, die Müßiggänger, die Landleute, die Schöngeister, die sich das Haar kräuseln ließen.

Auch das Gasthaus ›Bât d'Argent‹, wo er abstieg, das Hôtel d'Alphonce mit seinen Galerien und Balustraden, wo er innerhalb der Stadt Vorstellungen gab, blieben erhalten. In Wahrheit aber darf man das ganze Pézenas jener Tage zum Zeugen anrufen, denn es hat sich dort vieles unverändert erhalten: die Hôtels de Malibran, Grasset, Lacoste, de Wicque, deren Großartigkeit mit denen von Montpellier wetteifert. Eingeschlossen sogar den ehemaligen Sitz der Konsuln, heute Handelsgericht, von dem 1632 die Revolte Henris II de Montmorency ausging. Gewiß fiel einiges den Wechselfällen der Geschichte zum Opfer wie das alte, siebentürmige Schloß, das Richelieu bis auf den letzten Stein abreißen ließ. Aber das Erbe einer italianisierenden Renaissance blieb in Pézenas mit seinen Höfen, Portalen, Wappen, Gassen unversehrt, und auch das alte Ghetto gehört dazu. Man braucht nur von der Place Gambetta das Dreieck der Altstadtstraßen abzuwandern, da hat man alles beieinander.

Ich habe den Weg zu den verschiedensten Tageszeiten genommen; am schönsten blieb es am Abend. Es war gerade Vollmond. Kein Fuß, keine Stimme rührte sich. In den Höfen nisteten tiefe Schatten. Da konnte man sich unbeschwert einbilden, daß plötzlich Molière in der Rue Conti aus der Tür des Hôtels d'Alphonce trat, um nach der Vorstellung aufatmend heimwärts zu gehen. Oder daß gar eine Sänfte mit einer Schönen auf dem Wege zum Rendez-vous mit dem Prinzen einherschwankte. Er war ein großer Schürzenjäger der Conti, ehe er sich jählings von einem Saulus zum Paulus wandelte, alle Beziehungen zu Molière abbrach, seine Maitresse ins Kloster steckte und hinfort in der Grange des Prés ein strenges Büßerleben führte, während der komödiantische Freund von ehedem nach Paris hinauszog in den Ruhm und die Unsterblichkeit der Bretter, welche die Welt bedeuten.

Stadt des Schicksals

Da sitze ich nun im Parc des Poètes, den ›hängenden Gärten‹ von *Béziers,* und gebe mir Rechenschaft. Es ist schattig und duftet nach frisch geschnittenem Rasen. Niemand, der zu dieser Stunde vom Bahnhofsviertel zum sogenannten Plateau der Teiche, Rabatten und Statuen auf halber Höhe emporstiege, geschweige zu mir nahe dem oberen Ausgang. Mag draußen der Lärm der Motoren in den ansteigenden oder hinabkurvenden Straßen toben – wie wohl das tut, vom Getriebe der Zeit ausgeschlossen zu sein!

Die letzten Tage im Lande Valérys, das Überqueren des Rubikons zum Biterrois auf der Römerbrücke des Hérault in Saint-Thibéry, das Umhersuchen, wo der Pilgerweg weiter verlaufen mochte, waren mühsam gewesen. Niemand, der Auskunft wußte. Bis sich endlich zeigte, daß es entlang der Bahnlinie nach Süden, dann durch einsame Weingärten nach Nordwesten auf Montblanc zu ging. Dort kam plötzlich der alte Römerweg, die Domitiana wieder zum Vorschein. Man konnte sich unschwer vorstellen, wie es hier im Juli 1209 aussah, als das Heer der Fünfzigtausend nach Westen marschierte. Mit ihm jene Santiago-Wanderer, die der versprochene Ablaß lockte. Ein sieben Kilometer langer Zug mit Bannern, Standarten, schimmernden Helmen und Panzerhemden nebst aufgeheftetem Kreuz, in Staubwolken eingehüllt, wie es der ›Chanson de la Croisade Albigeoise‹ beschrieben hat. Schon erblickten die Reisigen von der nächsten Höhe in der Ferne Béziers mit seinen Mauern, Häusern, dem Schloß, allem, was abends seinen glühenden Feuerschein gen Himmel werfen würde … Nein, ich versage es mir, die blutigen Greuel zu wiederholen. Müde und erschöpft war ich meinerseits vor Béziers angelangt, vorüber an den neuen Arenen durch die Avenue Saint-Saëns genau auf die Passejada Paul-Riquet und die weitläufige Place Jean-Jaurès zu, an deren Südostecke im Mittelalter das vizegräfliche Schloß lag, um dahinter, gleich den Pilgern friedvollerer Tage, durch die ehemalige Porte Saint-Jacques nach Süden in die gleichnamige Straße zur gleichnamigen Abtei abzubiegen. Doch später davon. Wußte auch der Pilgerführer des Aimery Picaud nichts von diesem Weg, Damontes Itinerarium hat ihn geschildert, »passasi par drento«. Das ließ sich eindeutig orten. Durch die Stadt also.

Das Kreuzfahrerheer war selbstverständlich auf verschlossene Tore gestoßen, hatte das hochgelegene Béziers in der Kurve des Flusses umgangen und schlug seine Zelte in Gegend des heutigen Bahnhofs auf, bis sich der verhängnisvolle Zwischenfall an der westlich gelegenen Orb-Brücke und der Descente Canterelle begab. Der Lagerplatz des ›Ost‹ befand sich übrigens genau unterhalb des Parks der Poeten, in dem ich auf meiner Bank saß und darüber nachdachte, was ich hier eigentlich suchte.

Natürlich, solch ein Buch kommt nur wie ein Flickenteppich Stück um Stück zusammen, dennoch, warum folgt man so hartnäckig erloschenen Spuren? Doch keineswegs, um noch einmal den Holocaust von 1209 zu beschwören. Die Pilger, die Kreuzfahrer jener Epoche waren weiß Gott nicht besser als wir, und was sie hier so gnadenlos trieben, blieb, wie man's auch wendet, Mord. Doch nach der Moral der Geschichte zu fragen, ist töricht. Sie besitzt keine schulmeisterlichen Talente. Steht am Ende nicht fest, daß jede Vergangenheit, jede Zukunft, alles, woran wir uns klammern, eines Tages erlöschen wird, einerlei ob dergleichen im Untergang eines erkaltenden Sonnensystems oder durch gleichgültiges Vergessen geschieht? Warum künstlich bewahren, was doch zum Tode verdammt ist? Und dennoch gab es da etwas, das selbst die Greuel von Béziers nicht verstummen ließ. Wie nun seit Jahren schon, schollen auch hier im einsamen Park die unablässigen Schritte jener in meine Gedanken, die in längst begrabenen Zeiten gleichmütig einherzogen in ihrem vielleicht sogar dumpfen Drang, des Daseins-Sinnes kraft ihrer aufopfernden Leibesmühe teilhaft zu werden. Ach, daß wir uns auf die Selbstüberwindung nur noch symbolisch verstehen!

Da war es wieder, dieses ›rompre la muraille‹, der große Aufruf, die geheimste Sehnsucht des Mittelalters, derentwillen ich schrieb: seht her, so haben es jene gemacht! Was wir als Generationserbe an Leitbildern in uns tragen, wurzelt doch in solchen Epochen des Aufbruchs, und wenn ich einer Rechtfertigung bedurfte, bestand sie darin, daß es die Spuren zu sichern galt, ehe sie völlig erloschen.

Wie sich das hierzulande immer von neuem einstellte: Geschichte als apokalyptische Macht! Heroisch auf die Felsbastion des linken Orb-Ufers am Plan Saint-Louis mit der wundervollen Aussicht ins Land, die Wasserläufe und Berge gelagert, bietet sich die Westfront von Béziers samt seiner wuchtig auffahrenden Kathedrale Saint-Nazaire vom Pont-Vieux so dar, als habe sich hier seit Urvätertagen – die Stadt war seit 706 Bischofssitz – nichts geändert. Aber das täuscht. Die Tragödie von 1209 ließ nur wenig übrig, und das Gotteshaus mit den kubischen Unterbauten, den Zinnentürmen, die seinen Leib bewachen, dazu den Dachbalustraden und vor allem dem trotzigen Karree des Glockenturmes über dem nördlichen Querhaus entstand in seiner knochigen Härte erst, nachdem die Toten längst vergessen waren und man der Abwehrgebärde kaum mehr bedurfte. Aber auch vom Geist der Gotik läßt sich trotz der gewaltigen Westrose von ferne nur wenig spüren. Er offenbart sich erst beim Herantreten von der Place de la Révolution angesichts des Chorhauptes mit seinen hohen Fenstern und Pfeilern.

Im Innern, beim Blick in die elegante Chorapsis wallt freilich das Empfinden hoch auf. Farbige Marmoreinbauten der klassischen Zeit steigern das Bild ins Prächtige. Allerdings, was hier einst vielgerühmt bis zum Juli 1209 stand, als die Kathedrale in Brand geriet, in der Mitte barst, Stück um Stück zusammenbrach, dieses Werk des Meisters Gervais – wir kennen es von keinem Bild, keiner Zeichnung. Auch Saint-Aphrodise im Norden, benannt nach dem ersten Märtyrerbischof der Stadt, mit seiner uralten Confessio und dem Sarkophag aus dem 3. Jahrhundert, der als Taufbecken dient, oder Sainte-Madeleine, in dem sich im Schicksalsjahr die schändlichsten Greuel zutrugen, besitzen nur wenig alte Substanz. Einzig das romanische Haus an der Rue du Chapeau-rouge mit seinen vorkragenden Masken, Menschen- und Tierköpfen sowie den gedoppelten Fensteröffnungen kann als Zeuge jener furchtbaren Taten gelten.

Ausgenommen ein Gotteshaus, das außerhalb der Stadtmauern lag. Die Abteikirche Saint-Jacques vermochte sich trotz aller Veränderungen drinnen wie draußen als ein Abbild des romanischen Geistes der Region zu bewahren. Gleich Saint-Nazaire liegt sie auf einem vorspringenden Felspodest hoch über dem Orb. Hier zeigt sich die Außenseite des vieleckigen Chores noch immer wahrhaft durchtränkt vom antikisierenden Stil der Epoche, wenn auch nicht ganz so festlich wie an der Kathedrale zu Alet, die als Vorbild gedient hat. Halbrunde Pfeiler, auf halbhohe Widerlager postiert, liegen den Ecken vor, behäuptet mit dem ziselierten Rankengeschlinge der Kapitelle. Sie wiederum tragen ein vorkragendes Sims, das den gesamten Dachansatz umläuft, ein breites, abgestuftes Band von Formengebilden mit Palmetten, Zierleisten, eckig vorspringenden Steinzungen, filigranfeiner Borte und zuoberst von der Wellenlinie der Schindeln überfangen.

Es ist durchaus keine große Kunst, und doch geht eine verzaubernde Wirkung davon aus. Nicht zuletzt, weil diese Chorpartie in einem der Außenwelt verschlossenen Winkel liegt; eine hohe Mauer schirmt den Chor nach draußen ab. Ein paar alte Leute auf den Bänken des kleinen Platzes neben dem Kirchlein gaben Ratschläge, wie man dorthin gelangte. Da, nein dort, an der Tür drüben mußte ich klingeln. Tatsächlich durfte ich, fast feierlich von der Haushälterin des Curé geleitet, in ein winziges Gärtlein hinter der Kirche eintreten. Ein paar alte Blumentöpfe standen herum, ein grüner Strauch wucherte, und vor mir hob sich die festliche Mauer, auf die einst auch das Auge der Santiago-Wanderer gefallen war, wie ein Stück geretteten Altertums. Saint-Jacques blieb ja beim Todessturm verschont ...

Es ist einsam geworden in den Außenbastionen von Béziers, hier, wie an der Kathedrale. Gastarbeiter, Algerier haben sich in den krummen Gassen angesiedelt. Das Leben der Biterrois zog sich in die Geschäftsviertel zurück, vor allem aber an den Umkreis der Place Jean-Jaurès, einst Zitadellenplatz, und an die okzitanisch ›Passejada‹ geheißenen Allées Paul Riquet. Das ist der breite, mit Platanen bestandene Boulevard zwischen Poetenpark und Theater. Hüben und drüben der doppelreihigen Baumpromenade und der Fahrbahn besetzt mit Geschäften, Lokalen, Hotels. Mittags und abends gegen sieben trifft sich auf dem Flanierweg mit den à la française zu einem Blätterdach geschnittenen Bäumen die Jugend. Die Cafétiers haben ihre Stühle und Tische ins Freie gestellt, und gelegentlich führen rußgeschwärzte Feuerschlucker oder ein Entfesselungskünstler Schaustellungen vor. Freitags nachmittags aber stellen sich vor dem Theater gewichtige Herren zu ernsthaftem Gespräch ein; dann findet eine Art offener Börse, der ›marché des vins‹ statt, auf dem man die Erzeugnisse der endlosen Weingärten kauft oder verkauft – der Rebenkulturen am Orb und im Vernazobres-Tal, der Lagen von Saint-Chinian, Causses oder Cessenon und sogar des Minervois. Wer von der Aussichtsbastion des Plan Saint-Louis an der Kathedrale oder vom Vorplatz von Saint-Jacques hinausblickt, erkennt die Bedeutung ihres Treibens. Die Ausdehnung der Traubengefilde ist endlos, die Ernte alljährlich enorm.

Wer freilich hinauswandert oder -fährt, erlebt eine Landschaft alter Kultur und mittelmeerischer Vegetation. Das beginnt bereits an der Küste und überspringt den von Platanen gesäumten Canal du Midi, das geniale Werk von Paul Riquet, der den binnenländischen Schiffahrtsweg zur Garonne mit seinen zahllosen Schleusen 1666 zu bauen begann. Von hier stoßen, kaum merklich ansteigend, die Terrassen tief in die Berge vor. Es ist eine Region, in der sich ›Attika und Umbrien‹ mischen, die verträumten Ufergehölze des Orb abwechseln mit Zypressen- und Olivenhainen, deren Bäume ausgehöhlt auf einem Dreifuß, aber immer noch prangend im Laub stehen. Weiter im Land folgen Kastanienwälder, herabwallende Bergforste und Piniengehölze. Dazwischen rinnen Wasserläufe aus den Höhen herab, liegen einsame Berg- und Taldörfer, erbaut im blonden Stein der

Region mit uralten Brücken und machtvollen Türmen wie Puissalicon, Roquebrun, Saint-Chinian oder die Nester im anmutigen Vernazobres-Tal.

Die Zeit scheint angehalten. Gewiß sind manche der uralten Gotteshäuser anderweitig nutzbar gemacht oder den Stürmen der Geschichte erlegen, von der einstigen Zisterzienserabtei Valmagne bis zu den überwucherten Ruinen von Foncaude, wo sich Kapitelle mit Darstellungen der Santiago-Wanderer fanden; es hat ehedem als Station einer Nebenroute der Pilgerstraße gedient. Doch manchmal stehen sie unversehrt wie vor neun Jahrhunderten da, so *Quarante* genau westlich von Béziers. Auch diese Kirche war ursprünglich das Gotteshaus einer Abtei. Karl der Große, so heißt es, ließ sie über vierzig Märtyrergräbern errichten; doch was viel bedeutsamer bleibt, sie stellt in manchem das Vorbild für Saint-Guilhem-le-Désert dar, von dem später berichtet wird – einfach, herb, ein Kleinod aus der Zeit nach der Jahrtausendwende. Drinnen Trompenkuppel und Querschiff, in der Apsis eine große Altarmensa mit ausgelappten Rändern für die geweihten Brote, ähnlich denen zu Nissan, Lavaur, Toulouse und Cluny. In einer Seitenkapelle gleich eine zweite, kleinere Platte, vorgelegt einem Sarkophag mit den Gebeinen von sechs Märtyrern; schließlich in der ›Schatzkammerkapelle‹ ein riesiger Marmorsarkophag des 3. Jahrhunderts, darauf in einem Medaillon ein Doppelbildnis inmitten Strigillierungen, welche die Schauwand überziehen. Wieviel Uraltes hat sich in diesem Lande erhalten! Überall gab der Boden Antikes her, lassen sich antike Spuren entdecken.

Dennoch, die Landschaft! Ich trage sie wie etwas Unverlierbares in mir. Das Schönste blieb ein Ausflug zum *Mont Caroux* hoch über Tarassac. Vom nahen Poujol kurvt ein Bergsträßchen hinan. Dann ging es zu Fuß von Douch zur Höhe; ein Stündchen lang strolchte ich selbstvergessen durchs einsame Bergrevier bis zur Table d'orientation. Das gesegnete Land an der Straße des Herakles lag fast elfhundert Meter tief unter mir. Die Terrassen der Landschaft mit ihren Grünflecken überzog zarter, mehr und mehr verdichteter Dunst, die Küste ließ sich nur ahnen. Ganz fern im

Süden aber zeichnete sich als haarfeine Silhouette der Beginn des Gebirges ab, dem meine Sehnsucht kaum minder als die der Pilger galt, der machtvolle Rücken des Canigou im Roussillon. Da lag es, das erste Ziel dieser Wanderschaft im ›Bannkreis der Pyrenäen‹, und sie würden unseren Weg von nun an bewachen, bis wir, an ihrem Fuß angelangt, über ihre Pässe nach Spanien stiegen.

Die Botschaft von Ensérune

Wer gleich dem italienischen Pilger von 1477 von Béziers aus eine direkte Route nach Carcassonne wählte, um nach dreistündigem Marsch Capestang mit der hohen Silhouette seiner Kirche zu erreichen, erblickte zuvor folgendes: die Straße querte das kleine Dorf Montady; linkerhand dehnte sich, ob des flachen Blickpunktes nur unvollkommen erkennbar, ein sternstrahliges Riesengebilde von Äckern und Weingärten, das sich zur Mitte senkte. Das war und ist ein ehemaliger, seit 1248 trockengelegter Teich mit seinen Abzugsgräben, deren Wasser ein unterirdischer Kanal zum einstigen Etang von Capestang leitet. Südlich des Teiches von Montady aber erblickte er den steilen Nordhang eines langgestreckten Bergrückens, den von *Ensérune.* Auffällig zwar in der brettflachen Umgebung, und doch dürfte er ihm kaum besondere Aufmerksamkeit geschenkt haben.

Wir unsererseits hatten eine andere, die Route nach Norbonne über *Nissan* gewählt. Dort galt es ein kleines Museum mit einigen Kapitellen aus Foncaude zu besuchen. Von hier aus gewahrt man Ensérune von der sanfter geneigten Gegenseite. Die heute verschwundene Via Domitiana, ehemals Pilgerstraße ins Narbonnais, schnitt genau seinen ostwärtigen, schon über das Land erhöhten Zugang, Malpas geheißen, an dem eine spätere Zeit einen schweren, westgotischen Altarstein nebst eingemeißeltem Kreuz aus einem untergegangenen Kirchlein des nahen Colombiers postierte. Es gab viele solcher westgotischen Kapellen im Land. In einem Tunnel, der ›Voute du Malpas‹ führen heutigen Tages die Eisenbahnstrecke Marseille-Bordeaux und der Canal du Midi unter der Stelle hinweg, dessen Lastkähne man im 18.

und 19. Jahrhundert gern als Verkehrsmittel benutzte, als es die Bahn noch nicht gab. Der dänische Märchendichter Andersen hat eine solche Fahrt auf seiner Reise durch Italien und Spanien mitgemacht und ihre Strapazen beschrieben ...

Ensérune besaß im Altertum einige Bedeutung; es beherrschte die Landenge zwischen dem Etang de Vendres, in der Antike Landeplatz für die noch flach gehenden Mittelmeerschiffe, und dem Etang von Capestang. Daß hier auch der Heros der griechischen Sage bei der Heimkehr von seiner legendären Wanderung ans Westende der Welt vorüberzog, ging mich ein wenig an. Ich hatte vor Jahren an seinem Ziel, den ›Säulen des Herakles‹ südwestlich Tanger gestanden, wo die anstürmende Flut des Atlantik durch die Löcher der Uferfelsen faucht. Ensérune war mit anderen Worten eine Station jenes großen Menschheitsweges, den der Name ›Straße des Herakles‹ mythisch überhöht. Hier zogen die Volksstämme der ›Urnengräberkulturen‹ entlang, dann Iberer und Kelten. 218 vor Chr. marschierte Hannibal mit seinen fünfzigtausend Infanteristen, neuntausend Reitern und siebenunddreißig Schlachtelefanten auf ihr nach Osten und genau hundert Jahre später der römische Prokonsul Gnäus Domitius Ahenobarbus, der Narbonne gründete, nach Westen. Nach ihm hieß die Straße seither Via Domitiana. In späterer Zeit folgte alles, was sich auf der Flucht befand, Handel trieb oder Eroberungen plante, Westgoten, Sarazenen, Franken und schließlich auch, wenigstens etappenweise und mit anderer Absicht, die Santiago-Wanderer.

Aber es hat mit der Höhe noch eine besondere Bewandtnis. Auf ihr lag während drei verschiedener Epochen des Altertums ein Oppidum, eine Ansiedlung, und zwar keineswegs eine gleich vielen wie Béziers, ehedem Bettara, Montlaurés nördlich Narbonne oder Mailhac und Pech-Maho nahe Sigean. Vielmehr stellt Ensérune, dieser ›die Ebene überragende Balkon‹, einen Vorposten Galliens dar, dem eine hochbedeutsame Vermittlerrolle zufiel. Hier drang die antike Kultur wie nirgendwo anders ins Land. Der Reichtum an Funden läßt darauf schließen.

Seit 1915 hat man auf Veranlassung des Grundeigentümers Félix Mouret an dieser Stelle geforscht und gegraben.

Der Besitzer war ein leidenschaftlicher Botaniker und suchte eigentlich nach seltenen Pflanzen; es kam indessen etwas ganz anderes zutage, eine aus der Geschichte verschwundene Stadt, die in ihrer Blütezeit vielleicht zwischen acht- und zehntausend Einwohner besaß und, offensichtlich mit Invervallen, sechs Jahrhunderte lang bestand. Gewiß mutet die erste der Siedlungsepochen noch bescheiden an. Sie begann um 550 vor Chr. und reichte bis ungefähr 430 vor unserer Zeitrechnung.

Die Bevölkerung jener Tage hauste in einfachen, verstreuten Hütten, in deren Nähe man Vorratsgruben in den Boden höhlte; noch gab es keine Beziehungen zur mittelmeerischen Welt. Recht unvermittelt hob eine neue, die zweite Periode an, die bis ungefähr 220 vor Chr. dauerte. Nunmehr entstand eine richtige Ansiedlung aus Steinbauten und einander rechtwinklig kreuzenden Gassen, die man mit einer zyklopischen Mauer umzog. War Ensérune bereits so reich geworden, daß es Angriffe fürchten mußte, vielleicht gar der Griechen, die in Marseille oder Ampurias saßen, oder gedachte man mittels der Zitadelle an dieser entscheidenden Landenge des Nieder-Languedoc eine Macht zu demonstrieren, aus der man Vorteile zog?

Natürlich warf die zahlreiche Bevölkerung manche Probleme auf. Das schwerwiegendste blieb die Wasserversorgung auf der trockenen Höhe. Daher legte man ein System von Zisternen an, das einem wahren Wasserwerk gleicht; es hat sich erstaunlich gut erhalten. Rund vierzig solcher Regenspeicher sind bis heute entdeckt, der größte von ihnen über fünf Meter tief. Manche davon waren miteinander durch Kanäle, Galerien, Überlaufbecken oder Löcher verbunden. Der Toten entledigte man sich, wie es üblich war; man verbrannte sie auf einem Scheiterhaufen der Nekropole am Westende des Rückens, dem Ustrinum, um die Knochenreste in einem Sammelbehälter, dem Lokulus, einem in den Boden gegrabenen Loch zu bestatten, das einzig ein unbehauener Stein kenntlich machte. Um so reicher die Grabbeigaben, vornehmlich an Töpfereien, die man nach einem letzten Trankopfer zerbrach, aber auch Eier, die auf die Vorstellung des Fortlebens schließen lassen.

Um 325 vor Chr. wandelten sich die Bestattungsbräuche. Von dieser Zeit an finden sich unversehrt erhaltene Schalen und Becher. Die Geschirre, zahlreicher als zuvor, dienten als Behälter einer dem Toten mitgegebenen Mahlzeit. Auch ging man zu Einzelgräbern über, deren beigefügte Keramiken oft wahre Kostbarkeiten verschiedenster Herkunft darstellen. Sie lassen auf einen regen Tauschhandel im gesamten Mittelmeergebiet schließen. Mit Katalonien und dem Roussillon verband die Bevölkerung ohnehin die gemeinsame Abstammung, deren beredtes und doch leider stumm bleibendes Zeugnis – man vermag sie bis heute nicht zu entziffern – die iberischen Schriftzeichen auf den Sgraffiti im Museum auf der Höhe des Berges sind. Auch Dolien, manchmal mit magischen Zeichen, finden sich dort, allein im Freien entdeckt man ihrer viel mehr – riesige Tongefäße, welche die Silos der ältesten Zeit ersetzten und als Vorratskammer im Boden der oft mehrgeschossigen Häuser eingelassen waren. Warum diese befestigte Bergsiedlung mit ihren gepflasterten Ausfallstraßen Ende des 3. Jahrhunderts verschwand? Waren die ins Land strömenden Kelten die Ursache oder Hannibals Durchzug im Jahre 218 vor Chr.?

Gleichwohl erstand Ensérune wieder, diesmal noch größer. Es wucherte weit über die Mauern hinaus nach Süden, wo man den Hang in Terrassen verwandelte. Auf ihnen drängten sich Bauten nach griechisch-römischem Vorbild. Das eigentliche Plateau mit seinen siebenhundertfünfzig Metern Länge, an der breitesten Stelle einhunderfünfzig Meter messend, bildete nur noch den Stadtkern, in dessen Resten manches deutlich macht, daß es auch an öffentlichen Bauwerken mit Säulengalerien nicht fehlte. Bis diese Heimat der Zehntausend, um 30 nach Chr., endgültig verödete und verfiel. Nur Vermutungen lassen die Gründe ahnen. Bedurfte man im Zeitalter einer Pax Romana der schützenden Lage nicht mehr und stieg von den Bergen ins Tal, um sich in ›Villae‹ genannten Häusern in der Nähe von fließendem Wasser anzusiedeln? Als die Jacquets, der Domitiana folgend, durchzogen, mochte vielleicht hier noch eine Mauer, dort eine Säule stehen – Belege dafür gibt es nicht. Ensérune blieb verschollen. Bis 1915 wie gesagt.

Im schönen Museum sieht man, sorglich in Vitrinen aufgestellt und nach Zeitperioden sowie Gegenständen geordnet, was man zumeist in den Gräbern fand. Gegenstände vom medizinischen Instrument bis zur kleinen Bronzestatuette der letzten Epoche; von der groben gallischen Töpferei bis zu den Terra sigillata-Gefäßen der römischen Kaiserzeit; von der attischen Trinkschale des 5. Jahrhunderts mit den rot gemalten Figuren der Sage von Kephalos und Prokris bis zum herrlichen, hellenistischen Mischkrug aus Kertsch auf der Krim. Dazu Eisenschwerter keltischen und iberischen Typs oder andere Waffen. Ferner Schmuckstücke, die man den Frauen mitgab, Spielzeug für die Kinder, insgesamt Zeugnisse von erstaunlicher Lebensfülle und Vielfalt.

Draußen aber wandelt man heutzutage auf einsamen Pfaden über die Höhe, die einmal, vor zweitausendfünfhundert Jahren, viel begangene Gassen waren. Seitab fällt der schroffe Nordhang, mit einer Reihe von Hausruinen besetzt, steil zum einstigen Etang de Montady hinab, dem riesigen Felderstern von heute. Hier steht eine Säule, die zu einem Peristyl gehört hat, dort höhlt sich eine Zisterne, ein Silo, ein Dolium in den Boden – verstummte Münder der Vorzeit, die keine Antwort mehr geben. Es liegt vollkommenes Schweigen über dem Land. Gebüsche umdrängen den Rundweg, Steine engen ihn ein. Zypressen sind hier und dort in die Hänge gepflanzt, und da mutet es denn doch so an, als sei Ensérune ein einziger Totenacker. Aber es bedarf keiner großen Phantasie, sich das Kinderlachen zu imaginieren, das einst hier erscholl, oder sich die Alten auf ihrer Steinbank vorzustellen, die genauso dahockten wie ihre Nachfahren von heute auf den Plätzen der Städte.

Später, im Land, fand sich Zeit über einiges nachzudenken. Weit abseits der Straße rasteten wir an einer Erdschwelle zwischen den Weingärten in einem kleinen, grün übersponnenen Idyll. Oben auf dem Hang stand eine ausladende Pinie mit dichtem Geäst, durchsetzt mit zahllosen Zapfen des Vorjahrs. Sie standen gleich den krausen Zeichen eines beschriebenen Notenblattes aus Schöpferhand gegen den Himmel, dessen Melodie der leichte Wind abfang. Die Trauben voraus hingen bereits schwer und blaurot hernieder. Der Blick fiel, gerahmt durch den gedrehten Pinienstamm, auf Ensérune zurück, von hier aus eine sanfte, oben bräunliche, dann gelb unterstrichene, ins Grünliche spielende Kuppe. Ensérune, ein Umschlagplatz früher Kultur an der Lagunenküste, ferner Gruß aus versunkenen, mythischen Zeiten und zugleich ein Sammelbecken jener mittelmeerisch-antiken Zuströme, die Gallien für alle Zukunft prägen sollten. Darin liegt seine Bedeutung.

Kurze Zeit darauf, schon jenseits der Aude, rollten wir auf *Narbonne* zu, dann über die Avenue de Lattre-de-Tassigny dem Boulevard Gambetta entgegen bis zur Robine-Brücke, von der man die Kathedrale aufragen sieht.

Narbonne auf den Trümmern der Zeit

Erste Stunden in einer fremden Stadt. Man hat den Sehenswürdigkeiten seine Aufwartung gemacht, eingeschlossen Kathedrale und Bischofspalast, und gönnt nun den brennenden Füßen auf einer Bank der Baumpromenade am Canal de Robine eine Ruhepause. Der Wind kann nicht zufassen, wie er möchte, und zaust daher ungehalten die Schöpfe einiger Tamarisken und Oleander am Rande. Die Bänke zwischen den Platanen sind wohlbesetzt, verbrauchte Rentner, junge Mütter mit Kleinkindern, denen die tschilpenden Spatzen zwischen die Beinchen hupfen. In der freien Mitte spaziert lauthals und mit zornigen Gebärden jener Verrückte, den man fortan täglich erblicken wird, um dem Präsidenten der Republik seine Meinung zu sagen. Niemand stört es.

Du, Fremder, aber bist ungeduldig. Dich verlangt es, mit dieser uralten Stadt ins Gespräch zu kommen, und doch findest du von ihrer Vergangenheit nichts, als sei die Antike auf und davon geflogen. Deine vom Nimbus des Namens Narbonne aufgestachelte Phantasie erlahmt beim Einerlei ehrpusseliger Häuserfassaden und dem monotonen Lärm auf dem angrenzenden Cours de la République. Immerhin elf Uhr vormittags ereignet sich etwas. Es ist Feiertag. Die Fahrzeuge nebenan stocken. Vom Rathausplatz hastet eine bunte Phalanx verzerrt bewegter Gestalten heran. Sie reißen die Ellbogen in Kopfhöhe, rudern mit den Schultern und schwenken die Hüften im Gegenrhythmus; dahinter ein paar Knirpse, die es bei diesem Wettbewerb der Geher mit den Ellbogen, den Schultern und Hüftverrenkungen noch genauer nehmen. Überwältigende Komik liegt in diesen roboterhaften Bewegungen, aber die Alten, die Mütter auf den Bänken schauen kaum hoch. Ein wenig bin ich beschämt. Das ist ihre Weisheit nach soviel versunkener Zeit: jeden gewähren lassen. Zudem, weht nicht der warme Meereswind durch die Kronen der Bäume und die Köpfe der Menschen, der schon Stendhal in Harnisch brachte, und alle entweder schlaff oder verrückt macht?

Dennoch, altes Narbonne, Eckpfeiler der Weltmacht des Altertums, wo sind sie, die Bauten der Colonia Narbo Martius, die Rom als »seiner würdige Stadt« nach den Zerstörungen Hannibals und den punischen Kriegen zum Schutz von Handel und Macht anlegen ließ: das Capitol, das Amphitheater, die Tempel, Thermen, Aquädukte, die Mauern an der Robine, die ›Barrage‹ oder Talsperre bei Sallèles, die das Wasser der Aude nach hierhin ableitete und dich zur Hafenstadt machte? Vorüber, vorüber! Selten hat mich die stumme Klage des Erlöschens so betroffen gemacht wie hier.

Was hilft es, daß es noch einige schamhaft versteckte Reste gibt: die fast gänzlich unter Häusern verschwundene Römerbrücke der Via Domitiana oder das unterirdische ›Horreum‹, der labyrinthische Warenspeicher unter dem einstigen Forum? Das antike Narbonne hat sich wie ein Tier, das sterben will, im Dunkel des Erdenschosses verkrochen. Oder es ist in die Anonymität des Bruchstückhaften auseinander gefallen. Knochenreste gleichsam aus Massengräbern, die man droben in der ehemaligen Benediktinerkirche Notre-Dame-de-Lamourguier nahe den Markthallen zusammengetragen hat wie in einem Beinhaus. Zu Mauern getürmt stehen sie da, Übriggebliebenes, irgendwo Gefundenes, Tempelgesimse, Säulenreste, Kapitelle, Grabstelen, Inschriften, geflügelte Genien, Stierköpfe, viel Triviales. Zwischendurch nackte, breitbeinig hingehockte Frauengestalten – wie unbefangen das Altertum doch mit dem Obszönen umging! Allein, gut daß es dich gibt, alte Murgia, in der ohnehin niemand mehr kniet oder betet; da wäre alles sorglich untergebracht, und man vermag so gelassen hindurchzuwandern wie durch Katakomben mit mumifizierten Toten, die kein Schicksal mehr haben und nur noch Dinge sind.

Eine Frage ließ mir, dem Sohn einer gleichfalls zerstörten Zeit, indessen keine Ruhe. Wie trug es sich zu, daß dieses römische Narbonne so zerstoben scheint wie unter einer gewaltigen Explosion? Doch im Sinne des Wortes hat sich keine Katastrophe ereignet. Höchstens, daß gegen Ende des 3. Jahrhunderts die römischen Grenzen brachen, und man auch in Narbonne alles, was außerhalb eines engen Verteidigungsringes lag, abriß und zu einer dicken Mauer auftürmte. Den Vandalen hielt sie stand, nicht aber den Westgoten König Athaulfs. Er sollte in Narbonne Galla Placidia, Tochter Theodosius des Großen, heiraten und konnte ihr als Morgengabe ein ganzes Becken voll Edelsteine aus geplünderten römischen Villen darbieten, soviel war noch da. Gewiß soll menschliches Leid nicht geleugnet werden, aber trotz wilder Zeiten, die ein Meer von Völkerschaften anbranden ließen, jener alles vernichtende Untergang wie zu Béziers trug sich nicht zu. Die erschöpfte Antike rann einfach aus; ihr Geist war gestorben. Als die Araber sich 719 unter Greueln und Plünderungen für vierzig Jahre in Narbonne festsetzten, ließ der muselmanische Befehlshaber Issem römische Marmorsäulen für den Bau der Moschee nach Cordoba transportieren. Die antike Kultur endete im Antiquitätenhandel.

Endlich ein Hoffnungsschimmer! Neben den Vizegrafen und den geistlichen Herren steht eine dritte Kraft auf; die Selbstverwaltung der Bürger durch gewählte Konsuln hebt an. Leider in mancher Hinsicht zu spät. Narbonne war gegen 1116, wie Benjamin von Tudela in seinem Itinerarium verzeichnete, zwar eine Stadt des Gesetzes, »an der Spitze Fürsten und sehr berühmte Weise, unter die man den Rabbiner Kalonymos rechnen muß« – die Juden spielten schon seit Jahrhunderten eine Rolle – eine Stadt antiker Größe war es indessen nicht mehr, und doch trog die Hoffnung auf einen Neubeginn nicht.

Die Vicomtesse Ermengarde wird zum Vorboten von etwas ganz Unerwartetem. Ihr verschwundener Palast lag der

Bischofsburg genau gegenüber. Die Tochter und einzige Nachfahrin des Vizegrafen Aimeri, der 1134 im Heiligen Lande starb, wird, über alle Querelen der Zeit hinaus, ihre Residenz zu einer der glanzvollen Hofhaltungen der Troubadour-Zeit machen. Von neuem erlebt Narbonne Stunden hohen Selbstgefühles, bis sie nach sechzigjähriger Regentschaft, trotz zweimaliger Heirat kinderlos, in Fontfroide stirbt. Die Zeit des erhabenen Kathedralbaus, der in dieser Stadt heute aller Dinge Anfang und Ende bedeutet, kündigt sich an.

Es war ganz nebenbei die Epoche, in der die Santiago-Wanderer in der Stadt erschienen, um Saint-Paul-Serge im ›Bourg‹, dem rechts der Robine entstandenen Viertel der Kleinbürger, aufzusuchen.

Narbonnes Heiliger und Apostel, Sankt Paul Sergius, kam während des 2. Jahrhunderts in die Stadt, vermutlich aus dem Vorderen Orient. Er gehört nicht zu den exemplarischen Gestalten der Christianisierung, erlitt kein Martyrium und die Legenda aurea erwähnt ihn nicht einmal. Seine Wundertaten entbehren sogar nicht des Kauzigen und Skurrilen: eines Tages will er am Etang de Bages fischen; dort wohnhafte Männer behandeln ihn wenig freundlich. Mag er zuerst beweisen, daß er ein Gottesmann ist, indem er aus einem am Ufer liegenden Felsblock ein Boot macht! Paul Sergius haut den Marmor zurecht, und siehe, der steinerne Kahn schwimmt. Aber er weiß mit dem Nachen nicht umzugehen. Die Männer am Ufer lachen. Da springt ein Frosch neben ihn, quakt einige Laute: »Ich bin dein Steuermann«, und nimmt das Ruder, um den künftigen Heiligen sicher über den riesigen Etang an eine Uferstelle zu bringen, die man seither ›Anse de Saint-Paul‹ nennt. Oder da gibt es eine Stele in den Weingärten von Peyriac-de-mer, um seine leibliche Gegenwart zu dokumentieren. Sie trägt den Abdruck seines Fußes, dazu des Wanderstabes und, weil die Froschgeschichte so erhebend wirkte, läßt sich an einem Haus hinter der Kirche des Ortes ein Relief mit der Darstellung der Bootsfahrt sehen. Im Weihwasserbecken der Kirche Saint-Paul-Serge in Narbonne schließlich sieht man am Grunde ein Fröschlein abgebildet. Nein, große Dinge sind das nicht, und doch müssen die Zeitgenossen und Nachfahren ihn, den Lehrer von Saint Aphrodise in Béziers, menschlich über alles verehrt haben. Sie wußten sich offenbar nicht anders auszudrücken als in der einfältigen Legende.

Als er starb, setzte man ihn auf einem frühchristlichen Totenacker bei und baute ein Oratorium darüber. Daraus ging die spätere gotische Kirche mit dem eleganten Chor hervor, die man noch heute erblickt. Wo er genau ruhte? Als man in der Revolution am 10. März 1794 die Umwandlung der Kathedrale Saint-Just in einen Tempel der Vernunft feierte und alle Heiligenfiguren der Stadt auf einem Scheiterhaufen verbrannte, trug ein Tambourmajor in seinem Schnupftuch den Schädel des Heiligen herbei und warf ihn ins Feuer. Er wußte, wo es zu suchen galt.

Archäologisch scheint es mit dem Heiligengrab gleichfalls seine Richtigkeit zu haben. Es lag auf dem frühchristlichen Friedhof außerhalb der Cité nahe der Via Domitiana. Bei Grabungen im Jahre 1942 am Chor der Kirche entdeckte man Fundamente, die auf das alte Oratorium hinwiesen. Den Boden überziehen Mosaiken des 2. und 3. Jahrhunderts, eingemuldet darin eine Vertiefung, in der sechs Sarkophage, davon zwei aquitanischer Prägung stehen. Sie stammen aus der Zeit vom 3. bis 5. Jahrhundert. Ein anderer, leider schlecht sichtbar, stellt vielleicht das älteste Zeugnis christlicher Skulptur in Gallien dar und stammt aus dem 2. Jahrhundert, als das Christentum noch nicht eingeführt war. Auf dem Deckel sind die Köpfe von Isis und Serapis als Sonne- und Mondzeichen erkennbar, während die Vorderseite des steinernen Schreines wie üblich mit Strigillierungen überzogen ist, dazu einem Relief mit der Darstellung des guten Hirten; in der Mitte aber trägt sie eine Victoria. Auf ihrem Schild läßt sich ein X gewahren, für einen heidnischen Menschen ein Glückszeichen. Doch was hätte es auf einem Totenschrein zu suchen? Für den Christen indessen war es das griechische Chi, der Anfangsbuchstabe des Namens Christi. – Nein, als Grab des Heiligen hat der Schrein nicht gedient, aber er gibt wieder, wie man gefühlt hat, als er die Stadt betrat.

Die Gebeine von Saint Paul sind 1244, nach der Fertigstellung des Chores, feierlich in der Mitte der Kirche und einundzwanzig Jahre später hinter dem Hochaltar beigesetzt worden. Hier erschienen also die Santiago-Wanderer, um an seinem Grabe zu knien. Sie querten die alte Römerbrücke Narbonnes von Norden her und folgten nunmehr der Domitiana bis Saint-Paul. In der Nähe fanden sie Herberge. Sie lag unmittelbar beim Hause der ›Trois Nourrices‹, das immer noch steht. Da war es denn doch am Tag, was ich suchte, der Weg und das Ziel der Pilger und gleichzeitig der Widerschein von etwas Numinosem, das nur der platte Vernunftglaube der Revolution in Frage stellen konnte. Für die Menschen des Mittelalters bedeutete es jene ›andere Wirklichkeit‹, nach der es sie dürstete, damit etwas ihrem Dasein Sinn und Verstand verlieh. – Ich schrieb meine Entdeckungen übrigens erst nach langem Umhersuchen nieder und nicht mehr auf der Bank der Platanenpromenade, sondern in eine Ecke der Glasveranda vor der ›Rotonde‹ gedrückt, einer Kneipe am Schnittpunkt der Gambetta und des Robine-Kanals.

Auf der Straße rollte unterdessen ein unablässiger Fahrzeugstrom von und nach Spanien vorüber. Den mahlenden Lärm übertönten das Heulen einer Musikbox und die harten Stimmen der Männer ringsum, in deren Kordon ich gefangen saß. Gott weiß, um was es ging bei diesem prasselnden Maschinengewehrfeuer unverständlich harter Worte. Plötzlich fielen sie dann wieder in Schweigen und richteten ihr Augenmerk auf die Passanten, die sich draußen an der Scheibe vorbeidrückten: junge Touristen mit Zottelhaaren und abenteuerlich hohen Rucksäcken, schwammig-gedrungene junge Mädchen, alle eine kleine Nationalflagge aufs Gepäck genäht.

Narbonne ist seit Jahrhunderten keine Hafenstadt mehr; der Schiffsverkehr spielt sich weit südlich in Port-la-Nouvelle ab. Bereits 1316 hatte sich nach sintflutartigen Regengüssen ein für die Stadt tragisches Ereignis zugetragen. Der Römerstau von Sallèles war gebrochen; man vermochte ihn bis heute nicht wieder aufzuführen. Seither ergießt sich die Aude nicht mehr in die Robine, sondern vagiert, wie ehedem, durch die Ebene von Coursan, um nahe dem Etang des Vendres zu münden. Narbonne aber verwandelte sich mehr und mehr in eine Durchgangsstation nach Spanien, vollends in jüngster Gegenwart, und die Nachfahren der Iberer, Kelten, Römer, Westgoten, der Sarazenen und Franken blickten seither wie erstarrt auf ein Leben, das nicht mehr das ihre war.

Von See schoben sich dünne Wolkenfinger über den Himmel; es lag etwas ebenso Unruhvolles wie Apathisches in der Luft. Eilig schob ich mich durch die Phalanx der unbeweglichen Männer; eben holte die Musikbox zu einem neuen Schlager aus, und von der Straße gellte das Notsignal eines Krankenwagens. Narbonne nach zweitausend Jahren Geschichte.

Es gibt eine Stelle in dieser Stadt, wo man das alles vergißt, die Kathedrale, eine Oase des Friedens, in deren Gezelt auch ich Zuflucht suchte. Nach zwei Seiten von den turmbewehrten Bischofspalästen, dem romanischen und dem gotischen, abgeschirmt, im Westen, wo eigentlich die Fassade liegen müßte, einst von der gallo-römischen Mauer geschützt. Dort, am Cour Saint-Eutrope mit seinem schönen Zederngarten und vielen antiken Trümmern, läßt sich die improvisierte Abmauerung des Vierungsteiles mit schmerzlicher Deutlichkeit erkennen, aber auch der Charakter des Gotteshauses, das nach außen eine alles überragende Bastion mit Türmen, Wehrgängen und Zinnen sein wollte. Es liegt ungefähr dort, wo seit 446 bereits die Vorgängerinnen standen. Die Narbonnais wählen mit Vorliebe einen Zugang vom Rathausplatz her – im gotischen, von Viollet-le-Duc 1840 recht willkürlich restaurierten Palastteil ist das Hôtel de Ville untergebracht. Unter einem Torbogen hinweg geht es durch eine schluchttiefe Gasse, in der ein Anker, das Wahrzeichen Narbonnes hängt. Schon in dieser schmucklosen Passage de l'Ancre stellt sich die notwendige Sammlung ein. Es sei denn, eine Besuchergruppe drängte hindurch, um nach rechts in den Cour de la Madeleine des alten Palais oder nach links ins neue Palais mit den herrlichen Museumstrakten abzubiegen.

Diese Sammlungen! Man findet darin die erlesensten Stücke aus Narbonnes Vergangenheit: die vorzeitlichen Funde aus den Höhlen des nahen Clape-Gebirges oder aus Montlaurès, vier Kilometer westlich Narbonne, wo sich seit dem 7. Jahrhunder vor Chr. die Vorgängerin der Stadt auf und um einen sechsundfünfzig Meter hohen Hügel lagerte. Ein Gemeinwesen mit zwanzigtausend Einwohnern, die Handel mit Kleinasien, Etrurien, aber offenbar auch Griechenland und vielleicht gar Ägypten betrieben, das wahrscheinlich gleichfalls Hannibals Durchzug zum Opfer fiel. Hinzu kommen die kostbarsten Stücke der römischen Epoche Narbonnes, Sarkophage der Schule von Arles, Stelen mit Schiffsdarstellungen, Inschriften und Scherben mit antiken Zirkusszenen. Da wird denn doch transparent, was man im Lamourguier vergeblich suchte. Das geht so fort bis zum christlichen Erbe, das plötzlich die Flamme des Glaubens durchglüht; sein Fanal, mag die Darstellung oft genug unbeholfen bleiben, ist noch im letzten Rudiment unübersehbar. Die besten Überbleibsel romanischer Zeit sind in der ›Küche des Bischofs‹, einem Raum von ungewöhnlicher Schönheit, zusammengetragen. Doch dies am Rande und zur Passage de l'Ancre zurück!

Sie mündet in einer Rechtswendung an den ausgetretenen Stufen zum Kreuzgang, der sich ein wenig im Unstand befindet. Gleichwohl wird dem Besucher, ob er will oder nicht, eine echte Widerfahrnis zuteil. Der Blick fällt durch die hohen gotischen Arkaden auf den Leib des Chores und wird magisch emporgerissen. Das Wildzerklüftete des Außenbaus scheint zu dominieren, und doch herrscht das Gesetzmäßige vor. Äußerst gesteigerte Hilfsmittel der Architektur, um die Riesengemäuer zu stützen, sind sie hier über alles Notwendige zum Selbstzweck herangereift. Eines läßt sich freilich nicht übersehen: die Kürze des Bauwerks; es besteht mit seinen himmelhoch wachsenden Aufbauten, Türmen, hochgeschwungenen Strebebögen und Fialen ja nur aus dem Chorteil.

Ob das Kathedralkapitel einst aus überheblicher Selbstgewißheit handelte, als Erzbischof Maurin am 13. April 1279 den aus Rom übersandten Grundstein für das neue Gotteshaus legte? Um genügend Raum für das geplante Bauwerk zu gewinnen, hätte man die alten gallo-römischen Stadtmauern, die den Eutropiushof nach Westen begrenzten, abbrechen müssen. Die Konsuln erhoben erbitterten Einspruch, prozessierten sogar, und wenn auch der König im fernen Paris die Fortsetzung des großen Werkes befahl, die Zukunft gab ihnen recht. Bald beendeten schlimme Ereignisse die Arbeit. 1348 brach die große Pest aus; bis 1378 sank die Zahl der Herdstellen im Languedoc von zweihundertzehntausend auf dreißigtausend herab, und genau in dieser Epoche des furchtbaren Massensterbens, die gleichzeitig die des Hundertjährigen Krieges war, drang der Schwarze Prinz, Sohn Edwards III. von England, bis an die Tore der Stadt vor. Sie bedurfte des Mauerschutzes mehr denn je. Auch später ließ sich an keine Weiterführung des Bauplanes denken. So blieb es bei der Errichtung des Chores und der Anlage des Kreuzgangs.

Als ›Magister principalis operis ecclesiae‹, leitenden Architekten, hatte das Kapitel 1286 Jean Deschamps berufen, der gleichzeitig den Kathedralbau in Clermont-Ferrand und Limoges leitete und vielleicht aus dem französischen Norden stammte. Daß er den Gesamtplan schuf, ist gewiß. Die Pfeilersockel zeigen das gleiche Profil wie zu Clermont. Er also hauchte dem Werk den schöpferischen Atem ein, wiewohl er nur bis 1295 in Narbonne tätig blieb, als die Apsiden vollendet waren. Dicht an dicht gedrängt, verschmilzt ihr Mauerwerk an den Berührungsstellen zu kraftvoller Stärke, geeignet, den Überbau des Chores zu tragen, der in Gestalt von schlanken Rundtürmen mit vorgelegten Widerlagern weit über die Kapellen emporsteigt.

Das stützende, überhöhende Gerüst der Aufbauten, das dem Chorhaupt äußerlich das Aussehen einer Festung gibt, um so mehr, als die Türme in luftiger Höhe ein Wehrgang verbindet, scheint also von vornherein eingeplant. Auch die flache Bedachung der Apsiden mit Steinplatten, die eine Terrasse entstehen lassen, spricht dafür. Aus ihrer Mitte steigt das erhabene Chorhaupt mit den riesigen Fenstern auf, gehalten von doppelten Schwibbögen, die von den Rundtürmen ausgehen. Zielte dieser komplizierte, wehrhafte Aufbau nur auf ästhetische Wirkung, wie man gemeint hat, um dem Bastionscharakter der angrenzenden Bischofspaläste zu entsprechen? Erstaunlich bleibt dieser fortifikatorische Aufwand gewiß. Deschamps' Entwürfe verraten im Innern einen ganz anderen Geist, die Neigung zu sublimer, alle Härte vermeidender Linienführung ...

Als ihm Dominique de Fauran als Kathedralbaumeister, dann dessen Sohn Jacques folgten, vollendete der erste die ausstrahlenden Kapellen und die Seitenschiffe, der zweite die Türme und Widerlager, Stützbögen und die Zinnengalerie. Sie bedienten sich für die obere Hälfte des Gotteshauses nicht mehr des harten Materials von der Insel Sainte-Lucie am Südrande des Etang de Bages, sondern des weichen, leicht zu bearbeitenden Kalksteins von Clotinières bei Lespignan, wie schon die Römer. Mit seiner Hilfe gelang die Gestaltung dessen, was den Zauber der ›unvollendeten Symphonie‹ von Narbonne ausmacht, die vierzig Meter auffahrende Erhebung der Gewölbe auf schlanken, von dünnsten Diensten umspielten Rundpfeilern: Erhöhung der Seele ins mystische Dämmern, in dem sich alles vereint, die haarfein gezogenen Rippen, die sphärischen Gewölbezwickel, von den hohen Fenstern nur unterschwellig beleuchtet. Gott ist ganz nahe. Das Zusammenströmen der Kraftlinien in einem Punkt, dem Schlußstein, macht ihn unausweichlich. Das große Anliegen der klassischen Kathedralen der Ile de France, hier wird es tief im Süden noch einmal Gestalt in der Harmonie von Stein und Spiritualität. Alles Vergängliche scheint ausgeklammert, die Stille der Anschauung waltet.

Die Kathedrale war einst reich ausgestattet. Man hat die meisten Bildwerke im Autodafé der Vernunft von 1794 ausgemerzt, einerlei ob von Grabmälern oder aus Kapellen. Etliches blieb bewahrt, das den Menschen besonders am Herzen lag: Notre-Dame-du-Pont von 1605, der man beim Eintritt vom Kreuzgang sogleich gegenübersteht, Notre-Dame-de-Béthléem in der gleichnamigen Kapelle, um 1350 entstanden, und ebenfalls dort, hinter züchtigem Vorhang verborgen, die dämonische Darstellung der Verdammten im Höllenmaul. Vielleicht spürten die Verderber von 1794 die Gemeinschaft des Revolutionsgeistes mit diesem Inferno.

Es gibt einiges Bewahrte mehr, vor allem die Kostbarkeiten in der Schatzkammer über der Sakristei. Textilien, Metall- und Elfenbeinarbeiten, darunter eine geschnitzte, kufische Büchse des 11. Jahrhunderts aus Cuenca, illuminierte Manuskripte, so ein Evangeliar der gleichen Zeit. Vor allem anderen aber einen flämischen Welterschaffungsteppich in riesigen Ausmaßen, auf dem die Heilige Trinität, Gottvater, Sohn und Heiliger Geist, siebenmal als gekrönte Gestalten im roten, reich bordierten Chormantel auftreten. Allesamt mit dem gleichen und stets doch variierten Gesichtsausdruck voller Hoheit und Wissen. Sie erschaffen den Himmel, die Erde, die Gestirne, die blühende Natur, die spielende Kreatur und schließlich die Menschen. Das erste Paar aber erliegt dem Sündenfall und muß nackt hinaus in die Welt. Blüten, Früchte, Blattgesträuch, jedes läßt sich genau identifizieren. Eine Wolke umhüllt das Szenarium. Wie sanft die Himmlischen sich zu den Pflanzen neigen, wie thronend, fast disputierend sie im Himmel sitzen, hinter sich einen Engel mit dem Schwert! Justicia steht neben ihm geschrieben. Das war das Allerwichtigste, nach soviel lähmender Jahrtausenderfahrung eine gerechte Weltordnung.

Abschied vom Meer

Es wurde Zeit ins Roussillon aufzubrechen, wollten wir es noch in seiner schönsten Zeit, zwischen Blüte und Reife, antreffen: auf dem Canigou noch der Schnee, in den Kirschgärten des Tales die Bäume dicht behangen mit den prallen, schwarzroten Früchten, während in den Berghängen hüben und drüben eben die Zistrosen aufbrachen ...

Der Abschied fiel keineswegs leicht. Manches hatte ich schätzen, manches sogar lieben gelernt. Da war die gewaltige ›Tour Gilles-Aycelin‹, der Belfried des Bischofspalastes am Eck des Rathausplatzes und der Rue Jean-Jaurès mit den eingemauerten antiken Steinen. Verband sich darin nicht die hochfahrende Gewalt der Kirchenfürsten des Mittelalters mit Botschaften aus einem Totenreich? Aus der nämlichen Ferne und dennoch lebensvoller bedrängten mich Worte, die ich beim letzten Besuch auf einer Grabstele im Museum las

4 *Narbonne, Kathedrale Saint-Just (spätes 13. Jh.).*

5 *Perpignan, Palais des Rois de Majorque (Innenhof): Ende 13./Anfang 14. Jh. residierten hier die Könige von Mallorca.*

Sie trägt das verwitterte Bild eines Händlers mit umgehängtem Korb und die Inschrift: ›Mala, mulieres, mulieres mae‹, ›Äpfel, ihr Frauen, liebe Frauen‹. Im Lamourguier schließlich war es das fast erloschene Relief eines Schiffes, das mich nachdenklich stimmte. Drei Tage nur brauchten die Trajekte von Narbonne bis Ostia, dem Hafen Roms. Gassenrufe, Menschengedränge am Kai – meine üppig mit antiken Resten genährte Phantasie ließ Bilder aufsteigen, die man im Stadtbild von heute nicht unterzubringen vermag. Wo lag der antike Hafen? Die Antwort blieb aus.

Dergleichen galt auch fürs freie Land beim Anblick der Spuren des alten Elycia, dem *Montlaurès* unserer Tage, wo man neben Scherben, Münzen und Fundamenten im Quellbezirk der Höhe das sorglich ummauerte Grab eines Neugeborenen entdeckte. War es der karthagischen Göttin Tanit geopfert worden, wie eine Vermutung will? Wie gelangte solcher Kult lange vor Hannibal nach hier? Enigmatisches gab es auch im *Clape-Gebirge* zwischen der Stadt und der Küste – die Höhlen von Crouzade und Bize mit den Funden der Steinzeit, Werkzeugen, Menschen- und Tiergebein in wasserloser, fast griechisch anmutender Landschaft von Kalkklippen und Hochtälchen. Oder die Rätsel des Cimetière-marin für die auf See Gebliebenen unter Notre-Dame-des-Auzils. Welche Schicksale verbargen sich dahinter? Selbst im weit in die Lagune hinausgeschobenen, rund um den Roc Barberousse gesiedelten Dorf *Gruissan* – nannte sich dieser vom Wind zernagte Rest einer alten Burg nach Kaiser Rotbart oder dem Seeräuber, der seine sarazenische Mannschaft über das Mittelmeer auf Piratenzug hetzte?

Es blieb viel Geheimnisvolles, mit unentzifferbarer Botschaft Beladenes, allerdings auch manches Mißbehagen zurück. In majestätischer Weite fiel der Blick auf das Meer. Aber es brandete gegen zersiedelte Strände, Wagenburgen, sogar ein Betonkino gab es. Auf der Gebirgshöhe dagegen Müllkippen, eine riesige Nachrichtenstation mit Stacheldrahtverhau, Kuppeltürmen und Masten. Allzuviel Triviale mischte sich in das Geheimnisumwitterte, Mythische, wo Herakles, Hannibal vor Jahrtausenden durch das Land gezogen. Verschüttete Zeit, erloschene Geschichtsmacht, nu der Glaube triumphierte noch in der Kathedrale Saint-Just. Allein, war nicht auch er unter der Gleichgültigkeit der Lebenden verstummt, wenn ich an die Männer in der Rotonde dachte, und nur noch eine architektonische Erinnerung? Aber darin offenbarte sich am Ende nur unser Epigonenschicksal, ein Dasein in Ratlosigkeit, das wir vergebens aufzuhellen suchen. Zwischen zwei Nächten leben wir, der vor und der hinter uns, und die gewährte Daseinsstunde findet auf keine der Fragen Antwort.

Es war gut, *Fontfroide* in den Vorbergen der Corbières nahe zu wissen, für dieses Mal letzte Station im Languedoc, wie Saint-Gilles einst die erste. Es gab auch sonst Vergleichbares zwischen diesen Pforten des Landes. Beide Klöster in einer Epoche tragischen Gärens ein Hort der Rechtgläubigkeit, das Eingangstor zudem Grabstätte jenes Mönches, der in Fontfroide auf päpstliches Geheiß als Legat aufbrach, um im Lande der Häresie zur Rückkehr zu mahnen, Pierre de Castelnau, den ein Schildknappe des tolosaner Grafen auf der Rhône-Brücke von Trinquetaille nach Arles erschlug. Es heißt, er sei hochfahrend gewesen und Dominikus habe ihm in Montpellier Bescheidenheit angeraten, um das Herz der einfachen Leute zu gewinnen. Aber wir wissen nur wenig von ihm. Sein Märtyrertod sollte uns wenigstens schweigen lassen. Doch einmal zum Anlaß des Unheils geworden, das ein ganzes Land in den Strudel hinabriß, versagt sich dem glücklosen Opfer das Mitgefühl.

In Fontfroide erinnert nichts mehr an ihn, wenngleich sich gegen die große Epoche des Klosters im 12. und 13. Jahrhundert scheinbar nur wenig veränderte. Die Bauten der späteren Kommendatar-Äbte, die Anlage des Ehrenhofes, die Aufstockung des Dormitoriums der Laienbrüder, die Terrassengärten und weniges andere ausgenommen, scheint alles rein und bewahrt. Doch ganz trifft das nicht zu. Nicht nur, weil die Mönche ihre Abtei eigentlich schon vor der Revolution verließen und selbst ein Versuch der Wiederbesiedlung im 19. Jahrhundert mißlang. Als Monsieur Gustave Faydet, ein vermögender Grundbesitzer des Languedoc, das Kloster 1908 den Amerikanern des Rockefeller-Institutes vor der Nase wegkaufte, lag es buchstäblich in Trümmern. Die Kunstschätze, Altäre, Statuen, darunter die Madonna des 13. Jahrhunderts in Montpellier, sogar die Bodenplatten der Kirche waren längst fortgeschafft. Der neue Besitzer fand viel zu tun und ließ es in unendlicher Mühe restaurieren. Zusammen mit einem Künstler schmolz er nach alten Rezepten sogar das Glas für die verlorengegangenen Bilderfenster. Seine einzige Zutat: die Bepflanzung des Klostergeländes mit einer Unzahl von Zypressen, die so viel zu dem Zauber beitragen, der von Fontfroide im gewundenen Bachgrund zwischen den kargen Höhen ausgeht.

Denn das ist es doch, was den Menschen von heute beim Ankommen bewegt – die feierliche Prozession der aus Fiesole stammenden Bäume, dazu die Laubgehölze der Terrassengärten, die blaßblauen Irisflächen hier und dort. Sie bilden den anmutigen Rahmen für die eher herbe Anlage nach dem strengen Ordensgesetz der Zisterzienser. Der Wirtschaftshof mit dem Wohntrakt der Laienbrüder, der Kreuzgang, die Kirche folgen einander talein in genauer Geometrie, und doch spürt, wer das Innere des Gotteshauses betritt, sofort, wieviel Größe der Gesinnung im Spiel war. Machtvolle Pfeilerarkaden grenzen das Mittelschiff mit dem angeknickten Tonnengewölbe ab. Die auf Konsolen ruhenden Dienste springen deutlich vor, um die Gurtbögen zu stützen. Jede Bauskulptur fehlt, und doch geht von der ruhigen Kraft dieser Gliederung etwas Bezwingendes aus.

Nur am ersten Joch hat man sich eine Abweichung von der Strenge erlaubt; es ist kuppelartig erhöht, um den lichtspendenden Tambour zu tragen, der glatten Stirnwand zudem ein breitgefächertes Maßwerkfenster eingelassen. Dennoch, von gotischer Spiritualität keine Spur. Die Rippen werden zu Rundwülsten, die Gurtbögen zu scharfkantigen Riegeln, deren Härte der schwere Haustein bedurfte. Das ganze Bauwerk samt dem Gewölbe wurde ja im ›grand appareil‹ aufgeführt. Die Altarapsis setzt im reinsten Cul-de-four-Stil fast niedrig an, erscheint flach und zeigt sich doch schattentief eingemuldet. Dieser majestätische Raum hüllt sich nicht einfach in einen Mauermantel, sondern erweist sich als plastisches Gebilde von hohem Aussagewillen. Seinem Baumeister gelang das Kunststück, ihm das schlanke Emporstreben der Gotik zu verleihen. Wo es kein sakrales Anliegen gab, hat er nur praktisch gedacht. Die Dormitorien sind einfache, schwere Räume, überfangen von gedrückten Scheidarkaden, mit Holz gedeckt, oder wie der heutige Konzertsaal mit einem massiven Spitztonnengewölbe überfangen, das ohne tragende Seitenwände dem Boden aufliegt. Es haftet dem etwas unleugbar Archaisches an, und dieser Eindruck verstärkt sich noch, wenn man die mit Vorliebe verwendeten, kreisrunden Okuli von enormer Größe an der Fassade oder, wo immer man Licht brauchte, betrachtet.

Es gibt eine Stelle in Fontfroide, an der diese Architektur ganz rein, gleichsam ihrer selbst willen Gestalt wird, in jenem Kreuzgang, auf den es den Amerikanern von 1908 besonders ankam. Sich vorzustellen, daß er, wäre Monsieur Faydet nicht gewesen, heute ins Cloisters-Museum nahe dem Hudson verbracht wäre gleich dem von Saint-Guilhem-le-Désert … er stellt doch die innerste Herzkammer der Klosteranlage dar. Um die Seiten ziehen sich hohe Spitzbogengewölbe, teils durch mächtige Arkaden zum Binnengärtlein geöffnet, teils mit abgemauertem, von großen Okuli durchbrochenem Oberteil, unter denen eine Kolonnade von je vier Wölbungen auf gekoppelten Marmorsäulchen hinwallt. Die Kapitellchen mit skulptiertem Laubwerk geschmückt. Dies samt der Abstufung des kräftigen Mauerwerks zu den Durchbrüchen läßt ein Formenspiel von erlesener Schönheit entstehen. Man denke sich die Anlage von uralten Glyzinien berankt und überblüht; während man noch im herrlichen Kapitelsaal mit den neun Spitzgewölben, getragen von zarten Marmorcolonnetten steht, lockt es das Auge schon wieder in den Nordwestwinkel des Kreuzgangs zurück. Gerahmt von der Spitzbogenarkade steigt dort im Durchblick das höhere der beiden Kirchtürmchen auf und hinter ihm das felsige Gebirge. – Wir blieben, so lange es ging. Die Frühsonne glitt über den Turm und den kleinen Binnengarten; es blühte allenthalben, und die erwärmte Luft trug die Arome der Landschaft heran, jenen geheimnisvoll-süßen Duft der bräutlichen Garrigues, dem ein zarter Hauch der Irisblüten beigemischt war.

Hatten auch die Jacquaires Fontfroide aufgesucht? Im Ehrenhof steht eine Sankt-Rochusfigur mit dem Muschelbesatz der Santiago-Wanderer. O gewiß, beeilte sich der Führer mit seiner Antwort, von überall kam man hierher. Aber ich nahm ihm das nicht ab; es gab in Fontfroide keine Reliquie, kein Heiltum zu verehren. Wo schließlich führte ein Weg aus diesem abgelegenen Bergtal hinüber zur Pilgerroute nach Süden?

Nein, sie hätten zu weiterer Wanderung umkehren müssen; da taten wir uns mit dem Auto leichter und rollten bald Sigean entgegen. Leider, das untergegangene Pech-Maho, in dessen verschütteten Straßen man die Skelette afrikanischer Pferde entdeckte, die zur Kavallerie Hannibals gehört haben müssen, blieb versperrt; es fand zur Zeit keine Grabung statt. Ein Abstecher nach *Port-la-Nouvelle,* dem heutigen Hafen von Narbonne am Südende des Etang de Bages bot wenig Ersatz. Rumpelnde Lastwagen, öde Häuserzeilen bis zur weit ins Meer vorstoßenden Mole! Wind war aufgekommen, riß beim Wandern zum Leuchttürmchen auf der Spitze den Atem vom Munde. Am Phare hockten die Angler im Windschatten zwischen den aufgetürmten Steinbrocken und hielten ihre Köder hinaus in die Brandung. Voraus nichts als graues Meer, die Strandkneipen im Orte geschlossen. Wie üblich blieb es bei einer letzten Rast im Freien, diesmal zwischen Fels und Küste unter silbrigen Bäumen mit einer Art Mimosenblüte. Salinen folgten, im Etang de Lapalme standen einige Gruppen Flamingos, worauf nach etlichen Kilometern ein neuer, gewaltiger Teich, der von Leucate folgte, an dem eben eine neue Ferienstadt entstand. Bei Port-Leucate war es schließlich bis auf den Etang von Canet mit der Lagunenküste zuende. Das Roussillon begann.

Weit abseits der Hauptroute, in Saint-Cyprien am Strande fand sich zum guten Abschluß ein kleines Hotel. Der Wind draußen hatte sich in wütenden Sturm verwandelt und fegte mit den Wedeln der Phönixpalmen die Straße. Zeit nachzudenken über die endlose Strecke durchs Languedoc! Seltsames, dem Meer hingegebenes Land der Glaubensunruhe, der menschlichen Unzulänglichkeit und der blutigen Opfer! Das Anliegen der Pilgerfahrt stieg mir greifbarer denn je vor Augen, gerade, weil es soviel Wirrnis und Unberechenbarkeit in den Menschen gab. Ihr Sinn beruhte doch im Überwinden des Widersprüchlichen, mit dem jeder von uns geboren wird. Sie filterte in den Wallfahrern etwas aus, das sie anders nicht zu verwirklichen wußten. Die Bildwerke am Weg spiegelten dieses Reinere, Höhere, das jeder verborgen in sich trug. Auch die bewältigten Räume, die bestandene Mühsal spiegelten es, und darum hockte ich hier in der vom Wind umtosten Veranda und schrieb es auf, damit es nicht gänzlich verlorenging.

DIE TÄLER DER SAGE

Stürmische Tage

Stätten beschlossenen Schicksals haben mich stets besonders ergriffen. Das Stück ist aus; bereits wird ein neues geprobt, während vom alten nur noch verstaubte Versatzstücke herumstehen. Doch grade die verwandelte Umgebung gibt ihnen unerwartete Kraft und läßt den Geist, dem sie dienten, um so klarer hervortreten. Es ist wie mit einem vereinsamten, alten Menschen, dem man in der Menge begegnet und nach seinen Jugenderlebnissen fragt; sein Antlitz beginnt zu leuchten. Alles ist schon gesagt, doch wieviel hat es noch mitzuteilen!

In *Perpignan* zwischen Meer und Gebirge erging es mir so. Es schien ja zu Großem bestimmt. Die Altstadt liegt von der vorüberfließenden Têt etwas zurückgenommen. Auf dem Ufersaum am Nordrand sind Anlagen gepflanzt, Platanenbäume, dahinter Mimosen und eine lange Palmenallee; man muß eingestehen, der Zauber des Exotischen geht von ihr aus. Der Wind aus den Bergen, der uns an der nahen Küste das Atmen schwer machte, wirbelt mit dramatischem Eifer durch ihre Schöpfe und stäubt das Wasser der Fontänen in langen Schleiern davon. Dennoch ist das Stück, das man spielt, kaum bedeutend zu nennen. Drüben, am Rand der Place de la Victoire, steht ein alter Priester, der den Fahrzeugstrom der Straße queren muß. Er weiß garnicht, wie seine Hände die Soutane am Boden halten sollen; er ist so dünn, daß er an seinem Gebein kaum Anhalt findet. So rafft er schließlich das flatternde Schwarz mit knochiger Hand zu einem Bausch wie eine Dame von einst die Rüschen des Rockes. Ich sehe ihm aus dem Windschatten des Castillet zu und muß lachen. Er schreitet, er eilt nicht, sondern wird vom Luftschwall einfach dahingeschoben wie eine automatisch bewegte Puppe.

Dem abgerundeten, kleeblattförmigen Castillet, dem uralten Nordtor mit seinen Ziegelmauern, Zinnen und starkknochigen Fenstergittern aber kann der Sturm nichts anhaben, wie wütend er sich auch in die Bresche stürzt, die der Stadtbach, die Basse, zwischen den Torbau und den jenseitigen Häuserrand furcht. Es hat ganz anderen Attacken standgehalten, dem Steinhagel der Wurfmaschinen und den Schauern der Armbrustbolzen, und noch immer geht der alte Beharrungswille von ihm aus. Ein Schritt nur hinter das schwerleibige Gemäuer, und man ist dem Himmelsspuk aus den fernen Bergen entronnen. In seinem Schutz, am stadteinwärts gelegenen winzigen Hofplatz, hat ein Kneipenwirt sogar die mannsgroße Pappfigur mit der Speisekarte aufs schmale Trottoir geschoben; sie zittert nicht einmal. Das macht die Kraft dieser Stadt aus: ihre Dächer ducken sich gleich den Köpfen einer zusammengedrängten Herde hinter dem wachsamen Leithund unter dem Sturm hinweg.

Dennoch, es treibt mich unwiderstehlich, aus der bergenden Hut tiefer Gassen hinaus ins ringende Zweiggewühl der Palmarole zu treten, um bis zum Palais des Congrès und dem Casino mit den Glasscheiben und den lockenden Lichtern zu wandern. Umstürmtes Perpignan, es ist eine Lust, wie durch eine Tiefsee unter den peitschenden, ringenden Armen der Palmen im Luftschwall hinzutreiben – warum nicht gleich bis zum Square Bir-Hakeim, dem Rundboulevard, der ehemaligen Umwallung Vaubans folgend, und weiter zur Einmündung der vom Meer kommenden Route, wo ein Sträßlein ins Stadtinnere ansteigt? Knapp hundert Meter sind es nur bis zum kleinen Park der Miranda mit seinen Granatäpfelbäumen, Oliven und Aloë-Pflanzen auf der Terrasse der inneren, mittelalterlichen Ummauerung, die schon König Jaime el Conquistador anlegen ließ. Dort nämlich, am Puig des Lépreux, dem einstigen Leprosenhügel liegt seit 1240 die Kirche Saint-Jacques.

Ginge es um das Architektonische allein, bestände kaum Grund von ihr Aufhebens zu machen: ein einfacher Backsteinbau mit erneuertem Turm und vorgeschobener Westkapelle des 18. Jahrhunderts für die Bruderschaft vom Heiligen Blut, die noch heute am Karfreitag mit ihren ›Misteris‹, den Leidensbildern Christi, unter Gesang durch die Stadt zieht. Gewiß, auf der hölzernen Eingangstür lassen sich bescheidene Pilgerembleme erkennen. Aber war dies wirklich das Ziel der Wanderer aus aller Welt? Im dämmernden, gotischen Innenraum gibt es kein Fragen mehr. Dort thront der Heilige der Straße großmächtig über dem Hauptaltar. Auch über der Taufküpe, die ein rinnendes Wasser speist, ist er zu sehen, in dreiviertel Menschengröße, dunkel gefaßt, angetan mit dem Pilgerhut, und schließlich in einem späten Fensterbild, auf dem er als Matamoros gegen die Feinde des Glaubens stürmt. Die Zeichen einer Volksfrömmigkeit, die selbst das Mysterium dinglich und greifbar vor Augen will, untermalen die Botschaft des Predigerapostels kontrapunktisch. Am Durchgang zum Hauptaltar ragt ein Marterholz, eine Croix des Outrages, versehen mit den Attributen der Passion, der Leiter, dem Schweißtuch der Veronika, dem Hahn zuoberst, der durchbohrten Hand und was sich nur allegorisch umsetzen ließ. Auch in der Casa Pairal, dem Museum des Castillet, findet man eines der seltsamen Gebilde ...

Daß die Jacquaires in Perpignan auch die nachmalige Kathedrale inmitten der Stadt, sei es Saint-Jean-le-Vieux oder den seit 1324 wachsenden Neubau besuchten, muß ob ihrer vielen Reliquien und der uralten Vierge del Correch in der gleichnamigen Kapelle als sicher scheinen. Besaßen sie an den Heiltümern nicht besonderen Anteil? 1323, so berichtet uns Monsieur de Bonnefoy, sprach ein junger Santiago-Pilger bei dem Dominikaner Alénya vor und übergab ihm einen verschlossenen Kasten. Kehrte er von Compostela wieder, werde er ihn abholen, andernfalls gehörte er den Predigermönchen. Er kam nicht zurück. In dem geöffneten Behälter fand sich der Rest eines linken Unterarmes nebst einem Text in einem Griechisch, das derzeit niemand im Westen verstand. Kurzerhand wandte man sich an Athen und erhielt bald Auskunft. Man war in den Besitz von Überbleibseln Johannes des Täufers gelangt. Der Reliquien konnten es für das Mittelalter nie genug sein; wie ein verzehrendes Feuer brannte der Hunger danach in den Seelen. Sie waren die nachgelassenen Zeugnisse jener, die über alles Irdische hinaus teilhatten am Unbegreiflichen, waren die Belegstücke seiner Wahrheit, und so muldet sich auch in den dämmernden, einer gewaltigen Höhle gleichenden Innenraum der Kathedrale, in der alles Ferne nah und alles Greifbare fadenscheinig wird, eine von unten bis oben mit Reliquiaren vollgestellte Kapelle; dort fand sich Antwort auf jede Beschwer des Herzens.

Es gab mehr als das Religiöse, das sie anzog. Sie hätten nicht Menschen sein müssen! In den alten Gassen drängte sich damals das Leben; allenthalben mischten sich die bunten Gestalten mittelmeerischer Länder ins Bild, die vom Seehafen Collioure in die Hauptstadt strömten. Es mag auf seine Weise ähnlich bewegt zugegangen sein wie gegenwärtig am Brennpunkt der Stadt, der Place de la Loge mit den drei nebeneinander gereihten Bauwerken, die das bürgerliche Perpignan des Mittelalters verkörpern: dem adeligen Kastenbau der Loge de Mer nebst den großen, von florealem Steingespinst überfangenen Rundbogendurchbrüchen der Börse im Parterre, während der über Streitfälle des Seehandels entscheidende Gerichtshof im Obergeschoß nach außen strenge Nüchternheit wahrte. Nur das schmiedeeiserne Zeichen eines Kauffahrteischiffes erinnert an diese Bestimmung. Sodann das Rathaus, in dessen Arkadenhof, früher Pella genannt und Treffpunkt der schon im 12. Jahrhundert amtierenden Konsuln, heute die ›Méditerranée‹ von Maillol steht und drei Bronzearme die mittelalterliche Ständeordnung der Stadt symbolisieren: die der Schiffs- und Handelsherren, der Geschäftsleute, der Tuchhändler endlich. Wozu sich als drittes Bauwerk im 15. Jahrhundert das Palais de la Députation gesellte, katalanisch ›Corts‹ genannt, und war das Rathaus in der für das Roussillon typischen Weise gebaut, so das Parlament mit seiner schönen Hausteinfassade nebst den zarten Colonnetten der Fensterumrahmung in aragonesischer Art.

Die Place de la Loge ist noch immer der weltoffene Salon, in dem Perpignan Cercle hält, mit Marmor gepflastert, von Cafés gesäumt, noch immer tönen fremdländische Stimmen ins prasselnde Katalanisch der schiebenden Menge, lebensvoll und lebensnah. Von hier, dem Zentrum der alten Stadt, gelangt man ja direkt in die schmale Straße der Fabriques d'En Nabot im Viertel der ›Parayres‹ oder Appreteure, welche die Webwaren der ›Tixadors‹ vom Leprosenhügel zum Gebrauch herrichteten. Doch damit sind die Zeugnisse des alten Perpignan, außer den lang hinwallenden, gewundenen Gassen, auch schon zuende. Die klösterliche, bürgerliche, adelige Substanz dieser Stadt und ihrer notvollen, tapferen Geschichte rann aus. Kasernements, Arsenale, militärische Anlagen der französischen Zeit verdrängten die Handwerkerquartiere, und wer auf direktem Weg von Saint-Jacques zur Kathedrale wandert, zieht durch still gewordene Häuserschluchten. Höchstens, daß armselige Wäsche vor den Fenstern hängt oder schwarzlockige, dunkelhäutige Kinder aus engen Treppenschächten lugen, während hier und da auf den Schwellen alte Algerier mit verlorenen Blicken hocken.

Allein, eine große, schicksalhafte Erinnerung ist immer noch da!

Wer die Stadt nach Süden auf dem Jakobsweg verläßt, kommt an einem gigantischen Ziegelgemäuer vorbei, der sternförmigen Zitadelle aus der Zeit nach 1642, als Perpignan endgültig französisch geworden war. Sie schließt abermals Kasernen, dazu Bollwerke, vor allem den Palast der Könige von Mallorca ein. Schon Jaime I el Conquistador begann mit der Schloßanlage auf dem höchsten Punkt der Stadt, dem Quartier la Réal, damals noch weiter Anger. Er entstammte der Ehe des 1213 vor Muret gefallenen Peire II von Aragon und der Maria von Montpellier, wuchs in Monzon unter Obhut der Templer heran und zählte bald zu den großen Vorkämpfern der Christenheit. In dreißig Schlachten blieb er gegen die Mauren siegreich, aber er gründete auch zweitausend Kirchen. Am 31. Dezember 1229 gelang ihm eine bedeutsame Tat. Er schlug in der Bucht vor Palma die muselmanische Flotte vernichtend und machte sich bald gänzlich zum Herren der Balearen.

Dreißig Jahre zögerte er, die Grenzen seines Reiches in die See hinauszuschieben und das Geschmeide der Inseln seinem Kronschatz einzuverleiben. Würde diese Herrschaft, die mit

Ausnahme Septimaniens ohnehin von Montpellier bis Murcia reichte, sich noch verteidigen lassen? Endlich traf er eine kühne Entscheidung. Das Testament von 1272 zeigt, wie sie gemeint war. Auf die Macht der Blutesbindungen vertrauend, teilte er das Reich zwischen dem Erbsohn Peire III, dem er Aragon mit Barcelona, sowie Valencia zusprach, und dem jüngeren Jaime auf; er bekam das zersplitterte Gebiet: Balearen, Roussillon und Montpellier. Der Conquistador muß eine hohe Meinung von ihm besessen haben.

Jaime II war groß, ansehnlich von Statur und beliebt, nicht zuletzt ob seiner gleichmäßigen Gelassenheit in schweren wie guten Zeiten. Leider, müssen wir rückschauend sagen, auch arglos und friedfertig. Aber gab es nicht politische Sicherheiten? Die Mauren bedeuteten keine Gefahr mehr, mit Frankreich verbanden ihn tiefe Sympathien; es existierte sogar ein geheimer Beistandsvertrag. Zwischen den beiden Brüdern endlich schien Einverständnis zu walten; beide hatten die väterliche Erbteilung vor Zeugen feierlich anerkannt. Doch gerade in diesem Punkt lag es. Mochte sich Peire III anfangs aus Berechnung zurückgehalten haben, bald nach dem Tod des Conquistadors von 1276 entlarvte er sich unvermutet als ein ganz anderer, die Nachbarn brüskierender Monarch, krank von Machtbesessenheit und von wachsendem Haß gegen den Bruder erfüllt, von dem er sich um einen Teil des ihm zustehenden Gesamterbes betrogen fühlte. Mit Querelen begann es, bis sich das mehr und mehr heraufdrohende Gewitter 1285 zum ersten Mal entlud. Wer klar sah, konnte sich ausmalen, daß dem mallorquinischen Königreich Jaimes II schwere Tage bevorstanden. Wie sollte sich ein Herrscher, der bald hier, bald dort sein mußte, gegen die geballte Macht Groß-Aragons behaupten?

Peires infernalischer Haß gegen den brüderlichen Stamm schwelte noch in der dritten Generation fort. Weder Jaimes Nachfolger Sancho, noch dessen Neffe Jaime III, der vor Lluchmajor im Kampf gegen Peire IV von Aragon fiel, sollten Ruhe finden. Jaime IV, zwölf Jahre in der Gefangenschaft seines Onkels schmachtend, kam niemals mehr an die Macht. Zwar konnte er fliehen und Königin Johanna von Neapel heiraten, doch aus erneuter Gefangenschaft in Kastilien, wo er gegen Heinrich Trastamara kämpfte, freigekauft, erlag er bald darauf einem Giftanschlag. Das alles mutet an wie ein Drama der Shakespeare-Zeit; in der Tat fand ein entscheidender Wandel statt. Die gotische, auf Verpflichtung gegründete Mentalität der Ritterschaft wich vorfrüh dem bedenkenlosen Ehrgeiz der Renaissance-Epoche, die um des Herrschens willen metaphysische Bindungen ebenso wie verwandtschaftliche aufweichte. Nach 1402 war es mit dem mallorquinischen Traum endgültig vorüber.

Doch zu Jaime II zurück! Vom Ende her gesehen, verläuft alle Geschichte im Grunde tragisch. Da verrannen seit 1276 neun Jahre hochgemuten Friedens am Hof und Perpignan nahm daran teil. Noch vor dem Tode des Conquistadors hatte Jaime II die »schönste Prinzessin ihrer Zeit«, Esclarmonde de Foix geheiratet. Beide verband nicht nur Liebe, sondern auch tiefe, menschliche Vertrautheit. Die junge Frau war die Großnichte jener gleichnamigen katharischen ›Archidiaconesse‹, die am 16. März 1244 nach der Eroberung des Montségur nicht daran dachte, abzuschwören, sondern samt zweihundert Glaubensgenossen den Scheiterhaufen des Camp des Cremats am Fuß des Berges bestieg, und ähnliche innere Stärke bewies auch die Nachfahrin.

Die feierliche Vermählung fand dem Vernehmen nach am 4. Oktober 1275 in der Kirche Saint-Jean-le-Vieux statt; die Braut zog durch jenen Porche mit dem segnenden Christus ein, der heute noch als Seitenbau der Kathedrale besteht. Als im Folgejahr Jaime I starb und der Sohn seine Herrschaft antrat, erlebte Perpignan auch die Investitur und Krönung des neuen Regenten. Das junge Königspaar trat bald eine Reise nach Mallorca an, überall jubelnd empfangen, und nicht nur des Liebreizes der Königin willen – Jaime II war auch auf der Insel ein Mann nach dem Herzen des Volkes, den man bald ›le bon roy‹ nannte.

Schon Jaime el Conquistador hatte das Quartier la Réal mit der anderen Stadthöhe, dem Leprosenhügel von Saint-Jacques, durch jene Schutzmauer verbinden lassen, deren Spuren man an der Miranda noch findet. Das Äußere des in der Südwestecke wachsenden Palastes mochte burgartig rauh erscheinen – die riesigen Zitadellenmauern versperre heute den Anblick – das Innere aber sollte freundlich gestimmt sein. Als Vorbild diente die eben zur Residenz umgebaute Almudaina, das maurische Schloß von Palma. Ein Palast mittelmeerischer Prägung entstand so. Gegenüber dem Zugang der Bastion durch den aufsteigenden Tunnel des Kanonenweges beschließt das breit gelagerte, doppelgeschossige Gezelt eines Loggientraktes den von Seitenflügeln flankierten Innenhof. Beidseitig wallen Freitreppen empor. Es liegt etwas überraschend Heiteres, Zwangloses in dieser Architektur, deren Mitte überhöhte Arkaden, dahinter ein aufstrebender Baublock betonen. Er nimmt in seinem Oberteil die Chapelle Sainte-Croix mit einem Portal aus delikat getöntem Marmor und im Bodengeschoß Sainte-Madeleine, die Andachtsstätte der Königin auf, köstlich mit Kacheln gepflastert, das Gemäuer vielfarbig gemalt. Abwehr nach draußen, behütete Andacht drinnen, luftiges Wandeln über dem Binnenhof verschmolzen hier zu einem Daseinsgefühl, in dem ein fernstes Echo maurischen Lebens mitschwingen mochte.

Auch das Königsein, das Regieren fügte sich diesem Baugedanken ein. Von der Oberkirche gelangt man mit wenigen Schritten zur ›Salle de Majorque‹ im südlichen Seitenflügel, dem Fest-, Audienz- und Gerichtssaal, überwölbt von weit gespannten Spitzbögen und an der westlichen Schmalseite durch einen riesigen Kamin auch winters bewohnbar gemacht. Heutigen Tages kann man darin das Museum ›Connaissance de Roussillon‹ mit Resten aus der Zeit der Könige besuchen: Heiligenfiguren, Steintorsen, Wappen, Abgüssen. Zu meiner Freude fand sich darunter eine Moulage des Tympanons von Cabestany, das an Ort und Stelle nur schlecht zu erkennen ist. Die Untergeschosse der Flügelbauten hingegen dienten als Vorratsläger, während sich abermals tiefer unterirdische Gänge hinziehen, deren einer bis zum Gemach des Königs führte, der bald als Fluchtweg Bedeutung bekam. Das Herrscherpaar hauste ja nicht hier, sondern an geschützten Binnenhöfen neben dem Mittelturm. Man vermag von der Loggia aus noch auf seine Gemächer hinabzublicken, beide verbunden durch eine in das dicke Turmgemäuer gehöhlte Galerie …

Das junge Paar verbrachte hier glückliche Jahre. Esclarmonde vermochte von ihrer Wohnung direkt in den Obst- und Blumengarten mit den Orangenbäumen und Weinspalieren hinauszutreten, dessen balsamische Düfte in ihre Räume drangen. Nebenan dehnten sich der ›Bois du Roi‹ und die große Wiese des Schlosses, der König hingegen konnte, wie Coincy-Saint Palais berichtet, aus den vier Fenstern seiner mit heraldischen Emblemen ausgemalten Behausung hinausblicken auf ein Waldstück, das sich bis zur Stadtmauer hinzog. Darin wuchsen Gebüsche und Olivenbäume, unter denen sich Hirsche, Pfauen, Fasanen, Kaninchen und die im Mittelalter beliebten Stachelschweine tummelten. Auch jenseits der Mauern gab es noch einen Wald, den schattigen ›Figueral‹ mit großen Feigenbäumen; hier weideten Ziegen, als Raubtiernahrung für die königliche Menagerie bestimmt, der Löwengrube vor der Westseite des Schlosses. Alles in allem, ein mittelalterliches Paradies, das später in französischen Zeiten durch die Zitadelle und ihre Kasernen weitgehend zerstört worden ist, wenn auch das Schicksal bereits damals an die Türen klopfte.

König Jaime hatte die immerwährenden Querelen des Bruders gelassen hingenommen. Allein, nach dem Osterfest von 1285 erschien Peire III, von Barcelona kommend, plötzlich in Perpignan – die schützende Templerbesatzung der Stadt war abberufen – bemächtigte sich im Handstreich der Archive und endlich des noch unfertigen Schlosses. Wohl konnte Jaime durch den Geheimgang entfliehen und sich fern in den Bergen der Albères verstecken, nicht aber die schwangere Königin nebst ihren kleinen Kindern. Peire III ließ sie erst nach Torella de Montgri, dann nach Barcelona verschleppen. Damit hob trotz mancher Schlichtungsversuche des Papstes oder Frankreichs eine bittere, lange Zeit der Wirren an, in der die Sieger wechselten. Peire III, auch sein Sohn Alfonso starben darüber; den aragonesischen Thron bestieg dessen Bruder, der gleich dem mallorquinischen Onkel Jaime II hieß, und mochte sich das Glück gelegentlich dem Inselkönig zuneigen, erst 1300 fand er eine kurze Zeit trügerischen Friedens in Palma; 1311 sank er dort ins Grab. Esclarmonde folgte ihm fünf Jahre später in Perpignan; in

Saint-Jean-le-Vieux setzte man sie bei. Der Erbe Sancho überlebte die Mutter nur um acht Jahre, und auch er, der Gründer des neuen Saint-Jean, fand dort letzte Ruhe. Die Vision des Conquistadors von den friedlich nebeneinander lebenden Reichen aragonesischen Ursprungs, die er geschaffen, sollte sich nie verwirklichen, Perpignan ob des Seehandels weiterhin gedeihen, aber die ihm von einem großen Traum der Geschichte zugewiesene Rolle der festländischen Hauptstadt eines halb maritimen Reiches sich nie erfüllen. Was blieb, war der Sturm, der historische wie der aus Himmelshöhen.

Der Meister von Cabestany

Ausgeliefert der einsamen Weite des Seehimmels liegt südostwärts Perpignan ein kleines Dorf abseits der Straßen, *Cabestany.* Es will nichts mehr von der Welt. Die seigneurale Familie, die einst hier hauste, geht niemand im Dorf mehr an, und doch stammte aus ihr ein Troubadour, Guillem de Cabestany, »mout fo avinens hom de la persona«, ein Mann von gutem Aussehen und brennender Seele, dessen Name und vorgebliches Schicksal weit durch das mittelalterliche Europa hallte.

Es ist der Held oder besser das Opfer der Geschichte vom ›Corazón comido‹, deren Thematik man vielfach übernahm und auch mit anderen Poeten der Zeit wie dem Châtelain de Coucy und Reinmar von Brennenberg in Verbindung brachte. Allein, der eigentliche Anlaß war ein Poem Guillems, so gering sein überkommenes Werk an Umfang blieb. Bei Boccaccio heißt unser Dichter Guiglielmo Guardastagno; er nahm das etwas makabere Geschehnis in sein Decameron auf, Petrarca in den Trionfi; Stendhal endlich übersetzte die auf ihre Weise geniale Dichtung, die den Anlaß zu allem bildete, ›Lo dous cossire‹, im 52. Kapitel seiner Sammlung ›De l'amour‹ ins Französische. Der Poet muß noch recht jung gewesen sein, als er seine Verse verfaßte, in denen er sich als Liebhaber einer verheirateten Dame bekannte, ›ab douts desirs, ab mains destricx‹, mit heißen

Wünschen und mit manchem Kummer. Ins Deutsche übertragen, beginnen sie ungefähr so:

In meiner süßen Qual
zwingt Amor, Herrin, mich
von Euch zu sprechen
in Versen schmeichlerisch.
Im Geiste seh ich Euern Leib,
geliebt und voller Anmut,
den ich viel mehr begehre,
als ich es selbst versteh …

In der dritten Strophe wurde er noch deutlicher und schwärmte von ihrem glatten und weißen Körper. Mag uns heute auch manches ›simil‹, Gleichnis seiner Sprache verbraucht erscheinen, damals perlte noch der Morgentau der ersten Aussage auf seinen Worten, was die Resonanz nur verstärkte. Aber haben wir ein Recht mit dieser Deutung, oder interpretierte nicht erst die Nachwelt etwas Sündiges und Pikantes in Guillems Dichtung hinein?

Die angebetete Dame gab es. Sie hieß Saurimonda, Gattin des Raimon de Roussillon oder Ramon de Castell Rosselló. Der Erzählung nach bekam der offenbar schon ältliche Ehemann Wind von der Sache, schlug dem Troubadour bei einer einsamen Begegnung den Kopf ab und riß ihm das Herz aus der Brust. Wenig zimperlich, ließ er es mit Pfeffer zubereiten und seiner Frau vorsetzen. Wußte sie, fragte er nach der Mahlzeit, was sie soeben verspeist hatte? Nein, kam ahnungslos ihre Antwort, aber es sei zart und schmackhaft gewesen. Worauf ihr der Gatte den abgeschnittenen Kopf zeigte und sie sich vom Balkon in die Tiefe stürzte. Der König von Aragon hörte von dieser Affäre, befahl den Gatten nach Perpignan und steckte ihn ins Gefängnis, wo er schließlich gestorben sein soll. Das so unglücklich ums Leben gekommene Liebespaar ließ der Herrscher in einem Grabmonument ›vor der Kirche‹ beisetzen.

Trotz der Verbreitung der Geschichte vom ›Corazón comido‹, dem verspeisten Herzen, die sogar in der Tristan Sage Niederschlag fand, sie beweist eigentlich nur, wie sehr Guillem de Cabestany die Menschen beschäftigte. Denn die

Wirklichkeit nahm sich ganz anders aus. Es handelte sich bei der Erzählung um einen aus der orientalischen Folklore übernommenen Sagenstoff, deren es im Roussillon viele gab. Dafür hatte es mit dem glühenden Troubadour um so eindeutiger seine Richtigkeit; er wird im Testament seines Vaters Arnau de Cabestany von 1175 als künftiger Erbe genannt und gehörte, wie wir von dem zuverlässigen Geschichtsschreiber Pere Tomich 1438 erfahren, zu jenen Rittern des Roussillon, die 1212 bei Navas de Tolosa mitkämpften. Auch an der Identität der Saurimonda besteht kein Zweifel. Sie kam um 1176 als Kind aus der Gegend von Ampurias stammender Eltern zur Welt und heiratete dreimal; in zweiter Ehe den in der Legende so schlecht weggekommenen Ramon de Castell Rosselló, der um 1210 starb. In dritter endlich vermählte sie sich mit Aymar oder Ademar de Mosset, der in Navas an der Seite Guillems kämpfte. Die beiden Eheleute, Aymar und Saurimonda, lebten noch 1221.

Doch will mir scheinen, es sei in der Beziehung des Troubadours zu seiner Dame auf etwas ganz Besonderes angekommen: die Inspiration, die ihn hoch über seine Epoche hinaushob. Als Arnau de Cabestany 1175 seinen derzeit gewiß noch jungen Sohn Guillem – ein anderer männlicher Nachkomme war als Kleriker in Santa Eulalia zu Elne eingetreten – zum Erben ernannte, besaß das Dorfkirchlein des Ortes bereits sein Tympanon über dem Portal, dem es heutigentags, weit mehr als siebenhundert Jahre später, einen Nimbus ganz anderer, neuer Art verdankt. Guillem muß es gesehen haben, so oft er das kleine Gotteshaus besuchte, und es ist schwer zu denken, daß es auf die erlebnishungrige Phantasie eines jungen Dichters keinen Eindruck gemacht haben soll. Dies um so mehr, als es nicht unmöglich scheint, daß Arnau de Cabestany, sei es als Stifter oder Kirchenherr, einen besonderen Anteil an dem eben entstandenen Werk besaß. Wie sollte es sonst nach hier gekommen sein? Gewiß, es bleibt bare Spekulation, aber das Tympanon läßt den Gedanken verlockend erscheinen: der angehende Dichter Auge in Auge mit einer Bildhauerei, in der sich der seelische Aufschwung der Epoche verkörperte. Was die Nachwelt so eindeutig erotisch umgemünzt hat, dürfte für den Poeten noch eine ungeschiedene Einheit von leiblich-seelischem Zusammenhang gewesen sein. So, wie sein ganzes Zeitalter die Umwelt erlebte.

Das Tympanon ist eine ungewöhnliche Arbeit, geschlagen von einem anonymen Künstler, der offenbar mit seiner Werkstatt den Aufträgen nach durchs Land zog, zudem immer im Umkreis der Pilgerstraßen, besonders der Tolosana. Ein Bildhauer, dessen Werk erst unser Jahrhundert, allen voran die Kunsthistoriker Junyent, Pressouyre und Durliat, im Zusammenhang erkannten. Ein Meister, der auch zeitlich schwer einzuordnen wäre, hätte nicht der Zufall nachgeholfen. Über einem von ihm geschaffenen Schmuckbogen des Portals der Abtei Lagrasse, von dem heute nur noch Bruchstücke vorhanden sind, finden sich die Namen zweier Äbte eingemeißelt: Wilhelmus und Rotbertus, deren erster seit 1157, deren zweiter bis 1167 amtierte. Es läßt sich also rückschließen, daß der Meister das Werk nach dem zweiten Datum schuf, und im zugehörigen Zeitraum auch die Fülle seiner weiteren Arbeiten, wobei das Tympanon von Cabe stany zu den frühesten zu gehören scheint. Er war ein Mann von unverwechselbarer Eigenart, der in kein Schema paßt Mit der großartigen Entwicklung der Tolosaner Skulptu der Zeit verbindet ihn nichts, genau so wenig mit Saint Gilles, wo derzeit der Michaelsmeister tätig war. Aber auc nichts mit zeitgenössischen Kunstformen Kataloniens, Na varras, des Languedoc und der Toscana. Er hat ja allenthal ben seine Bildwerke in Gestalt von Tympanen, Kapiteller Portalen, Szenarien, Ornamenten in Tier-, Mensch- und Blu menform hinterlassen. Das gilt für die nach Amerika ve kaufte Versuchung Christi von Errondo so gut wie für di Bruchstücke von San Pedro de Roda oder San Pedro d Galligans nahe Gerona; für die Werke im Roussillon, Cab stany eben und Boulou, wie das Languedoc mit Lagrass Saint-Hilaire, Rieux-Minervois, Saint-Papoul. Endlich gehö ren zwei Arbeiten in San Antimo bei Siena und San Gi vanni de Sugana nahe Florenz zu seinen Schöpfungen.

Er war vielleicht kein Genie, aber doch eine ungewöhnl che Begabung. Man spürt das. Er macht keine Anleihe sondern läßt sich einzig leiten von seinem brennenden Ve langen, etwas Unerhörtes auszusagen. Die Antike besitzt daher nur wenig Einfluß auf seine Gestaltung, eher könnte man von einer barocken Haltung sprechen. Er beunruhigt ebenso wie er fasziniert, wenn er die Macht des Glaubens mit allen verfügbaren Ausdrucksmitteln beschwört. Seine Menschenbilder zeigen eine dreieckige Kopfform bei stark hervortretender Nase und beinahe fliehendem Kinn. Die Augen formt er oval und bohrt sie, außer wenn es das Thema verbietet, in beiden Ecken an. Die Ohren läßt er breit und frei vom welligen Haar hervortreten, die Hände sind überlang, die Gestalten breitschultrig und gedrungen, während die Füße bei den Kapitellen auf dem unteren Rundstab ruhen – die der Menschen so gut wie der Tiere. Polare Spannung erfüllt seine Szenen. Die Zentralfigur gibt er gern in hieratischer oder lyrischer, in sich beschlossener Haltung wieder, um die sich ungestüm vorstoßende Löwen mit zupackenden, nervigen Tatzen drängen, als wollten sie die Aufmerksamkeit gewaltsam auf die Mitte lenken. Auf dem Sarkophag von Saint-Hilaire mit der Geschichte Saint Sernins schieben sich solche Tier- und Maskenköpfe dergestalt zwischen den Beinen der Personen hervor, als ritten sie darauf; der Engelschor um die auffahrende Jungfrau wird zum Sturm der Freude. Alles ist voller Überschwang; gleichwohl wird die Form sorgfältig bewahrt. Bei den Kapitellen wirkt es manchmal, als holten die Tierpranken nur so weit aus, um das Volumen des Blockes nicht zu schmälern. Dazu kommen Blumengeranke und Ornamente nur ihm eigener Art, welche die Kämpferplatten überziehen, unter ihnen eine umgekehrte Herzform, die einem Werkstattzeichen seines Ateliers gleicht. Schließlich offenbart auch sein Material eine besondere Eigenart: er schlug seine Bildwerke fast immer aus dem Stein, den er an Ort und Stelle vorfand. Wo dieser erstaunliche Meister herkam? Das größte Rätsel geben seine Werke in der Toscana auf. Sind sie nach dort exportiert worden, wie einige Forscher meinen?

San Antimo bei Siena ist eine alte Kirche mit vorgebuchtetem Chor, Rest einer noch viel älteren Benediktinerabtei im grünen Talgrund südlich der Olivenhänge von Montalcino. Bischof Azzona de Parca hat sie im 12. Jahrhundert erbauen lassen. Zu seiten ihrer Fassade ragt ein lombardischer Campanile auf und neben ihm wächst eine Zypresse empor, als habe man eine dunkle Feder in den Boden gesteckt. Die Kirche ist ganz allein mit sich. Der Küster, der sie aufschließen soll, muß erst aus dem nahen Castelnuovo auf dem Bergrücken nebenan herunterkommen, ein älterer, hagerer Mann, der sein Leben in den Onyxbrüchen neben dem Ort verbracht hat. Er kennt sich aus mit dem Stein und dem Gotteshaus. Dort, am Außenportal, die säulentragenden Löwenfiguren hatte der Cabestany-Meister gleichfalls geschlagen, merkte er an. Das Innere zeigte sich von warmem Licht erfüllt, die Blöcke der Sohlbank um den Chor bernsteinfarben durchglüht. Drüben am zweiten Rundpfeiler vom Haupteingang rechts mußte es sein, was ich suchte: ein mächtiges Kapitell bekrönte die Säule mit der Darstellung von Daniel in der Löwengrube fast wie zu Rieux-Minervois. Im Innern sei es hohl geschlagen, um das Gewicht zu mindern – der wackere Steinmetz außer Dienst hatte den im Krieg zusammengestürzten Pfeiler selbst mit aufgerichtet. Es war sein Stein aus den Brüchen droben, kein Zweifel, und der Meister schlug ihn einst hier, an Ort und Stelle zurecht. Nichts fehlte, nicht die Ausdrucksgewalt der Löwen, nicht der das Brot herantragende Habakuk, der sich zum Zeichen des Friedens beim Bart faßte, auch die Kämpferplatte mit dem Blumengerank nicht. Vollkommenes Schweigen herrschte, und doch schien ein unterschwelliges Summen durch den Raum zu geistern, als kreise ein Bienenschwarm; der Honigton beflügelte meine Einbildungskraft. Der Mesner lächelte. Meine Ergriffenheit angesichts der Wiederbegegnung über eine riesige Entfernung hin machte ihn glücklich.

In San Giovanni de Sugana auf der Höhe unweit Florenz war es ein wenig anders, die Kirche baufällig, mit Brettern verschalt. Man konnte sie nicht betreten, Signore Cura schüttelte bedauernd den Graukopf. Aber mein Mentor, Werner Haftmann war es, wußte, wie man es machen mußte. Die Tür öffnete sich auch hier, und da stand sie nun, seitab, geschützt im Dunkel, die kleine Cipa aus rötlich durchhauchtem Marmor, einst als Trägerin der Osterkerze, heute als Stütze des Weihwasserbeckens genutzt. Etwas Naives und gleichzeitig Vollkommenes ging davon aus. Drei ikonenhafte Szenen auf dem Rundschaft zeigen, wie auf Bildstöcken eben, die Christgeburt; unbekümmert greift der Verkündigungsengel den vordersten der Hirten beim Bart. ›Fürchte dich nicht‹, hieß es, während die Köpfe der Tiere hinter der Krippe in unerhörtem Schwung über die Rundform der Stele gezogen waren. Blieb das Mysterium des Geschehens eingesponnen in die Stille des Wunderbaren, die ihm gebührte, machte die Ergriffenheit der Kreatur in hingerissenem Sturm der Zuneigung wett, was die Erscheinung des Göttlichen dem Menschen versagte. Es ist vielleicht das reifste Werk des Meisters und voller Zauber. Doch auf das, was ich suchte, gab es keine Antwort. Nichts sprach dagegen, daß man dieses Werk einst nach hier verbrachte, nichts dafür. Nimmt man nicht San Antimo als vollen Beweis, der Christgeburtspfeiler löste das Rätsel nicht. Dennoch finden sich anderwärts gewisse Anzeichen für die toskanische Abkunft. Da gibt es jenes italianisierende Kirchenportal in Boulou, von dem gleich zu berichten ist, vor allem aber das Tympanon der Dorfkirche von Cabestany, das dem unbekannten Künstler zu seinem Namen verhalf.

Sie liegt am Ende eines Sackgäßchens nahe der Rue du Cerdagne des Ortes. Das Gotteshaus ist ganz einfach, auf dem Turm nur ein Eisengerüst für die Glocke, das Innere düster und unscheinbar. Dort, gleich rechterhand, steht das aus Schutzgründen seinem ursprünglichen Platz entnommene Bildwerk, unter dem einst Guillem de Cabestany hinwegschritt. Drei Szenen der Marienlegende werden geschildert: die Wiedererweckung der schräg in die Fläche komponierten, mit geschlossenen Augen daliegenden Jungfrau aus dem Todesschlaf, ihre Aufnahme in den Himmel unter Engelschören und jene legendäre Episode, nach der sie ihren Gürtel zu dem ungläubig am Grabe ausharrenden Thomas fallen ließ. Die Frage stellt sich, woher der Künstler die Szene kannte. Aus der Legenda aurea doch nicht, wie manche Autoren meinen. Sie entstand erst mehr als ein Jahrhundert später. Allein, in Prato verehrte man diesen Gürtel als Reliquie schon seit 1141 …

Doch im Grunde ist es das Entscheidende nicht. Viel schwerer wiegt, daß hier ein Meister mit aufgebrochener, hingerissener Seele entlang der Pilgerstraße zog und seine Bildwerke hinterließ. So, wie Guillem von Cabestany ein Hingerissener war, und alle Menschen jener Epoche im Guten wie Bösen größere innere Dimensionen bewiesen. Spricht nicht auch die grausame Geschichte vom Corazón comido dafür, nicht, daß der aragonesische Onkel den vor Lluchmayor gefangenen Thronfolger Mallorcas, Jaime IV, zwölf Jahre erbarmungslos Nacht um Nacht in einem eisernen Käfig einschloß, ehe dem Unglücklichen unverhoffte Befreiung zuteil wurde? Welche Spannweiten besaß ihr Dasein, wieviel schwerer war das Leben als der Tod! Nichts konnte die Tiefen und Abgründe, die noch das Jenseits mit dem Feuerschein der Apokalypse bedrohten, überwinden, als der innere Aufschwung. Er war es, den sie im Marientympanon, in der Frauenverehrung der Dichtung und auch auf dem unerbittlichen Weg nach Santiago suchten, ›pour rompre la muraille‹.

Eine ungewöhnliche Spannbreite zeichnet die spätromanische Bildhauerei des Languedoc aus. Sie reicht von der Wiederbelebung des antiken Erbes im grandiosen Kirchenportal von Saint-Gilles, an dem fünf bedeutende Künstler tätig waren, bis zur vorbarocken Ausdrucksgebärde des heute erst ins Bewußtsein rückenden ›Meisters von Cabestany‹.

6 *Kapitell am Außenchor von Saint-Papoul mit der Darstellung von ›Daniel in der Löwengrube‹ des Meisters von Cabestany. Detailbild des Habakuk, um 1160.*

7 *›Erzengel Michael‹, das reifste Werk des nach ihm benannten letzten Bildhauers von Saint-Gilles.*

8 *Fassade der Basilika von Saint-Gilles im überreichen Dekor und Figurenschmuck der ›antikisierenden‹ Renaissance, zwischen 1140 und 1160.*

9 *Auch einer verhaltenen Lyrik zeigt sich der Cabestany-Meister fähig. ›Mariä Himmelfahrt‹ von einem Kapitell der siebeneckigen Kirche in Rieux-Minervois.*

Das dritte Kreuz von Elne

Der Morgen eines klaren Frühsommertages. Nach den vergangenen Stürmen wölbt sich ein makelloses Blau über Ebene und Gebirge. In den von tausend Wasseradern durchrieselten Obstquartieren quellen, reifen die Früchte, während weit im Südwesten, hoch über dem Glast der Hänge, unbeschreiblicher Anblick, die von Neuschnee bedeckte Kuppe des Canigou gleichsam im Leeren schwebt. Zauber des Roussillon, flüchtig die Stunde, aber das Unaussprechliche dieser aus tausend Nuancen ins immer Reinere gesteigerten Landschaft ist unauslöschlich. Über die Kimmung des Horizontes voraus wächst unterdessen, immer klarer hervortretend, ein Mauerstumpf, nein, ein Turm auf, neben ihm bald ein zweiter, schwächlicher, von dem großen Bruder kaum abgehoben, ›die Kathedrale der Ebene‹ über die letzte, kaum noch wahrnehmbare Felsbastion des ›Litoral‹ vor dem Gebirge gelagert. Während Jahrzehntausenden haben die tosenden Winde aus fernen Höhen das Urgestein bis auf wenige Meter verschliffen. Aber noch immer macht der Tech, in den die Bäche der Albères hinabrauschen, einen achtungsvollen Bogen darum.

Wenig später. Man ist angelangt in *Elne,* einst Kapitale der Illiberer, nie mit dem Namen ›Ville‹, Stadt, aber seit Menschengedenken mit dem einer ›Cité‹, eines befestigten Gemeinwesens, bezeichnet, das nach der Chronik des Jean de Biclar seit 571 Bischofssitz des Conflent und Roussillon war und dies über tausend Jahre lang, bis 1602. Ein Ort, in dem das Schicksal zuschlug, wann immer es konnte, und wie stets an der Pilgerstraße überwältigte es mich, wieviel Mythisches sie begleitet. Elne, woher kommt das? Entlieh es seinen Namen nicht der heiligen Helena, der bildschönen ›südgallischen Stallmagd‹, die dem nachmaligen Kaiser Constantius Chlorus einen Erben, Konstantin, schenkte, nie aber die Anerkennung der Ebenbürtigkeit fand? Erst der zu Großem aufgestiegene Sohn sollte ihr den Titel einer Augusta verleihen, der ihr gebührte, der Kaiserin. Fand sie während ihrer gläubigen Pilgerfahrt nach Palästina mit dem Eifer der Neubekehrten nicht das Marterholz auf, an dem der Nazarener starb, und das ihr nun zur Ehre der Altäre verhalf, weil sie eine Erwählte war?

Als Elne sich auf ihren Namen berief, übernahm es daher auch das Kreuz; sein Schatten liegt seither über dem Ort. Es ist das des Glaubens. – Horch, ein beiernder Glockenschlag! Was will er zu dieser Stunde? Anmahnung sein? Noch immer besitzt Elne seine Place Hélène, seine Rue Constantin, aber auch seinen Boulevard Illibéris, um seine verschwundene Herkunft zu beschwören, seine leergeplünderte Place du Château. Die Vergangenheit ist längst ausgeronnen, die umgürtende Mauer nur Rudiment; einstiges Denken und Fühlen geistert gespenstisch durch dunkle Fensterhöhlen oder über die fleckigen Mauerflächen niederer Sträßchen, auf denen mit wechselndem Sonnenstand die Schatten steigen und fallen, wellig gerändert von den ›génoises‹ der Dachansätze gegenüber. Es ist das einzige, das noch geschieht.

Denn die tief gefurchten Gassen schweigen. Ihre Menschen haben zu oft geklagt, den Himmel verzweifelt um Beistand angeschrien gegen die Soldateska Philippes III von Frankreich und all der anderen, die gekommen waren und immer wieder kamen, und nun besitzen sie keine Tränen mehr. Dennoch liegt über allem eine seltsam bannende Gewalt, die von der Kathedrale auf der Höhe der Bastion ausgeht. Wenn auch kaum von dem aus Kieseln zusammengebackenen Kirchenleib mit den knappen Apsiden und den Kavernendunkel des dreischiffigen Inneren, das nie zu sich selbst fand: mehr ein Gebück als ein Raum des Aufschauens mit seinen kaum eingeritzten Pfeilerkapitellen der altersdunklen Laubgeflechte, Spiralen, ins Gerank verschlungenen Menschlein. Selbst die eingemuldete, kostbare Altarmensa, das aus der Antike überkommene Weihwasserbekken helfen dem nicht ab. Vielmehr geht sie von dem gewaltig auffahrenden Südturm der Hausteinfassade aus. Er ist dem von Saint-Michel-de-Cuxa nachgebildet und doch von unerhört eigener Ausdruckskraft, sechs quadratische Etagen übereinander getürmt, sämtlich überzogen mit den vermauerten oder durchbrochenen Arkaden des lombardischen Stiles, zuoberst umgeben mit einem an den Ecken stufenförmig überhöhten Zinnenrand.

Es ist viel Schicksal über ihn hingegangen. Wer genau zusieht, vermag an dem kalzinierten Stein die nie ganz vernarbten Wunden der Zeitalter zu entdecken. Doch an dem senkrechten Koloß scheiterte fast jede Angriffswut; er blieb kampfbereit gleich der gesamten Kirche der schießschartenförmigen Fenster, selbstsicher, Zutrauen einflößend, ein wahrer Turm Gottes, wie man sie ähnlich als weithin sichtbare Wegezeichen eines Dorfes, eines Klosters immer wieder entdeckt im Roussillon, wo sich die Straßen der Ebene an den Übergängen des Gebirges zusammendrängen. Allesamt geboren aus dem Bewußtsein steter Bedrohung, zugleich treuliche Lebenswächter, aus deren Glockenstuhl die lokkenden oder warnenden Stimmen des tönenden Erzes über das Land hinausfliegen. Das aufblickende Auge erfaßt den von Elne nicht ganz, so hoch ragt er über das Maß des Empfindens hinaus und ist doch gleichzeitig jedem Menschendasein tief verbunden, der riesige Zeiger einer Sonnenuhr, der das Feuergestirn vom Aufgang bis Untergang um sich kreisen läßt und vollends am Abend und Morgen durch seinen weithin fallenden Schatten die Stunde markiert.

Die Kathedrale trägt einen Namen, ebenfalls schwer von Legende, Santa Eulalia, nach der kindhaften Märtyrerin Barcelonas, die um 305, wie Sainte Foy von Conques, vor Dacian, den Statthalter des Christenverfolgers Diokletian hintrat und ihm sein mörderisches Treiben verwies. Befragt, bekannte sie sich selber als Christin und starb nach grausamer Folterung auf die nämliche Weise wie Jesus aus Nazareth, dem alle Innigkeit ihres jungen Herzens zudrängte: am Marterholz. Es ist das zweite Kreuz, auf das sich Elne berufen kann, das der ausharrenden Beständigkeit, die selbst der letzte Sterbeseufzer nicht brechen kann. Allein, es gibt noch ein drittes. Im Kreuzgang der Kathedrale, der als einer der schönsten des Südens gilt, der einzige zudem, der im Roussillon einigermaßen erhalten blieb.

Die Pilger, die Elne, eine Station ihres Weges, durchzogen, durften den ›hortus conclusus‹ nicht betreten. Er blieb nur dem Himmel offen und seinen Bewohnern, den kleinen Vögeln, die in der Dämmerung Zuflucht vorm gespenstischen Flügelschlag des Hibou suchten, der Eule, die im nahen

Turm wohnte. Und natürlich den Klerikern. Zwischen ihrer Behausung vor seiner Außentür und der Kirche fanden sie hier jene innere Abscheidung, Sammlung und Versenkung, die sie auf das Offizium vorbereitete. Trotz guter Erhaltung hat sich das Aussehen des Kreuzgangs verwandelt. Sein in der Gotik entstandenes Obergeschoß fiel einer neuen Dachkonstruktion für den Unterteil zum Opfer. Man vermag noch die alten Widerlager am Kirchengemäuer zu sehen und noch immer auf einer Treppe zu seiner Höhe emporzusteigen, um einen Blick auf die strenge Geometrie der Dächer, den Südturm und die fernen Albères zu werfen, so wie man vom Parterre noch bis zu einem Teil des Untergeschosses mit seinem Museum der Vorzeitfunde hinabsteigen kann.

Doch das Wunder von Elne, seine Botschaft, seine eigentliche Idee ist der untere Kreuzgang geblieben: die umschlossene Klause auf dem Fels, das Abbild des Gartens Eden im sonnengebeizten oder von Stürmen geschüttelten Land. Von der Patina des Alters getönt, wallen die Galeriemauern, die Arkaden, die Sockel aus weißem, bläulich geädertem Marmor in der vollkommenen Harmonie des Chorales hin. Der schönste ist der südliche, der romanische Flügel. Zu zweit gekoppelt tragen runde, vieleckige oder kunstvoll gemusterte Säulchen mittels einer einzigen Verbindungsplatte die Bögen. Auf je drei Arkadenöffnungen – wer wollte darin nicht eine Anspielung erblicken? – folgt ein kraftvoller Pfeiler, um den Taktstrich zu setzen. Alle Kämpfer, alle Kapitelle sind reich durchgebildet und in Augenhöhe angebracht, damit sich der Blick in ihre Bildwerke versenken kann – Tiergestalten, hinabgebeugte, bezwungene Löwen, verschlungene Greifen, Sirenen, Widder oder auch chimärische Wesen, geboren aus den Abgründen der Seele. Dazu stilisiertes Gerank, entfaltete Palmetten einer vom Geist geordneten und überhöhten Natur, die nicht mehr dem ›princeps mundi‹, dem Fürst dieser Welt, unterliegt. Figürliche Darstellungen bleiben im Roussillon selten, doch auch sie finden sich an: die Erschaffung der ersten Menschen mit dem Sündenfall oder am letzten Pfeiler die Erzählung von einer Königsaudienz, in der man die drei Magier vor Herodes hat sehen wollen.

Der Darstellungsstil nähert sich dem des Languedoc, bleibt jedoch befangen in einem gewissen archaischen Provinzialismus und bekundet im Detail manche Verwandtschaft mit der Grabplatte des Bischofs Guillaume Jorda, die der Galeriewand eingelassen ist; er hat der Diözese von 1172 bis 1186 vorgestanden, womit sich eine Datierung und ein Rückschluß auf die örtliche Herkunft des Steinmetzen aufdrängt. Das Adam- und Eva-Kapitell am Ostende der Galerie allerdings muß als Werk des Raymond de Bianya aus der Provence gelten, der in Elne einen weiteren Bischofsgrabstein hinterließ und vielleicht auch das kleine Reststück einer Auferstehungsgruppe, Petrus und eine verschleierte Frau. Das ergibt einen fast bestürzenden Ausblick. Weisen nicht seine Spuren von der Provence bis Lérida einerseits, bis Italien andererseits, läßt sich solch erstaunliche Breitenwirkung nicht durch politische Zusammenhänge untermauern? Das mittelmeerische Königreich der Herrscher von Aragon erstreckte sich in jener Epoche von Nizza bis Tortosa am Ebro.

Spekulationen, gewiß, und nicht alles erreicht solche Qualität. Die übrigen Galerien des Kreuzgangs von Elne schmücken Kapitelle des 13. und 14. Jahrhunderts, der gotischen Epoche mithin. Teils bleiben es bare Kopien oder Darstellungen ungeschickter Art; auch das Martyrium der heiligen Eulalia im Nordflügel gehört dazu. Teils aber läßt sich wie in der Ostgalerie ein neuer Aufschwung des erzählenden Stiles erkennen, entstanden, als das mallorquinische Königshaus herrschte ...

Während sich hier eine Fülle von Darstellungen, meist aus der Kindheit Jesu ausbreitet, kehrte mein Auge magisch angezogen noch einmal zurück zu jenem romanischen Kapitell des Südflügels, das vielleicht das bedeutsamste im gesamten Kreuzgang ist. An drei Seiten eines Pfeilers wird das den Apokryphen entnommene ›Quo vadis, Domine?‹ geschildert, also Petri Flucht aus dem römischen Kerker, seine Begegnung mit dem Herrn und bittere Umkehr. Ein letztes Echo des im Roussillon so lange wachgebliebenen Geistes der Frühe weht hindurch. Auf der Kämpferplatte ringelt sich drohend, byzantinischen Elfenbeinarbeiten nachgebildet, die Schlange des Unheils. Die Hauptszene läßt in verkürzter Form das Stadttor von Rom, die beginnenden Häuser erkennen, freilich in Bauformen des Roussillon mit seiner Vorliebe für Zinnen und stufenförmig erhöhte Ecken. Über die Mauern lugen Krieger mit Lanze und Horn, die Köpfe wirken altertümlich, naiv. Eisenbeschläge festigen die Flügel des Stadttores; sie gleichen genau jenen auf der Tür zum Kreuzgang in Elne.

Vor dem Tor aber, auf der Via Appia, kniet der eben mit Hilfe der Wächter zum zweiten Mal dem Gefängnis entronnene Petrus, fast ungelenk hingegossen, vor dem erscheinenden Herrn, der sich, angetan mit spitz zulaufendem Priestergewand, dem Jünger zuwendet und ihn beim Arm faßt, während er die Rechte segnend erhebt. Der Stein vermag das Wort, das dabei fiel, nicht wiederzugeben. Doch wie kann es anders gelautet haben als: ›Nimm dein Kreuz auf dich‹? Wandte sich Petrus nicht abermals Rom zu, um sich den Henkern zu stellen?

Das dritte Kreuz von Elne offenbart sich darin, das des Auftrags, der das Selbstopfer einschließt.

Am Fuße der Albères

Die Pilgerkarte von 1648, die meinen Wanderungen zugrunde lag, ließ mich zuweilen im Stich. Von Nebenrouten hielt sie nur wenig und zeigte oft kühne Richtwege an, wo ganze Bergmassive jedes Vorwärtskommen verhinderten. Wie sollte es am Pyrenäenwall weitergehen, an dem wir nun angelangt waren? Immerhin verriet solche Unbekümmertheit eine gewisse Philosophie; am Ende fanden alle Straßen ans Ziel, wenn sie nur auf die andere Gebirgsseite führten. Mir dagegen kam es auf jede Kleinigkeit an, die einst das Pilgerauge erblickte, um die gelebte Welt von damals wiedererstehen zu lassen. Es blieb keine Wahl als jeder vermutbaren Spur nachzuforschen.

Auf diese Weise sind wir südostwärts von Elne noch einmal ans Meer gekommen, nach *Collioure,* wo es mit den flachen Stränden zu Ende ist und eine völlig verwandelte Landschaft anhebt, die der Felsenküste, deren Abstürze der

Fuß der Albères bis zur spanischen Grenze rändern. Der Ort bietet einen Anblick wie wenige. Amphitheatralisch um eine kleine, ultramarinblaue Bucht gelagert, umklammern ihn hüben wie drüben vorspringende Felsenarme, im Norden das längst mit dem Land verbundene Ilôt oder Inselchen Saint-Vincent, im Süden die umbrandeten Klippen von Saint-Elme. Selbst am innersten Punkt der Bucht bricht Fels aus dem Boden. Auf ihn gründen sich, kubisch übereinander gestaffelt, zinnengesäumte Terrassen, alte Wehrbauten und zuoberst ein Schloß, während sich beidseits an seinem Fuß kleine Sandstrände um die geschützten Ankerplätze des Port d'Amont und des Port d'Avall schwingen. Früher, als die katalanische Handelsflotte noch Kurs auf die Levante nahm, belud man hier die Segler mit den Ballen ›ausgerüsteten‹ Tuches von Perpignan für den Export. Hoch vom Château konnten die aragonesischen, dann die mallorquinischen Königinnen aus dem berühmten Empfangssaal ihrer Sommerresidenz auf das Hafentreiben hinabschauen. Übrigens auch die im Burggelände stationierten Tempelritter, denen schon Peire II von Aragon, nicht ohne Nebengedanken, einen Baugrund überließ. Sie bedeuteten eine stete Wache. Nach ihnen nennt sich der Schloßberg Château des Templiers.

Das war er freilich nur für eine Episode der Geschichte. Aber vielen Zeitaltern geht eine halb legendarische Vergangenheit leichter vom Munde als die wenig geliebte Gegenwart. Denn nach dem Pyrenäenfrieden von 1659 verwandelten die Franzosen das ganze Roussillon in ein Bollwerk gegen Spanien. Die Höhen um Collioure überzog Vauban gleich mit drei Zitadellen: dem Fort Miradou im Norden, Saint-Elme im Süden und schließlich der Bastion um das ›Palais Royal‹, das einstige Residenzschloß über der Stadt. Die ringsum seit den Ligurern gewachsene Ansiedlung, den Kern eines bürgerlichen Collioure ließ er samt der Kirche Sainte-Madeleine abreißen, um Schußfeld für Flinten und Kanonen zu schaffen. Eine sinnlose Tat. Politischer Spürsinn hätte seinem königlichen Herrn in Paris sagen müssen, daß Spaniens Kraft gebrochen war. Vom alten Collioure der Fischer und Seefahrer blieb daher nur das nördliche Viertel übrig, das Quartier du Mouré der absteigenden Gassen hinter der ehemaligen Vorburg Saint-Vincent auf den Klippen; weil es eines Gotteshauses bedurfte, baute man auf den vorgelagerten Strand 1691 eine neue Kirche und nutzte den seitlich herausgeschobenen, antiken ›Phare‹ mit aufgesetztem Achteck und rötlicher Haube als Glockenturm.

Dieser Kirche wegen weilte ich hier. An der Außenwand findet sich ein Pilgerzeichen, die Santiago-Muschel, eingelassen, und im dämmernden Innern steht auf dem Retabel der zweiten Kapelle rechts über der Hauptfigur, Christus, der Heilige der großen Straße ›en pèlerin‹ auf dem Muschelattribut, unter sich zwei gekreuzte Pilgerstäbe. Was tat er hier? Als Wallfahrerkirche konnte der späte Bau kaum mehr gelten. Hatte er stellvertretend die Rolle der zerstörten Vorgängerin in der Oberstadt übernommen? Ich kam nicht zu Rande und fand erst später, nach vergeblicher Erkundung, unter den Platanen des Cafés vor der Stadtmauer zum Nachdenken Zeit. Führte hier wirklich ein Santiago-Weg über Port-Vendres, den ›Hafen der Venus‹, und Banyuls, die Heimat Maillols, bis Port-Bou und weiter nach Gerona und Barcelona? So gewiß nicht in jener Zeit, als von See die Piraten drohten und hinter jedem Felsbrocken ein Sarazenenkopf auftauchen konnte, und auch nicht in der absolutistischen Epoche, als sich die Grenzen in schwer bewachte Bollwerke verwandelten. Es blieb ein Rätsel. Dennoch, etwas anderes blieb auch.

Ach, Collioure, altes Kleinod des Roussillon, gebildet aus gegensätzlichsten Elementen, aus Fels, Burggemäuer und dem Anbranden der blauen See gegen das Felseneiland Saint-Vincent, aus Geschichtsfetzen, die nur noch ein Blick durch den Spalt eines Fensters sind, aus ligurischer Legende endlich, durch die der Name einer Prinzessin Pyrene geistert – trotz des unaufhörlichen Fahrzeugstromes, der dich von und nach Spanien durchquert, noch immer verzaubert uns dein Bild wie 1205 Maria von Montpellier und später die ersten Maler der ›Fauves‹, Braque, Othon Friesz, Matisse, Derain. Sie alle ließ das ewige Widerspiel von Meeresglanz, hartem Fels und bunten Booten nicht los. Es liegt etwas Unvergängliches im Anblick dieser Bucht, hoch und fern überragt von der Tour Madeloc in der grünen Bergeinsamkeit der Albères, von der in mittelalterlicher Zeit die warnenden Rauchsäulen aufstiegen oder die lodernden Feuersignale zur Tour de la Massane, nach Laroque-des-Albères und Elne hinüberleuchteten, wenn ein Feind sich nahte.

Etwas tief ins Herz Sinkendes ging für mich von der blauen Bucht mit den hüpfenden Lichtreflexen aus, als ich unter den Platanen am Rande des Strandes von Boramar nahe dem kleinen Yachthafen an der Einmündung des Douy-Baches saß, der in den Zeiten der Schmelze hoch vom Col de Mollo herabstürzt. Dieser ins Meer vorgeschobene, von Verheißung umgeisterte Gebirgsfuß, er verwandelte die oft von leiser Wehmut überschattete Stunde der Rast für den Umgetriebenen in eine Rückkehr zu sich selber und seinen Träumen. Mit Collioure hob doch die endlose Pyrenäenkette an, die soviel Pilgerschicksal bedeutete, während sein Auge aus dem Anblick die Zuversicht für einen neuen Aufbruch schöpfte.

Ein schimmernder Morgen, der seine Lichtschächte immer tiefer durch das Laubdach der Wälder trieb, um die letzte Dunkelheit zu verscheuchen. Der Specht hämmerte, der Kuckuck rief, Wiesen und Gärten zur Rechten versteckten sich noch im Dunst. Am Nordrand der Albères ging es nach Westen, diesmal auf legitimer, von Elne einschwenkender Pilgerstraße ins Vallespir. Uralte Namen hüben wie drüben. Voraus Ortaffa, schwer von Legende, linkerhand im Berg die Trümmer von Ultrera, dann Laroque-des-Albères, in dem sich einst König Jaime II vor der Heimtücke des aragonesischen Bruders verbarg. Allenthalben längst erloschene Erinnerungen, begraben vom Moder der Zeit, über dem sich nun der Blumenteppich des Frühjahrs wiegte. Zank, Hochmut, Streit, mit Gerank übersponnen, meterdickes Mauerwerk in der Schwärze einer Sturmnacht zusammengepoltert, uralte Klöster den Räuberhänden der Geschichte, der Zudringlichkeit ringsum wuchernder Dörfer erlegen ...

Die Abteien! Wie hätte sich früher, als das untere *Vallespir* noch einsam, reiche Ernten verheißend dalag, der Mönch nicht als Vorposten der Menschen, als Zuflucht der Pilger ansiedeln sollen? Nur die Kirchen blieben davon, wenn auch vielfach verwandelt, denn Gott konnte jedes Zeitalter brauchen, wenn man nicht weiter wußte, und jede Epoche spürte in sich das Ende. Saint-André-de-Sorède kam in Sicht. Wir zogen für diesmal vorüber; eine knappe Wegstunde weiter lag *Saint-Genis-des-Fontaines,* eine Stätte des Ursprungs, welche die Maße setzte. An der Dorfkirche von heute findet sich als Türsturz ein Stein aus härtestem Marmor und gibt eine Botschaft aus unendlich verschollenen Zeiten preis. Der Hammer des Bildhauers, der ihn vor tausend Jahren schlug, scheint noch immer zu tönen. Wer ihm zum ersten Mal gegenübertritt, steht ob seiner archaischen Einfalt bestürzt, wenn er überhaupt begreift, was gemeint war.

Die Kirche, einst Mittelpunkt einer vor 819 gegründeten Benediktinerabtei, liegt ein wenig seitab, doch nahe der durch das Nest kurvenden Straße. Neben sie reiht sich eine kleine Häuserzeile, vor der die Frauen endlose Palaver halten; gegenüber reifen in einem kleinen ummauerten Garten Orangen. Von der Architektur läßt sich wenig berichten: eine ins Schiff vorspringende Vierung mit Durchblick zu den Apsiden, uraltes Mauerwerk aus Bruchstein, an den Ecken mit wechselnd hoch oder quer gesetzten Hausteinblöcken verfestigt. In den Gewölben Spuren alter Malerei, auf einem Altar stehend der Patron der Pilgerstraße, Jakobus.

Was freilich bedeutet das schon? Alles kommt auf das Portal an. Gewiß nicht auf die seitlich der Mauer eingelassenen Liegefiguren, sondern einzig den Türsturz. Er bedeutet den frühesten Kelch, aus dem die Seele in diesem Lande Zuversicht trank, das Leben, also auch den Geist, dem es sich anvertraute, und ist obendrein der erste seiner Art in ganz Frankreich, der Anbeginn romanischer Bildhauerei im Roussillon. Palmettengerank umzieht ihn. Eine schöne Inschrift auf dem Oberteil des Bildraumes gestattet eine Datierung um das Jahr 1020. Darunter zieht sich als Hauptdarstellung ein ›Apostolado‹ ins Quere: Christus thront mit segnend aufgehobener Hand in einer ovalen, zusammengesetzten Glorie, die eine orientalische Mandorla und den himmlischen Globus hellenistisch-römischer Vorstellung miteinander verschmilzt. Zwei in jäher Bewegung zurückgekrümmt

Engel stützen die eigenwillige Majestas Domini. Links und rechts davon reihen sich unter perlengeschmückten Hufeisenarkaden je drei Apostel, unterschiedlich in der Gebärde, doch völlig gleichförmig aufgefaßt: die Köpfe, die Hände übermächtig groß, die Körper puppenhaft, überzogen mit scharf betonten Falten in einem verwirrenden geometrischen Spiel, offenbar Handschriften nachempfunden.

Was da so archaisch und scheinbar naiv vor Augen tritt, läßt sich nicht unter dem Aspekt der Schönheit verstehen und, angesichts der vollkommenen Ornamentik des Rankenwerkes, noch weniger als Ungeschicklichkeit deuten. Nach dem Verstummen der Kunst um die Jahrtausendwende wagt der Steinmetz von Saint-Genis eine neue Aussage. Er will nichts als dies, das Heilige, Überirdische bildhaft machen; im Zwiespalt zwischen Aufgabe und menschlicher Körperdarstellung hat er sich ausschließlich graphischer Mittel bedient, um sein Thema zu durchgeistigen. Ein Kind wird sofort verstehen, was gemeint ist. Allein, das schöpft die Bedeutung des Werkes nicht aus, auch nicht seine Absage an die Antike. Von nun an wird die Eingliederung der Figur in den architektonischen Rahmen ein Kanon romanischen Empfindens bleiben; die Köpfe der Apostel fügen sich den Arkadenbögen so vollkommen ein, als bildeten jene einen zweiten, vergrößerten Nimbus.

Noch fehlt freilich dem Türsturz ein entscheidendes Element wiedererwachter Bildhauerei, das Plastische. Im nahen *Saint-André-de-Sorède* wird es versucht. Auch seine Kirche, nahe der Place Arago, verrät den heiligen Ernst der Frühe: diese vorromanischen Bruchsteingemäuer, die der Außenwand eingelassene Apostelfigur, die von corduanisch-muselmanischen Erinnerungen durchwehten Palmettenornamente der wunderbaren Altarplatte, die Fensterumrahmung über dem Portal endlich, deren Unterseite mit den Evangelistensymbolen die Hand des Meisters von Saint-Genis verrät – auch hier stößt der Darstellungswille allenthalben ins Überirdische vor, das nach der Auffassung der Zeit gerade im Gegensatz von rauhem Baumaterial und kostbarer Durchbildung des Schmuckwerks aufleuchtete.

Ganz gewiß vermeinte der Steinmetz des Türsturzes folgerichtig zu handeln, als er die Thematik von Saint-Genis mit geringen Abwandlungen übernahm, freilich, um seine Sache besser zu machen. Die archaische, monumentale Graphik wich dem Versuch, um einer menschenähnlicheren Darstellung willen den minimalen Raum von nur anderthalb Zentimetern zwischen Plattengrund und Figurenplastik durchzumodellieren, ja durch eine gesteigerte Ausdrucksgebärde anzureichern. Sein Vorhaben mißlang. Er war nicht so weit. Die naive, hoheitsvolle Strenge von Saint-Genis ließ sich durch eine malerische Bewegtheit nicht ersetzen, die fließende Ornamentik des Rahmens nicht durch eine stockende Führung seiner Palmetten; sie sollte reicher wirken und brachte das Werk doch um seine innere Größe.

Le Boulou ist ein kleines Bad, hüben und drüben des Tech, der hier, wo sich das Tal verengt, nahe ans Gebirge herandrängt. Noch lassen sich Befestigungsmauern im alten Ortsteil hoch auf dem rechten Ufer erkennen, doch ist über die Vergangenheit wenig bekannt. Nur, daß Hannibal, über den Col de Perthus herabgestiegen, durchpassierte und nach ihm alles, was den bequemsten der Pyrenäenübergänge benutzte. Auch die Pilger; die einen, um über Junquera nach Gerona und dem Montserrat zu wandern, die andern, um den Weg nach Westen ins Vallespir und nach Ripoll einzuschlagen.

Wie sich das im Roussillon immer von neuem und immer anders einstellt: die Schicksale sanken ins Gestaltlose ab, die Kunst, diese dichteste, sublimste Hinterlassenschaft der Seele blieb. Ein bedeutender Meister hat hier gewirkt. Von der platanengesäumten Place de la Mairie kurvt ein Sträßchen, die Rue Neuve auf die kleine Anhöhe über dem Fluß. Daran liegt nach wenigen Schritten eine Kirche mit einem erneuerten Backsteinturm und einer Fassade, die einem Triumphtor italienischer Manier gleicht, flankiert von vorgelegten Säulen nebst Kapitellen der klassischen Art des Roussillons. Diesen Zugang überhöht eine einzige Archivolte, gesäumt von einem flachen Band mit Pflanzengeschlinge und sternförmigen Blumen. Ein ›historisierender Fries umfängt das Ganze. Auf ihn kommt es an.

Es mutet ganz einfach an, was hier erzählt wird, nur mi

dem Erkennen tut man sich etwas schwer, so dicht, einfallsreich und zugleich fast zierlich wird alles ausgesponnen. Der Bildhauer schildert die Kindheit Jesu, aber auf seine Weise. Während die Tiere der Herde – es sind Kühe – erschreckt vor dem Himmelsboten davonstieben, verkündet der Engel den Hirten die frohe Botschaft. In der Geburtsdarstellung lagert die Jungfrau auf einem Bett direkt am Boden, und schon weiß man, um wen es sich bei dem Meister handelt: sie trägt das gleiche, gewellte Haar, das röhrenförmig gefältelte Brusttuch, zeigt die nämliche verlängerte Hand wie zu Cabestany. Wo Joseph nachdenklich dahocken müßte, steht gekrümmt ein Engel. Ochs und Esel aber strecken ihre Mäuler vor bis in die Nähe des blumenförmigen Sternes über der Szene. Die Kreatur weiß Bescheid, was hier vorgeht, sie bedarf keiner Verkündigung. Nunmehr muß das Kindlein gebadet werden. Zwei Hebammen besorgen es, während dahinter, welche hübsche, ergreifende Idee, Joseph die Tunika ausbreitet, um den zarten Körper einzuhüllen. Noch einfallsreicher geht es beim Besuch der Drei Könige her. Schon beugt der eine von ihnen sein Knie, im Hintergrund aber verharren noch immer die Pferde mit heftig vorgestreckten Beinen; sie scheuen erregt vor der Heiligkeit des Anblicks zurück. Die Könige sind angetan mit kurzen Reitermänteln, engen Schuhen und an der Spitze umgeschlagenen Mützen, damit man sieht, daß sie aus der Fremde kommen. Der Stern, der sie geführt hat, ist unterdessen weitergewandert und steht zwischen der Jungfrau, die das Kind darbietet, und einer Dienerin.

Lugt hinter dieser reichen Erzählung nicht der Hinweis auf die Pilgerstraße hervor? Allenthalben läßt sich an ihr das Dreikönigsmotiv als Symbol des Heilsweges finden! Bei der Flucht nach Ägypten ist die Jungfrau auf dem Esel en face dargestellt, damit erkennbar wird, wie feierlich sie ihr Kind, den künftigen Herrn der Christenheit, auf dem Schoß hält. Endlich langt die Heilige Familie in Ägypten an; drei Männer – oder sind es Engel? – bewachen ihren erschöpften Schlaf. – Es ist das köstliche Werk eines geborenen Erzählers, und sein Zauber liegt darin, daß die gesamte Umwelt mitspielt, der Mensch, der Stern, das Getier. Denn das Ereignis von Bethlehem geht alles an, Himmel und Kreaturen. So sah es jedenfalls jener ergriffene Meister, der an der Pilgerstraße entlangzog, um seine Bilder der Anmahnung und Hinweise zu schaffen, die Beschwörung und Poesie zugleich sind...

Abermals: wie sich das im Roussillon stets von neuem einstellt! Die Generationen vergingen, Wälder vermorschten, Lebensformen verwandelten sich. Die Kunst, diese Quintessenz vergangenen Daseins und seiner Aufbruchsstimmung, nach der es uns in der Wüste einer immer abgeflachteren Zeit dürstet, sie blieb. Sie trägt und verbirgt jene Kontinuität in sich, ohne die wir nichts als ausgesetzte, immer fragwürdiger scheinende Existenzen wären. Nur anderthalb Kilometer südlich der Thermen von Le Boulou, kurz vor dem Punkt, an dem sich die alte Römerstraße über den Col de Perthus von der nach Westen ins obere Vallespir führenden trennt, jenseits der sprudelnden Rome abermals ein Ereignis. Millionen von Schicksalen, Schemen, die keine Spur mehr verrät, sind während eines Jahrtausends vorübergeglitten und haben es achtlos liegen lassen, und doch ist es das erregendste Werk im Roussillon.

Seitab der Straße nämlich verbirgt sich hinter schattigem Vorplatz ein bescheidenes, graues Gotteshaus unter dunklem Dach. Nach Westen schiebt es einen winzigen Vorbau mit einem Schartenfenster gleich einem gemauerten Backofen heraus. Es ist das Kirchlein von *Saint-Martin-de-Fenollar,* dessen Alter sich kaum mehr festlegen läßt. Hufeisenförmige Bögen im Innern, die ebenso überwölbte Apsis mit ihren drei Meter zwanzig Länge und zwei Meter vierzig Breite ließen Puig i Cadafalch an mozarabische Einflüsse denken; Juan Ainaud glaubt nach jüngsten Untersuchungen an das Nachwirken einer westgotischen Tradition. Jedenfalls ist das Gemäuer uralt, der Substanz nach vorromanisch. Man betritt das Innere durch einen seitlich vorgelegten ›enclos‹ mit einem Steinkreuz. Ringsum reiften eben die Kirschen in prangender Fülle, vollkommenes Schweigen herrschte, während sich die weitere Umgebung im Blattgrün der Weinhügel und beginnenden Wälder des Perthus-Passes verlor.

Das Wunder von Saint-Martin ist freilich nicht in der üppigen Vegetation zu finden, sondern in seinen Wandmalereien, vornehmlich der Apsis, zu der eine Stufe hinanführt. Von einer, später brutal ins winzige Chorhaupt gebrochenen, längst wieder verschlossenen Öffnung abgesehen, völlig mit Fresken der ›guten‹ Art überdeckt. Will sagen, direkt in den frischen Putz aus gemahlenem Marmor eingebrachten Farbdarstellungen, die durch den Kalzinierungsprozeß bei der Trocknung unlöslich mit ihrer Unterlage verschmolzen, was ihre Leuchtkraft, ihre Erhaltung, aber auch die Verve des Pinselstriches erklärt. Der Maler aus der Zeit kurz nach 1100 mußte, ohne Vorzeichnung obendrein, rasch arbeiten, entschlossen, kühn, visionär.

Immerhin, sein Thema brauchte er nicht zu erfinden, es wurzelte fest in seiner Phantasie. Es ist aus tausendfältigen Abwandlungen in der romanischen Zeit bekannt und doch wieder das Übliche nicht. Im Gewölbe der in der Wolkenmandorla thronende Christus, umgeben von Engeln, welche die Tiersymbole der Evangelisten tragen; Inschriften auf den Bändern, die den oberen Gewölberaum von dem Register darunter trennen, erklären sie in vier Versen aus dem ›Ostergedicht‹ des Coelius Sedulius aus dem 5. Jahrhundert. Ripoll besaß mehrere Ausgaben seiner Werke. Maria erscheint in gewohnter Ikonographie karoförmig umrandet auf der Wölbung des Chorhauptes. Getrennt durch eine reich ornamentierte Bordüre zieht sich in einem zweiten Register darunter die Darstellung der vierundzwanzig Ältesten mit ihren geschwungenen Rebecs und erhobenen Krüglein als Zeugen der apokalyptischen Vision vor einem vierfach gefärbten Bande hin, aufsteigend von Dunkelrot, Gelb über erneutes Rot zum Grün.

Im unteren Register endlich spielen sich die erzählenden Szenen ab. Die Verkündigung des Engels an die bestürzte Jungfrau, die Christgeburt, bei der Maria auf einem Himmelbett liegt; Christus indessen ruht, schon ausgewachsen und mit Heiligenschein versehen, auf einem Pfostenlager. Forscher haben darin einen Altar erkennen wollen, der auf die Erlöserrolle des Herrn anspielen soll. Die Verkündigung an die Hirten ist fast völlig zerstört und von der Dreikönigsszene nur noch das Herantreten der Magier zu gewahren. Dann wenden sie sich nach den Pferden zurück, deren Köpfe an Kinderzeichnungen erinnern. Eine noch breitere, geometrisch reich gemusterte Bordüre beschließt das Register nach unten. Den Sockel bedecken nach byzantinischer Art gemalte Draperien aus fahlem Gelb.

Das Ereignis ist die Malerei als solche, vornehmlich der erzählenden Szenen. Gewiß katalanischer Tradition verhaftet, durchbricht sie entschieden jeden Kanon der Darstellung. Da eine überschwengliche Farbgebung, hier ein dunkles Rot, dort der krasse Widerspruch zwischen kunstfertiger Dekoration und gewollter Deformierung der Gesichter. Gelegentlich mischen sich schwarze Konturierungen, der Mut zu ausdrucksvoller Häßlichkeit, so im Kopf der Gottesmutter, ins Bild. Einem breit hinstreichenden Pinselduktus ist eine Lippe wie ein Schnörkel aufgesetzt. Das weiße, haubenförmig als Burnus über den Kopf gezogene Untergewand der Maria steht kraß gegen die als Erhöhung eingebrachten, gleichsam auseinandergefalteten Töne der Halspartie. Einige Hintergründe des Gewölbes zeigen sich in rautenförmiger, flüchtiger Musterung, reich fächert sich endlich die Skala der auf diese Weise zum Medium der Darstellung gewordenen Farben auf: Grün, Weiß, Ocker, gelegentlich Schwarz, einige Blautöne, während das Rot dominiert.

Ein lautloser Sturm des Ausdrucks durchdringt das Ganze wie das Werk eines Expressionisten. Mit anderen Worten, der Maler von Saint-Martin versucht zu den Quellen der Kunst schlechthin vorzustoßen. Was er übrigens auch in den geringen Resten der nahe gelegenen Kirche von Ecluse-Haute bewies, wo er ebenfalls arbeitete – zeitlos, revolutionär, dem heutigen Empfinden so nahe wie wenig anderes.

Wie gesagt, die Pilger vom Anfang des 12. Jahrhunderts zogen auch hier ganz nahe vorbei, wie sie alles, das sich am Fuß der Albères zusammendrängte, zu sehen vermochten. Aber fanden sie zur Versenkung Zeit? Sofern sie durch die endlosen Kastanienwälder über den Perthus, den Vauban später gleichfalls befestigte, nach Gerona zogen, konnten sie sogar, wie der Wanderer unserer Tage, vom Ort Perthus aus zum Pic des Trois Termes aufsteigen, um von der Höhe noch einmal der Landschaft inne zu werden, die hinter ihnen lag: der Kämme und Schluchten der Albères wie der fernen Ebene des Roussillons mit ihrem Kranz der Küstenteiche, der Einschnitte des Conflent und Vallespir oder, im Umwenden jener, die sie erwarteten, der Costa Brava bis zur Bucht von Rosas.

Unterstellen wir indessen nicht, was ihnen das Gesetz ihres unerhörten Marsches untersagte, das Abschweifen, wiewohl es Gottes eigenes Land war. Lassen wir sie weiterwandern nach Süden, um nach Saint-Martin-de-Fenollar heimzukehren und von dort die Route durchs hohe Vallespir über Arles-sur-Tech nach Ripoll einzuschlagen.

Der Weg nach Ripoll

Meine Mutter liebte es leidenschaftlich zu reisen. Sie kam nur selten dazu, aber sie wußte sich auf ihre Weise zu helfen. Noch als sie über achtzig zählte, überraschte ich sie vor einem aufgeschlagenen Atlas, die Lupe dicht vor den Augen.

»Wohin geht es diesmal?«

Sie blickte kaum hoch, wie stets, wenn ihre Gedanken über die Weltkugel spazierten, und tippte auf ihre Karte: »Dahin habe ich immer einmal gewollt.«

»Ins Roussillon?« – Seit ich ein Kind war, sprach sie davon!

»Und ins Vallespir; es klingt gut, findest du nicht?«

Sie nahm ihren Wunsch mit ins Grab, einige Meter vor der holländischen Grenze. Sie war ein Kind der Ebene, hatte niederländisches Blut in den Adern und besaß daher, wie ihre meisten Landsleute, eine Schwäche für Berge und die klangvollen Namen des Südens …

Ich hatte es besser, weilte seit Wochen im Land ihrer Sehnsucht, seit Tagen dort, wo es am fruchtbarsten ist, in Céret mitten im Vallespir und dachte mit leisem Schmerz an ihre unerfüllt gebliebenen Träume. Morgen sollte es weitergehen. So zog ich noch einmal allein über die alte Tech-Brücke im Norden bis zur Sägemühle hinaus. Ein wunderbarer Abend dunkelte über dem Land. Über der samtschwarzen, zum Perthus abflachenden Silhouette der Albères hing der volle Mond, gelb und prall, eine reife Frucht. Sein Licht geisterte durch das weite Tal der Obstgärten, der Kirschen, die hier schon Mitte April auf den Markt kommen, und verwandelt die Baumreihen in eine endlose Schattengeometrie. Über den Gemüsefeldern hingegen dünstete es bleich, und im Umwenden erblickte ich das riesige Massiv des Canigou mit einigen verlorenen Lichtern in den Hängen. Auf ferner Kuppe glitzerte Schnee, während sich voraus der mächtig geschwungene Bogen der Tech-Brücke aus dem 14. Jahrhundert, des Pont du Diable, mit seinem Spiegelbild zu einem Tor der Finsternis zusammenschloß, aus dem glitzernde Lichter rannen.

Mein Herz wurde schwer, dies alles zu lassen. Hinter uns lagen erfüllte Tage. Neben dem Ruf anmutiger Umgebung besitzt *Céret* den Ruhm eines ›Mekkas des Kubismus‹; gebannt hatte ich noch am Nachmittag im Musée d'Art Moderne des winzigen Städtchens vor den Arbeiten einer Handvoll Künstler gestanden, die um 1910 die »Atmosphäre und das Genie« des benachbarten Spaniens, dem einst auch der Ort zugehörte, wiederentdeckten: Manolo, Burty, dann Braque, Juan Gris, Picasso, der einen Saal voller Bilder hinterließ. Das war auch etwas Unverlierbares am Pilgerweg!

Pilgerweg? Verlief hier überhaupt eine Santiago-Route? Die Karte schwieg sich aus. Andererseits stellte der Tech-Grund die beste Verbindung zwischen zwei seit alters bekannten Stationen dar, Le Boulou eben, das freilich nach Süden, zum Perthus wies, und dem Col d'Arès, von dem es weiterging nach Ripoll, Montserrat, schließlich auch Lérida und Santiago. Warum nicht kühn dem Wegenetz eingliedern, was doch von Natur aus verbunden schien? Immer waren Menschen durchs obere Vallespir gegangen, warum nicht auch Pilger? Nachdenklich schritt ich über die Tech-Brücke zurück, heim zum Hotel an der Place du Picasso, wo die Gefährten warteten: über den Ravin des Tins, unter den riesenhaften Leibern der Platanen an den Cours hinweg, im Ohr noch immer das leise Rieseln der Bewässerungskanäle welche die Obstgärten durchziehen. Das ganze Land schien von diesem zarten Rauschen erfüllt, auf das hoheitsvoll und schweigsam der Canigou hinabsah. Adieu Céret, auf ein anderes Mal, und wo nicht, so in Gottes Namen auf immer. Loht einmal der große Brand des Gerichtes über die Erde, werden deine Menschen sich rechtfertigen können: hier war der Friede zuhaus.

Kommenden Tages ging es beim Morgengrauen nach Westen. Zu Fuß. Das wichtigste Pilgererlebnis, die Überwindung des Passes, wollten wir unter Körpermühe bestehen. Wir, das waren auch diesmal meine Frau und ich, während Freund Eugen den Wagen nachfuhr, um an vereinbarter Stelle zu warten. Der Tag war zum Wandern geschaffen, nicht heiß, nicht kalt, dazu die Steigung nur mäßig, die Aussicht auf den wachsenden Canigou, die Albères schöner von Mal zu Mal. Hoch zur Rechten erschien ein Dorf, dicht um eine Kuppe gedrängt, ein zum Letzten entschlossener Heerhaufen, die fahlen Dächer als Schilde gegen den Himmel erhoben. Da spürt man deutlich den Erdentrotz, den Beharrungswillen in der wogenden Flut der Berge: *Palalda,* ein Name wie einem Epos entnommen. Das Herz flog ihm entgegen.

Mit *Amélie-les-Bains* im gewundenen Flußgrund hatte es dagegen sein Bewenden. Es war zu schön. In sorglich gepflegten Parks wandelten Damen im Pariser Chic unter Palmen, Mimosen, zwischen Agaven und Oleander; es paßte genausowenig zum Wildwuchs der großen Landschaft wie die snobistische Attitüde von Grand Hôtel oder Villa. Architektur kann verlogen sein, aber zu lügen vermag sie nicht. Gewiß gab es tief im Mondony-Grund versteckte Thermen, die schon den Römern gegen Katarrh und Gliederreißen halfen, dazu eine seit über tausend Jahren zerstörte Abtei, rauheres Altertum also – aber etwas unsäglich Abgestandenes, eine undefinierbare Fin de siècle-Stimmung hing über allem. Wir wichen bald; Arles-sur-Tech lag nur dreiviertel Stunde entfernt, ein Industrienest zwar mit Eisenhütten, die das Erz aus den Bergen hüben und drüben aufbereiteten, dazu mit nüchternen, engen Gassen, in die das Scheppern von Lastwagen, Klappern der Webstühle dringt, aber von ehrlichem Grau.

Arles verdankt seine Entstehung einer Benediktinerabtei. Es war jene, deren Bauten sich ursprünglich im Mondony-

Grund verbargen, bis sie den Normannen zum Opfer fiel. Die Ansiedlung vier Kilometer westwärts auf dem erhöhten Tech-Ufer verhieß den Mönchen mehr Sicherheit. Wahrscheinlich prägte das Gefühl steter Bedrohung auch das Aussehen der – nimmt man den kahlen Kreuzgang aus – einzig noch stehenden Kirche, die heute im Auf und Ab der Gassen liegt. Sie entstand ja in großen Teilen vor 1046, einem Zeitalter aufkeimender Hoffnung, gewiß, allein die seelische Erschütterung der Jahrtausendwende durchbebte die Menschen noch immer. So blieb sie eher schmucklos; wer den mächtigen lombardischen Glockenturm betrachtet, erschrickt fast. Das ist bare Festungsarchitektur, die herbste im ganzen Roussillon. In fünf Geschossen fahren Rundbogenöffnungen, mal schmaler, mal breiter, bis zur Zinnenbewehrung empor, damit die dröhnende Stimme der Glocke hinausfliegen kann. Doch sonst ist nichts da, nicht Arkade, nicht Sims. Allein, welche Kraft der Aussage, wieviel Schicksalserlebnis spiegelt gerade die rauhe Wucht des Steines!

Auch der Sarkophag im Winkel seitlich vom Eingang, diese ›Sainte Tombe‹ aus dem 4. Jahrhundert, die sich alljährlich auf rätselvolle Weise mit hunderten Litern klaren Wassers füllt, bleibt archaisch-nüchtern. Die darüber eingelassene Grabfigur des Guillaume Gaucelme de Taillet zählt daneben genausowenig wie der im Kreuzgang eingemauerte, abgegriffene Altarstein. Von der frühen Fensterumrahmung oberhalb des Tympanons wäre schon eher zu reden. Da verschmelzen Palmetten und Blüten zu feinstem Gerank, doch zugleich krümmt sich dort eine Schlange: hüte dich! Vielleicht sollten enigmatische Schriftzeichen zuoberst auf dieser Portalwand einen höheren Gedankenflug andeuten, aber nur auf dem Tympanon nimmt er Gestalt an, das einem Vorbild in Saint-Genis-des-Fontaines verpflichtet scheint. Auf ihm ist der thronende Christus in der Mandorla zu sehen, der Mitte eines griechischen Kreuzes einbeschrieben. Medaillons auf den Armen zeigen die Evangelistensymbole. Mag sein, daß den Steinmetz eine Goldschmiedearbeit oder ein Elfenbeinkreuz inspirierte, wie einige Forscher meinen. Aber bleiben das nicht akademische Fragen?

Schwerer wiegt doch die Erkenntnis, daß Kunst hier dem

Wesen nach Heilssuche war. Wieviel inneres Ringen brauchte der Meister jener Epoche, bis er in seinem Erschauern vorm Allerheiligsten wagte, den Herrn in Menschengestalt wiederzugeben! Auch der Bildhauer von Arles bleibt noch ganz flach; Körperlichkeit suchte er nicht zu erreichen und war doch unmerklich schon einen Schritt über das bloße Attribut und das Graphische hinausgegangen; er formte mit dem Meißel bereits, ließ Licht und Schatten mitspielen. Er mußte das, denn er sah es. Da deutete sich der neue Weg an: das Heilige drängte in die Gestalt; sie konnte nicht länger verschwiegen werden, löste sich aus dem Stein wie eine Knospe, die aufbrechen will.

Es war ein subtiler Zusammenhang, jene Kontinuität, die wir in Saint-André-de-Sorède vergeblich suchten. Hochgestimmt zogen wir aus der grauen Stadt, die so wenig zum Verweilen einlädt, weiter ins strenge Hochtal.

Der Weg nach Prats-de-Mollo zog sich hin, teils durch kahl werdende Hänge, teils durch bebuschtes Bergland. Der *Pas de Loup,* das Défilé de la Baillanouse, über das 1940 nach wilden Regengüssen das Unheil eines gewaltigen Erdrutsches hereinbrach, blieben hinter uns. Als wir müde anlangten, sank der Abend. Es war in der hohen Senke zwischen den Südhängen des Canigou und der Costabonne plötzlich empfindlich kalt. Im Touristenhotel draußen vor der Porte de France gab es Quartier, im Kamin der Empfangshalle brannte sogar ein wärmendes Feuer.

Prats-de-Mollo ist ein ehedem befestigtes Grenzstädtchen. Durch die Unterstadt führt vom ostwärtigen Tor eine grade Straße mit Läden und lärmenden Kneipen zur ›Place d'Armes‹; dort biegt eine Stufengasse zur alten Kirche empor, die von einer Croix des Outrages beherrscht wird. Vom nahen Chemin de Ronde fällt der Blick fern ins Hochtal des Pic de Costabonne, an dem der Tech entspringt, vor allem aber auf die ›Ville d'amoun‹ jenseits des trockenen Ravin oder Wildbaches, die Oberstadt, in der zur Wallfahrerzeit die Grafen von Besalú residierten. Die Pilger hatten es nicht mehr weit bis zum Col d'Arès, dem höchsten Punkt ihrer Wanderung nach Ripoll, und auch wir am nächsten Morgen nicht.

Dennoch, die Mühe des letzten Anstiegs! Kurve um Kurve

ging es im Steilhang empor, fast drei Stunden lang. Da merkte man, was ein Pilgeralltag bedeutet hat. Alles war naß. Schwaden rauchten über die Hänge, grasende Kühe entschwanden im Nebel, während der Fuß möglichst gleichmäßig ausschritt. Nur nicht anhalten, jedes Stehenbleiben machte die Gliederstrapaze, die uns vom Vortag noch in den Knochen saß, doppelt spürbar. Seitab mußte tief im Dunst Notre-Dame-du-Coral liegen, einst hochverehrt. Der Weg durchs Ungewisse wollte nicht enden. Bis es plötzlich aufklarte; wir befanden uns in der letzten Kehre, das Land hinter uns fiel in grenzenlose Weite hinab. Wenig später war die Paßhöhe erreicht, heute spanische Grenzstation. Der Wagen wartete schon mit offenen Türen. 1513 Meter Höhe, das mochte dem Freund mit seinem Fahrzeug nicht sonderlich viel erscheinen. Wir aber standen nur aufatmend still, genossen trotz aller Erschöpfung jenes Triumphgefühl, das jeder bewältigte Anstieg auslöst. Vor uns unter einer Wolkendecke versteckt Katalonien; nur die Kuppen ragten hoch über das wabernde Meer. Ringsum kahles Hochland; braun, vom Schnee zu Boden gedrückt lag der Farn ...

Es hat dann nicht lange gebraucht, bis sich die Täler unter den Wolkenbänken öffneten. Wir rollten bereits im Grunde des Ter entlang. Zaghaft grünten die ersten Birken. Wiesen senkten sich, in den Hängen ein Dorf, *Mollo,* überragt vom lombardischen Kirchturm, alsbald *Camprodón* im nassen Grund, früher eine Etappe, endlich auch *San Juan de las Abadesas*. Es geht auf ein Nonnenkloster des 9. Jahrhunderts zurück, dem ein Chorherrenstift mit einer Pilgerherberge gefolgt war. Man spürte es schon am bedeutsameren Zuschnitt des Städtchens: die Kirche lag großmächtig am Ende einer langen Straße, das Innere beherrscht von einer herrlichen, farbig gefaßten Figurengruppe, dem ›Santo Misterio‹, einer Darstellung der Kreuzesabnahme von 1250. Endlich war es nach kurzer Fahrt entlang des Ter so weit: *Ripoll.*

Für die Wanderer von einst muß es ein überwältigender Anblick gewesen sein; heute verstellt ihn eine Häuserzeile der Vorstadt. Auf leichter Anhöhe nämlich erhebt sich jene mächtige Benediktinerabtei, die eines der großen Pilgerziele des Mittelalters und die bedeutsamste Kataloniens war. Der Kirchenneubau von 1032 hat in der romanischen Epoche Maßstäbe gesetzt. In fünf Schiffen wallt das nach dem Erdbeben von 1428, nach dem Brande von 1835 völlig wiedererrichtete Gotteshaus hin, dämmerdunkel, mystisch, nach innen lenkend. Trotz unablässiger Neubauten oder Vergrößerungen wirkt es noch immer wie aus einem Wurf geschaffen, wenn auch nur eines ganz ursprünglich ist, die Portalfront vom Ende des 12. Jahrhunderts mit ihrer Überfülle von Figuren, Formen- und Schmuckwerk.

Wer ihr gegenübertritt, wird trotz ihres rudimentären Zustandes gleich uns von der steinernen Bildersprache überwältigt sein. Alles läßt sich ja noch immer erkennen oder wenigstens deuten. Man kann sich der Geistesmacht nicht entziehen, die – neben dem berühmten Skriptorium und der Bibliothek von Ripoll – grade von dieser grandiosen Schauwand mit dem zuoberst thronenden Herrn ins Land strömte. Auf insgesamt sieben Registern ziehen sich Darstellungen aus den hinweisenden Geschehnissen des Alten, den visionären des Neuen Testamentes hin, eingeschlossen die Monumentalfiguren und Martyrien Sankt Peters und Pauls samt zahllosen Einzelbildern und den wundervollen Schmuckformen des tief gemuldeten Portales. Sie ist die erste der Bilderwände, die den Jakobusweg bis nach Compostela begleiten und bedeutet eine einzige Beschwörung der Wallfahrer, auf dem Heilsweg beständig auszuharren bis zum fernen Apostelgrab: Anmahnung und Triumphgebärde zugleich, eine Summa der Glaubensgehalte und in ihrer epischen Fülle vielleicht die eindrucksvollste am ganzen Pilgerweg.

Doch damit des Abschweifens in südliche Gefilde genug! Es wurde Zeit für uns, in die Täler des Roussillon heimzukehren, um einem anderen Weg, dem nach Seo de Urgel zu folgen, der uns auf eine der direkten Routen zurückbrachte und dem, der ihn einschlägt, eine neue Dimension des Pilgergedankens eröffnet, um ihn auf seine Weise zu überhöhen, die apokalyptische des Beatus de Liébana.

VOM GEIST DES ROUSSILLON

Herr der Landschaft

Früh vor Tag ging es diesmal vom Hotelchen nahe Perpignan, das nun schon Stammquartier war, hinaus, abermals auf Pilgerspuren, um Saint-Michel-de-Cuxa und sodann auf noch unbekannten Wegen, weit, weit hinter den Bergen, Seo de Urgel zu erreichen. Madame, eigens aufgestanden, erwies uns die Ehre, stand an der Straße und winkte uns nach.

»Kommen Sie heil zurück!«

Wir konnten es brauchen. Weiß man denn, was die Tage bringen, wenn es übers Gebirge geht, konnten wir ahnen, wieviel Wetter, Sturm oder Schnee uns erwartete, auch wenn es hier in paradiesischer Roussillon-Landschaft unvorstellbar schien? Wir kannten die Tücken der Pyrenäen. Es war immerhin früh im Jahr und kam am Ende auch so wie befürchtet. Doch das blieben vorerst noch ferne Sorgen.

Ein zarter Frühsommermorgen stieg über dem Flußtal der Têt, das eben aus der endlosen Weite der Ebene in langsam wachsende Bergmauern zurückwich. Allenthalben Obstquartiere, auch hier, in denen bereits die lautlose Zeit des Schwellens und Reifens begann. Orte mit roten Dächern lagen verstreut, Thuir, Ille-sur-Têt, Vinça, während altersgraue Weiler, deren Namen kaum eine Karte verzeichnet, in den andrängenden Hängen zurückblieben. Im Süden aber trat, samt den vorgelagerten Aspres, das erste der großen Pyrenäenmassive ins Licht und gewann Strahlkraft, die vorderste in der endlosen Abfolge der Berggruppen, der Canigou, dem nach Westen das wildbewegte Gipfelmeer von Andorra, darauf die bizarren Aigues Tortes mit den blinkenden Seen im Grund, endlich die Dreitausender der Maladetta folgen sollten, dazu gewundene Pässe, abgrundtiefe Schluchten, sprühende Wasserstürze und einsame Orte, leider meist halb entvölkert, einst Residenzen berühmter Grafschaften, deren Name kaum noch ein Echo weckt. Gewiß, das alles durchgeisterte vorerst nur meinen Kopf, aber kein Zweifel, auch diese Nebenroute würde ihre Überraschungen bringen.

Im Süden der *Canigou*! Immer klarer trat er voraus aus dem Dunst. Am Sockel eine Zone zarten Grüns. Das Jahr stieg nur langsam bergan; die Buchenblätter entfalteten eben die Händchen; darüber eine vergilbte Region mit eingesprenkeltem Fels. Abermals höher, quer hingestrichen, der steigende Bodendunst des Tales, eine Nebelbank aus feinstem Lichtstoff. Ganz oben aber ließ sich etwas Unerhörtes erblicken. Dort schwebte, zugspitzhoch, vor einem Himmel von makellosem Blau und von allem Irdischen losgelöst, der Gipfel, der Pic du Canigou. Es hatte droben in der Nacht frisch geschneit. Er ist kein Berg schroffen Auffahrens, wenigstens aus der Ferne nicht, sondern von majestätischer Harmonie, mögen seine Hänge auch von tiefen Schluchten zerfurcht sein, die das herabströmende Schmelz- oder Regenwasser in Jahrzehntausenden eingekerbt hat. Die Flut, die Segen wie Verderben und hierzulande Geschichte bedeutet. Gelegentlich hat sie ganze Gebiete überschwemmt oder mit Geröll überspült und einmal sogar eine vorgeschobene Abtei, Saint-André-de-Exalada, hinabgerissen, um gleichzeitig Fruchtböden anzuschwemmen und das sonnendurchglühte Roussillon mit belebendem Wasser zu tränken. Eine Naturgewalt voll elementarer Gegensätzlichkeit, die den Canigou zum janusköpfigen Genius des Landes macht und die scheue Verehrung erklärt, welche die Menschen der beiden Katalonien, des spanischen wie des französischen, dem Berge oder besser dem dreißig Kilometer zwischen Serrabone und dem Pic de Costabonne hinschwingenden Gebirge zollen.

Ich habe ihn später zu allen Tageszeiten und von den verschiedensten Standpunkten aus betrachtet. Von Molitg-les-Bains in den Schluchten der Castellane, die aus den Bergen nördlich der Têt heranstürzt – ach, dieser frostkühle Abend im drittklassigen Gasthof hoch über dem Kurhotel in der dunkelnden Schlucht! – erschien der Canigou im Morgenlicht den Zurückkehrenden als gütig einladender Vater. Vom nahen Saint-Martin-du-Canigou ließ er seine rauhe Gewalt erkennen, und voll Erhabenheit bot er sich endlich nach einem Rundweg über die alte Templerstation von Marcevol und einer berauschenden Abfahrt durch eben erblühte Zistrosengefilde von Eus aus dar. Es war Pfingsten, ein Morgen der Fülle hing über dem Grund von Prades. Aber ich sah ihn auch von schweren Wolken verhangen, von Schwaden umraucht, von Blitzen umzuckt. Immer blieb er unwandelbar, der All und Eine, der Herr der Landschaft, dessen königlichen Rang niemand in Zweifel zog.

Dennoch ist der Canigou kein abweisender Berg. Schon aus dem Jahr 1285 wird eine erste Besteigung bezeugt, durch König Peire III von Aragon. Es muß kurze Zeit nach den österlichen Geschehnissen jenes Jahres gewesen sein, bei denen der von Neid zerfressene Mann den Bruder in Perpignan überfiel und Esclarmonde de Foix mit ihren Kindern verschleppte. War es ein Akt der Besitznahme, daß er die mächtige Höhe erklomm? Bewegte den einsamen Usurpator, gleichsam als Gegengewicht seines düsteren Charakters, vielleicht gar ein tiefes Gefühl für die Herrlichkeit seiner Gebiete?

Einmal, 1907, ist sogar jemand zu Pferd dort oben gewesen, ohne abzusitzen, wie es heißt, ein französischer Gendarmerieleutnant. In der Tat, selbst nach der letzten Kehre der Serpentinen vom Châlet-dels-Cortalets, der über zweitausend Meter hoch gelegenen Bergunterkunft, mutet es weder unwahrscheinlich, noch sonderlich schwierig an, daß einer, der gut im Sattel saß und trockenen Boden unter den Hufen wußte, den letzten Saumpfad zwischen den Felsen der Kuppe hinanritt. Wir dürfen sicher sein, daß er, zuoberst angekommen, aufatmend durchparierte; der ungeheure Rundblick verschlägt jedem den Atem: hüben die Costa Brava – adieu, Meer der Griechengötter! – drüben der gewaltige Carlit vor der andorrischen Grenze, dazu tief aus den Tälern von Cady fernes Herdengeläut ...

Gewiß, mit den Pilgern hatte der Berg unmittelbar wenig zu tun. Allenfalls, daß sich an seinem Fuß ein uraltes Kloster versteckte, das schon in karolingischen Zeiten entstand,

Saint-Michel-de-Cuxa eben, das Heiligtum des Landes und obendrein Pilgerstation. Wie aber ging es von dort aus weiter? Die Verbindung von Vernet-les-Bains nach Prats-de-Mollo durch Forstwege sollte erst vor kurzem entstehen. Waren sie von Cuxa weiter nach Westen, Puigcerdá entgegen, gewandert, oder drei, vier Stunden nach Vinça und Boulneternère zurückmarschiert, um über die Aspres ins Vallespir zu gelangen und Ripoll auf bekanntem Weg zu erreichen? Die Karte, wie üblich, kümmerten solche Kleinigkeiten wenig – sie führte ihre gestrichelte Nebenroute geradewegs durch unzugängliches Bergland – uns hingegen sehr viel. An der zweiten nämlich liegt Serrabone, ein Kleinod des Roussillon, ein Ereignis der Kunst, das die Eigenart dieser Region mehr als alles andere sichtbar macht.

Priorei von Serrabone

Die Kunst des Roussillon, vornehmlich der Bildhauerei, hat sich in romanischer Zeit willfähriger als die anderer Länder fremden Einflüssen, besonders aus dem Orient, geöffnet und freilich auf ihre Weise umgesetzt. Was man anderwärts nutzte, um geheime Seelenfracht oder gar Unterschwelliges sichtbar zu machen, nahm sie nicht gar zu schwer. Es diente ihr vielmehr als Figurenspiel der Phantasie, in dem das Märchenhafte mehr wog als das Chimärische, das Fabulieren mehr als der Hintersinn. Die nach der Mitte des 12. Jahrhunderts entstandene ›Tribüne‹ von *Serrabone* oder Empore für die Chorherren ist das köstlichste Beispiel dafür.

Es hat in diesem Lande weder Steinmetzen noch klerikale Auftraggeber gestört, daß Bernhard von Clairvaux seinen berühmten Bannstrahl gegen Monster und Ausgeburten der Vorstellung schleuderte, der, zwar besonders gegen Cluny gerichtet, immerhin das gesamte Zeitalter treffen sollte. Voll unbeschwerter Gestaltungsfreude griff man auf das Arsenal der im Bewußtsein fortlebenden Bilderwelt zurück, um sie mit scharf konturierendem Meißel aus dem Stein zu schlagen und Kapitelle mit Fabelwesen, Kämpferplatten oder Arkaden mit Blütenmotiven, Figuren und Masken, meist als Flachrelief, zu überziehen. Natürlich durften die Zeichen des Glaubens nicht fehlen, seien es Engeldarstellungen oder Evangelistensymbole. Dies alles ohne große Besorgnis um ein ikonographisches Programm, sondern wie es der Platz gestattete und die Wirkung steigern half.

An die menschliche Gestalt, vollends das Antlitz, wagte sich diese Kunst nur zögernd. Gegen die Virtuosität, mit der man Tierkörper schuf, mutet ihr Ausdruck fast unbeholfen, der Gesichtsschnitt fast karikiert an. Was tat es? Der Gesamteindruck bekam etwas überaus Festliches; um ihn noch zu erhöhen, verwandte man das kostbarste Steinmaterial des Landes, einen rosenfarbenen, gelblichen oder den rot und weiß gesprenkelten Marmor von Villefranche.

Die Priorei von Serrabone liegt in den Vorbergen des Canigou, nahe dem Weg, der von Boulneternère über die Höhen nach Amélie-les-Bains durch die fast gänzlich entvölkerte Region der Aspres führt, die einmal ganz anders aussah, als der Name, ein Synonym für rauhe Herbheit, vermuten läßt. Für die Menschen des Mittelalters traf die Bezeichnung Serrabone, ›gutes Bergland‹, die man den Gefilden des Ginsters und der Zistrosen derzeit beilegte, trotz aller Lebensmühe wirklich zu. Man war vor der Unwirtlichkeit des Têt-Tales – heute ein Garten Eden – mit seinen Geröllfeldern, periodischen Überschwemmungen und Versumpfungen geflohen, um hier oben von Trockenmauern geschützte Felderterrassen anzulegen und als Zukost Olivenbäume, Weinstöcke und Maronen zu pflanzen. Um die geistliche Betreuung einer längst vergangenen, Lausich genannten, Dorfsiedlung zu verbessern, gründeten einige Gebietsherren der Umgebung am 3. März 1082 eine religiöse Gemeinschaft von Augustinerchorherren. Ein Kirchlein, das man bald vergrößerte, stand bereits, ein grobes Gemäuer aus bläulich getöntem Schiefer mit einem Karreeturm, vorgebuchtetem Chor, dazu einer nach Süden gegen den Talgrund geöffneten Galerie als Ersatz für den fehlenden Kreuzgang, und stattete das Innere gebührend aus: mit Kapitellen für die offene Arkadengalerie, Malereien, von denen noch Spuren existieren, Skulpturen am kleinen Portal und vor allem jenem Wunderwerk der Tribüne, welche die karge Außenwelt völlig vergessen macht.

Die Stiftung sollte auf die Dauer nicht recht gedeihen. Die Kultivierung des Têt-Tales lockte die Menschen zurück, schließlich auch die Kleriker, bis nur noch eine alte Frau übrig war, um die Wallfahrer örtlicher ›asplechs‹ oder Bittprozessionen einzulassen, die auf dem Weg zur einige Kilometer entfernt gelegenen Kapelle Sainte-Trinité mit ihrer viel verehrten romanischen Christusfigur und dem Heilig-Geist-Retabel, in der noch heute die Reihen der Kerzen brennen, Station machten. Irgendwann war unterdessen die Westwand zusammengebrochen, vermutlich der Anlaß, die Tribüne in Höhe des Zugangportales an der Nordseite zu verlegen, wo sie bei der Restaurierung am Beginn unseres Jahrhunderts stehenblieb.

Wer Serrabone heutigen Tages besucht, betritt das Schiff durch die Säulen dieser Empore von der Seite her wie durch einen querliegenden Portikus. Sie ist ja über sechs quadratischen Gewölben von geringem Ausmaß errichtet, die ihrerseits von Eckpfeilern und Marmorsäulen getragen werden. Ein kleiner Säulenwald voller Märchenbilder enstand so. Da krümmen sich groteske Fabeltiere, Affen, Greifen, Sphingen über die Körbe der Kapitelle, liebkosen Löwen – den Schweif nach sassanidischem Vorbild unter dem Leib hinweggeschlagen – einen Mann oder verzehren ein Beutetier, während nebenan gewappnete Engel Wache halten. Anderwärts mag man den kämpfenden Gilgamesch entdecken oder einen Zentaur, der einen Hirsch jagt – Satan bei der Verfolgung einer Seele – dazwischen Gerank oder auslugende Köpfe. Kurz, eine phantastische Welt tut sich auf, hier durchwuchert, dort überfangen von stilisiertem Blüten- und Blattwerk. Gewiß waren deutlich unterscheidbare Hände am Werk, aber an prägender Kraft fehlte es nie. Man steht am unerschöpflichen Quell einer im Volk verwurzelten Vorstellungskraft, entzückt sich an einem Figurenspiel, das sich im Überschwang des Gestaltens nicht genug tun kann, und doch ist es erst ein Vorspiel.

Denn wer in den Westteil der Kirche hinausschreitet, um sich der in drei Arkaden über fünf Meter sechzig hinwallenden Fassade dieser Empore oder Tribüne zuzuwenden, hält betroffen von der Harmonie und dem Adel des Werkes inne.

Feines Flecht- und Rankenwerk maurischen Ursprungs rahmt die Brüstung auf ihren Maskenkonsolen; dazwischen ist eine kraftvolle Sägeschnittleiste gefügt, während auf dem Unterteil Blumen und Pflanzen, alles im Flachrelief, die Arkadenrundungen mustern. Sie lassen Zwickel entstehen, an deren Fuß plastische Löwenköpfe vorspringen, welche die wieder ganz flach gehaltenen Zwickelplatten zu tragen scheinen. Auf ihnen wird dargestellt, was es gleichsam programmatisch auszusagen galt: links zwei Seraphim, die ihre Flügel wie gekreuzte Schilde vor sich halten, rechts das Lamm mit dem Kreuz, als Blickfang der Mitte schließlich die zwei Evangelistensymbole. Gestreckt fährt der Adler des Johannes auf und wie im raumgreifenden Paradeschritt wirft der geflügelte Markus-Löwe das linke Hinterbein hoch, als sei es darum gegangen, ein heraldisches Emblem zu schaffen. Es strömt eine seltsam exotische Wirkung von dem Bildwerk aus, dem größten erhaltenen Figurenensemble des Roussillon, eine Poesie und ein Farbzauber, der seinesgleichen nicht hat.

Wir blieben lange, immer wieder zu neuem Anschauen verlockt, bis der Wärter im Raum sich hüstelnd meldete: es war Zeit für ihn zu gehen. Da blieb uns nichts übrig, als gleichfalls in die rauhe Höhenwelt hinauszuwandern, stumm, in uns gekehrt, mit lächelndem Kopfschütteln dann und wann.

Die Klöster des Canigou

Wir wohnten damals in *Prades*, seit 1950 Exil von Pablo Casals, in einem Hotel abseits der Hauptstraße, das um einen mit Glyzinen berankten Hof lag. Es versprach Ruhe, und doch hatten wir die Rechnung ohne den Wirt gemacht. Gewiß, das Zimmer führte auf friedliche Dächer und Höfe hinaus. Doch eben darin lag es. Jemand in der Nachbarschaft begann mit hingegebenem Fleiß für eine pfingstliche Veranstaltung zu üben. Auf der Trommel. Einige Schläge im Stakkato, dann ein Wirbel, das Ganze wieder von vorn, so den lieben langen Tag bis in die Nacht. Manchmal mischte ein elegisches Cello einige Bogenstriche hinein, vielleicht weil man sich in der Stadt von Casals befand.

Es war die Zeit der Feste, Umzüge und Erstkommunionen. Sonntags saßen die Eßlokale voll mit tafelnden Menschen, zwischen denen die lieben Kleinen aufgeregt umherhüpften. Sie stellten schließlich die Hauptpersonen dar und warfen begehrliche Blicke auf die Schokoladentorten der Büffets mit ihrem mandelbesteckten Mittelaufbau, auf dem en miniature das Püppchen eines Kommunikanten thronte. Es ging hoch her. Die nördlichen der ›deux Catalans‹ sind ein lärmliebendes, joviales Volk. Auch in den Kneipen war unseres Bleibens nicht. Dort hockten die älteren Männer in großen Gruppen beisammen und droschen Karten nach Herzenslust. Der Fernseher lief auf vollen Touren, ein Rundfunkapparat streute Opernarien bei, und die Spielautomaten lockten mit absonderlichem Klicken und Heulen. Nur auf der Veranda vorm Café de la Paix am Kirchplatz schien es ruhiger. Aber dort hatten sich verwegen aussehende Zigeuner breitgemacht und steckten die Beine herausfordernd vor.

Dennoch, Prades besaß einen Vorzug. Es lag im Mittelpunkt dessen, das unser Herz suchte, und auf seine Weise gebührte auch dem fleißigen Trommler Dank, denn er trieb uns frühzeitig hinaus, bis wir den letzten Winkel in der Umgebung kannten. Ach, Eus auf der nördlichen Têt-Seite mit dem überwältigenden Ausblick von den Ruinen verfallener Häuser hinter der hohen Kirche ins Tal! Vor allem du aber, *Saint-Michel-de-Cuxa* im Süden! Noch immer sehe ich den lombardischen Turm aus dem eingekerbten Grund der Taurinya vorm eigentlichen Tal am Fuß des Canigou emporwachsen und größer werden. Ein mahnender Wächter der Schwelle, ein wundervolles, ebenmäßiges Monument romanischen Geistes, burghaft, mit Zinnen, Bogenstellungen und Zwillingsdurchbrüchen. Um ihn scharten sich schlanke Pappeln wie Paladine, unter ihm lag behütet mit erneuerten, roten Dächern das uralte Kloster eingebettet in quellendes Grün, und hinter alledem hob sich blaudunstig als majestätische Silhouette des Dauernden der Berg.

Selten war eine Ankunft so von Erwartung erfüllt, wußte ich doch um das Numinose des Ortes. Gingen von hier nicht die Botschaften in eine Welt gärender Unruhe und Unsicherheit hinaus, die Abt Garin mit dem Genie der Jahrtausendwende, Gerbert von Aurillac wechselte, seit 990 Papst Sylvester II.? Ritt nicht, wo wir fuhren, einst der hochgestimmte, asketische Romuald von Onesti, Berater Kaiser Ottos III. und Stifter der Camaldulenser, ein? Klopfte hier nicht ein venezianischer Doge, Pietro Orseolo, ans Tor, um nichts mehr als ein demütiger Novize zu sein? Wie es heißt, habe, wer kam, »den Frieden von Cuxa gesucht«. Aber wir gehen wohl nicht fehl, daß ihr Rat, ihre Erfahrungen mithalfen, das Abwehrnetz gegen die muselmanische Gefahr zu spannen. Noch rauchten die Trümmer von Almansors apokalyptischen Beutezügen in den iberischen Norden. Cuxa im geschützen Vorland des Canigou war und blieb das Hauptquartier des geistigen Widerstandes; hier rannen die Fäden zusammen und, wie hätte es anders sein können, auch die Zuströme aus der morgenländischen Welt. Vollends, seit Abt Oliba, Sproß des Grafenhauses von Cerdagne, der Gründer des Montserrat – Abt von Ripoll und Bischof von Vich zudem – 1011 das Klosterregiment übernahm.

Im Roussillon, bis zur Mitte des 17. Jahrhunderts Katalonisch, verkörpert die Kloster- und Pilgerkirche von Saint-Michel-de-Cuxa am Canigou die charakteristische Architektur eines Landes, das lange ein Vorposten der christlichen Welt war. Zum mächtigen Schiff des 10. Jahrhunderts gesellen sich der erhaltene Glockenturm nach lombardischem Vorbild, ein weiträumiger Kreuzgang, heute nur noch Rudiment, samt orientalischen Stilelementen.

10 *Kreuzgang, Seitenschiff und Glockenturm von Cuxa aus dem 11. Jh.*

11 *Die ›Tribüne‹ oder Empore der Chorherren der nahen Priorei von Serrabone im rosenfarbenen Marmor des Landes, überreich mit dekorativ gemeinten Flachreliefs – vielfach nach orientalischen Vorbildern – geschmückt, 1. Hälfte 12. Jh.*

12 *Eckpfeiler des nördlichen Teils der Vierung von Cuxa mit Sockeln und Hufeisenbögen des 10. Jh., die in enger Beziehung zu Cordoba stehen.*

Die Kirche war damals noch jung. Nach der Überschwemmungskatastrophe von 877 in den Bergen des Hoch-Conflent hatten die überlebenden Mönche ihre neue Abtei fernab aller Gefahren auf das erhöhte Ufer des Taurinya-Baches verlegt. Knapp hundert Jahre später weihten ihre Nachfolger ein weitläufiges Gotteshaus; es ist ungeachtet mancher Veränderungen das von heute: das kahle Schiff mit dem offenen Dachstuhl begleiten, wie gelegentlich bei mozarabischen Bauten, zwei niedere, kürzere Seitenschiffe. Mit dem Hauptraum verbinden sie lediglich einfache, am Sockel etwas verstärkte Mauerdurchbrüche. Neben dem mächtigen Rechteckchor, wohl der ursprüngliche Teil der Anlage, ein altes Oratorium, schieben sich nach karolingischem Brauch hüben wie drüben je ein dunkler Korridor vor. Ein niederes Querschiff gibt dem Ganzen die Kreuzgestalt. Alles bleibt denkbar einfach und doch bringt es bereits den exotischen Zustrom ans Licht: die einzelnen Raumkompartimente mit Ausnahme von Chor und Hauptschiff scheinen eher voneinander geschieden als zusammengehörig. Vor den finsteren Gängen neben dem Chor sind gar Türstürze eingefügt, über denen sich ein offener Hufeisenbogen wölbt, wie man es nur in Syrien, Ägypten oder Mesopotamien findet. Auch sonst, im ganzen Bereich der Vierung: Hufeisenbögen verschiedener Form über kurzen Quadersockeln, ähnlich jenen an der Moschee von Cordoba, während es doch in der Erbauungszeit keinerlei Verbindung mit dem omaijadisch-muselmanischen Süden gab. Hatte man geflüchtete mozarabische Werkleute zu Hilfe geholt? Kaum lösbare Rätsel in der kargen Sprache des Mauerwerkes, die denn französische Archäologen auch zu der Annahme führten, in Cuxa habe eine örtliche, westgotische Tradition, welcher der Hufeisenbogen ursprünglich entstammt, verbunden mit karolingischen Gepflogenheiten fortgelebt.

Die Klosterkirche durchgeistert also ein vielstimmiges Echo. Dringt es beim Blick durch die ›arcs outrepassés‹ der Vierung nicht wie das Hufegetrappel auf Beute ziehender Reiterhorden an unsere Phantasie? Meinen wir im Dämmer hinter den orientalischen Türstürzen nicht den mystisch-verrückten Beter in seiner Abgeschiedenheit zu gewahren? Erkennen wir nicht, wie das entschlossene Licht des Hauptschiffs ihn zu neuen Gemeinschaftsidealen und Entscheidungen aufrief, denen er noch verwirrt und ratlos gegenüber stand? Das paßt als Kontext nicht übel zu dem ›eisernen Jahrhundert‹, in dem die Mönchskirche entstand, einer Epoche des Suchens, die nach großen Leitgestalten verlangte.

In Cuxa gab es einen solchen Menschen, Abt Oliba, der um 970 als Sproß des Grafenhauses von Cerdagne zur Welt gekommen war. Er sollte der neuen Epoche den Weg bereiten. Auch der Santiago-Fahrt!

Das Kloster verfügte – ich weiß nicht, seit wann – über Reliquien von außerordentlicher Anziehungskraft: Reste der Krippe des Herrn und der Windeln, in welche die Jungfrau einst den zarten Leib des Neugeborenen eingehüllt haben sollte. Stand die Umwandlung des Gotteshauses in eine Pilgerkirche damit in Zusammenhang? Abt Oliba jedenfalls legte dem Chorhaupt nach Westen drei Parallelkapellen vor und verband sie mit dem Innern durch Öffnung der bisher blind endenden karolingischen Korridore. Ein rechtwinkliger Chorumgang war damit entstanden. Besaß er liturgische Bedeutung? Oliba tat noch mehr. Er zog die Mauern des Schiffes höher empor und verlängerte es nach Westen, um Raum zu gewinnen; er legte ihm schließlich einen unterirdischen Narthex, halb Krypta, halb Eingangshalle vor, über der sich später eine heute verschwundene Heiliggeistkapelle erhob. Der nach der ›Jungfrau von der Krippe‹ geheißene Unterteil ist ein lichtloser Rundbau mit einem Ringgewölbe, dessen Mitte ein gewaltiger Pfeiler aus Bruchstein trägt, samt einer Ausbuchtung für die Reliquien. Zwei flankierende, langgestreckte Kapellen, Gabriel und Raphael, dem Verkündigungsengel und dem Schutzgeist der Pilger geweiht, verbinden ihn unterirdisch mit der Michaelskirche, die man auf einer Treppe erreichte. Seitab findet sich noch heute ein düster-schweres Gelaß mit Abzugslöchern für den Rauch der Fackeln, in dem die Pilger zur Nacht lagern konnten.

Der Narthex als Höhle, als Geburtsgrotte des Herrn, welche die Überbleibsel der bethlehemitischen enthielt! Durch sie zogen die Pilger, von Prades kommend, gleich dem Besucher von heute ein, wie uns Puig y Cadafalch beschrieben hat. Sie umwanderten beim Schein der Kienspäne den schweren Mittelpfeiler und brachten den ausliegenden Reliquien ihre Verehrung dar, um nunmehr durch die Finsternis des Tiefengeschosses dem Licht der Kirche entgegen zu wallen. Nach geleisteter Andacht konnte sich, wer wollte, im nur wenige Schritte entfernten Bach oder an einem nahen Born erfrischen. Es mag ein buntes Treiben gewesen sein, wenn sich die nackten Männer unter Gespritz und Gelächter wuschen. Freilich, an welchem der Wasserbecken, die das Kloster versorgten? Es blieben mehrere von ihnen bewahrt. War es jener Brunnen, den man in Eze an der Riviera wiederfindet, jener andere im Pennsylvania-Museum in Philadelphia? Nach der Aufgabe des Klosters in der Revolution gelangte, was sich herausbrechen und ummünzen ließ, in den Handel. Sogar der Großteil des riesigen Kreuzgangs, der heute den Mittelpunkt des Cloister-Museums bei New York bildet.

Auch in Cuxa sind von diesem Wunderwerk der Epoche zwei Galerien wieder aufgebaut, teils mittels der im Lande verbliebenen Reste wie der zehn Arkaden aus Prades, teils nachgebildet. Der Torso läßt immerhin eine Ahnung aufkeimen, was verloren ging! Von je einer Rundsäule getragen, umzogen sechzig Arkaden mit ihren Kapitellen aus der Zeit um 1150, als Abt Oliba längst tot war, geschlagen im Marmor von Ria und Villefranche, den Préau oder Binnenhof. Gewiß, erzählende Themen fehlten, das Repertoire beschränkte sich auf reine Vegetationsmotive oder stellte exotische Tiergestalten mit plastisch vortretenden Köpfen und Gliedmaßen zur Schau. Dies allerdings nicht in der fabulierfreudigen Weise von Serrabone, sondern indem der leitende Steinmetz seine monströse Fauna einer unaufhörlichen Metamorphose in ornamentale Formen unterwarf. Und doch, welcher Zauber muß von dem artistischen Figurenspiel des wundervoll getönten Marmors, umzogen von rauhem Mauerwerk, inmitten der großen Natur, ausgegangen sein!

Es gibt eine Stelle in diesem Kloster, da steigt die Kunst von Cuxa zu ganz reiner Wirkung auf. Durch sein Gotteshaus spannte sich, ähnlich Serrabone, ebenfalls eine Tribüne, von der eine einzige Arkade übrigblieb. Man hat sie beim Wiederaufbau des Klosters dem zum Kreuzgang eingebrochenen Kirchenportal als Rahmung vorgelegt. Sie gleicht bis auf kleine Abweichungen den Bildwerken der Priorei. Ein Goldhauch liegt über dem Stein, der die Ornamente noch kostbarer scheinen läßt. Auch hier besitzen die den Zwickeln aufliegenden Evangelistenzeichen und Seraphim das Erlesene heraldischer Prägung: der geflügelte Ochse, der mächtig ausschreitende Löwe, beide seltsamerweise durch Schrifttäfelchen als Lukas-Symbole bezeichnet. Und auch hier verblüfft der grobe Schnitt der Menschengesichter inmitten eines fast raffiniert verfeinerten Ensembles. Auf einem im Kloster bewahrten Reststein nimmt sich ein bärtiger Seraph gar wie ein derber Schiffer aus. Vor monumentalen Darstellungen schrak man sichtbar zurück; den rahmenden Pfosten liegen, flach und reliefhaft, zwei große Bildwerke des Petrus und Paulus vor, die gleichfalls von der Tribüne stammen. Eingeengt von den schmalen, hohen Flächen, die Köpfe mit den Nimben dicht auf die Schultern gedrückt, stehen sie beinahe hilflos da, unpersönlich, nach Art von Hagiographien geschildert. Nein, man wollte die individuelle Menschengestalt nicht im Chor des Lobgesanges.

Ein Benediktinerpater führte uns, hielt geduldig aus. Nun galt es Abschied zu nehmen.

»Wohin, mon père«, fragte ich noch, »glauben Sie, sind die Santiago-Pilger weitergezogen?«

Er wies mit der Hand nach Süden ins Ungefähre.

»Über den Canigou?«

»Si, si« – er war Katalane, gehörte zu den Mönchen von Montserrat, welche die Abtei seit 1965 wieder besiedelt haben, ein alter Herr über siebzig.

»Und wenn das Gebirge wie heute verschneit war?«

Er zuckte die Schultern. »Sie nahmen es, glaube ich, wie es kam. Umwege, ans Ziel zu gelangen, gab es immer.«

Auch wir versuchten es, trotz des Schnees, der auf den Hängen halb ins Tal reichte, eine Route über den Canigou zu finden. Über Taurinya ging es empor, es war empfindlich kälter als drunten. Gottlob, in einer kleinen Auberge des Ortes gab es eine Omelette frisch aus der Pfanne, ein Glas

Wein, im Kamin knackten die Scheite. Draußen blühte es zaghaft.

Man mußte doch auch im Mittelalter zu Fuß oder Pferd ohne einen Umweg von Tagen bis nach Ripoll gelangt sein! In der Tat führte ein Sträßchen über die Höhe nach *Fillols*. Die Aussicht war überwältigend. Zurück lag tief in der Ferne noch einmal Saint-Michel-de-Cuxa, über uns ragten beschneite Felsgrate auf, und voraus öffnete sich, hell beschienen, im Tal des Cady, Vernet-les-Bains. Es ging schnell hinab und ebenso schnell hinan nach Casteil. Dann führte die Fahrspur in energischen Kurven empor zum Col de Jod, um auf einmal im Neuschnee ein Ende zu finden. Unmöglich, weiter zu kommen, denn von hier galt es, auf Forstwegen und Saumpfaden eine ganze Reihe Zweitausender zu passieren, um über die Cime de Cums la Preste und endlich den Col d'Arès zu erreichen. Die Route durchs Nachbartal über Sahorre mußte noch viel höher hinan.

Also zurück? Es war eine bittere Einsicht.

Dennoch, erneut drunten in Casteil, gelobten wir uns, folgenden Tages wiederzukehren. Vom kleinen Ort nämlich führt ein Steig empor nach Saint-Martin-du-Canigou, das zwar niemals Pilgerstation war, aber das am meisten ausgesetzte Kloster im Roussillon und eines der ältesten dazu.

Saint-Martin hoch in der Bergeinsamkeit der ›muntanyes regalades del Canigô‹, aufatmend bin ich oben! Die Knie zittern, der wilde Herzschlag beruhigt sich nur langsam, ein Schluck zu trinken wäre jetzt Labsal. Noch aber lähmt die Ermattung das Bein. Laßt mich auf meinem Mäuerchen sitzen, bis die Kraft wiederkehrt …

Der Anstieg war nicht leicht gewesen. In drei, vier Stunden wollte ich bei den Gefährten zurück in Casteil sein. Da hieß es sich eilen: erst eine ganze Zeit schräg bergan, dann um die Ecke des Berges, an der eine schroffe Schlucht sich öffnete. Von nun an Kurve um Kurve in kurzen Serpentinen empor, jede im Gegenlauf fast senkrecht über der unteren, unaufhörlich am Abgrund hin. Das Tal von Cady sank ins Tiefe, das Ende dieses Bergturmes der Hin- und Widerwege nicht abzusehen! Längst dachte der Kopf in seinem eigensinnigen Aufwärtsbegehren nichts anderes mehr; Schweiß überrann den Körper, verklebte die Augen.

Irgendwann war dann doch das Schlimmste geschafft. Der Weg glitt durch zwei Felsblöcke wie durch ein Tor in ein Hochtal; mochte er auch noch steigen, die Himmelsleiter lag unter mir. Schon erschien Saint-Jean-le-vieux zwischen den Bäumen, das die Mönche einst als Totenkapelle erbauten, und endlich gespensterte nach einer weit geschwungenen Kehre um den waldigen Kessel etwas wie ein lombardischer, gedrungener Turm durch das Laub. Das Kloster!

Saint-Martin-du-Canigou ist der Triumph der mönchischen Idee, aber sie streift hier ob ihrer Unbedingtheit das Absurde. Hoch, sehr hoch, die Nachbarkuppen im Nahen und Fernen überragend, ist es ins Menschenleere auf die weit vorspringende Felsnase eines der massiven Bergpfeiler gebaut, die dem Gipfel des Canigou als Widerlager dienen. Zum offenen Tal von Vernet schiebt sich ein Buckel mit einem Kalvarienberg auf der Höhe vor; nach Osten senkt sich ein waldiges Hochtal hinab, durch das ich eben herangekommen; nach Westen und Süden fällt, manchmal fast senkrecht, die Schlucht ins Tiefe, die es vom Hochkamm trennt.

Der Klostergründer von 1001, Graf Guifred von der Cerdagne, gab sich mit der Ausgesetztheit des Felssattels nicht zufrieden. Er schob seine Bauten weitestmöglich über den Abgrund hinaus, so daß ein Terrassenkloster auf mühselig hochgemauerten Fundamenten entstand. Diese Lage allerdings entsprach seinen Vorstellungen so sehr, daß er sich eigenhändig sein Grab an den Rand der obersten Terrasse meißelte. Die Anlage des Ganzen muß eine aberwitzige Arbeit gekostet haben. Außer den Konventshäusern galt es, ein dreischiffiges Gotteshaus von erstaunlicher Größe, heute Krypta, zu errichten, dem man kurz darauf unter Verstärkung der tragenden Pfeiler ein zweites, die eigentliche Martinskirche aufsetzte. Hinzu kam ein doppelstöckiger Kreuzgang als einzige Möglichkeit, sich in der von Felsen starrenden Umgebung außerhalb der Treppen die Füße zu vertreten. Der Blick fiel von hier auf die Hochflanke des Canigou als Riegel für jede Lebensneugierde. Auf Schneefetzen, sprühende Schmelzwasserkaskaden und etliches festgeklammerte Berggestrüpp, das jetzt, im Junischnee, mutlos zu grünen begann. Wer einen winzigen Ausschnitt des Cady-Tales erhaschen wollte, mußte sich weit aus den Arkaden beugen.

Ich spreche davon in der Vergangenheitsform, weil die ehemaligen Gänge der Meditation durch eine einzige Galerie ersetzt sind, wie alles übrige neu errichtet wurde, wenn auch nach alten Plänen und mittels alten Materiales. 1428 ließ ein schreckliches Erdbeben das Kloster in Trümmer sinken; trotz eifrigen Wiederaufbaus gedieh es nicht mehr. 1779 zogen die letzten fünf Mönche, alt und krank, hinab in die Ebene. Sie hielten es nicht mehr aus; die Bauten verfielen, man stahl, was es zu stehlen gab, bis am 11. November 1902 Monsignore de Carsalada, Bischof von Elne und Perpignan, die Reste erneut in Besitz nahm und den Wiederaufbau einer Trümmerstätte begann, die aussah wie nach einem schweren Luftangriff. Es gibt noch Fotos davon. Der Kirchenfürst hatte die Dichtung ›Canigou‹ des Poeten Jacinto Verdaguer gelesen, begeisterte sich für die ›katalanische Wiedergeburt‹ und gedachte aus Saint-Martin ein Symbol dieser Renaissance zu machen, heute verbunden mit einem Treffpunkt für Menschen, meist junge, gleich welcher Konfession, auf der Suche nach einem Lebenssinn, um den alten Bau wieder mit dem Geist der Meditation zu erfüllen.

Wer zum ersten Mal das Kloster besucht, wird ob der romantischen Lage, dem Dämmerdunkel der niederen Unterkirche mit ihren Kreuzgratgewölben oder den schlanken, hoheitsvollen Tonnengewölben im oberen Schiff – er wird ob der frühesten, zeichenhaft gemusterten, der enigmatischen, fast abstrakten Kapitelle einer mittleren Zeit, der Virtuosität späterer Darstellungen wie der Martinslegende am Sockel des Altares entzückt sein. Vor allem indessen ob des erhabenen Ausblicks ins strenge Gebirge. Ein Leben in dieser Gottesburg, dargeboten dem Himmel, nur noch der Läuterung der eigenen Seele, der Rückkehr in sich selber überlassen, der Verschmelzung mit Gott, bedeutet es nicht jene Daseinserfüllung, nach der wir suchen?

Die Wirklichkeit des Lebens im Klosteralltag aber sah nüchterner aus. Nicht, weil die Regel den Ordensbruder streng an den Tagesrhythmus der Benediktiner band. Es scheint sogar, daß es ihm kaum anders möglich gewesen wäre, zu bestehen – in Saint-Martin spürt man aber, was es hieß, der Welt zu entsagen: täglich die gleiche erstarrte Landschaft vor Augen, täglich der gleiche Weg vom Ruhelager zum Gebet in der Kirche, die gleichen Handgriffe, die lichtlosen Gänge, die es zu queren galt, die Kühle oder gar beißende Kälte in den Mauern. Das ließ sich nur aushalten, wenn man sich selber vergaß. Wie aber diesen inneren Alltag bestehen, wenn die heilige Flamme, welche die Seele aufgerufen hatte, erlosch? Keine Erhebung, kein Anfachen des inneren Feuers durch Anregung oder Zuspruch von außen. Wer den großen Trennungsschritt gewagt hatte, mußte von nun an alles in sich selber finden. Gewiß, die Gemeinschaft, in der man das Dasein hinbrachte, vermochte zu helfen; doch das Zusammenleben auf engem Raum, bringt es nicht Schwierigkeiten besonderer Art: die kleinen Ärgernisse und gewiß auch der so nebensächlich scheinende Umstand, daß dieser oder jener Mitbruder anders geartet war? Jeder kannte jeden auswendig. Da blieb nichts übrig als das eigene Ich immer geringer zu machen und sich auf den kleinen Spielraum zurückzuziehen, der gestattet blieb. Eingeschlossen die garnicht leichte Zurückweisung aller Kumpanei und der Erwerb einer inneren Distanz der Höflichkeit, die das allzu Vertraute meidet. Aber das sind Probleme, die jedes Gemeinschaftsleben belasten.

Allein, in Saint-Martin dürften sie schwerer gewesen sein als anderwärts. Die Beschränkung, die Abscheidung waren entschiedener. Das Wissen darum hat es gewiß nicht leichter gemacht. In Wintertagen drang auf Monate hin kein anderer Laut, keine andere Nachricht von außen heran als das Toben des Sturmes, der an den Läden rüttelte, keine andere Empfindung als das eisige Schweigen des Frostes. Man befand sich allein in unsagbarer Verlassenheit auf der Welt ausgesetzt auf einer Klippe im leeren Raum über Schluchten und Gründen, den die Dämonen – was wunder, wenn sie Gestalt annahmen – durchheulten. Da wurden die Stunden gemeinsamer Erhebung für den, der die unaufhörliche Prüfung der Lebensbeschwer überwand, gewiß zum Brennpunkt des Tages, das Licht der Kerze auf dem Altar zum Herz der Welt. Nur, bis einer, an den neuen, stets wachsenden Skrupeln der Seele vorbei, dahin gelangt war, immer geringer geworden, und er sich selber als winziges Atom in einer unsagbaren Helle erblickte!

Der mittelalterliche Mensch vermochte diesen schweren Weg der Entsagung, wie ihn Saint-Martin forderte, zu bestehen; der einer späteren Zeit offenbar nicht mehr. Die Geschichte des Klosters ist seit dem Beginn der Neuzeit die einer Agonie, sein Anblick aber noch heute der einer steingewordenen Lebensform, deren Größe wir nur noch erschauernd ahnen. – Doch dies am Rande!

Der Schnee von Andorra

Eine Stunde der Mutlosigkeit wie es unterwegs manche gibt. Aus dem Grund des Cady heimgekehrt an die große Straße nach Westen, hockten wir in *Villefranche-du-Conflent,* der Stadt der roten Marmorbrüche, vor einer Kneipe und suchten ein wenig Erfrischung. Eine drückende Schwüle hing über dem Tal der Têt.

Der Schattenwinkel zwischen der Stadtmauer und der letzten Hauswand der Rue Saint-Jacques war klein, grade groß genug für einen winzigen Vorplatz mit einer Laube nebst Stühlen und Tisch, unter dem ein Boxerhund alle Viere von sich streckte. Von der Welt draußen sah man nichts, die Fliederblätter hingen ebenso reglos wie der bunte Schnürenvorhang in der Haustür. Daneben wollte eine alte Kletterrose mit glattem Stämmchen hoch hinaus; im Blattkrönchen entfaltete sich grade eine dunkelsamtige Blüte.

Wie immer hielten sich meine Frau und Freund Eugen rücksichtsvoll abseits, während ich, die Beine vorsichtig zwischen die Pfoten des Hundes gestellt, im Winkel hockte und die Notizen der letzten Tage ins Reine brachte. Aber schrieb ich wirklich? Es schien mir so kraftlos, was da aus meiner Feder kam! Abermals sah ich mich auf dem Felspodest im bergwärtigen Hang über Saint-Martin stehen und hinabschauen auf die Arkaden und Trakte des Klosters über dem Abgrund; wieder erblickte ich das schmale, durchgeistigte

Gesicht von Dom Bernhard de Chabannes vor mir, des Miterbauers und Betreuers der kleinen Menschengemeinde dort oben, der mit geheimem Stolz seine Entdeckung, die teilweise freigelegten Säulen im mystischen Dämmer der Unterkirche, die runenhafte Signatur ihrer Kapitelle zeigte, die niemand mehr deuten konnte ... wie wenig gelang es, vom Zauber der Stunden einzufangen! Was begriff ich, Mensch des 20. Jahrhunderts, von den apokalyptischen Schauern, welche die Mönche von einst durchbebt hatten? Waren nicht gerade sie ihre Lebenswirklichkeit, der wahre Anlaß ihrer Hingabe und Versenkung? Das Eigentliche rann durch meine Worte wie durch ein Sieb. Die alte, schmerzliche Ohnmacht des Schreibenden überfiel mich, aber es war auch ein wenig Heimweh dabei.

Das schlechte Gewissen plagte mich noch, als ich an Corneilla-de-Conflent zurückdachte, die hohe Kirche auf hohem Podest, das Marmortympanon, gegen das die Lausebengel des Ortes ihren Fußball knallten, das verschlossene Innere mit der einst in Cuxa verehrten Krippenjungfrau, die ich nicht sehen konnte, weil Monsieur Illes, der Schlüsselwächter, ausgefahren war ... Ach, die Vergeblichkeiten des Reisens! Diese genierte Verstörtheit endlich, mit der ich hier, in Villefranche, durch die Wehrgänge der Stadtmauer eilte, die doch in ihren Anfängen aus dem 11. Jahrhundert stammte, weil in den Bastionen die Verliebten ihr Spiel trieben. Die Hast, mit der ich die Saint-Jacques-Kirche an der Porte de France mit dem großen Jakobus über dem Retabel regelrecht absolvierte. So wenig ursprünglich die Ausstattung sein mochte, hier kehrten doch einmal die Pilger ein. Da gab es keine Entschuldigung außer jener, die für uns alle galt: die lähmende, niederdrückende Schwüle, die selbst den Boxerhund zwang, sich reglos zu stellen und die Fliege auf seiner Nase gewähren zu lassen.

Bis uns denn doch etwas aus der melancholischen Trägheit riß. Meine Frau, welche die hellsten Ohren hatte, hob plötzlich den Kopf und sagte mit einer Stimme, in der etwas Warnendes mitklang: »Ich glaube, es grummelt.« Sogleich fuhr auch Freund Eugen hoch, der keineswegs schlief: »Wir sollten fahren, wenn wir Seo de Urgel noch erreichen wollen.« Das Wetter blieb unsere geheime Sorge, wir mußten hoch übers Gebirge.

Draußen sah man erst das volle Ausmaß der Drohung. Wolkenballen schoben sich über den Canigou und fern, ganz fern hörte man leises Donnern. Augenblicke später rollten wir schon davon. Im Süden und Westen hatte sich der Himmel düster umzogen. Zwar, das Wetter staute sich noch, aber es kreiste uns sichtbar ein. Im Zurückschauen gewahrte man Wetterleuchten, das über den Canigou hinzuckte. Aber da glitt bereits Olette vorüber ...

Nein, eigentliche Gefahr bestand kaum, aber die Nerven ertrugen die Spannung nicht länger. Immer deutlicher offenbarte sich, was auf uns zukam. Die Straße stieg stetig durch eine gespensterhaft verwandelte Landschaft. Rechts die fahlen Hänge der Serre de Clavera, links der Pic du Géant, von geisterhaftem Licht wie von Elmsfeuern umflackert. Hinter Fontpédrouse fing die Steigung erst richtig an. Montlouis, die Grenzfeste Vaubans, blieb abseits liegen und somit auch die Straße nach Font-Romeu, während wir – schneller, nur schneller! – von innerer Hast getrieben, abbogen zum Col de la Perche, der Schwelle zwischen dem Conflent und der alten Cerdagne, ›meitat de France, meitat d'Espanya‹, halb französisch, halb spanisch.

Wir ließen manches, ach allzuvieles, selbst die spanische Enklave von Llivia in dieser vom gewaltigen Puigmal überragten Höhenwelt, der schwarz gegen das düstere Gebräu des Himmels stand. *Hix* am Rahur-Bach aber, begehrte es in mir auf, wollte ich trotz allem nicht lassen, das Nest der Kneipen und Herbergen, in dem sich einst die Grenzgänger und Schmuggler trafen – mußten dort nicht auch die Jacquaires gewandert sein? Es gibt in der alten Martinskirche einen Marienaltar des 13. Jahrhunderts, davor auf der Predella eine Reihe Figuren: die heilige Helena, die Jungfrau und den Erbärmdemann, endlich Sankt Johannes, Jakobus der Ältere. War das kein Fingerzeig?

Doch als wir eben vor ihnen standen, hob draußen, im Freien ein wüstes Fauchen, ein jähes Prasseln, dann schweres Rauschen an. Der Regensturm brach herein, und nun blieb nichts übrig als die eilige Flucht durch die Peitschenhiebe der Tropfen zum Wagen. Der erste Akt des Schauspiels, das uns die Pyrenäen bereiten wollten, begann furioso. Ob der Regenwände, der dampfenden Erde fast nichts zu erkennen, kaum Baum oder Haus; aus dem Zollpavillon von Bourg-Madame schob sich lediglich eine Hand vor, die uns weiterwinkte. Das Schild nach Seo de Urgel sahen wir nur durch Zufall. »Durch, nur durch«, schrie ich Eugen zu, obwohl wir dicht beieinander saßen.

Wir fuhren mitten in einen schwarzen Himmelsrachen hinein, der von Horizont zu Horizont klaffte, dahin, wo er am schwärzesten war. Aus seiner unergründlichen Tiefe blickten uns Lichtaugen von Wagen, gleichfalls auf hastiger Flucht vor der Finsternis, entgegen. Es muß hinter Bellver gewesen sein, wo die Segre nahe an die Straße herantritt, als uns auffiel, daß kein Fahrzeug mehr kam. Der Grund zeigte sich bald. Während der in wimmerndes Pfeifen übergegangene Wind ganze Regenwände gegen den Wagen drosch oder die Wassersträhnen vor den Scheinwerfern zu einem Fadenwirbel zusammendrehte, erhellte ein Fächerblitz die Nacht. Er ließ erkennen, daß Steinbrocken auf der Straße lagen. Einer davon polterte bereits, von den Rädern hochgewirbelt, gegen die Wanne, und nun dehnte sich vor uns ein ganzer See; wir standen schon halb darin, und man konnte keineswegs sehen, wo die Straße wieder hervorkam.

»Zurück, Eugen«, bat meine Frau.

»Versuchen wir es über Andorra; dort muß es Windschatten geben«, steuerte ich meine Ansicht bei.

»Brav sein, Elias«, sprach Eugen dem Wagen zu und riß ihn herum. Dann fingerte seine Rechte nach der beruhigenden Zigarette im Handschuhkasten, und wir jagten zurück.

Kein Mensch mehr unterwegs, selbst auf der nordwärts umbiegenden Straße nicht, obwohl das Wetter tatsächlich nachließ, als unsere Route über den Col de Puymorans ins Hochtal der Ariège nach Andorra herumschwenkte. Doch als wir höher empor gelangten, holte es uns ein. Aber Wasserströme waren es nicht mehr, die uns bedrängten, sondern lautlos fallender, dichter Schnee, der jede Aussicht verbarg, dann fester wurde, die Straße in eine Rutschbahn verwandelte. Der ungeheure Hang, den es zu bezwingen galt, stieg beängstigend steil. Wenn einer ins Gleiten kam und festsaß, mußte er die Nacht mit Sicherheit im Fahrzeug verbringen. Wer hätte helfen sollen, wer anhalten können, und dies war der zweite Akt, die wachsende Furcht vor dem Durchdrehen der Räder oder dem Aussetzen des Motors. Endlich, endlich schien die Steigung geringer, rissen sogar die treibenden Flockenwände auf; schwere Wolken jagten noch immer dicht über uns und schleiften ihre Bäuche über die weißen Kuppen, aber sie gaben doch einen Ausblick frei: Häuser zeigten sich an den Rand des Berges geklebt. Darüber zuoberst riesige Galgen, die Gerüste von Schleppliften. Wir waren fast 2100 Meter hoch, und vor uns lag *Pas de la Casa*, andorranische Grenzstation, eine Karawanserei von unfertigen Straßen, nackten Hotels, erleuchteten Supermärkten, in denen unbeschäftigte Verkäuferinnen ihre Gesichter gegen die Scheiben preßten. Der ganze Ort gespenstisch menschenleer. Eugen lenkte den Wagen mitten hinein. Die Nacht sank hernieder. »Keinen Meter mehr weiter«, sagte er nur. Seine Hände zitterten. Gottlob fand sich ein geheiztes Hotel! Wir haben die Nacht hoch in der Bergeinsamkeit tief und traumlos verschlafen.

Andorra – mich haben bei seinem Anblick keine Hochgefühle bewegt! Der Wintereinbruch zu Anfang des Juni machte uns noch am nächsten Morgen zu schaffen, als der 2400 Meter hohe Col hinter uns lag und nach endlosen Serpentinen Port d'Envalira im Tal erreicht war. Zwar, es schneite nicht mehr, doch nun rannen allenthalben schmutzige Bäche über die Straßen. Wer ausstieg, hinterließ kotige Spuren, die sich sofort mit Schmelzwasser füllten. Die Straße sank tiefer und tiefer in den von gewaltigen Bergen bedrängten Valira-Grund. Triste Häuser hingen über dem Absturz. Soldeu, Canillo, Encamp kamen, kaum freundlicher. Wo sich ein kleiner Platz in der Talenge öffnete, machte sich ein Supermarkt breit, und wo es noch keinen gab, baute man wenigstens daran herum.

Das von allen Tributen an Steuern und Zöllen befreite Andorra schien einem Rausch des Geschäftemachens erlegen. Waren gab es im Überfluß; tausenderlei Kram aus Europas Wohlstandsmagazinen stand, lag, hing zusammengepackt oder -gebündelt, und die Menschen aus Spanien oder Frankreich nutzten die Gelegenheit in hellen Scharen. Mochte hier oder dort ein altes Kirchlein locken, mochten sich abseits in Bergeshöhen Aussichtspunkte mit gigantischen Panoramen darbieten, jeder Wunsch nach einem Besuch zerstob beim Anblick der schweren Wolken, verstopften Zufahrten, rinnenden Wasser.

In *Andorra la Vella,* der Kapitale des Ländchens, erreichte der dritte Akt des Stückes, das die Pyrenäen uns darboten, seinen Höhepunkt. Er hatte eine gesellschaftskritische Note angenommen und besaß sogar einen eigenen Titel: die Gier und die Einsamkeit. Tausend Menschen rollten allein oder paarweise in ihren Wagen aneinander vorbei. Hinter verschmutzten Scheiben starrten mürrische Gesichter ins Leere. Wo Neubauten ihre Stahlgerüste emporreckten, schepperten Lastwagen heran und übersprühten den unablässigen Fahrzeugstrom mit Schleiern von Dreck. Nirgends ein Fleck zum Aufatmen. Selbst auf den Gehsteigen drängten schwer beladen die Leute. Ein Kind, das die Eltern verloren hatte, lief weinend herum, und niemand kümmerte sich darum; eine Katze auf dem gewohnten Mäusepfad, welche eine Fahrzeuglücke benutzen wollte, prallte gegen einen vorschießenden Wagen und blieb reglos im Rinnstein liegen.

Da wir nicht zu Besuch kamen, sondern dies Land nur passieren wollten, flohen wir rasch. Hinter Sant Juliá de Lòria wurde es breiter, grüner, freundlicher. Neben der Straße strömte die Gran Vallira bis zur Grenze mit. Aber da waren wir schon fast am Ziel. *Seo de Urgel* zeigte sich friedlich in die Talaue der Segre gelagert, eine alte, spanische Stadt wie aus dem Bilderbuch, über der, nach dem vergangenen Tag unfaßbar, das Wolkenmeer aufriß und sogar Sonnenschein geisterte ... Es war, als sei ein böser Traum zu ende gegangen.

Der Beatus-Kommentar von Seo de Urgel

Die Menschen des Mittelalters, die von Carcassonne, Foix und Ax-les-Thermes durchs Ariège-Tal dem fernen Compostela zustrebten, konnten die Straße durch Andorra noch nicht benutzen; sie ist neuen Datums. So schlugen sie den Weg über Puigcerdá ein, wo sich vermutlich mancher Gefährte aus dem Roussillon dazu gesellte, um auf jener Route, die uns das Unwetter verlegte, Seo de Urgel und weiterhin Lérida und Huesca zu erreichen.

Seo de Urgel ist eine katalanische Landstadt, der Markt des fruchtbaren Segre-Tales, von dessen Alter die steinernen Getreidemaße unter den Laubengängen der Calle Major künden; daß er der Stadt bescheidenen Wohlstand brachte, lassen die hübschen, hier und dort noch bemalten Häuser mit ihren Gitterbalkonen vermuten. Doch ihr Aufwand bleibt bescheiden neben der ›Seo‹ oder Kathedrale mit der wuchtig auffahrenden Fassade und dem schönen Hinströmen des dreischiffigen Innenraumes, den fremdartigen Galerien hoch neben dem Chor, dem ausgemalten Querschiff, dem Kreuzgang. Was bedeutet soviel architektonischer Anspruch im entlegenen Grenzgebiet? Seit 1278 lenkt der geistliche Oberhirte der Stadt im Verein mit dem französischen Staatsoberhaupt als Fürstbischof die Geschicke Andorras. Bei so gebieterischem Rang mußte seine Kirche ins Großartige wachsen und sich natürlich auch jene Ausstattung mehren, die heute das Diözesanmuseum birgt. Ein Kleinod von abendländischem Rang befindet sich unter den Schätzen, eine der Handschriften des ›Beat de Liébana‹. Ihretwillen weilten wir hier. Wir hofften darin letzte Aufschlüsse über die Gedankenwelt des Mittelalters zu finden und mit ihnen auch, was die Pilger zu ihrer ungeheuren Wanderung trieb.

Der ›Kommentar zur Apokalypse des Beatus de Liébana‹ war eines der großen Leitbücher des Mittelalters, das oft kopiert worden ist. Von seiner illuminierten, kostbar mit Buchmalereien ausgestatteten Fassung existieren noch vierundzwanzig Exemplare, jedes vom anderen verschieden, je nach der Entstehungszeit oder der Stilart des Kopisten. Der ursprüngliche, asturische Verfasser, offenbar Priestermönch aus der Abtei Santo Toribio in den Picos de Europa, hatte in seinem gegen Ende des 8. Jahrhunderts entstandenen Werk nicht nur auf die Offenbarung des Johannes zurückgegriffen, um seine Mitbrüder zu meditativer Versenkung anzuregen, sondern auch auf Weissagungen des Propheten Daniel und die Erzählung von der Arche Noah aus der Genesis, die er als symbolischen Hinweis auf die bergende Mutter aller Gläubigen, die Kirche, und die sieben apokalyptischen Gemeinden des Vorderen Orientes deutete. Sie stand derzeit in Gefahr; so schickte er seinem Kommentar eine Widmung an Bischof Etherius von Osma voran, seinen Kampfgefährten im Streit gegen den Adoptianismus, eine Lehre, nach der Christus nur ein begnadeter, von Gott besonders erwählter Mensch gewesen sei. Dazu zwei Prologe, beide angeblich vom heiligen Hieronymus, deren einer pikanterweise von dem 385 in Trier wegen manichäischer Ketzerei hingerichteten Priscillian stammte. Ferner eine kurze Inhaltsangabe seines Werkes, das er in zwölf Büchern aufbreitete, jedes wiederum in Abschnitte zerfallend: ein Textstück oder ›storia‹, der eine oft ganzseitige Illustration gegenüberstand. Etliche Einschübe durchbrechen dieses System, so eine Erläuterung, was er unter Kirche und Synagoge verstand und anderes mehr. Insgesamt Hinweise, die den schweren Folianten zu einem Kompendium der Rechtgläubigkeit und der Endzeitvorstellungen des Mittelalters machten. Sie bekamen in der erregten Epoche um die Jahrtausendwende eine brennende Aktualität, wirkten aber noch bis ins 12. Jahrhundert und länger nach.

Beatus arbeitete keineswegs ohne Vorbilder, sondern nach einer gleichfalls ausgemalten Johannes-Apokalypse nordafrikanischer Herkunft, während er bei den Prophetien des Daniel eigene Wege ging. Übernahm er bei der ersten das Schema antiker Bildumrahmung und die starke Farbigkeit des meist in Querstreifen unterteilten Grundes, entwarf er bei den Daniel-Illustrationen die Szenen ohne Außenbegrenzung auf der ungefärbten Fläche des Pergamentes. Eines bleibt freilich allen Darstellungen gemeinsam. »Man malt nicht mehr wie man sieht, sondern wie man denkt«, hat ein bedeutender Forscher den Stil des 5. und 6. Jahrhunderts charakterisiert, der Zeit, dem die nordafrikanische Apokalypse entstammte: der hellenistisch-römische Geschmack mit seinen plastischen Idealen war nicht mehr in Mode. Es liegt daher auch in Beatus' Werk ein gewisses Wiedererwachen kindhafter Vorstellungen, eine Rückkehr zu der Gestaltungsweise ›primitiver‹ Kunst. Kurz, wir nehmen bei der Betrachtung teil an jenem erstaunlichen Wandel, der, von Renaissance-Bewegungen abgesehen, mit wenigen Ausnahmen auch den bildlichen Gehalt an Kapitellen und Portalen ausrinnen ließ und sie durch hinweisende Zeichen ersetzte.

Der Kommentar von Seo de Urgel gehört gleich dem von Valladolid zu einer früh entstandenen Gruppe der Kopien vom Ende des 10. Jahrhunderts, die noch stark von mozarabischen Elementen geprägt sind. Allein, gerade dieser unterschwellige, islamische Zustrom machte für mich, der ich darum wußte, den besonderen Zauber des Exemplares im Diözesanmuseum aus, wo es, vielfach abgesichert, im Tresor lag und, wie ich hoffte, meiner, nein unserer wartete ...

Freilich blieb eine bange Frage: würde man mir, der ich über keine Empfehlung verfügte, überhaupt Einblick gewähren? Ich nahm mein Herz in die Hände, sprach gleich bei den höchsten Stellen vor, und dann ging alles von selbst: »Warten Sie an der Kathedraltür, Professor Mir wird gleich kommen. Sie erkennen ihn an der langen Soutane ...«, und wirklich, er kam, ein geistlicher Herr, schon bei Jahren und im altgewohnten Priesterhabit, schloß freundlich auf und – »erst müssen Sie aber Eintritt bezahlen!« – legte das kostbare Werk vor uns hin, um nunmehr geduldig eine Seite der Pergamente nach der anderen aufzuschlagen. Zweieinhalb Stunden hat er unablässig doziert, während sein Zeigefinger, Nachdruck verleihend, – Eugen, der Maler, erblaßte – auf diese und jene Stelle der verletzlichen Malereien tippte. Was mich betraf, empfand ich es anders: tausend Jahre waren sie alt, man denke ... Auge in Auge stand man dem gegenüber. Es war die große Stunde unserer eigenen Pilgerfahrt, der Blick in die Geisteswelt jener, die einst die Brücke vom Altertum in unsere Gegenwart schlugen, durchschauert von den Geheimnissen göttlicher Offenbarung, die aller Menschen Schicksale in sich einschließt.

Der Codex von Seo de Urgel, geschrieben in westgotischen Lettern, verziert mit besonders schön gemalten Initialen, ist einer der vollständigsten, die erhalten blieben. Er beginnt mit der Übergabe der Apokalypse durch den vor goldgelbem Hintergrund thronenden Herrn an den Engel, kostbar nach antikem Vorbild durch Randleisten gerahmt. Schon hier werden jene Stilisierungen sichtbar, denen sich der Maler durchgehend bedient: die mächtigen, meist ungleichartigen Flügel der Engel sind lediglich durch strichdünne Stege mit dem Körper verbunden, Gewandfalten biegen sich gern zu Spiralen um, die Menschenköpfe scheinen stereotyp nur aus weit geöffneten Augen und gleichbleibendem Nasenzug zu bestehen. Und doch, welch blühende oder fast lyrische Farbigkeit allenthalben! In leuchtendem Rot vor blaudunkler Wolke fährt Christus im ›Dominus in nube veniet‹ zur wartenden Menschheit herab; die Harfe spielenden Erwählten, die Engel der sieben Plagen preisen das Lamm im ›Gloria‹ des 15. Offenbarungskapitels in einem Bildraum von Violett und leuchtendem Gelb, während sich unter ihnen gründunkel das gläserne, mit Feuer gemengte Meer breitet.

Noch mehr aber wird ›die Offenbarung der Allmacht Gottes‹, das große Thema von Moissac im Périgord, zum Lobgesang; es ist in sechs verschieden kolorierte Zonen unterteilt; oben reihen sich die Propheten, unten die zwölf Apostel, welche die Lehre verkünden. Sie rahmen ein kranzförmiges Pneuma von Gestirnen, in dem Christus thront; von ihm – procedunt de trono – stieben Pfeile wie Strahlenschauer über den goldfarbenen Hintergrund. Es sind Bilde einer Verklärung des Herrn oder der Jungfrau, in denen di Farbklänge die Rolle psychologischer Ausdeutung überneh men, genauso wie sie bei den Schrecknissen der Apoka lypse, der Vision von der ›Eröffnung der ersten sechs Siegel oder dem ›großen Erdbeben‹ trübe Düsternis über die Dar stellung breiten. Aber wie unbeschwert kann der Künstle gleichzeitig sein, wenn er mit bunter Ausdruckskraft von de Arche Noah erzählt: da hatte der Maler in den einzelne ›Böden‹ viel unterzubringen! Zuunterst die großen Säuge wie den Elefanten, darüber Raubtiere, in der obersten Etag Nutzvieh, dazu Vögel und den Hahn, zu denen sich als er staunlichstes Aperçu – rätselhaft, wie der Maler von ihm wissen konnte – ein Känguruh gesellt, das grade von einem Katzentier attackiert wird ... des Fingertippens war an dieser Stelle kein Ende! – Auf dem Dachboden schließlich haben die Menschen Platz gefunden; Noah öffnet eben das Dachfenster, um die Taube mit dem Friedenszweig einzulassen.

Es gibt zwei Darstellungen in dieser Folge, beide ohne Umrandung, die alles andere an künstlerischem Rang überragen. Sie gehen nicht auf ein Vorbild, sondern auf eigene Inspiration des Beatus zurück, der im Grund ein Poet war. Die erste ist Daniels Deutung von Nabuchodonosors Traum im 4. Kapitel der Prophetie: der abgeschlagene Baum, den der König gesehen hat, bedeutet den Untergang des Babylonischen Reiches nebst seiner vielen Völker, von den Vögeln im Geäst symbolisiert, während er selbst, von Wahngedanken befallen, gleich dem Ochsen seines nächtlichen Gesichtes auf der Weide Gras fressen wird. Nur die untere Randzone mit dem König und dem Propheten, dem Ochs und dem geistig Umnachteten deuten die Härte dieser Weissagung an. Vier Fünftel des Blattes aber überzieht die Baumkrone voller Himmelsgetier, das seine Jungen im Nest füttert, in so ornamentaler Anmut, als handle es sich um die Illustration eines Frühlingsgedichtes.

Die andere ist völlig anderer Art. Sie stellt keine Deutung Daniels, sondern eines seiner eigenen Traumgesichte aus dem 7. Kapitel dar, ›die Vision des Propheten von den vier Weltreichen‹, und hat Beatus oder mit ihm den Malerkopisten wie kein anderes inspiriert. Denn so hat Daniel, erschrocken über die eigenen Worte, verkündet, bald bricht das Ende der irdischen Tage und der endgültige Sieg des Himmels an. Dann werden die vier Tiere der Unfrömmigkeit, des Unrechts, der Glaubensverfolgung und der Ausbeutung der Armen dem Gericht erliegen: der Löwe mit den Adlerflügeln, der Bär, der vierköpfige Panther und endlich das zehnfach gehörnte Untier des Vierten Reiches mit den eisernen, alles zermalmenden Zähnen. Schon wallt zwischen den Ungeheuern ein blutroter Strom hinab, während der Herr bereits auf dem Stuhl des Gerichtes thront, der unter dem Hufeisenbogen des Himmelstores steht, und über den Außenrand des kühnen Symbols die Köpfe der ›Heiligen des Höchsten‹ und Engel lugen, deren Flügel gleich Siegesstandarten emporgereckt sind.

Es ist eine Aussage und Umsetzung des Schrifttextes von unerhörter Einfachheit, Kraft und Schönheit der Farbe. Nicht zuletzt, weil der Maler seine Darstellung ohne Hintergrund auf das helle Pergament bannte. Nur die zugehörigen Menschen, Tiere, Dinge sind da, um ein im Grunde garnicht ausdrückbares Geschehnis ins Bewußtsein zu heben. Der Kommentar von Urgel schließt damit. Beatus und mit ihm der Nachahmer müssen sich der Wirkung auf die Phantasie meditierender Mönche, der Gläubigen und Pilger, die davon hörten, durchaus sicher gewesen sein. Es war alles Gestalt geworden, was die Menschheit jener Epoche bewegte.

Wir blieben nicht lange im Ort; der Kopf war erfüllt, die Gespräche verstummten. In einer kleinen Fonda gab es einen Teller katalanischer Bohnensuppe; wir haben sie wortlos gelöffelt, voll eines unbestimmten Glücksgefühles, wie so oft an der Pilgerstraße, aus der knappen Erdensekunde unseres Lebenstages ins Dauernde, Unverbrüchliche entrückt zu sein.

Zwei Tage streiften wir noch durch die Gegend, immer nach Westen, ob sich außer den bekannten Santiago-Wegen nicht weitere Spuren fanden. Schon hoch über Seo hinaus, sahen wir es noch einmal sonnenbeschienen im Tal liegen, und erneut nahm uns die Bergwelt der wilden Höhen und klaffenden Täler auf. Erneut gingen Regenwände über uns nieder; schattenhaft schwarz glitten Häuser im Steilhang vorbei. Auf der Höhe von Villamur fiel der Blick noch einmal auf die schneebedeckten, pathetischen Berge von Andorra zurück, über die aus schweren Wolken grade einige Sonnenfinger hinhuschten. Aber in den steilen Serpentinen nach Sort hinab im Tale des Rio Noguera Pallaresa blühte der Ginster. Drunten verbrachten wir eine Nacht im Hotel über dem rauschenden Fluß, um am kommenden Morgen am Wasser entlang nach Süden zu fahren. Von den Jacquaires keine Spur mehr.

Nur in Gerri de la Sal mit seinen Salinen und dem schief gebuckelten, schmalen Steinbrücklein zum anderen Ufer nebst uraltem Kloster fand sich am Giebel des Gotteshauses eine große Jakobsmuschel. Vergeblich lief ich zurück in den Ort, um nach dem Cura mit dem Schlüssel zu suchen. Die abgründigen Schluchten des Desfiladero de Collegats kamen, über deren Himmelsschneise die Raben und Raubvögel kreisten; im Rückblick türmten sich phantastische Bastionen von Kalkstein in Ocker, Rot, Grau empor, bis wir in Pobla de Segur nach Nordwesten umbogen, um im Tal der Noguera Ribargorzana die große Straße nach Viella zu erreichen. Da war wieder Pilgerland. Hier sind einst jene entlanggewandert, die aus dem Garonne-Tal kamen und nach Huesca zur aragonesischen Route wollten. Wir allerdings machten entschlossen kehrt nach Frankreich, abermals in die Nähe des Mittelmeers. Es galt, dem Wegführer Damontes folgend, die letzte der Südrouten, die nach Carcassonne unter die Füße zu nehmen.

OPFER UND UNTERGANG

Die verschüttete Seele

Es war Sommer geworden in Narbonne, als wir zurückkehrten. Auf der Gambetta drängten sich die Wagen der Spanienfahrer noch dichter als sonst, während der einherstürmende Irre unter den Platanen des Cours de la République ob des vermehrten Publikums noch heftiger gestikulierte und sein zielloses Wehe über Gerechte und Ungerechte schrie.

Nur fort von der überfüllten Küstenregion! Fort in den Frieden der Nebenroute nach Westen, die uns diesmal erwartete, der nach Carcassonne, in die schwingende Weite des Aude-Tales, mochte darüber auch der Zypressenschatten eingeebneter Friedhöfe liegen. Es ist eine Schicksalslandschaft. Noch immer trägt sie das Stigma ihrer Vergangenheit, der beklemmenden Jahre von 1209 bis 1213, als sich auf den Burgen die Emporkömmlinge aus dem Norden breit machten, die Lieder der Troubadours verstummten und Mißtrauen an die Stelle heiterer Weltoffenheit trat. Auch die weitere Geschichte blieb eine Folge von Leiden: der Hundertjährige Krieg, die Pest, die das Land entvölkerte, endlich Religionswirren, Camisardenaufstände, Revolution – der Bodensatz davon durchtränkt hier alles; das Selbstbewußtsein bekam einen Stoß, und mochte man auch manche Scherben der Vergangenheit wehmütig in die Vitrinen der Museen stellen, die Pflugschar der Zeit hatte die Spur okzitanischen Geistes und Lebens gleichmütig ausgelöscht und mit ihr die ohnehin vergänglichen Fußabdrücke der Pilger.

Dennoch glommen manche Erinnerungen, gute wie böse unter der Asche fort. Schicksal zu finden, Schicksale zu beleben, sei das Gebot der Geschichte, hat Reinhold Schneider gesagt; das Unverlierbare darin anzufachen war das meine. Denn da lag *Lézignan,* ein Bauerndorf einsam im Weinland; hinter den Schopfakazien des stillen Kirchplatzes ein Gotteshaus mit Schießscharten, verdickten Mauersockeln, einem festungsartigen Zugang, und wirklich dürfte der Priester die Hostie oft genug vor angstvoll zusammengekauerten Frauen erhoben haben. Dennoch erhielt sich über dem Seitenportal, Zuversicht spendend, die Figur des pilgernden Rochus, leuchtete nahebei ein Fenster mit Sankt Jakobus, vor dem ein Santiago-Wanderer Abschied von Weib und Kind nimmt, und was wollte das alte, mit weichem Pinsel gemalte Christgeburtsbild anderes, als das holde Wunder beschwören, grade weil im Lande dem katharischen Rigorismus ein hugenottischer und endlich ein revolutionärer gefolgt war!

Gar nicht fern im Südwesten aber lag in den Vorhöhen der Corbières ein noch viel erlauchteres Zeichen uralter innerer Bindung, der machtvolle Donjon des bis Katalonien und Aragon hinauswirkenden Klosters *Notre-Dame-de-la-Grâce,* kurz Lagrasse geheißen, über dem klaren Wasser des Orbieu. Schon ein Gefährte Benedikts von Aniane, der Mönch Nebridius, hatte hier eine erste Siedlung gegründet, die Karl der Große als Vorposten gegen die immer von Sarazenen bedrohte spanische Mark reich dotierte.

Mochte auch das Mittelalter in Trümmer gesunken, die Mönchsgemeinschaft der Benediktiner nach rund tausendjährigem Gebet einem Waisenhaus für die Hinterbliebenen der ›Médaillés‹, der hochdekorierten Kämpfer der Revolutionskriege gewichen sein – noch immer kann man die auf älteste Fundamente gegründeten Klostermauern, noch immer die Reste der präromanischen Kirche neben der gotischen sehen, auf verwinkelten Stiegen zum einst vom Atem schlafender Mönche erfüllten Dormitorium hinansteigen und hinaustreten auf die Galerie der Abtswohnung mit der gewaltigen Zeder im Binnenhof, durch deren filterndes Gezweig das Auge entzückt das Wachsen des Sonnenlichtes auf roten Dächern sieht. Drunten im Hof rauscht das Wasserstrählchen wie vor tausend Jahren, und getreulich tragen wiederverwendete Kapitelle der romanischen Zeit mit ihren seltsam hingehockten Männerbildern den Umgang.

Doch da findet sich noch etwas, dessen Bedeutung über alles hinausgeht, etliche an die Wand gelehnte Torsen, schmale, mit Blumengerank und Masken verzierte Steine in der Meißelführung des Cabestany-Meisters nebst etlichen Schriftzeichen. Dachte ich die am Grab des Kommandanten Berlioz auf dem Friedhof eingebauten Teile hinzu, ließ sich leicht der Portalbogen einer romanischen Kirche imaginieren, die der gotischen wich, vor allem aber die Inschrift von zwei Abtsnamen erkennen: ›Willelmus et Rotbertus‹, deren Träger im Zeitraum von 1157 bis 1167 amtierten. Welch ein Ereignis! Da lotete der Blick in eine Epoche vor dem Albigenser-Kreuzzug zurück und bot im nämlichen Augenblick dem unbekannten, entlang der Pilgerstraßen schweifenden Künstler eine zeitliche Heimat. Auch die schmale Orbieu-Brücke mit dem Eselsrückenbogen, über die Simon de Montfort nach Termes zog, blieb erhalten, und selbst das kleine Nest um das Kloster mit seinen Befestigungen schien eingesponnen in diesen Lebenskreis der Frühe, ohne ihm doch anzugehören; es ist der Geist des Languedoc, der die krummen Gassen, den Platz der Markthalle geprägt hat, die herbe Einfachheit der Form, die Hingabe an das strenge Mauerwerk, das sich in Augenblicken großer Aufgabenstellung wie am Klostergarten so gern von der hoheitsvollen Anmut der Zedern huldigen läßt.

Freilich, so heil erhielt sich der Geist der Frühe nicht oft und hat sich selbst im 12. Jahrhundert nur selten zu solchen Szenarien des Architektonischen gesteigert. Ach, daß ihm die baufeindliche Gesinnung der aufkeimenden Häresie die Lebenskraft aussog, als eben die Trunkenheit der Vollendung über ihn kam! Es war an den Trümmern von Termes vorbei und über den Col du Paradis in den Corbières nicht weit nach Alet im oberen Aude-Tal. Wie unsterblich sich doch der Geist der Form erhält, um zu gegebener Stunde, gleich einem verschütteten Quell, wieder zu sprudeln! Als Vicus Electus lag der Ort an der über Couiza nach Spanien führenden Römerstraße. Was wunder, wenn sich hier ein Teil der 1577 zerstörten Abteikirche Sainte-Marie, ähnlich Saint-Gilles oder Saint-Jacques in Béziers, in ein antikisierendes Gewand kleidete: das fünfseitige Chorhaupt über zieht, wenn auch nur noch rudimentär, jene überschwengliche Dekoration, deren Vorbilder man in der Entstehungsepoche noch an römischen Monumenten fand; halbrund vorgelegt die Pilaster nebst reichen Kapitellen; ein stark vorspringendes, vielfach abgestuftes Dachgesims mit reichen Ornamenten und Perlenschnüren. Den Außenwänden legte man zarte Blendarkaden mit Dreipaßbögen vor, schmückte den heute anklagend aufgesprengten Innenraum mit köstlichen Borten, die Außenränder der Fenster mit Rankenwerk, die Kapitelle der Gartentüren mit Reiterfiguren. Wären die hugenottischen Amokläufer nicht darüber geraten, der Süden besäße in dieser Verschmelzung von antikem und romanischem Erbe das unvergleichliche Kleinod einer Epoche, die an der Klosterkirche ein triumphierendes Credo anstimmte, während draußen bereits mit gesenkten Köpfen die Sendboten einer kommenden Zeit, die katharischen Parfaits vorüberschritten.

Die Missionare der Häresie! So fällt denn doch das Gebimmel der Armesünderglocke in diesen Bericht, der grade eine so hochgestimmte Wendung nahm. Aber bliebe das Bild des Languedoc nicht unvollständig, würde nicht wenigstens einer der Opferstätten gedacht, an denen Menschen einen grausamen Tod starben, weil sie anderen Glaubens waren, wenn auch von den eigentlichen Schauplätzen des großen Dramas erst später die Rede sein kann? Kehren wir daher aufs linke Aude-Ufer, genau Lézignan gegenüber, zurück. Dorthin, wo mächtige Causses oder Kalkschollen von Norden gegen das Flußtal drängen und auf bizarrem und kahlem, von der meist trockenen Cesse umfurchtem Bergsporn Minerve liegt, das noch immer den Scherben einer Tour de Guet, freilich aus späterer Zeit, anklagend gen Himmel reckt. Ein wenig muß allerdings ausgeholt sein.

Als der ›Ost‹ des Albigenser-Kreuzzugs sich 1209 nach der Einnahme von Béziers gegen Carcassonne wandte, stand die Leitung des Heeres bereits unter Zeitdruck. Jeder Kreuzfahrer, ob fürstlichen, ritterlichen oder gemeinen Standes, hatte die Teilnahme nur für vierzig Tage gelobt. Sie verstrichen schnell. Dennoch, mit dem Fall Carcassonnes schien die Aufgabe erfüllt, wenn sie es auch keineswegs war. Raymond-Roger Trencavel, angestammter Vizegraf des umkämpften Gebietes, lag gefangen im Kerker. Weder der Herzog von Burgund noch der Graf von Nevers, der Graf von Saint-Pol wollten seine Nachfolge als Landesherr antreten. Die Wahl des mit Vollmacht begabten Legaten Arnaud-Amaury fiel daher auf einen geringen Seigneur der Ile de France, der sich als unerschrockener Führer hervorgetan hatte, Simon de Montfort.

Er blieb in zweifellos bedenklicher Lage zurück. Die eben vertriebenen Burgherren, Seigneurs oder Ritter des Midi sahen ihre Stunde gekommen. Während des Winters 1209 auf 1210 verlor Montfort nicht weniger als vierzig feste Plätze. Die Lage schien aussichtslos. Seine Frau, Alice de Montmorency, brachte indessen daheim ein neues Kreuzfahrerheer zusammen, das im Frühjahr 1210 im Süden erschien, und Montfort ging sofort zur Offensive über. Drei Stützpunkte der einheimischen Ritterschaft gefährdeten seine neu gewonnene Herrschaft besonders, die Burgen Termes, Cabaret und vor allem Minerve, das seine Verbindung zur Küstenstraße und weiter durch Rhône-Tal bedrohte.

Minerve! Während Termes und Cabaret durch geschicktes Taktieren bald fallen sollten, wußte Montfort, was ihm an dieser Bastion bevorstand. Da sich der unzugängliche Ort im Sturm nicht nehmen ließ, zog er mit allem Rüstzeug für eine lange Belagerung heran. Unter seinen Steinschleudermaschinen galt die ›Malvoisine‹ als die gefährlichste, und wirklich gelang es auch, den gedeckten Gang zu zerschmettern, in dessen sicherem Schutz die Belagerten ihr Trinkwasser vom Brunnen Saint-Rustique in den Weinbergen holten. Nach sieben Wochen bezwang sie der Durst; was noch lebte, kroch aus den Trümmern hervor und kapitulierte: die angeworbenen Ritter und Söldner erhielten freien Abzug, den hierhin geflüchteten Parfaits der Katharer aber blieb nur die Wahl zwischen dem Abschwören und dem Feuertod. Ein Schauspiel begann, das sich oft wiederholte. Einhundertundfünfzig an Zahl reihten sie sich bis zur Kapelle am Dorfsträßchen, das über die Höhe läuft, hintereinander und stürzten sich in die Flammen, die ihre Seelen, nach ihrer Zuversicht, direkt in den Himmel trugen. Ein katholischer

Pfarrer des 19. Jahrhunderts hat an der ›Rue des Martyrs‹ ein Kreuz für jene errichtet, die an das Kreuz nicht glaubten.

Es läßt sich genau rekonstruieren: Minerve, von der Sonne gebeizt, auf der nackten Höhe, eine Opferstätte im Lande, eine Wunde, die nie vernarbt. Es gibt manche davon im Languedoc, und auch sie sind ein Teil seiner verschütteten Seele. Doch zur eigentlichen Pilgerroute zurück.

Die sieben Säulen der Weisheit

Der Pilgerführer Mario Damontes, der die Strecke durch das Aude-Tal schildert, ließ uns manchmal im Ungewissen. Von Béziers aus verlief seine Route, dem Zug des ›Ost‹ folgend, über Chapistagno oder Capestang zu einem nicht mehr identifizierbaren Ort Chapisaro, sodann nach Puicheric-d'Aude, wo es zwei empfohlene Unterkünfte gab. Wie aber ging es weiter nach Carcassonne? Es galt im Mittelalter, zuvor den morastigen Südrand des heute trockengelegten Etangs oder Binnensees von Marseillette zu queren und sodann die Aude. Eine Brücke aber fand sich erst bei Trèbes. Warum allerdings hätten die Pilgersleute, die ohnehin gern die Flußtäler mieden, den schwanken Grund nicht nördlich umgehen sollen?

Es wurde meine Marotte: sie wären über *Rieux-Minervois* gekommen, und zogen sie nicht wirklich daher? Wenn es auch mit dem Ort in den endlosen Rebengefilden nicht viel auf sich hat: am Nordwestrand ein Burggemäuer, monoton die Hauptstraße, der kleine Platanenplatz, an dem abends die alten Männer hocken und ihren harmlosen Schabernack treiben, wenn sie nicht grade zum Apéritif müssen. Aber da liegt gar nicht weit, äußerlich völlig anspruchslos das Wunder von Rieux, das Kirchlein Sainte-Marie mit dem siebeneckigen Mittelturm und wenigen Fenstern, aufgesperrten Fledermausohren vergleichbar. Ein Feigenbaum wächst am Eingang, ein wenig Geranke dazu, und alles nimmt sich ob der rings aus dem Bau wachsenden Kapellen einer späteren Zeit etwas kauzig aus.

Wer aber eintritt, kommt aus der Verblüffung nicht heraus. Ein Rundbau öffnet sich da, wie es keinen im Süden gibt, der Altar inmitten. Sieben Pfeiler umstehen ihn hoheitsvoll, tragen Arkaden und mit ihrer Hilfe eine Kuppel. Sie sind ein Sinnbild der sieben Säulen der Weisheit, die, nach den ›Sprüchen Salomonis‹, aus ihnen ihr Haus gebaut hat – jener göttlichen Weisheit, deren Verkörperung die Jungfrau ist. Ein Umgang rundet sich um das Ganze, das im 12. Jahrhundert entstand, als die Marienverehrung ihren Höhepunkt erreichte.

Sobald sich das Auge an das Dunkel gewöhnt hat, verwandelt sich das Erstaunen gar in Entzücken. Allenthalben Kapitelle, an den Säulen und Pfeilern des Altarraums meist einfach, an den kurzen Vorlagepilastern des Déambulatoire und in der ursprünglich als Zugang dienenden, längst abgemauerten Achsenkapelle voll ungestümer Gestaltungsfreude. Bildwerke auf Körben und Deckplatten, Gezweig, Akanthusblätter, Löwen, gestreckte Lemuren, Vögel, die Gilgamesch-Szene samt Blumen und Rankengeschlinge von einer plastischen Gewalt und Fülle ohnegleichen. Raubtiere wie im Ansturm gesehen; den Porche von einst erfüllt atemlose Spannung. Einer der Löwen hat einen Basilisken oder Drachen mit Schlangenleib voller Realistik mit den Pranken geradezu umarmt und packt ihn mit den Hauern.

Wie bekannt sie mir nun schon war, diese Sprache. Es war für mich eine große Stunde. Die Werkstatt des Cabestany-Meisters, dem ich seit San Antimo folgte, schuf diese Szenarien, und eines, das schönste in Rieux, stammte von seiner eigenen Hand. Es ist jenes, das dieser Kirche den Sinn verleiht, eine Maria dormans, die mit geschlossenen Augen wie auf dem Tympanon, das dem Künstler den Namen gab, himmelwärts fährt. Die Wellung der Haare, der Kragen des Gewandes, die Falten, jeder Einzelzug so wie bei Perpignan, jedoch lyrischer, empfindsamer, zarter. Dafür wird der Ansturm der begleitenden Engel, welche die Mandorla tragen, zum Chor elementarer Hingebung. Zu Boden gekauert, mit weit geschwungenen Flügeln niederstürmend, noch aus der Hinterreihe mit wahrhaft sehnsüchtig vorgestreckten Armen nachhelfend, erfüllen sie ihren Auftrag, hingerissen von einem erhabenen Augenblick, dem sie assistieren.

An einem leuchtenden Morgen sind wir über Conques -

erinnerte der Name nicht ebenfalls an die Pilgerschaft? – nach Carcassonne hinausgerollt. Im Norden dehnte sich endlos, von felsigen Schluchten durchzogen, mit dichtem Waldpelz bedeckt, die Montagne Noire, während in den Hängen helle Mauern und rote Dächer leuchteten. Die Trauben der Rebgärten färbten sich schon, und plötzlich eröffnete sich dem Auge fern über dem herrlichen Land ein Blick auf eine Silhouette, die einem Romantikertraum, einer Vision des Mittelalters glich: die Cité von *Carcassonne* hoch auf ihrem Plateau über die Aude und die Neustadt jenseits des Flusses gelagert, Mauern, Türme, spitze Dachkegel, gleich einem Wahrbild unversehrten Dauerns über dem Bodendunst schwebend. So, als sei hier niemals der Blitz hernieder gezuckt, der den ganzen Süden in Brand setzte, und diese Stadt vor dem Untergang alles Irdischen bewahrt geblieben, um der Nachwelt für alle Zeiten als Inbegriff des Languedoc zu dienen.

Doch das ist Illusion. Man hat sie aus den Trümmern des Verfalls wieder aufgebaut, Stein um Stein, nachdem sich vor ihren Mauern längst das Schicksal des Südens entschieden hatte.

Opfergang vor Carcassonne

Am 1. August 1209, ein Jahr vor dem Untergang von Minerve. Auf den Mauern der Porte Narbonnaise zu Carcassonne steht ungeduldig der Vizegraf Raymond-Roger Trencavel, Herr des Landes und derzeit vierundzwanzigjährig. Immer wieder späht er in die flache Weite des Ostens, zum Hügel von Pech-Mary. Schon in den Vortagen hat man dort Späher einer Avantgarde gesehen. Heute muß das Gros des Kreuzfahrerheeres vor seiner Residenzstadt erscheinen. Es beunruhigt ihn nicht, was in Béziers geschah. Der Cité auf ihrer beherrschenden Höhe ist er sicher. Die heute verschwundene Vorstadt Le Castellare im Südosten besitzt eigene Befestigungen, und mag die ›Le Bourg‹ genannte andere Vorstadt im Nordwesten auch verlorengehen, sie wird den Feind, der es eilig hat und dem es auf jeden Tag ankommt, binden.

Am Nachmittag sieht er endlich über Pech-Mary Staubwolken aufwabern, bald auch Menschen über die Hänge laufen. Wäre es nicht am besten, dem Feind zuvorzukommen, ehe er seine Heerhaufen zum Angriff formieren kann? »An die Pferde«, ruft er daher seinen Vasallen zu. »Vierhundert Mann auf den schnellsten Gäulen sollen sich auf sie werfen. Ehe die Nacht sinkt, können wir sie drüben auf den Hängen zerschlagen!« So die Erzählung des ›Chanson de la Croisade des Albigeois‹. Aber er findet Widerspruch. Pierre-Roger de Cabaret rät dem Vizegrafen, seine Kräfte für den kommenden Tag zu sparen, wenn man versuchen wird, die Stadt vom Wasser abzuschneiden. In der Tat, ein schwerwiegendes Argument. Die Brunnen der Cité geben in dieser Zeit nicht viel her. Aber man verfügt über zwei Quellen außerhalb der Mauern, die von Fontgrande bei Castellare und eine andere bei der Porte de Toulouse im Westen, und natürlich als Notreserve das Wasser der Aude. Cabarets Rat scheint der eines überlegten Mannes und man wird ihm folgen. Aber es mutet uns nachträglich keineswegs sicher an, ob ein Überraschungsangriff dem Feind nicht schwere Verluste gebracht oder ihn gar gezwungen hätte, sich zurückzuziehen.

Indessen, am nächsten Tag, einem Sonntag, geschieht garnichts. Am 3. August aber bricht der Sturm bei drückender Hitze nach dem ›Veni Sancte Spiritus‹ der Bischöfe los. Er zeigt, daß der Feind genau im Bilde ist, denn er wirft sich auf den ›Bourg‹ im Osten und überrennt die Schutzwälle. In Straßen und Gassen tobt der Kampf Mann gegen Mann. Trencavel verteidigt hartnäckig jeden Fußbreit, bis er sich nach zwei Stunden doch zurückziehen muß. Zwar, um den Bourg ist es nicht schade, aber ein gleichzeitiger Flankenstoß hat die Stadt von ihrer sichersten Wasserreserve, der Aude abgeschnitten.

So glauben die Kreuzfahrer denn auch am kommenden Morgen in Castellare leichtes Spiel zu haben. Dort aber holen sie sich blutige Köpfe. Gräben brechen die Wucht des Ansturms, von Mauern wie Türmen prasseln wahre Schauer von Steinen und Wurfgeschossen hernieder. Sie müssen unter großen Verlusten in völliger Unordnung zurück. Es ist der Augenblick, in dem sich einer der Kreuzfahrer zum ersten Mal durch Kaltblütigkeit hervortut, dessen Name sich von nun an nicht mehr aus den Geschehnissen fortdenken läßt, Simon de Montfort, der ›Petit Seigneur‹ aus der Ile de France: einer seiner Ritter ist verwundet im Graben vor der Mauer liegengeblieben. Mit einem einzigen Knappen sprengt Montfort heran und holt ihn trotz des Geschoßhagels heraus.

Immerhin wird den Kreuzfahrern klar, daß man ohne systematisches Vorgehen nichts zu erreichen vermag, und so beginnt jener gewohnte Kriegsalltag der tausend Plackereien einer mittelalterlichen Belagerung, des mühseligen Aufbaus der Schleudermaschinen, mit denen die Armee reich versehen ist, dem Höllenlärm, den sie verursachen, den wechselnden Vorteilen hier und dort, bis die Zermürbung eine Entscheidung verspricht. Noch erscheint König Peire II von Aragon, um zu vermitteln. Raymond-Roger ist sein Vasall, was die Gebiete von Carcassonne und Razès betrifft – vergeblich, die Forderungen der Belagerer sind zu hart. Einzig der Vizegraf samt elf Leuten seiner Wahl sollen die Stadt verlassen dürfen, alles andere auf Gnade und Ungnade kapitulieren. Natürlich lehnt Trencavel ab. Aber der Gedanke an Verhandlungen rumort seitdem in den Köpfen der Kreuzfahrer wie der Belagerten; die Zeit drängt hüben wie drüben. Offenbar ist der Wassermangel seit dem Abschneiden jeder Zufuhr in der Cité bereits groß. Läßt es sich anders erklären, daß sich Vizegraf Raymond-Roger auf Vorschlag eines Herrn von Courtenai aus dem Norden bereit erklärt, sich allein ins Lager von Pech-Mary zu begeben, um dort zu verhandeln?

Es ist eine Falle, und es läßt sich denken, daß seine Frau mit dem kleinen Sohn Roger sorgenvoll an der Porte Narbonnaise steht, als er ins Vorfeld hinausreitet. Noch einmal treffen sich ihre Blicke, während er ihr aufmunternd zunickt. – Sie sehen sich niemals wieder. Im Lager des Ost angekommen, fällt man über ihn her und legt ihn in Ketten. Mit keiner Silbe wird die Szene in den überkommenen Quellen geschildert, aber es ist das trübste Kapitel des ganzen Feldzuges.

Wer hat diesen felonen Verrat veranlaßt? Glaubte man

sich dazu berechtigt, weil der Vizegraf exkommuniziert war? Es bleibt ein Akt brutaler Gewalt, der jedem ritterlichen Empfinden der Epoche Hohn spricht. Was folgt? Die Stadt, ihres Vorkämpfers, Anführers und Kopfes beraubt, muß sich ergeben, die Bürger haben sie, nur in Hemd und Hose, ohne jede Habe zu verlassen. Raymond-Roger wird in das Verließ seines eigenen Schloßturms, der Tour Pinte geworfen, wo er drei Monate später stirbt. Vergiftet sagen die einen, an Dysenterie die anderen. Fest steht, der neue Machthaber, Simon de Montfort, hat sich um seinen Gefangenen nicht gekümmert. Mit Vorsatz wahrscheinlich; wir tun ihm kaum unrecht damit. Der kleine Sohn Trencavels, Roger II, wird dreißig Jahre später versuchen, sein legitimes Erbe wieder an sich zu bringen, aber nun ist König Ludwig IX. zur Stelle und lehrt ihn das Fürchten. Wiederum müssen alle Bürger die Stadt verlassen. Erst nach sieben Jahren dürfen sie sich, jenseits der Aude, in einer Ville Basse, einer Neustadt, dem Carcassonne von heute ansiedeln.

Es ist schon angedeutet worden, welches Nachfolgeproblem die Gefangennahme Raymond-Rogers für die Kreuzfahrer aufwarf. Glücklich über die gefundene Lösung, stimmt man dem päpstlichen Legaten zu, der den bescheidenen Herrn aus den Wäldern von Rambouillet zu einem der Vizegrafen des Südens macht. Mit ihm kommen seine Waffengefährten, vor allem Gui de Levis, der als Gui le Maréchal bekannt wird, denn Montfort ernennt ihn zum Oberkommandierenden seiner Truppe, die es derzeit kaum gab. Dazu eine Reihe Herren, meist aus der Pariser Gegend; sie besetzen die Burgen des Südens. Man sieht ihre Wappen heute im Hotel nahe Saint-Nazaire, als sei man stolz auf diese Überfremdung, die dem Kreuzzug eine erste Wendung ins Politische gab. Montfort residiert in der vizegräflichen Burg, dem ursprünglichen Kern der Cité, in der ganze Generationen von Trencavel gehaust haben. Sie waren seit 918 im Lande und geboten unter wechselnder Oberhoheit des Königs von Aragon und der tolosanischen Grafen über große Teile des Südens zwischen Hérault, Montagne Noire und Pyrenäen, fast bis vor die Tore von Toulouse.

13 *Collioure an der Côte Vermeille: Ludwig XIV. ließ den Hafen von seinem Militärarchitekten Vauban befestigen.*

14 *Spanisches Grenzland im Vallespir: der Col d'Arès.*

15 *Der Canigou, das östlichste der großen Pyrenäenmassive, fast 2800 Meter hoch.*

Der unbedeutende Baron aus dem Norden, dessen Wesen sich so schwer durchschauen, dessen Charakter sich auf keine Formel bringen läßt, ist plötzlich ein mächtiger Mann. Seine Frömmigkeit bleibt unbestritten, und doch konnte er unsagbar grausam, dann wieder unvermutet milde sein, ohne daß uns die Gründe verständlich werden. In jeder Lage zeigt er sich kaltblütig und entschlossen. Denn es kommt in dieser letzten Phase des Rittertums gar nicht so sehr aufs Kämpfen an sich an, das nach der simplen Regel des ›Drauf und Dran‹ abläuft, sondern auf den richtigen Augenblick des Eingreifens. Das aber bedeutet kühle Selbstzucht und ein sicheres Gespür für die entscheidende Sekunde der Tat. Man mag den neuen Vizegrafen verteufeln, wie man will, er ist der Mann der Stunde und jedem der Herren aus dem Süden überlegen, die ihm künftig entgegentreten. Vornehmlich jenem, gegen den er sich schon nach kurzer Zeit wenden wird, Raimond VI von Toulouse. Seines Bleibens in Carcassonne ist übrigens nicht lange; er wählt einen Wohnsitz, ein Schloß im Lande, um endlich doch in seine eben gewonnene Residenz heimzukehren; als er 1218 vor Toulouse fällt, setzt man seinen Leichnam für sechs Jahre in Carcassonne bei, bis man die Reste in die Ile de France überführt. Noch aber sieht man in Saint-Nazaire seinen gewaltigen Grabstein an den Wand des rechten Querschiffes, letzte Erinnerung an einen Mann, dessen Andenken mehr Fluch als gute Gedanken begleiten.

Die Stadt sah damals nicht ganz so wie heute aus. Die äußere Mauerumgürtung fehlte, anderes ging verloren: der Sacraire Saint-Sernin nahe der Porte Narbonnaise, die ihrerseits noch keineswegs die stolze Höhe von heute besaß, der Bischofspalast, von dem nur die Tour de l'Evêque blieb, das Kloster nebst seinem Kreuzgang neben Saint-Nazaire. Erst die französischen Könige, denen die Stadt schließlich zufiel, machten sie zu jenem Bollwerk der doppelten Umwallung, zwischen deren beiden turmbewehrten Mauerreihen sich breite Lices, Vorhöfe hinziehen, die jedem eingedrungenen Feind zum Verderben werden. Carcassonne, wichtigstes französisches Bollwerk gegen Aragon, war nun tatsächlich uneinnehmbar. Selbst der Schwarze Prinz, der sein Glück

1355 im Hundertjährigen Krieg versuchte, konnte zwar die Ville Basse jenseits der Aude abbrennen, aber von der Cité ließ er die Hände. Bis der Pyrenäenfriede von 1659 die stolze Feste plötzlich überflüssig machte, weil Perpignan ihre Stelle einnahm; sie verfiel rasch. Erst um das Jahr 1835, auf dem Höhepunkt eines romantischen Historismus, wird man sich ihrer erinnern. Neun Jahre später beginnt Viollet-le-Duc mit dem Wiederaufbau …

Carcassonne heute. Touristenströme schieben sich unaufhörlich durch die Porte Narbonnaise in die Stadt, queren die ehemalige Zugbrücke und fluten durch enge Gassen zur Burg mit den hölzernen Wehrgängen um Turm und Mauerkronen. Es geht in den alten Festsaal hinauf und nun, beim näselnden Klang der Stimme des Führers, in die als Museum dienenden Räume hinab, in denen einst die Trencavel hausten. Es folgt der Rundgang ins Gemäuer der Westseite, wo die Cité mit einem einzigen Schwung vom Ufer der Aude aufsteigt, über spiralige Stiegen oder entlang der Bastionen hinauf, hinab: Festungsarchitektur, Stein. Durch die Öffnungen im Boden überkragender Gänge regnete einst kochendes Pech auf den Feind. Hohe Galerien umziehen die Türme, Treppen tauchen in die Tiefengeschosse. Bald lernt man mittels des Steinmaterials die Entstehungsepochen unterscheiden. Die Römer, die sich des Platzes schon im 4. Jahrhundert versicherten, bauten mit mächtigen, ungemörtelten Blöcken, zwischen denen sie rote Ziegel zur Festigung einbrachten. Die Trencavel benutzten einen gelblichen, grob vermauerten Sandstein, die französischen Epochen rechtwinklig zubehauene Quader – unter Ludwig dem Heiligen mit glatter Oberfläche, unter Philipp dem Kühnen mit buckeligem Profil.

Zinnen allenthalben von Turm zu Turm, und ihrer sind viele: neunundzwanzig an der alten Innenumwallung, siebzehn, die Bastionen eingeschlossen, an der äußeren, rund fünfzig insgesamt. Daran Schießscharten, Fensterluken, Mauerlöcher. An den Distanzen von Turm zu Turm läßt sich die Erbauungszeit ebenfalls ablesen. In frühen Epochen mußten sie eng beieinander stehen, in Zeiten der Armbrust konnte man den Abstand vergrößern. Vielfach ist ihre Innenfläche offen, damit ein eingedrungener Feind keinen Schutz fand. Freilich nur, wenn dem Bauwerk keine besondere Aufgabe zufiel, wie der Tour de l'Inquisition an der Westseite mit dem Wachraum der ersten Etage und dem Kamin, in dem man Folterinstrumente erhitzte. In das Tiefengeschoß spähen die Augen mit einiger Beklemmung hinab. Der steinerne Stützpfeiler drunten hat dazu gedient, die Inkulpanten festzubinden, seit die Inquisition die ›dépistage‹ oder Befragung der als Katharer Verdächtigten übernommen hatte.

Spätestens hier allerdings merkt man kritisch auf: nachgebaute Schreckenskammern mit elektrischer Beleuchtung, die von Fackeln durchglommene Düsternis fehlt, mehr noch die Zeugenschaft der Steine. Man riecht den Gestank angesengten Fleisches nicht mehr. Man erlebt auch die anderen Gerüche Carcassonnes nicht mehr, die zum Mittelalter gehörten, die der Abortgruben, der Misthaufen, da man doch Tiere hielt, nicht die rinnenden Abwässer, sieht die Bresthaften, Blinden, Lahmen nicht auf den Schwellen der Häuser kauern, nicht das Huschen der Ratten. Ursprünglich erhalten blieb eigentlich nur die Basilika Saint-Nazaire, dieser seltsame Bau mit dem romanischen, schweren Schiff und dem vorgelegten, ganz leichten, gradezu verklärten Chorgezelt der Gotik, dessen Rosenfenster in zarten, verzauberten Farbklängen zu den schönsten des Südens gehören.

Doch halt, etwas anderes blieb auch! Die ungeschlachte Porträtbüste der Dame Carcas an der Porte Narbonnaise, der legendären Witwe eines Sarazenen, die ihre Stadt listenreich gegen Karl den Großen verteidigte und bei seinem Abzug den Trompeter blasen ließ, weil sie durchaus mit ihm verhandeln wollte, um weiterer Angriffe ledig zu sein; ›Carcas sonne‹, Carcas bläst, sollen die Soldaten gesagt haben. Schon die Troubadours haben die triviale Geschichte kolportiert; man findet sie heute auf den Karten der Andenkenläden dargestellt, die mithelfen, das trotz neuzeitlichen Glanzes von der Größe und Schwere des Mittelalters umwitterte Carcassonne in einen touristischen Rummelplatz zu verwandeln.

Vergeblich suchte ich allerdings die Zeugnisse der Pilgerepoche. Aus frühen Zeiten konnte es keine mehr geben; sie müssen in den zerstörten Vorstädten gelegen haben. Aber auch in der Ville Basse, der Neustadt westlich der Aude, die Damonte, nicht zuletzt ob der vierzehn Brückenbögen über den Fluß und der »molto buone hosterie« eine »doviciosa città« nannte, eine reiche Stadt, ist nichts mehr zu finden. Sie hat in ihren vom Treiben der Menschen erfüllten, rechtwinkligen Gassen, vollends aber in den vom Verkehr durchtobten Ringboulevards jede Erinnerung verloren. Und doch lassen sich unter den »hôpitaux ou maisons Dieu de Burgo Carcassonne«, der Unterstadt eben, laut einem Bericht vom 8. September 1354 die Namen von wenigstens fünf Spitälern nachweisen, zu denen als Pilgerunterkunft auch das Hospital ›Saint Jacques‹ rechnete. Der Moloch Fortschritt hat sie verschlungen.

Ballade aus Stein

Wenige Augenblicke später wird der Geist der Pilgerstraße, der in Carcassonne fast ausgeronnen scheint, wieder greifbar und dicht. *Saint-Hilaire-d'Aude* ist erreicht, das Damonte Santo Lario nennt, ein winziger Ort auf dem rechten Ufer des aus dem Schutz der Berge hinaustretenden Flusses. Eine kleine Benediktinerabtei hat hier gelegen, von der nur die ob der Enge des Raumes gedrängt-kurze Kirche und ein dünnblütiger Kreuzgang der Gotik um 1350 übrig sind. Das Schiff freilich ist trotz der gotischen Gewölbe mit den hübschen Figurenkonsolen viel älter, und das Gemäuer mag in früheste Zeiten zurückreichen. Schon um 970 hat man die Gebeine des ersten, im 6. Jahrhundert gestorbenen Bischofs von Carcassonne nach hier überführt. Geweiht aber wurde das Klosterkirchlein auf seinem Podest über dem Tal dem Heiligen von Toulouse, Saturninus oder Saint Sernin. Es ist wie ein Hinweis: von nun an liegt sein Schatten über der nach Norden durchs Lauragais in die Stadt seines Martyriums umbiegenden Straße.

Die letzte große Begegnung mit dem Meister der Pilgerstraße, der sich in Rieux so sensibel darstellte, dem von Cabestany, ereignet sich. Vielleicht ist sie von allen die eindringlichste. Im leichten Dämmer des Seitenschiffs steht der

Altar, den er zu Ehren des von ihm so sehr geliebten Heiligen schuf, und dessen Stadt er offenbar niemals erreichte. Was einigermaßen verwundert, denn der Meister schien sich gut auszukennen. Auf dem Sockel nämlich ist das Martyrium des tolosaner Patrons dargestellt, über dessen Reliquien eine der größten Pilgerkirchen der Christenheit, der östliche Gegenpol zu der von Compostela gleichsam, erwuchs. Es scheint eine Jugendarbeit des Künstlers, wie die Experten vermuten, denn er hat seinem Werk die Gestalt eines antikisierenden Sarkophages gegeben, in manchem ähnlich dem von Saint-Aphrodise in Béziers. Auf den Seiten finden sich, verwandt den Bildern an der Grafenpforte zu Toulouse, Saturninus mit Kreuz und Buch nebst seinen Schülern Papoul und Honestus, nachmals Bischof von Pamplona, sowie die Grablegung des Gemarterten durch die ›Saintes Puelles‹, die beiden Jungfrauen, die darob sterben mußten, wiedergegeben. Die zwei Meter messende Vorderseite aber – welch eine Gelegenheit für einen derzeit noch jungen Bildhauer – überzieht die Schilderung des eigentlichen Geschehens, die Anklage und die Hinrichtung des Heiligen.

Selten habe ich eine so prall von Leben durchwirkte, so dramatisch gesteigerte Martyriumsdarstellung erlebt, die zugleich jede Grausamkeit meidet und voll wunderbarer Harmonie und Getragenheit steckt. Auf der rechten Seite wird der Evangelisator, das Buch beschwörend vor sich haltend, von den erzürnten Heiden ergriffen und vor den Richter geschleppt, weil er ihren Göttern nicht opfern will. Vier bewegte, bärtige Gestalten mit kurzem Leibrock, zwischen den Beinen als Symbol des Bösen hervorlugende Tiere, genügen, um durch Handbewegung und Wendung der Köpfe, freilich auch den bewegten Faltenwurf, das ganze Vorspiel der Verurteilung zu erzählen. Daß es ein Drama wird, bekunden die Menschen, die aus einem Haus zur Rechten schauen. Einer, den seine Neugierde ganz hoch hinauf treibt, hat sich gar ein kunstvoll gedrehtes Seil übers Dach gespannt, von dem er rittlings hinaussieht. Auf der Linken aber spielt sich der Höhepunkt des Geschehens ab: auch hier fehlen die Gaffer nicht, wie es bei Hinrichtungen üblich war auch hier lassen sich von unten hervordrängende Tiere, dazu zwei klagende Männerköpfe erkennen. Der heilige Mann, auf den Stufen des Kapitols liegend, ist mit den Füßen an einen losstürmenden Stier gebunden; noch einmal segnet er die ›Saintes Puelles‹, die er zuvor bekehren konnte. – Der Stier! Vielleicht ist er das Bedeutendste an Ausdrucksgebärde, das dem Künstler gelang: ein vorgeneigter Mann stachelt ihn, zwei Hetzhunde springen an ihm empor, indessen das gepeinigte Tier, den Kopf auf die Seite gelegt, mit einem so jähen, gestreckten Sprung davonstürmt, wie es seinesgleichen nicht hat ...

Wir standen und starrten die mächtige Tafel aus weißem Pyrenäenmarmor an. Da hatte einer den ganzen Geist seines Zeitalters in sich gesogen, die Grausamkeit des Vollzuges, die Neugier der Mitmenschen, die Ergebung der Frommen, und in ein Bildwerk von solch bewegter Kraft umgesetzt, daß es wie eine Ballade wirkte. Und doch befand sich noch mehr im Spiel; er stand unter einem inneren Zwang der Aussage. Es mußte alles aufs äußerste gesteigert werden, damit es wie Tubaton durch das Widerspiel der irdischen und himmlischen Mächte dröhnte.

Durchs Hügelland ging es hinaus nach *Limoux*. Es wächst hier eine Gutedeltraube, aus der man den moussierenden Blanquette-Wein keltert. Zwischen den Gärten stechen dunkle Zypressen ins Licht; die Grillen sangen. Hitze waberte über dem Land. In Limoux drunten am ausgeuferten Aude-Bett gab es eine Straße Saint-Jacques. Hier bog Damontes Weg um nach Villepinte im Norden, allein Jakobuszeichen fanden sich nicht mehr. Aber an einem Nebensträßchen unter der Höhe von Fanjeaux hinweg, das es kommenden Tages aufzusuchen galt, sollte es in *Villasavary* neben einer Rue Saint-Jacques auch eine Pilgerherberge mit einer Jakobusfigur nebst einem Madonnenbild geben. Wenigstens behauptete das ein Bericht von 1678. Aber wir haben nur die Jakobsfenster im Kirchlein entdeckt. Immerhin *Saint-Papoul* lag nahe. Noch einmal, zum letzten Mal ließ sich ein Blick auf ein Werk des Cabestany-Meisters werfen: zwei Kapitelle, eines mit Daniel in der Löwengrube, hoch an den vorgelegten Pilastern des Außenchores. Monsieur le Curé, der eben im alten Klostergarten die Blumen goß, eilte voll Erklärungseifer herbei. Doch dann zupfte ihn ein altes Weiblein energisch beim Ärmel fort. Auf dem Kirchplatz stand mit gesenkten Köpfen eine Trauergemeinde; Tote läßt man nicht warten.

Castelnaudary folgte, altes Kampfgebiet aus den Zeiten Montforts, der sich in den verwinkelten Gassen der Oberstadt mit der vernagelten Kirche und den Katzengerüchen verschanzt hielt. Auf der Talstraße donnerten alle Last- und Personenwagen nach Norden, denen die nahe Autobahn zu teuer war.

Auch über der unerhörten Weite des Lauragais flimmerte das Sonnenlicht. *Villefranche* zeigte sich, einst Pilgerstation, und als letzte *Baziège,* das Vasiglia Damontes. Fern hing der schwere Dunst einer Großstadt über dem Land: Toulouse, das immer erneut in Gedanken umworbene Zwischenziel. Doch für uns hieß es umkehren nach Fanjeaux.

Es war der Ausgangspunkt jener Gegenkraft, die den Katharismus endlich überwand.

Wo der Heilige ging

Fanjeaux ist ein kleines Dorf auf einem vorgeschobenen Rücken des bergigen Razès, rund zweihundert Meter hoch über der kaum welligen Ebene des Lauragais gelegen, die sich bis Toulouse hinzieht. Während der Talwind zart die grasigen Hänge emporstreicht, blickt das Auge von einer Aussichtsbastion, dem Seignadou weit hinaus: auf die endlosen Felder zu Füßen, je nach der Jahreszeit im saftigen Grün oder Rotgold der reifenden Hirse, auf die geballte Baumgruppe mit der hellgrauen Kirchenkuppel der Dominikanerinnen von Prouille, dahinter Montréal auf seinem Berge, nun die braunen Gebirgsrücken der Corbières und fern, ganz fern, wie der wechselnde Wolkenzug das Licht einfallen läßt, tintigblau oder im zarten Schmelz eines Schmetterlingsflügels, die Kuppen von Andorra. Die Weite ist königlich, der Friede scheint unversehrbar, und doch hat dieses Land gebrannt. Innerlich, unterschwellig und mit je nem bedrohlichen Knistern, das die Weltordnung des Mittelalters in Flammen zu setzen drohte. Das Lauragais ist die Herzkammer des Katharismus, und in Fanjeaux hat einer seiner bedeutendsten ›Bischöfe‹ gewirkt, Guilabert de Castres. Aber hier nistete sich auch jener Mann ein, dessen Wirken nach endlosen geduldigen Mühen eine geistige Wende brachte, ein Zeitgenosse des Franz von Assisi aus Spanien, Domingo de Guzman, Subprior der Kathedrale von Osma.

Er weilte nebst seinem Bischof Diego seit dem Juni 1206 im Midi, nachdem die beiden in Rom erfolglos ein Durchgreifen von Papst Innozenz III. gegen die auch in Spanien schwelende Häresie gefordert hatten. Trotz der Vergeblichkeit aller Mahnungen, Erlasse und Exkommunikationen, die er hinausgehen ließ, vor dem äußersten Mittel schreckte der Oberhirte zurück. Erst als sein Legat Pierre de Castelnau 1208 dem Mordanschlag eines gräflichen Gefolgsmannes aus Toulouse auf der Brücke von Trinquetaille erlag, rief er zu dem berüchtigten Kreuzzug gegen die Häretiker auf, eine bittere Stunde für den Pontifex Maximus, der Kaiser und Könige bannte oder entthronte, um den Primat des römischen Stuhles durchzusetzen. Denn es war das Eingeständnis seiner Ohnmacht und Ratlosigkeit gegenüber einer Lehre, welche ohne bisherige Anwendung von Gewalt die Kirche gleich einem Bazillus von innen zerstörte.

In Montpellier waren die beiden Spanier den entmutigten Sendboten des Papstes, Castelnau und Raoul de Fontfroide begegnet, die von ihrer Aufgabe zurücktreten wollten; Dominikus konnte sie zum Durchhalten bewegen. Er riet ihnen eine neue Methode der Missionierung an. Es galt, den Katharern anders als im Gewand der kirchlichen Autorität zu begegnen; man mußte der Lehre und ihren Trägern die Glaubwürdigkeit wiedergeben, es den Aposteln gleich tun, das Wort Gottes in völliger Armut und Bedürfnislosigkeit predigen und, angetan mit der ungefärbten Wollkutte, der schwarzen Kapuze, an die Türen der Katen klopfen, um sich seinen Unterhalt demütig zu erbetteln.

Neun Monate zogen sie sodann verkündigend, diskutierend durchs Land, bis man ins Lauragais, genauer nach

Montréal gelangte. Dort fand im März 1207 auf Einladung des Aimery de Laurac, eines erklärten Häretikers, nach dessen Familie sich das Lauragais benannte, im heute verschwundenen Schloß, dann auf der Terrasse davor während fünfzehn Tagen eine große Disputation mit den geistigen Widersachern, Guilabert de Castres an der Spitze, statt. Schon damals erregte Dominikus Bewunderung. Wo hatte er, der Kastilier, die Sprache des Landes so vollkommen beherrschen gelernt, und noch mehr, aus welchem Brunnen quoll diese glühende Beredsamkeit, die seine Zuhörer hinriß? Denn dies war und blieb seine eigentliche Kraft, die Macht des lebendigen Wortes.

Dennoch zeigten sich die Erfolge gering. Gewiß konnte man wiederbekehrte junge Mädchen und Frauen, die nicht mehr ins ketzerische Zuhause zurück wollten, in Prouille um sich scharen und unterbringen, eine Gründung, um die sich bald die Legende rankte. Nach einer Überlieferung des 17. Jahrhunderts war Dominikus eine dreimal wiederholte Erscheinung vom ›Seignadou‹ in Fanjeaux aus zuteil geworden, als er nach stundenlangen Gebeten und Kasteiungen Erholung in frischer Luft suchte. Plötzlich erblickte er eine glühende Kugel wie einen flammenden Globus über sich, die sich nach Prouille zu senkte und auf das dort errichtete Marienheiligtum niederstürzte.

Neun Jahre zog er noch mit seinem Gefährten Bertrand predigend, diskutierend durchs Land, ein Wanderapostel von unzerstörbarer innerer Heiterkeit, der barfuß durch Disteln und Dornen ging und belustigt das Bluten der Füße feststellte, einer, der neben Landstreichern und Marodebrüdern in verpesteten Spelunken schlief, und auch dieser Vagantenzeit bemächtigte sich später die fromme Sage. Als Ketzer am Johannistage ihre Felder abernteten, während er grade vorüberzog, begann das Getreide plötzlich zu bluten. Oder er bannte einen Wolkenbruch, der die wollenen Kutten zu durchtränken und schwer zu machen drohte, durch Gebetskraft. Doch das sind alles bloße Erklärungsversuche für die bezwingende Kraft, die er verkörperte, die bezwingende Wirkung, die von ihm ausging. In vielem erwies er sich anders als der demütige Poverello: gleich Jakobus dem

Älteren war er der geborene Verkünder, und die später von ihm in Toulouse gegründete Mönchsgemeinschaft sollte denn auch ein Predigerorden sein, dessen Mitglieder in der gleichen Armut, der gleichen Unbedingtheit, der gleichen Hingabe lebten wie der Stifter.

Wohl ist seine Größe schwer faß- und meßbar, aber die Ausstrahlung seines Geistes half die Welt zu verändern. Nicht die Vervollkommnung des eigenen Ich war das Ziel; er wollte hinauswirken, unterrichten, die Klöster der Allgemeinheit öffnen. Die Hochscholastik, die Verbindung christlicher Offenbarung mit philosophisch-methodischem Denken in einer Universitas der Lehrgebäude, ihre Verbindung mit mystischen Gedanken ist im Grunde bei ihm bereits angelegt, wenn er auch ein Mensch tätiger und herzenswarmer Frömmigkeit blieb. 1215 wird Honorius III. seinen Orden, den er in Toulouse gründete – ein Thomas von Aquin, ein Albertus Magnus gehen aus ihm hervor – bestätigen, zwei Jahre später den der Dominikanerinnen. Die von Gregor IX. 1231 verfügte päpstliche Inquisition, deren Durchführung Franziskaner und Dominikaner zeitweilig in Mißkredit brachte, hätte er genausowenig hingenommen wie Franziskus von Assisi. Schon 1234 erhob man ihn, der bereits dreizehn Jahre zuvor in Bologna gestorben war, zur Ehre der Altäre.

In Fanjeaux vollzog sich der Großteil des inneren Weges, der ihn zu seiner Aufgabe führte. Er hatte sich in voller Bewußtheit inmitten der Ketzer niedergelassen. Am alten, nach ihm benannten Sträßchen in der Nähe des zerstörten Schlosses ist seine Bleibe, die er seit 1207 als pied à terre benutzte, noch immer zu sehen. Unter den alten Balken, vor der alten Kaminwand lag er auf den Knien, wenn er, müde heimgekehrt, die Nacht in Gebet und Kasteiung verbrachte. Vor dem Hoffenster liegt ein altes, entzückendes Gärtchen mit weitem Blick über das Land, welches das seine gewesen sein soll; nur, daß ein solcher ›hortus animae‹ nicht ganz zu ihm paßte. Er suchte die Auseinandersetzung, Bewährung, Entscheidung. Man kommt ihm mit einer Idylle nicht bei.

Die Kirche von heute hat er nicht gesehen. Sie entstand erst nach seinem Tod an der Stelle des römischen ›Fanum jovis‹ oder Jupitertempels; nicht also die gloriose Darstellung der auffahrenden Jungfrau, die ein von außen hinabführender Lichtschacht magisch beleuchtet, nicht auch die Gemäldereihe im Chor, nicht die Pilgerzeichen der gekreuzten Bordons, die den Jacquaires ankündigten, daß es für den Santiago-Wanderer Unterkunft gab. Denn auch sie zogen, von Carcassonne kommend, auf jener Pilgerroute hindurch nach Westen, die auf der Karte von 1648 nur als gradlinig gestrichelter ›Chemin de liaison‹ bezeichnet wird.

Natürlich sind wir auch ihr gefolgt.

Viele waren es offenbar nicht, die auf diesem Verbindungsweg schritten, vielleicht nur Heimkehrer, die eilig nach Hause wollten. Der apokalyptische Aspekt, das Erregende, das uns auf jedem der Menschheitswege begleitete, fehlte. Kein Funke glühte, keine Bildhauerhand hatte Zeichen gesetzt. Alles übrige ausgelöscht, leergefegt von Kriegen und Zeit. Was schlimmer war, seit Tagen lag eine bleierne Hitze über dem Land. In *Mirepoix* bot zwar die weitbauchige Kathedrale – den Rochus im Pilgergewande darin, ich habe ihn nicht übersehen! – Kühle, und doch trieb es uns in die Lauben am Marktplatz, um vor dem einzigen Café Erquikkung zu finden.

In *Vals* am Rande des Hers-Grundes aber gab es dergleichen nicht und nur das Schattendunkel des dreifach gestaffelten Kirchleins im Felsspalt zwischen Roc-de-l'Epéron und Roc-Taillat, eine Stätte uralter Besiedlung, ließ aufatmen. Leider nur allzu kurz, denn nun lag der breite Ariège-Grund wie eine glühende Tonscherbe vor uns, den es nach *Pamiers* zu queren galt. Drei Tage blieben wir dort. Es mußte doch etwas zu finden sein! Altes Backsteingemäuer gab es genug, aber Fensterlöcher und Türen meist zugemauert, das Innere jeder Erinnerung bar. Vom Schloß auf dem ›Castella‹-Hügel, einst Wohnsitz der katharischen Erzdiakonesse Esclarmonde de Foix, Großtante der gleichnamigen Königin von Mallorca, blieb kein Stein auf dem anderen. Auf eine Wand stand in großen Teerbuchstaben geschmiert: ›A Pamiers on ne meurt plus de faim mais d'ennui‹. Da hatte ein junges Herz sich Luft gemacht.

Das war es, das ›Ennui‹, die tödliche Öde, die innere Leere, die der großen Geschichte folgt. Mochten auch morgens samthäutige Negerinnen voll Grazie mit weißen Sandalen und bunten Gewändern über den Markt schreiten, mittags senkte sich das Ennui wieder lähmend auf die glühenden Dächer, und nur in etlichen Kneipen hielt das Leben aus. Dort saßen die Männer und spielten Karten.

Wir lebten wie hinter Schleiern und wachten erst wieder auf, als es in die Berge des Plantaurel ging und der natürliche Tunnel der Arize kam, in dem sich die Höhlengänge von *Mas d'Azil* seitlich ins Bergesinnere winden. Pilgerzeugnisse gab es hier nicht, dafür, was die Jacquaires eher für Teufelsspuk gehalten hätten: das Grab des Mammuts, die Galerie der Bären, den unterirdischen Vitrinensaal mit den kostbar gravierten Knochen aus dem Magdalénien, von denen ein witternd vorgestreckter Tierkopf das schönste blieb. Eine Oase war es im endlosen Hügelland. Bis denn doch etwas kam und die Zweifel behob, ob wir überhaupt der richtigen Strecke folgten: *Montjoie* lag vor uns, dessen Name den Santiago-Wanderern Herberge verhieß. In den mürben Mauern der Burg vorkragende Häuschen um eine kauzige Kirche mit Wehrgang. Was es ankündigte, fand sich unten im Tal, *Saint-Lizier,* ehedem Bischofssitz des Couserans, eine kleine, teils noch ausgemalte Kathedrale mit Achteckturm, einer Fünfeckapside, dem alten, zweigeschossigen Kreuzgang, dessen Arkaden auf Marmorsäulen und Kapitellen mit Flechtwerk ruhten.

Die Luft war unterdessen beklemmend geworden, bis es auf einmal in Strömen herniederrauschte. Begann schon der große Herbstregen der Pyrenäen? Wir saßen im nahen Saint-Girons unter dem Vordach des Cafés am Salat-Ufer, weil die Kartenspieler des Ortes drinnen den letzten Stuhl besetzt hielten. Bis Salies-du-Salat, wo die Nebenroute in die große Pilgerstraße von Toulouse nach Saint-Gaudens mündete, war es nur noch ein Katzensprung.

Es dunkelte, als wir einrollten, aber der Himmel hatte sich aufgeklart, bot sich rein gewaschen dar und führte vor, was er an Sternen besaß, die Belle Maguelone zuerst, dann die ganze Milchstraße, den Chemin de Saint-Jacques des Weltalls. Ein gutes Omen! Am nächsten Tag sollte es zurück bis Foix und dann auf die letzte der Routen des Südens ins Ariège-Tal gehen und, ganz im Nebenbei, auch zum Montségur.

Es kam dann umgekehrt. Der Schicksalsberg der Katharer beherrschte die Szene.

Tod am Montségur

... Da hocke ich nun im Herzen der Corbières, am Tisch der Gaststube des Hotels in *Quillan,* das seit vorgestern unsere Bleibe ist, und schreibe. Morgen soll es auf Fahrt zu den äußersten Zufluchten der Katharer auf den höchsten Burgen des Landes und dann zum Schauplatz der Katastrophe von 1244 gehen. Es wird eine Reise zu den Toten. Ist es ihre Lust am Untergang, die mich so anlockt, die Sympathie, die uns mit allem Gelebten verbindet, oder weil ich darin eine düstere Krönung der Fahrt auf den südlichen Routen sehe?

Schon liegt ja die letzte Nebenstraße, die durchs Ariège-Tal, hinter uns, ergebnislos, was die eingebrachte Ernte angeht, und doch, welche Tage waren uns noch einmal geschenkt, mochte auch *Foix* eine tiefe Enttäuschung bleiben: der Leib der riesigen Burg über dem alten Ort mit ihren mächtigen Karreetürmen aus Pilgertagen – der dritte, runde kam erst unter Graf Gaston Phoebus im 14. Jahrhundert hinzu, in dem das Blut so wild stürmte – bis auf Reste zerstört. Von der Hofhaltung der glänzenden Empfänge und Feste, der Wiege des Geschlechtes aus iberischem Stamm, verschwägert mit allen okzitanischen und katalanischen Dynastien, nichts mehr. Nichts von den zwei Ringmauern, zwischen denen die Pyrenäenhunde Wache hielten. Nichts mehr von der Barbacane, durch welche die stolzen Grafen, treueste Parteigänger der okzitanischen Sache, ausritten zum Kampf auf Leben und Tod. Keine Erinnerung an Ruhm, Ehre, Frauenschönheit, Aufbruchstimmung ins Ferne. Kein Echo dieser Rogers und Gastons, deren Geist doch in der navarresischen Verschwisterung fortwirkte und selbst in Henri IV, dem Vert Galant auf dem französischen Thron nachlebte. Das kleine Museum mit seinen Moulagen, M daillons, Eisenarbeiten, das ich besuchen konnte, zählte doch nicht. Auch das Städtchen um den Bergsockel mit seinen belanglosen Gassen nicht. Hinter seiner Schaufenstergardine spähte der Friseur vergeblich nach Kunden aus, an der klobigen leeren Kirche schlichen nur ein paar alte Frauen herum. Die Geschichte hat Foix preisgegeben und das Leben von heute auch; seine Ströme brausen drüben auf dem anderen Flußufer vorüber. Nur im altväterlichen Hotel halb über der Ariège fanden wir Umgetriebenen ein wenig von dem, was wir suchten, einen weiträumigen Zuschnitt, altes, edles Mobiliar und über dem Behagen auch die Kraft zu neuer Erwartung.

Wirklich kam noch einiges auf uns zu: *Tarascon-sur-Ariège* mit der nahen Höhle von *Niaux* halbhoch in der Bergflanke über dem Grund des Vicdessos. Es ist eine doppelbödige Region. Drunten im Wiesental in der Zuversicht des Wirklichen das zugehörige Dörfchen, im innersten Schoß des Höhlenschlundes aber der ›Salon Noir‹ mit seinen Urweltbotschaften aus mythischer Zeit, Wandbildern des Magdalénien von hoher Vollendung, die Bisons und Rens, das mit lockerer Schraffur konturierte Pferd, dessen animalischen Dunst man zu wittern vermeint. Dazu die anderen Höhlen, die das Gebirge förmlich durchsieben, die Grotte von *Bedeilhac,* die von *Lombrive* mit den enigmatischen Grafitti von der Hand Verlorener. Hatte man darin 1328 eine letzte Ketzergemeinde, die in der Erdentiefe Zuflucht suchte, nicht einfach eingemauert? Dergleichen Zeugnisse, in denen sich Magisches und Tragisches mengte, mehrten die romantische Hintergründigkeit dieser von wundervollen Gebirgspanoramen umstellten, von erstarrtem Felsgepolter erfüllten Landschaft noch. Sie war das Dauernde, das Beständige, nicht das flüchtige Heute. Das romanische Kirchlein von *Mercus* auf seiner abgerutschten Felsscholle, edel, einsam, von schweigsamen Gräbern umgeben, gab sogar Pilgererinnerungen preis. Wenn sich auch nichts anderes fand, die Jacquaires mußten es doch gesehen haben. Sie hatten den gesamten, unerhörten Landschaftsraum so wie wir erblickt: die Gletschermilch der einherrauschenden Ariège, totgedachte Dörfer in fernen Hängen, von denen ein Glokkenklang herüberwehte, die aufragenden Zinnenmauern des Pyrenäenkammes vor sich, der das Tal zu verriegeln schien, den leuchtenden Himmel. Bis wir über Ax-les-Thermes hinaus, über Pässe und Straßenwindungen hinweg nach – nomen est omen – Hospitalet gelangten, wo wir einst auf der Gewitterflucht nach Andorra in den Sommerschnee gerieten.

Wieder schoben sich dort bedrohliche Wolken über die Kuppen, worauf wir, da der Anschluß an die Route nach Puigcerdá nunmehr gefunden war, umkehrten nach Ax, um auf endlosen Serpentinen in mühseliger Kurvenfahrt nach Nordosten abzubiegen, nach Belcaire, ins Pays de Sault und endlich nach Quillan in den Corbières, weil es für unsere letzten Pläne am günstigsten lag. Mit den Schicksalsmächten des Midi hatte die Fahrt über die Pilgerstraßen des Südens in Saint-Gilles begonnen, mit der Lösung des Dramas sollte sie für dieses Jahr abgeschlossen sein: am Ende aller Geschichtsmächte der Untergang. Jahrzehntelang schien jede Wandlung, jede Lösung der bedrängenden Probleme in diesem Land möglich, bis sich nach einer alle Kräfte fordernden Katharsis der Bewährung der jähe Zusammenbruch einstellte, den nur wenige, an den Fels des Lebens geklammert, überstanden. Es gab drei Orte in den Corbières, wo sich dies vollzog. Zwei Burgen des Überdauerns, später zu den ›fünf Töchtern von Carcassonne‹ gehörig, welche die alte Grenze zu Aragon absicherten, Peyrepertuse und Quéribus, und endlich den Schauplatz des Holocaust, den Montségur. Aber der Reihe nach. Denn vorerst begab sich etwas, das ganz beiläufig schien und doch unser Vorhaben nicht leichter machte.

Während Freund Eugen vor einem Roten saß und seine Skizzen des Tages in Aquarelle umsetzte, meine Frau vom Einkauf für die kommende Fahrt zurückkehrte, klatschte plötzlich neben mir etwas ans Fenster. Die Bö, die das Gebüsch im kleinen Fontänenpark nebenan jählings niederbeugte, warf das Wasser des Brunnens fäustevoll umher, eine Tür im Hotel fiel schmetternd ins Schloß. Hatte das Wetter von Hospitalet uns eingeholt? Doch im Gegenteil, der immer lauernde Wind über den Corbières warf sich mi aller Macht gegen die Wolkenfront aus den Pyrenäen. Wir sahen es mit Beklemmung.

Der nächste Morgen dämmerte mit einem blankgefegten Himmel, als wir nach Peyrepertuse aufbrachen, das in Richtung Perpignan abseits der Talstraße hinter den endlos hinauf- und hinabschwingenden Weingefilden von Maury liegt. Myriaden Rebstöcke vom Sturm durchrauscht, welch eine Szenerie! Nach Osten versperrte eine rötliche Felswand den ungeheuren Grund, im Süden hob sich machtvoll der Kegel von Quéribus, zuoberst der trotzige Stumpf des Turmes; dahinter, jenseits des Straßengrundes, den wir soeben verlassen, das, was wir die ›katalanische Mauer‹ nannten; nach Nordwesten endlich der Sockel, aus dem die gewaltige Klippe wächst, über die sich gleich einem Hahnenkamm die unersteiglich scheinenden Ruinen von *Peyrepertuse* ziehen. Auf einem Sträßlein, vorüber an einem halbhoch im Windschutz gelegenen Dorf, Duilhac mit seinen Dahliengärten, ging es hinan bis zum eigentlichen Fuß der Klippen. Der Weg hörte auf, der Wagen blieb stehen, und Eugen kramte Block, Stift und Tuschkasten samt dem kleinen Wasserfläschchen fürs Aquarellieren hervor, um das Bild einzufangen, eine Landschaft, die eigentlich nur noch aus großen Strukturen, schwingenden Linien und dem bunten Farbschmelz der gilbenden Jahreszeit bestand, während wir beiden anderen den Bergpfad hinanstiegen, der sich bald in mannshohem Buchsbaumgestrüpp verlor. Über der rutschigen Spur schloß sich das Laubdach zusammen, den Boden durchsetzten tückische Felsrippen. Mal galt es durch einen kleinen Gehölztunnel hinab zu tauchen, mal mit Hilfe von Astwerk hinan zu klimmen, bis unvermutet ein gemauerter Durchlaß, eine alte Burgpforte erschien, hinter der sich, von riesigen Scherben umstellt, der Binnenhof öffnete, längst nur noch ein verwucherter Grashang. Wir waren da, aber noch nicht am Ziel, denn vor uns ragte die obere Burg wie eine Mauer empor, zu der ein ausholender Trampelpfad führte, bis endlich am Rande des Abgrunds die Treppe kam, die ich von Luftbildern kannte.

Der heilige Ludwig hat sie anlegen lassen, mir aber schien, es sei der Teufel gewesen, denn nunmehr fiel der Sturmwind wieder über uns her. Zur Rechten drohte die offene Tiefe, zur Linken gab es als Sicherung an der Wand eine Schafskette, an der ich mich, während Anne in den Schutz einer Nische kroch, so gut es ging, über die schmalen Stufen emporzog. Der Luftschwall riß mir den Wandersack fast von der Schulter, und einmal rutschte ich, ein jämmerliches Gefühl im Magen, auf der steilen Stiege zurück. Da lernt man, was aus einem harmlosen Wind, der sonst nur den Hühnern die Federn aufbläst, werden kann. Nur nicht loslassen! Die Kette brannte in meiner Hand.

Mehr kriechend als steigend bin ich nach oben gelangt, fand hinter einem Mäuerchen Schutz und erlebte nun, was es bedeutete: das Überdauern im Anblick des Unermeßlichen. Dies hatten sie also vor sich gesehen, die Katharer der Entscheidungsjahre, eine Weite, welche die Seele überforderte, nur den offenen Raum um sich, ein Leben auf der äußersten Klippe des Daseins, das Ich preisgegeben den Himmelsmächten. Oder war es gerade das, was sie suchten? Was als berauschendes Hochgefühl beginnt, endet meistens im Nichts. Gewiß, es war noch etwas anderes im Spiel, die ausgesetzte Höhe bedeutete Sicherheit. Das freilich warf eine andere Frage auf: warum dieser vollkommene Rückzug, diese Besorgnis um leibliche Unversehrtheit, wenn sie anderwärts so todesbereit in die Flammen sprangen? Das Rätsel, das mich lange bewegte, wurde nur dunkler. Wie dem auch sei, am 16. November 1240 kapitulierten sie vor den Truppen des Sire de Beaumont. König Ludwig setzte die Burg instand und machte eine Grenzfeste daraus …

Auf *Quéribus* drüben in Sichtweite, am Rande des riesigen Kessels, war es dann ähnlich und doch ganz anders, denn der Sturm trieb es noch toller. Wer emporklimmt, sieht hoch einen Rest der Rundmauer vor sich, darin ein Loch, das Tor. An Gutwettertagen hatte es nichts damit auf sich, aber an diesem benutzte der Sturm es als Nadelöhr und jagte seine unsichtbaren Schwadronen hindurch, was die Wucht des Angriffs vervielfachte. Es ließ sich nur kriechend passieren, und selbst im geschützten Hof blieb der Anstieg über die Felsbuckel zum unteren Turmgelaß, einem Gewölbe, getragen von einer Mittelstütze, ein Balanceakt. Durch ei doppelbögiges Fenster fiel Licht ein. Gewiß, man besaß einmal Nebenräume, die längst verfallen, regelrecht abgebrochen sind. Dennoch: elf Jahre nach dem Untergang am Montségur hielten die Häretiker aus. Das muß trotz gewaltigen Ausblicks auf den Canigou und eines hinreißenden Farbenspieles vom zarten Rosa bis zum Violett der Höhen im Süden oder der Goldränder und Schattentiefen des Gegenlichtes, in dem die Berge der Corbières am Morgen erschienen, kaum ertragbar gewesen sein. Griff es ihnen nicht manchmal mit Eiseskälte ans Herz? Im Tal spielte sich das gewohnte Leben der Menschen ab, das doch auch seine kleinen Innigkeiten, Erhebungen und Leiden besaß. Sie aber warteten unterdessen auf ihrer Höhe und beschworen mit müde gewordenen Lippen in allzu gewohnten Formeln einen gestaltlosen Gott, der sie offensichtlich im Stich ließ, während die Körper der Alten versagten, die der Altwerdenden sich vor ersticktem Lebensdrang unter der Schlafdecke krümmten. Nein, der Mensch ist nicht der Absage willen auf Erden, sondern damit er sich beweise, um über sich selbst hinaus zu gelangen.

Dennoch, sie hielten aus! Bis dem Seneschall von Carcassonne, Pierre d'Auteuil, der Pfahl im Fleisch, der soviel Aufmerksamkeit forderte, lästig wurde. Da er die Burg im Sturm weder nehmen konnte noch mochte, verlegte er sich aufs Verhandeln mit ihrem ›Kommandanten‹, Chatbert de Barbayra, einem Veteranen aus den Kriegen um Toulouse, dem auf der Burg ohnehin das Wasser ausging. Gegen tausend Silbermark, für die ausgerechnet Philippe de Montfort, ein Neffe Simons, bürgte, konnte der alte Haudegen mit den Seinen unbehelligt davonziehn. Man schrieb das Jahr 1255. Sie waren der Mitwelt gleichgültig, uninteressant geworden. Ein Wachtposten von elf Sergeanten besetzte die Feste. 1473 kamen noch einmal die Spanier für kurze Zeit, seit dem Pyrenäenfrieden verfiel sie.

Über Cucugnan, dann Cubières sind wir nördlich an Peyrepertuse vorüber ins Tal gefahren. Noch einmal stand die Burgmauer mit dem Maßwerk der leeren, gotischen Fensterhöhlen hoch über uns; wenig später nahm uns die Schlucht von Galamus auf, die nach Süden führt. Das Sträßlein verlief tief, tief zwischen Steilwänden. Über dem Kopf war der Himmel nur noch als Spalt zu erblicken. Aber der Sturm drang selbst in diese Gründe und ließ das Laub der wenigen Sträucher, die sich in den Wänden festkrallten, erschauern. Die Einsiedelei Saint-Antoine mit ihrer Höhlenkapelle glitt unterhalb der Straße vorüber. In Saint-Paul-de-Fenouillèdes ging es endlich wieder nach Westen. Burgen der Sage ragten auf Felshöhen am Weg, das Défilé-de-Pierre-Lys nahm uns auf, und dann lag wieder Quillan vor uns, das wir am nächsten Tag, diesmal in westlicher Richtung, verließen. Denn natürlich war der Burgenbesuch nur die Ouverture zum Montségur gewesen.

Wer heute von Bélesta, vorüber an der Source Intermittente, dem ›Hungerbrunnen‹ von Fontestorbes wandert, der mi achtzehnhundert Sekundenlitern Schüttung unter einer Fels- wand hinwegbricht, kommt durch eine Landschaft, die noch immer von der Traurigkeit im Antlitz der Parfaits erfüll scheint. Freudlos die Dörfer und Häuser am Weg, bis ein zerklüftete Felsmauer aufsteigt und die Serpentinen eine Straße beginnen, die es noch nicht lange gibt. An ihr flach rotgedeckt, ein winziges Dorf, das dem Berg seinen Namen gab, *Montségur*. Von hier schwingt die Chaussee in zwe letzten Kurven bis an die Westseite des Klotzes empor, di einzige, von der sich die Kuppe mit ihren 1207 Metern Höh auf einem Saumpfad erklimmen läßt, und mit ihr die Bur des Raymond de Pereilhe, die man 1204 oder auch für Jahre später als Zuflucht für bedrängte Katharer zu baue begann. Jedenfalls stand sie seit 1212 bereit, freilich wed geräumig noch stark befestigt. Der ›Tempel der Sonne ›Monsalvatsch‹, das irdische Paradies, wie man sie schwä merisch nannte, bietet sich dem Betrachter eher als grau Mauermasse mit langgestrecktem Burghof und schwere Karreeturm dar. Aber natürlich: welchen Ansturm, welche Untergang, wieviel Jahrhunderte hat das Bauwerk gesehen

Einige Katharer, in der Mehrzahl Frauen, lebten hier ob schon jahrelang der Askese und Meditation, bis die Bedr hung wuchs und immer mehr Credentes wie Parfaits, me ältere Leute, heranwanderten, endlich auch sympathis rende Ritter oder Faydits und Söldner, die den militärisch

Schutz übernahmen. Wo sie hausten? Baracken entstanden für die Gläubigen beiderlei Geschlechtes oder als Wirtschaftsgebäude. Die Parfaits höhlten sich abseits davon Wohngruben in den Fels. Zweihundert Meter westlich des Bergfrieds fand sich eine Zisterne, die anfangs genügte – es regnet in dieser Landschaft oft. Später grub man eine neue, ungewöhnlich große für den Belagerungsfall, zog obendrein einen fünfeckigen Mauergürtel um den Burgkern und schützte die Unterkunftshütten durch Palisaden; ein kleiner, abseitiger Stützpunkt im Osten verstärkte das Verteidigungswerk, in dem man sich ohnehin durch die steile Höhe und den mühseligen Zuweg gesichert glaubte. Vielleicht hätte die Außenwelt sie sogar gewähren lassen, aber ein unseliger Zwischenfall veränderte die stillschweigende Duldung der Regierenden gründlich …

Als sich Graf Raimond VII von Toulouse im April 1242 noch einmal gegen Ludwig IX. von Frankreich erhebt, folgen ihm vor allem die Faydits, die auf eine Gelegenheit zur Rache oder auf eine Entschädigung hoffen. Auch die Ritter des Montségur ergreift die Flamme. Im Mai teilt ihnen ein Sympathisant, der Burghauptmann Raymond d'Alfaro, insgeheim mit, daß am 28. des Monats der Großinquisitor von Toulouse, Guilhem Arnaud, zu Vernehmungen auf die Burg von Avignonet bei Castelnaudary kommen wird. Welche Gelegenheit für einen Überfall auf den verhaßten Verfolger! Die Entfernung beträgt ungefähr vierzig Kilometer; man muß Nebenwege benutzen, aber man kann es schaffen, wenn man die Pferde herannimmt. Tatsächlich trifft Arnaud, mit aller Ehrerbietung empfangen, nebst seinen Gefährten, zwei Dominikanern, zwei Franziskanern, pünktlich im Schloß des Städtchens ein; sie begeben sich arglos zur Ruhe. Nachts plötzlich ein Türenschlagen, hastiges Rennen in den Korridoren. Die Verschworenen vom Montségur, angeführt von Pierre-Roger de Mirepoix, haben das Burgtor offen gefunden; das Massaker dauert nur kurz, dann jagen sie wieder zurück zum sicheren Berg.

Die Nachricht von der Untat geht wie ein Lauffeuer durchs Land. Trotz unverhohlener Freude der einen, erkennen der französische König und Hugues d'Arcy, derzeit Seneschall für Carcassonne, daß fortan jede Stadt, jedes Schloß in Gefahr eines ähnlichen Handstreiches steht. Der Montségur muß fallen, d'Arcy sammelt eine Armee. Die Bischöfe von Narbonne, von Albi steuern Kontingente bei. Alle Hoffnungen Raimonds VII von Toulouse auf Hilfe von außen, auf Henri III Plantagenet oder Kaiser Friedrich II. haben sich inzwischen zerschlagen.

Bald gleicht die Umgebung des Montségur einem Heerlager. Dennoch, ein direkter Sturm, eine Aushungerung versprechen nicht viel. Immer wieder gelingt es, den Berg auf Schleichwegen zu versorgen. So muß schweres Kriegsmaterial herbei. Wie es aber die Höhe hinan bringen, denn auch die Belagerten verfügen über einen Trébuchet, eine Schleudermaschine, die man unter Leitung des Jean de Baccalaria gebaut und außerhalb der Schloßmauern postiert hat; ausgerechnet sie wird den Häretikern zum Verhängnis. Denn eines Nachts gelingt es einem Trupp berggewohnter baskischer Söldner aus der Belagerungsarmee, die glatten Felsen und das Geröll der Bergspitze lautlos an Seilen zu durchsteigen, sich der Maschine zu bemächtigen und die Wachmannschaft umzubringen. Am Morgen muß man in der Burg erkennen, daß die Schicksalsstunde geschlagen hat. Bald donnern die mächtigen Steingeschosse des Trébuchet immer treffsicherer in den Binnenhof der Befestigung, vollgestopft mit den Flüchtlingen aus Baracken und Hütten. Die Parfaits eilen hin und her, um Verwundeten oder Sterbenden die nur vom Montségur bekannte Convenensa, die ›Weihe zum Gläubigen‹, oder das Consolamentum, gleichsam als letztes Sakrament, zu spenden, um sie in den Stand der Gnade, wie die Katharer sie verstehen, zu bringen.

Es gibt nur eine Möglichkeit, das furchtbare Bombardement zu beenden, die Übergabe; Pierre-Roger de Mirepoix, Befehlshaber der Verteidiger, sieht es ein. Hugues d'Arcy antwortet darauf mit den gewohnten Bedingungen. Die militärische Besatzung kann, wie üblich, abziehen; den Parfaits bleibt nur die Wahl zwischen dem Abschwören und dem Scheiterhaufen. Noch gelingt es nach Aussagen des Imbert de Sales vier vertrauenswürdigen Leuten, den ›Schatz‹ der Katharer, einen Sack gemünzten Geldes, beiseite zu bringen.

aus dem man die Kosten für die angeworbenen Söldner und die Zahlungen für die Gemeinschaft beglichen hat. Niemand weiß wohin. Er hat Anlaß zu den törichtesten Spekulationen gegeben bis zur Behauptung, der berühmte Gral, in dem Joseph von Arimathia das Blut des Herrn am Kreuz auffing, habe dazu gehört. Man fragt sich natürlich, was die Sektierer, denen alles Materielle als Teufelswerk und Christi Opfertod als ein ›zufälliges Ereignis‹ galt, daran hätten verehren können? So bleibt das Gerede die Frucht einer schwärmerischen Phantasie.

Als die Übergabe vereinbart ist, der niedere Durchlaß des Schloßtores sich geöffnet hat und die militärischen Besetzer samt ihren Anführern davon sind, kommt es zu einer halb ergreifenden, halb makaberen Szene. Ihren Bischof Bertran Marti voran, reihen sich die Parfaits, rund zweihundert Männer und Frauen, die trotz allen Drängens zum Tode entschlossen sind, hintereinander. Sie verteilen ihre letzte Habe an jene, die das Leben wählen: ein wenig Getreide, Kleider, Geld. Dann ziehen die Todgeweihten den Berg hinab bis zum sogenannten Camp des Crémats, heute eine Erinnerungsstätte am Bergfuß. Dort betreten sie einen Kraal von Palisaden. Immer neue, flammende Reisigbündel fliegen hinein, dunkler Rauch quillt zum Himmel, und als das Feuer niederbrennt, ist alles zu Ende.

Mochten auch die katharischen Gedanken im Untergrund fortleben, ihre politische Kraft zerbrach am Montségur ebenso wie die letzte Hoffnung des Südens. Mehr und mehr werden entlarvte Häretiker durch die Inquisitionsgerichte von nun an in ›schweren‹ Fällen auf Strafwallfahrt nach Santiago de Compostela geschickt. Sie tragen ein gelbes Kreuz auf das Pilgergewand genäht, damit jeder andere Teilnehmer vor ihnen gewarnt ist. Zweifellos eine schwere Belastung für den Pilgergedanken. Andere läßt man laufen, wieder andere müssen als ›Emmurés‹ Freiheitsstrafen verbüßen; ihr Schicksal ist, wie aus Carcassonne bekannt, nicht sonderlich schwer. Nur wenige, die jedem Widerruf trotzen, besteigen den Scheiterhaufen. Ihre Zahl bleibt verschwindend gering gegenüber jenen, die Konrad von Marburg ins Feuer schickte.

Über das Katharerdrama ist viel Tinte vergossen worden, besonders weil das Schicksal der Häresie sich auf tragische Weise mit dem Untergang der okzitanischen Selbständigkeit verquickte. Aber steht es uns nachlebenden, mit sehr viel mehr Blut beladenen Generationen überhaupt zu, ein Urteil über historische Situationen zu fällen, deren Spannungen und Entscheidungen wir in der Oberflächlichkeit unseres Daseins nicht mehr zu verstehen, geschweige denn auszuloten vermögen? Zwischen Abgründen leben wir alle. Wer weiß den richtigen Weg?

Es war dunkel geworden, als wir davonzogen, um allmählich ins bayrische Winterquartier heimzukehren. Diesmal leuchtete kein tröstlicher Stern. Im folgenden Jahr würden wir wiederkommen, dann aber, um der Hauptroute, der ›Oberstraße‹, zu folgen, wo alle Spuren des Menschheitsweges gesichert waren und Zeugnisse blieben, vor denen die Nachwelt noch immer bewundernd einhält.

16 *Die Abtei Saint-Martin-du-Canigou.*

17 *Auf den mächtigen Kalkklippen der Corbières: die Ruinen des Schlosses von Peyrepertuse, das Ludwig der Heilige einst zu einer Festung ausbauen ließ.*

18 *Die kleine, innen teils noch ausgemalte Kathedrale von Saint-Lizier (12. Jh.) mit ihrem zinnenbekrönten Achteckturm.*

ZWEITES BUCH

AUF DER OBERSTRASSE

ANASTASIA
oder
VON DER FREIHEIT DES PILGERS

Das Schweigen von Aniane

Im kommenden Frühling kehrten wir wieder. Der bayrische Winter hatte die Ungeduld noch gesteigert, endlich die eigentliche Tolosana unter die Füße zu nehmen, die seit alters begangene ›Oberstraße‹ am Rand der Cevennen in Richtung Toulouse. Schon lag Saint-Gilles, lag Montpellier, wieder einmal überlaufen von Fremden, zurück. Unverzüglich ging es hinaus nach *Aniane* im Heideland zwischen Meer und Gebirge, ein Tor, das nur die Eingeweihten zu schätzen wissen.

Es schlug uns auch diesmal in seinen Bann. Vollends seit es dunkelte und in den schmalen Gassen die Laternen angingen. Jeder Schritt eine neue Szenerie, ein Winkel mit einem beschienenen Mauerbogen oder einer der schönen, spanischen Gitteraltane vor einem erhellten Zimmerfenster, dessen Lampenlicht längliche Finger durch aufgehängte Blumentöpfe steckte. An dritter Stelle warmer Schein aus einer halb geöffneten Tür – nur wenige Blickpunkte in einer schweigsamen Welt gewundener, dunkler Häuserfronten, doch dem Wandernden ein Gleichnis des Beständigen, in dem er gut aufgehoben war. Die vorspringenden ›Génoises‹ der Dächer aber gaben wie stets die schmale, mit Sternstaub überpuderte Himmelsschneise frei; von oben lugten der scharf geschnittene Halbmond und ›la Belle Maguelone‹ herein. Leuchteten sie in der nämlichen überirdischen Klarheit dieser Trockenregion nicht schon vor über zwölfhundert Jahren, als der große Ordensreformer Benedikt von Aniane hier seine Mönche wieder das Beten und die Askese lehrte, ehe er als Ratgeber Kaiser Ludwigs des Frommen in die Welt, die seiner noch mehr bedurfte, zurückkehrte?

Bereitsein für die Stunde des unerbittlichen Anrufs, die jedem kam, galt ihm mehr als alles, damit das Mysterium des schmerzlichen Durchgangs mit erhobenem Antlitz bestanden werde. Es hat sich an diesem Auftrag des Menschseins seit Pilgertagen wenig geändert, nur daß er aus unserer Wesensmitte gerückt ist. In Aniane verstand man ihn wieder.

Vom einstigen Kloster Benedikts blieb nichts als eine durch das Barock der Mauriner jeglicher Mystik beraubte Kirche im Herzen des Ortes und etliches, längst in anderen Bauwerken aufgegangenes Gemäuer, eingeschlossen den Bogen der Klosterpforte, vor der die Pilger auf ihrem Weg nach Saint-Guilhem demütig um eine Suppe anstanden. Aber der großmächtige Schatten des Gründerabtes blieb allgegenwärtig. Alles ist Schweigen und jene gelebte, selbstverständlich gewordene innere Zucht, die sich, tausendfach geübt, endlich in die Anmut der Entrückung verwandelt hat. Jede der schmal-hohen Fassaden gleicht einer Cella, an deren Haustür eine Visitenkarte kundgibt, wer im Augenblick darin Zuflucht fand: Monsieur et Madame Romanelli et leurs enfants. Doch wer erblickt die Bewohner schon? Höchstens eine schlurfende alte Frau oder jemand, der in einem der rundbogigen Erdgeschosse mit schattenhafter Bewegung an etwas werkelt. Die äußere Ringstraße und daran die öde Kneipe mit ihrer Glasveranda voll Kartenspieler ausgenommen – im ganzen Ort keine Regung, kein Laut.

Oder doch? Fern ein Ton! Eine Nachtigall lockte aus der Garrigue, den Gebüschen am Ortsrand. Dort mußte es Wasser geben. Man vernahm sanften Unkenruf und, wahrhaftig, auf einem Dach gurrte noch ein unermüdlicher Täuberich, eine Katze miaute kleinlaut. Aber eigentlich machte das die Stille nur tiefer. Sie erfüllte auch uns mit der ersehnten Sammlung. Es wartete unser etwas, steigerte sich zur Erwartung. Wir weilten nicht grundlos hier, nicht nur, weil es ein gutes Hotel unweit der Ausfallstraße nach Saint-Guilhem-le-Désert gab. Aber eben um des Mannes willen, der dem Kloster im nahen Tal von Gellone den Namen verlieh. Auch er war über den Boden Anianes geschritten …

Saint Guilhem der Heilige also: Exaktes wissen wir wenig

von ihm. Alles, was er berührte, ist Sage geworden, er selbst zur Lieblingsgestalt seiner Epoche. Denn nicht der große Frankenkaiser, sondern er war es, der mit dem blanken Schwert den mörderischen Ansturm der Muselmanen über die Pyrenäen zurückwarf, die gegen Karl revoltierenden Gascogner Aquitaniens zu Paaren trieb und dem Süden Frieden schenkte. Das Biographische ist rasch erzählt: von Mutters seiten stammt er von Karl Martell, dem Sieger von Poitiers ab und wächst mit seinen Vettern, den Söhnen König Pipins auf. Als Kind verrät er hohe Intelligenz und Frömmigkeit, die Quelle seiner oft bewiesenen Tapferkeit. Sein Geschick im Waffengebrauch zeigt bald, wohin sein Weg führt. Mit dem ältesten der Söhne Pipins, Karl, dem künftigen Kaiser, schließt er eine Freundschaft fürs Leben. Aber während der Auftrag der Geschichte den Imperator in die Einsamkeit der Gestirne entrückt, leistet er die unvermeidbare Blutarbeit, um Bürger und Bauern des Midi vor Greuel oder Verschleppung zu schützen und bleibt dem Herzen der Mitmenschen unmittelbar nahe.

Nach Zeitbrauch legte man ihm bald einen Beinamen zu und hieß ihn den ›kleinen Markgraf‹. Vielleicht spielte das auf seine Statur an, aber gewiß schwang auch die Zuneigung für den selbstlosen Soldaten mit, der um der anderen willen seine Person rücksichtslos aussetzte. Später fügte man noch ›au court nez‹, Kurznase, hinzu. Hier freilich taucht eine Frage auf. Wurde damit ein knappes, entschlossenes Profil bezeichnet, das physiognomische Rückschlüsse gestattet, oder weist der Name auf eine Verstümmelung hin, die ihm angeblich im Kampf vor Rom widerfuhr? Graf von Toulouse, Herzog von Aquitanien, endlich ›Prince d'Orange‹ lauten die Titel, die seinen wachsenden Ruhm begleiten.

Das 12. Jahrhundert vermengte Legende und Leben zu einem Epos; es gehört zum Zyklus der ›Chansons de geste‹, der altfranzösischen Heldendichtungen. Wie Joseph Bédier nachwies, sind alle im Umkreis der Pilgerstraße nach Compostela entstanden und lassen enge Zusammenhänge ahnen. Die Guilhem gewidmete Epopöe zeigt den Oranier nicht nur als heroischen Paladin, sondern verquickt auch romanhafte Züge mit seiner Gestalt. Listenreich hat er seine Soldaten in leeren Weinfässern in die Stadt gebracht, um Nîmes zu erobern. Oder, in die Hand eines maurischen Herrschers gefallen, verliebt sich alsbald die Königin Oriabel in den Gefangenen; sie können fliehen, und er heiratet sie. Seine letzte Schlacht gewinnt er vor Barcelona: ein Leben für die Befreiung von der maurischen Bedrohung.

Endlich aber ist alles getan; er vermag heimzukehren nach Frankreich und nun widerfährt ihm, dem achtundvierzigjährigen Tatmenschen, dessen Frau gestorben ist – er soll sie zärtlich geliebt haben – eine vollkommene Wandlung. Er reitet in die Auvergne und legt seine Waffen am Grab des vielverehrten Saint Julien von Brioude nieder. Dann klopft er an die Klosterpforte seines Freundes Witiza, wie Benedikt mit Geburtsnamen heißt, und tritt als Novize in Aniane ein. Sein Leben für Gott hebt an, und auch das macht ihn zum Heros der Pilgerstraße.

Denn bald zieht er mit wenigen Gefährten – auch seine Schwestern Albana und Bertrana folgen ihm – hinaus ins Désert von Gellone, um eine Cella und eine neue Mönchsgemeinschaft zu gründen. Bei sich trägt er ein einzigartiges Heiltum, einen Span des Wahren Kreuzes, den ihm Kaiser Karl nach der Rückkehr von der Krönung in Rom geschenkt hat. Er wird noch heute in der Kirche zu Gellone bewahrt und jährlich am 3. Mai verehrt. Am 28. Mai 812 stirbt Guilhem ›im Ruf der Heiligkeit‹.

Nimmt es wunder, daß der Codex Calixtinus den Santiago-Wanderern den Besuch seines Grabes unmißverständlich anbefahl? »Igitur ab his qui per viam Tolosanam ad Sanctum Jacobum tendunt beati confessoris Guillelmi corpus est visitandum.« Waffentat und Selbstaufgabe machten Wilhelms Gestalt zu einem Fanal: Gott hatte durch ihn gewirkt.

Im Tal von Gellone

Wer von Aniane ins Désert will, braucht nicht weit.

Am Friedhof vorüber ging es auf dem alten Pilgerweg hinaus, eine gute Stunde durchs Weinland, dessen Rebstämmchen eben die grünen Triebe entfalteten. Der karg Bergwall voraus, von grauen Felsrippen durchsetzt, wuch immer höher, und doch schwang etwas Inniges im Widerspiel von hoffnungsvoll keimenden Stöcken und herber Höhe mit. Es war mir, als liefen wir einer Heimat entgegen, in der uns alles erwartete. Schon lag der Pont du Diable voraus, die Teufelsbrücke, neben der heutigen Straße in zwei schweren Bögen über den Hérault gespannt, der in heftigem Sturz aus der Bergschlucht, durch die Gouffre noire, den schwarzen Schlund heranschäumt. Ein Bau von urwüchsiger Kraft, den die beiden Nachbaräbte von Aniane und Gellone 1029 über den Fluß wölben ließen, damit die Pilger sicheren Fußes ins Désert gelangten. Ein Zeugnis der Zeit, ein Zeugnis der Wanderschaft!

Der Name geht auf eine der üblichen Brückenlegenden zurück: Satan fand sich zur Mitwirkung an dem zyklopischen Werk bereit, sofern ihm das erste Lebewesen, das darüber ging, als Beute gehörte. So jagte der Nachfolger des listenreichen Guilhem einen Hund auf die andere Seite. Ach, er ist so dumm, der Teufel, wenn ihm nur der Richtige, möglichst ein Gottesmann gegenübertritt! Ein kleines Stündlein noch durch das Felsgepolter des Grundes, in den noch immer etliche verfallene Reste einstiger Mühlen gepfählt sind – der von Clamouse, Brunant und Plancamel, von der sogar noch der mittelalterliche Turm mit seinem rautenförmigen Grundriß steht – dann mündet von links, kaum vermutbar, eine schmale Seitenschlucht. Die des Verdus-Baches, die tief ins Gebirge nach Westen vorstößt, um am Ende, von Felswänden umragt, einen Kessel zu bilden, den Cirque de l'Infernet.

Es ist das Tal von Gellone. Wir kamen in eine glückliche Jahreszeit und zogen, eskortiert vom lichten Grün ersten Feigenlaubes, auf der Südseite des Baches hinein. Tief zur Rechten die Schlucht des Verdus, der zwischen aufgemauerten Terrassen über eine algengrüne Wand heranstürzt. Drüben kroch das Nest der ausgebleichten Dachschilde mit seinen Bögen, Altanen, Turmstümpfen am jenseitigen Bergfuß talwärts. Als Blickfang des Hintergrundes lagerte sich das Chorhaupt der Klosterkirche über die Szene, umzogen von einem Arkadenfries angeschrägter Nischen, die den Übergang von gewölbter Innenapsis und senkrechter Außenwand verblenden. Ringsum Gebirge. Links nur als dunkel gegen die Sonne stehender Zypressenhang zu gewahren, zartrosa überwimpelt vom austreibenden Eichengestrüpp. Sonst aber, als dürfe der Aufschwünge kein Ende sein, ein Kranz hoher Kuppen und enormer Felswände um den langgestreckten Talgrund. Zuoberst überragt von den Mauerscherben des Château du Verdun, auch Schloß des Riesen oder des Don Juan genannt.

Es ist ein grandioses Panorama, in dessen Schoß sich nun die Idylle öffnete. Denn schon tauchte das Sträßlein am Friedhof aus den Schatten der Trauerbäume unvermittelt über ein Brücklein ins Licht des Dorfplatzes von *Saint-Guilhem.* Schöne alte Häuser rahmen das Viereck, ehedem Vorplatz des Klosters. Aus Laubengängen quoll der Rauch einer Hühnerbraterei, während inmitten ein Brunnen kühles Wasser verströmte und eine gewaltige Platane Schatten warf. Es ist eines der köstlichen Interieurs, die für das Languedoc charakteristisch sind, und bedeutet zudem in Saint-Guilhem aller Dinge Anfang und Ende. Denn an ihm öffnet sich, streng, einfach, kaum geschmückt, das Portal der einstigen Klosterkirche.

Wer eintritt, tut einen gewaltigen Schritt. Einen um Jahrhunderte zurück. Er ist keineswegs sogleich ins Kircheninnere gelangt, sondern in einen Vorraum, eine Art Vestibül oder Narthex, ›lo gimel‹ genannt, rund sechs Meter im Quadrat. Steinbänke säumen die Seiten, ein gotisches Gewölbe aus der Frühzeit des Stiles überfängt ihn, getragen von sechs Säulen, eines der ersten des Nieder-Languedoc.

Doch was besagt das schon? Wer über Phantasie verfügt, mag sie spielen lassen. Vorausgesetzt, er ahnt, wieviel Schicksal die kurze Bewegung des Fußes über die Schwelle durchmaß, wieviel Vergangenes, das sich in Lautlosigkeit aufgelöst hat, wieviel Gelebtes und Erlebtes, das der Tod längst in die Arme nahm, wieviel zerronnene Hoffnung und Angst! Mir jedenfalls war, als drängten zahllose Schattengestalten neben mir ein, als meine Hand die Tür einen Spaltbreit aufstieß, um mich durchzulassen. Nicht, weil hier seit dem Konzil von 1165, dem von Albi, am Gründonnerstag die zur Umkehr willigen Häretiker warteten, damit der Vater Abt sie löse von ihrer Schuld. Noch kommt es auf die Alten und Armen der Karwoche an, die hier zur Fußwaschung durch die Mönche bereit saßen, mit den Gedanken schon beim anschließenden Festmahl. Vielmehr diente er, seiner eigentlichen Bestimmung nach, zur Aufnahme durchwandernder Jacquaires für eine kurze Rast oder die Unterkunft einer Nacht, so lange ihre Zahl gering blieb. Später kamen sie in so beträchtlicher Menge, daß sie höchstens Platz zum Hindurchdrängen fanden. Denn was kaum zu erwarten stand, die Verehrung des ›bienheureux Guilhem‹ wuchs seit dem 10. Jahrhundert unaufhaltsam. Weswegen die Baumeister dem Portal, so zurückhaltend es nach dem Geist der Epoche aussehen mochte, die Gestalt eines Triumphtores gaben, wie man sie von römischen Bauwerken im Lande kannte. Die Atemluft Ungezählter hat diesen Raum erfüllt, die alle ihr gerütteltes Maß innerer Beschwer mit sich schleppten. Grundlos zog keiner den mühseligen Weg. Jeder hoffte, ein Stück Seelenfracht hier zu lassen, wenn er das Knie vor dem Grab des Heiligen beugte, oder der Gnade im Letzten Gericht ein wenig gewisser zu sein.

Auch die Mönche von Gellone oder Saint-Guilhem-le-Désert, wie sich das Kloster bald nannte, wußten darum. Die Scherflein der Armen, die Stiftungen der Begüterten mehrten ihr Vermögen so sehr, daß sie an Stelle des in Flammen aufgegangenen früheren Gotteshauses ein neues bauten, dessen ersten Altar man 1076 weihen konnte. Sie hatten die Reste des Heiligen längst aus dem ursprünglichen Grab im Kreuzgang der einstigen Cella – niemand weiß mehr genau, wo sie lag – geborgen und in der Confessio der zwischenzeitlichen Kirche beigesetzt. Nun also genügte auch der leichtere Zugang nicht mehr. Der kryptenähnliche Raum erwies sich als viel zu eng, und so erhob man die Gebeine abermals, um sie in einen antiken Sarkophag des 4. Jahrhunderts zu legen, den man mit biblischen Szenen hinweisenden Charakters wie dem Dreikönigsthema, der wunderbarlichen Brotvermehrung, der Jünglinge im Feuerofen überzog und in der Apsis neben dem Hauptaltar aufstellte. Er existiert längst nicht mehr. Die Hugenotten von 1568 haben ihn zerschlagen; nur noch ein Scherben blieb übrig.

Aber den Mönchen, eben mit ihrer Kirche und endlich auch mit dem Chor fertig, genügte auch das nicht. Sie sahen ein, daß sie ihren Heiligen und also auch seine Kirche nicht für sich allein beanspruchen konnten. Zudem störten die durchziehenden Fremden den Klosteralltag der Gebete und Betrachtungen empfindlich. Daher zogen sie sich in jene Teile ihrer Wohntrakte zurück, in denen niemand sie abzulenken vermochte: den Kreuzgang, den sie doppelstöckig ausbauten, den Kapitelsaal, das Refektorium, die später bis auf Reste in den großen Katastrophen der Klostergeschichte untergingen, dem Hugenottensturm, der französischen Revolution. Dem oberen Kreuzgang galt ihr besonderes Augenmerk, denn sie brauchten Raum. Auch ihre Zahl war gestiegen, an die Hundert, und in den armen Mauerresten, die – sieht man von der Kirche ab – einzig von dem herrlichen Kloster übrig sind, spielte sich ein reges mönchisches Leben ab, das trotz allen Zustroms von draußen weder seine Pflichten noch das Ideal seiner Zurückgezogenheit aufgab. Sie verwandelten diesen Trakt in jenen steinernen Paradiesesgarten, dessen Anblicks es zur Vertiefung der Meditation unabdingbar bedurfte. Es war ja kein ästhetisches Behagen, kein sinnliches Vergnügen im Spiel. Sie ließen mithin jene kostbaren Reliefs schlagen, von denen sich ein Teil heute im Archäologischen Museum zu Montpellier befindet – die wundervollen Apostelbilder, den ›Traditio-legis-Pfeiler‹, die Ältesten der Apokalypse. Dazu jenes verstümmelte Bildwerk, Christus als Pilger darstellend, das man in der linken Nebenapsis der Kirche findet.

Ihre volle Liebe aber wandten sie den Arkaden und Kapitellen zu, die 1906 durch den Kunsthandel in amerikanische Hand gelangten und einen Teil des ›Cloisters-Museums‹ von New York hoch über dem Hudson bilden. Ich kenne den rekonstruierten Kreuzgang nur von Bildern, aber jeder, der ihn dort sah, bestätigt die hinreißende Vielfalt dieses halb im Romanischen verharrenden, halb schon ins Gotische spielenden Traumes vom Himmelsgarten: die zierlichen, doppelten Säulenschäfte vieleckig zugeschlagen oder im reinen Phantasiespiel mit Blättern geschuppt, mit flachen Mäandern gebändert oder in Wellenlinien kanneliert – man hör gelegentlich die Meinung, die reichen Wasser des Verdus-Baches hätten dazu inspiriert. Endlich die Kapitelle in ihrer vollkommenen Schönheit, manchmal mit kleinen Köpfen durchsetzte, verschlungene, quellende Formen, Blütengerank über die Kämpfer wuchernd, insgesamt von einer überwältigenden Fülle der Phantasie und Meisterschaft des Könnens, die jene der Figuren von Montpellier noch überragt, 1206 war das große Werk vollendet und dazu noch etwas mehr. Der Kirche hatte man nämlich, um auch bei den Offizien unter sich zu sein, ähnlich Maguelone, Tribünen eingezogen, die zwei Joche weit in das Schiff, von dem gleich zu berichten ist, vordrangen und den Vorderteil in Dunkel hüllten. Sie sind teils dem Orgeleinbau des 17. Jahrhunderts, teils dem Abbruch der Abtei nach der Revolution zum Opfer gefallen, und kaum wissen wir mehr, wie sie ausgesehen haben.

Eines steht freilich fest, die Pilger, die durch den Narthex ins Innere des Schiffes hinabstiegen, sahen ein anderes Bild vor sich als die Menschen der Frühzeit und auch wir Heutigen, denen sich der Kirchenraum wieder in seiner ursprünglichen Gestalt darbietet. Sie mußten durch einen Tunnel plötzlicher Düsternis hinweg nach vorn schreiten, wo das anschwellende Licht wie eine Verheißung wirken mochte, und konnten der Kirche in ihrer frühromanischen Herbheit, die wesentlich in den Maßen und Dimensionen beruht, kaum innewerden. Uns aber bleibt bei allem Verlust doch eines, der herrliche Anblick eines betont schmalen Mittelschiffes, dreimal so hoch wie breit, das von vier Jochen gegliedert, von den breiten Bändern der Pilaster akzentuiert wird, die wiederum ein abgeschrägter Kämpfer mit den Jochbögen der Tuffsteingewölbe verbindet. Sie verleihen dem Raum seinen Rhythmus. Entsprechend hüllen die Schatten der nach lombardischer Art abgestuften vier Arkadendurchbrüche zu den Nebenschiffen und dem Querschiff die Sockelzone in dämmerndes Dunkel, während vier hohe Fenster in den sorgfältig gefügten Kalksteinmauern dem oberen Raumteil die Helligkeit des Tageslichtes verleihen. Ein heroisch-feierlich stimmender Aufschwung, ein architektonischer Kontext sozusagen zu dem Helden der Sage, den man hier verehrt. Ist er nicht Geist von seinem Geiste?

Doch in Guillaume d'Orange, den wir den heiligen nennen, war noch eine andere, eine innere Kraft wirksam. Wir finden sie im Chor gespiegelt, der dem Raum eine das Symbolhafte streifende Ausweitung verleiht. Man hat ihn der Vierung auf erhöhtem Steinpodest in Gestalt einer Cul-de-four-Apsis vorgelegt; eine Form, die es erlaubte, in ihrer fast doppelten Breite des Schiffes ein Höchstmaß an Harmonie mit einer Andeutung des Unendlichen zu verbinden. Zweifellos ging es nicht nur darum, Platz für möglichst viele Pilger zu schaffen, vielleicht aber wollte man die erst 1962 wiederentdeckte Confessio unter dem Chor nicht durch den Einbau von Fundamenten, nicht durch eine Begrenzung der Höhe einengen. Sieben Blendarkaden umziehen das Halbrund der Apsis. In drei davon sind große Fenster gebrochen, außen von flankierenden Säulen antiker Herkunft mit kostbaren Kapitellen gerahmt. Die schmale Scheidewand, die den geringen Raum zwischen ihrem Oberrand mit dem heranstoßenden Gewölbescheitel ausfüllt, nützte man, um das ebenmäßige Rund des Chores gebührend zu überhöhen: ein helles Kreuz nebst zwei Okuli an den Seiten durchbrechen sie als Lichtspender und Embleme zugleich. Einerlei, ob sie auf den Kreuzesspan anspielen sollen, der in Saint-Guilhem verehrt wird, oder ob sie als abstrakte Symbole des Heilszeichens zwischen Sonne und Mond gedacht waren.

Die Eremitin vom Berge

Trotz Verfalls oder Zerstörung der alten Abtei, auch vom Kirchenbau abgesehen, blieben in Saint-Guilhem-le-Désert noch Spuren der großen Zeit; die Heilsbotschaft der Steine dringt noch immer ans Licht; sie scheint unauslöschlich. Hoch am Turm, für das unbewehrte Auge kaum erkennbar, thront der Herr im doppelten Weltenkreis, dem himmlischen und irdischen, in der nämlichen Meißelschrift wie zu Arles-sur-Têch. Die Hugenotten haben ihn als Zielscheibe für ihre Musketen benutzt, doch die erhabene Form nicht zerstören können. Noch immer stehen der Sarkophag Albanas und Bertranas, der Schwestern Guilhems, im kleinen

Museum der Kirche, noch immer das Steinfiligran des romanischen Altares mit den kleinen, fast sternförmigen Kreuzsymbolen, die man zum Tage der Kreuzesverehrung frommen Sinnes in Form kleinen Gebäckes nachahmt, um es den Gläubigen an den Stufen der Apsis in einem Korb darzubieten.

Wievieles blieb sonst noch! Gänge, Treppen, das Kirchlein Saint-Laurent am Beginn des Tales, unversehrte Häuser aus romanischer Zeit in der Rue de la Descente-du-Portail, dazu die alten Gewese samt den knarrenden Stiegen, Binnenhöfchen und Katzendurchlässen an der Rue du Bout-du-Monde, wo man in der Epicerie von Emilienne den besten Käse der Welt, den besten Wein des Landes, aber auch die frischesten Kirschen kaufte. Ich kannte mich mittlerweile aus; wir kamen seit Tagen von Aniane herüber, mochte der Ort auch manchmal von Fremden überlaufen sein, die Pfadfinder aus dem Zeltlager talein am Brunnen spektakeln. Denn nicht nur Saint-Guilhem als solches lockte uns an, sondern es ging zugleich um die Begegnung mit einem Menschen, der für mich zur Symbolgestalt der Tolosana werden sollte. Sie lag nun bereits zurück, hatte sich in den Tagen unserer Ankunft zugetragen; nicht zufällig übrigens, und ich berichte davon erst jetzt, weil das Schreiben seinen eigenen Gesetzen folgt.

Noch im Winter, daheim, hatte mich die Zuschrift einer schweizer Dame erreicht, einer Jakobus-Jüngerin gleich mir, die mein chimärisches Bemühen, das Zeitalter der Santiago-Fahrt der Vergessenheit zu entreißen, mit Wohlwollen quittierte und mich, was mich ein wenig stachelte – das denn wohl doch nicht! – einem »Spürhund Gottes« verglich. Wollte ich, so schrieb sie, wie angekündigt, abschließend über die Via Tolosana berichten, würde gewiß ein Kapitel Saint-Guilhem-le-Désert gewidmet sein. Dort lebte ein ihr befreundeter Mensch, eine Einsiedlerin, Sœur Anastasia Boros, eine Nonne ungarischer Herkunft. Sie hatte sich nach schwieriger Flucht vor der kommunistischen Verfolgung in der Heimat einer ›Communauté de la Théophanie‹ in Saint-Guilhem angeschlossen, der man inzwischen das Dach über dem Kopf verkaufte, worauf sie nach Lagrasse abwanderte.

Sœur Anastasia aber blieb ihrer Klause in den Bergen treu und benutzte eine letzte, der Gruppe verbliebene Unterkunft im Ort als Bleibe, so oft sie zum Kirchenbesuch gut anderthalb Stunden ins Tal hinabstieg, um zwischen Hochamt und Abendandacht nicht auf der Straße zu stehen.

Eine Einsiedlerin? Einem Menschen zu begegnen, der sich vollkommen der Konkordanz mit dem Überweltlichen anheimgab, das ließ mich nicht los. Wie vermochte ein Einzelwesen unserer Tage, bar jeden irdischen Rückhalts, nur mit seiner Bereitschaft gewappnet, die doch auch innere Losgelöstheit bedeutete, zu jeder Tages- und Nachtstunde dem All und Einen – ich wähle das Wort mit Bedacht – gegenüber zu treten? Wie die überirdischen Botschaften, die ihm vielleicht zuteil wurden, durch das winzige Nadelöhr einer Menschenseele zu fädeln, ohne sich daran zu versengen? Das waren sehr subtile, unserem Zeitalter kaum mehr faßbare Dinge. Was schließlich geschah, wenn sich die Seele in ihrer Anspannung erschöpfte und die zuströmende Kraft gar nicht mehr aufzunehmen vermochte?

Es gab noch mehr Fragen, aber Sœur Anastasia gab es auch. Sie hauste droben im Berg, nahe der alten Einsiedelei Notre-Dame-de-Belle-Grâce, wo auch Saint-Guilhem einst ein Eremitikum besaß. Etliche Nachrichten waren über eine Vermittleradresse hin und her gegangen; sie erwartete uns. Eine schon abgesprochene Begegnung hatte ich, plötzlich aufgehalten, telegraphisch auf den 3. Mai vertagen müssen, in der Hoffnung, der eine Tag werde ihr so recht wie der andere sein. Versteht man, daß es mich bei der ersten Ankunft im Tal nicht litt? Unverzüglich wollte ich zu Fuß allein in die Bergeinsamkeit zu Sœur Anastasia. Törichte Ungeduld! Nach zwei Stunden hastigen Steigens zeigte sich Notre-Dame-de-Belle-Grâce, wo sie hausen sollte. Auf da brieflich verabredete Glockensignal hin rührte sich nichts Ratlos umherspähend entdeckte ich einige ausgelegte Zettel Natürlich, der 3. Mai, der Tag des Heiligen Kreuzes! Si weilte zur ›Adoration‹ unten im Dorf! »Si possible envoye un touriste qui descend chez l'épicière Emilienne pour m faire venir«, stand auf einer der Botschaften. Doch es kar kein Tourist.

Als sich das Tal wieder unter mir öffnete, war es hoher Nachmittag. Meine Frau lächelte beim Wiedersehen etwas spöttisch; das war die Quittung für meine Ungeduld. Ja, tat die Epicière Emilienne kund, Sœur Anastasia befand sich im Ort, gar nicht weit von hier in der Rue du Bout-du-Monde 21. Aber ob sie noch Zeit fand? Die Abendandacht begann in Kürze. Madame ging gleich mit, klopfte und rief, worauf eine Treppe knarrte, und da stand sie nun in der verwitterten Tür, ein Bild, das ich nie mehr vergessen kann, eine schmale, dunkle Nonnengestalt, Anfang der Fünfzig, den Schleier nach griechischer Art wie ein Kopftuch gebunden, stand da mit einem bebrillten, gütigen Antlitz, das gar nicht zu einer Asketin passen wollte, und sagte, als hätte es nicht einer schier endlosen Reise hierher, nicht eines Gewaltmarsches bedurft, von dem mir denn doch die Knie zitterten – sagte mit jenem leisen Lächeln, das ihrem Gesicht soviel innere Wärme verlieh und mich entwaffnete: »Da sind Sie endlich!« Leider, heute blieb keine Zeit. Wir würden uns morgen sehen. Sie wollte die Nacht im Tal verbringen, wir konnten frühzeitig aufsteigen zur Einsiedelei. – Trotz meiner schmerzenden Füße, da ließ sich nichts machen.

Manchmal habe ich mich gefragt, ob es mein Recht sei, über Sœur Anastasia zu berichten. Jedermann mochte, jedermann grüßte sie, sie hingegen vermied es beharrlich, Aufmerksamkeit zu erregen. Es gibt keinen Umstand, der mich rechtfertigt. Als wir kommenden Morgens unsern Gang ins Gebirge antraten, sie schweigsam und stetigen Schrittes voraus, ohne je innezuhalten, überfiel es mich plötzlich wie Hellsicht. Verkörperte sie, eine Frau unseres Jahrhunderts, nicht jenen Pilgergeist vergangener Zeiten, den zu suchen ich aufgebrochen war? Vielleicht trug die Landschaft, die wir durchwanderten, dazu bei – erst an diesem Tag ging mir auf, wie einsam, wie groß sie hinauf- und hinabschwang. Auch die Santiago-Wanderer waren auf diesem Weg gezogen, um Usclaz, Lodève und Toulouse zu erreichen, Schritt um Schritt, unaufhaltsam, die steilen Serpentinen und Kehren empor, während das Tal von Gellone immer tiefer sank und mit ihm alles Vertraute, die Dächer, das Kloster, die feierlichen Zypressen, eine Spielzeuglandschaft, die unwesentlich wurde, bis der Saumpfad endlich die Höhe erreichte. Nach rechts bog eine Spur zum Château des Don Juan ab. Wir aber hatten uns nach links in eine Höhenwelt von Felsrippen, Buchsbaumstauden und fernen Kuppen zu wenden, in der nichts mehr eine Heimstatt besaß, ausgenommen die Schwalben, die in Schwärmen über den Grat jagten, weil der Aufwind die Insekten hochspülte. Nach Süden schaute das Auge unbegrenzt über Gipfel, Klippen und Gründe bis in den Dunst der Ferne, wo das Meer sein mußte. Nordwärts aber sog sich der Blick an heroisch aufgetürmten Felskämmen fest, durch die der Pilgerweg führte, um dahinter nach Westen abzubiegen.

Unvermittelt begann Sœur Anastasia zu sprechen. Sie liebte die Berge. Der Vater hatte sie daheim als Mädchen oft zu einer Wanderung mitgenommen, ehe sie mit achtzehn Jahren einer Nonnengemeinschaft beitrat, wo sie freilich bald in den Strudel der Zeit geriet. Elf Novizinnen waren sie während vierzehn Nächten vor den Schrecken des Umbruchs, geleitet von Mönchen, von einem Schafstall zum andern geflohen. Ihr allein gelang es, einen Durchschlupf und nach dramatischem Hin und Her über Griechenland in der Schweiz Zuflucht zu finden. Ein Schicksal der Zeit, das keine Akte verzeichnet. Erst nach Jahren des Suchens, umhergetriebenen Studiums, der Bewährung hatte sie bei der Communauté im Tal ein Zuhause gefunden.

»Es bedeutete«, sagte sie, »endlich ein eigenes Leben, wenn ich auch der Weisung des geistlichen Mentors, Frère Macaire, folgen mußte.« Sie konnte und durfte lesen, was sie bewegte. Zeiten harter Selbstprüfung verstrichen, bis ihr geistlicher Berater sie eines Tages beiseite nahm. »Du gehörst nicht mehr ins Kloster«, hatte er ihr gesagt und offenbar ihren geheimsten Wunsch angesprochen. »Du bist so weit, um als Eremitin zu leben.« Wenige Tage später stieg man in die Berge, um eine Klause, Notre-Dame-de-Belle-Grâce eben, für sie zu richten, das gerade von seinem letzten Bewohner verlassen war.

Eine ganz einfache Geschichte, fast nur ein Alibi. Sie erzählte davon wie von einer Sache, die ihr nicht mehr ge-

19 *Carcassonne – ein Bollwerk mit doppelter Umwallung, das schließlich verfiel, aber im 19 Jh. von Viollet-le-Duc wiederaufgebaut wurde.*

20 *Vision des Mittelalters: die Silhouette von Carcassonne.*

21 *Zinnen von Turm zu Turm: Carcassonne besitzt rund 50 Türme.*

hörte. Wir zogen unterdessen in eine Region gewaltiger Felstrümmer, denen hin und wieder kleine Eisenpfeile als Blitzableiter eingetrieben waren. Der Gewitterschlag setzte hier oben oft ganze Regionen in Brand. Ringsum die verkohlten Bäume bewiesen es.

»Und haben Sie, was Sie suchten, gefunden?«

Sie schwieg. Doch an einer Bergecke mit einem aufgemauerten Kreuz, das den Pilgerweg anzeigte, blieb sie plötzlich stehen. Vom Vortage wußte ich, daß voraus das Tordach der Einsiedelei in Sicht kommen mußte. Sie blickte an mir vorüber.

»Als wir hier ankamen, habe ich Frère Macaire gesagt, dies ist mein letzter Tag in der Freiheit. Er aber antwortete: es ist dein erster.«

Notre-Dame-de-Belle-Grâce nennt sich die uralte Eremitage in einem Felswinkel des Bergzuges westlich vom Dorf Saint-Guilhem-le-Désert. Hoch umragt von aufgetürmtem Gestein, umschattet von Nadelgehölz. In der innersten Nische des kleinen Platzes mit den Spuren eines alten, zusammengefallenen Stalles für ein Tragtier rann ein Wasserstrahl in ein Steinbecken, in dem eine einsame Kaulquappe schwamm. Dahinter führte eine abgemauerte Höhle ins Geklüft; es sollten darin frühere Einsiedler beigesetzt sein. Dem vorgebuchteten Kapellgemäuer mit dem bleichen Ziegeldach schloß sich nach links ein kleiner Wohnflügel mit schmaler Stiege, einem dunklen Küchengelaß und etlichen Kammern an. Allenthalben völliges Schweigen, mächtig ansteigende Felshöhen, Himmel, Ausblick ins Weite Harzduft wölkte. Ein Ort zum Alleinsein.

War er für Sœur Anastasia nicht wie geschaffen?

Sie schüttelte den Kopf. Manchmal kamen Fremde vorbe und wollten die alte Kapelle sehen. Das riß sie aus Meditation oder Lektüre. – Wenn aber nicht hier, wo hauste si dann? Im Umkreis nur abstürzendes Gelände mit einen Dickicht von Büschen! – Sie winkte uns fort. Ihre Klause la abseits, wie es die Sicherheit gebot, in einer Felsschluch versteckt. Dort hatte sie mit Hilfe der Communauté ein kleine Hütte gebaut. Es gab keinen gebahnten Zugang; ni mand durfte die Spur eines Fußes entdecken. Erst ging e über eine mannshohe Mauer abwärts, dann einen Steilhang mit dichtem Maquis, dessen Durchlässe nur ein Kundiger fand, und so fort bis zum Rande der Schlucht, in die Anastasia geschickt hinabklomm, während uns eine herbeigeholte Leiter half.

Ein Indianersteig, bei dem sich nur ahnen ließ, wieviel Schwierigkeiten das tägliche Leben brachte! Jeder Tropfen Wasser mußte von der Eremitage herangeschleppt werden, jede Last bedeutete einen halsbrecherischen Balanceakt. Drunten lag eine winzige Rodung in mannshohem Ginster und Rosmarin, auf ihr das gezimmerte Hüttchen und hinter ihm eine enge, leider nicht trockene Höhle, die sie bald hatte räumen müssen. Doch konnte sie dort etwas Glut entfachen, um sich mittels eines dünnen Bleches ihr Brot, eine Art Semmeln aus zerstoßenen Weizenkörnern zu backen; was brauchte sie mehr? – Sie besaß ein paar Büchsen mit etwas Milchpulver, Zucker, Kakao, die ihr Freunde zukommen ließen. Wie wenig benötigt der Mensch, wie leicht kommt er durchs Leben, wenn er gelernt hat, sich mit einem Salat aus aufgezupften Kräutern zu begnügen, eingeschlossen den bitteren, grünen Löwenzahn. Fleisch aß sie nie, dafür kam gelegentlich ein Stücklein Käse, etwas Obst, das ihr Madame Emilienne zusteckte, auf den Tisch. Oh, in der Zeit der Weinlese oder Beerenreife ging es regelrecht üppig zu. Sie lachte.

Es war meine Sache nicht, nach allem anderen zu fragen. Sie sah so gepflegt aus, wie eine Nonne sich eben hält; es war mir beim Anstieg nicht entgangen, daß unter dem langen Rock der blendend weiße Saum eines Untergewandes hervorlugte. Im Innern des Hüttchens gab es ein Matratzenlager nebst dünner Decke an der Rückwand, an der Seite ein schmales Brett als Wandtisch, das ein Stück schwarzen Tuches in einen Hausaltar verwandelte, dazu ein winziges Bücherbord, eine improvisierte Sitzgelegenheit; eine Beleuchtung aber besaß sie nicht, ein ewiges Lichtlein, das sie sofort entzündete, ausgenommen; keine Heizgelegenheit, wintertags mußte sie jämmerlich frieren. Sie empfand es als auferlegte Askese und nahm keine Kenntnis davon, meditierte, schlief, wie es die Tageszeit gebot, eine gehorsame Tochter des irdischen Ablaufs, die zwar lange Jahre über Büchern verbracht hatte und sich in vielen Sprachen ausdrücken konnte, der aber die Versenkung wichtiger als alles Wissen blieb.

Ein Dasein vollkommenen Verzichtes im Versteck einer Robinsonburg! Hoch darüber ragte ein mächtiger Fels auf, noch höher eine gewaltige Wand. Manchmal fuhr der Sturm in die Schlucht und ließ die Bäume, die Gesträuche, die Kräuter auf Höhen, Platten, Terrassen oder tief im Grund, den nie ein Fuß betrat, erschauern oder aufrauschen wie in einem Romantikergedicht, aber sie war kein Naturschwärmer. Es kam ihr auf ein Dasein am Rande des Äußersten an, auf den Verzicht. – Was aber, wenn sie plötzlich erkrankte? – Sœur Anastasia, gewiß oft von solcher Anteilnahme behelligt, lächelte: »Man wird mich finden; das Gebet hilft immer.«

Und was geschah, kramte ich nun hervor, wenn die innere Bereitschaft, die Kraft zum Aufschwung einmal erlahmte, kurz das altbekannte ›womit aber soll man salzen, wenn das Salz taub wird‹?

Solche Nöte kannte sie seit der Kindheit, dann sagte sie eben ein kleines Gebet, kurz wie eine Formel her, immer dieselben Worte, bis Gott wieder zu sprechen begann. Und er hatte sie noch nie ohne Antwort gelassen. Ihr Vertrauen, die innere Erfahrung blieben unerschütterlich.

Vielleicht wollte sie weiteren Zudringlichkeiten ausweichen oder hielt sie den Augenblick für gekommen? Sie nahm ein Buch zur Hand, ›ihren Cassian‹, den jeder Einsiedler brauchte. Es war die französische Ausgabe der ›Conférences sur la mortification‹ mit den Gedanken jenes um 360 geborenen Mönches über die Askese, der die Freiheit des Menschen gegen die augustinische Gnadenlehre verfocht, und während wir niederhockten, wog sie es eine Sekunde zögernd in ihrer Hand. Dann schlug sie es aufs Geratewohl auf.

War es aber wirklich Zufall, daß sie auf eine Frage stieß, die mir auf der Zunge brannte, jene, die nach dem Sinn solcher für unsere Zeit der wahllosen Befriedigungen ans Absurde streifenden Entsagung forschte? In der Askese, so las sie langsam mit eindringlicher Stimme, sei ein Verdienst beschlossen, denn sie befreite. Es kam für den eremitisch lebenden Menschen darauf an, sich jeder irdischen Bürde zu entledigen, damit die Welt für ihn durchsichtig wurde, und er in allem das Wirken des All und Einen erkannte. So Cassian in seiner altertümlichen Ausdruckssprache und mit ihm Sœur Anastasia. Ihr ›e ultreya‹ des Pilgerliedes, bestand es nicht in der stündlich geübten Absage an das, was der Mensch von heute als zustehende Forderung an das Schicksal richtet? Als sie endete, hob sie langsam, noch in sich hineinhorchend, ihr Gesicht. Nein, es war nichts von verschwommenen Gefühlen darin, sondern nur eine klare Entschiedenheit. Übertreibe ich, wenn sie mir abermals als Pilgerin, diesmal auf endloser Wanderschaft nach innen erschien?

Eine Stunde später befanden wir uns auf dem Rundweg durchs Gebirge, den sich Sœur Anastasia als Gastgeschenk ausgedacht hatte. Er führte, immer der Pilgerroute nach, hoch ins Geklüft, am sogenannten ›Mönchsgarten‹ vorüber, um nunmehr in steilen Serpentinen zum Kamm hinan zu klimmen. Im Kar zwischen Steingetrümmer und wilden Kräutern blühten die Asphodelen, als sei ein Rausch über die Höhe gekommen, eine leicht violett getönte, oft bis zur Hüfte reichende Art, die unten schon in voller Entfaltung stand, während sie oben erst mit bräunlicher Spitze aufbrach. Die Totenblumen der Alten verwandelten die bizarre, phantastische Höhenwelt in Gefilde der Abgeschiedenen von ergreifender Hochgestimmtheit, als werde, wer hinübergeht, von Genien geleitet. Der fauchende Wind droben im Kamm orgelte seine Schicksalsmelodie dazu.

Sœur Anastasia voran, ich hinterdrein, dann meine Frau, zogen wir schweigend empor wie einst die Jacquaires, und nur einmal auf dem Felspodest einer Wende des Pfades hielt unsere Wegeführerin an und stand wie eine dunkle Statue über uns. Die Örtlichkeit mochte sie an ihr Hellas erinnern, wo sie nach der Flucht in einem Frauenkloster eine Heimat gesucht hatte. Es war die Tragödie ihres Lebens. Sie begegnete harter Ablehnung bei den Oberen. Der zur Osterfeier erschienene orthodoxe Bischof verweigerte ihr sogar das geweihte Brot und den Ringkuß. Man wollte sie bleiben lassen, aber nur, wenn sie sich nach erneuter Taufe dem orthodoxen Ritus unterwarf. Das brachte sie auf. Galt der Taufbund nicht für immer und alle Christen? Zwei Nächte hatte sie in Tränen gelegen, dort, wohin alles sie zog, wie von Makel behaftet ausgestoßen zu sein – auch darin eine Pilgerin! Das ›Draußen vor der Tür‹ hat immer dazu gehört.

Dennoch, als wir weiterstiegen, begann sie plötzlich leise und selbstverloren zu singen, als sei ihre Seele über dem Eingeständnis frei geworden, um ebenso unvermittelt, wie über sich selbst erschrocken, zu enden. »Bitte, nicht aufhören!« rief ich ins Brausen des Sturmes, und wirklich, nach etlichem Zögern, sang sie von neuem, während wir durch die Felsriesen des Kammes abwärts in die Wälder der jenseitigen Hänge tauchten, um vom alten Pilgerweg nach Saint-Guilhem zurückzukehren. Immer entschiedener ging es hinab, bis die senkrechten Felswände des Cirque de l'Infernet am Ende des Tales von Gellone vor uns lagen.

Wie hinabkommen? Voraus nichts als glatter Abgrund. Allein, Sœur Anastasia kannte den schmalen, den einzigen Steig. Er wand sich anfangs als Saumpfad im Steilhang neben schwindelnder Tiefe hin, um plötzlich nach unten zu biegen. Inmitten der senkrecht stürzenden Felsen, die den Kessel umschließen, lehnten sich schmale, hohe Arkaden gegen die Wände, aufgemauert im Mittelalter, freilich längst von Geröll überschüttet. Der darüber führende Pfad hatte späteren Pilgern als Anstieg zum Höhenweg der Tolosana gedient. Wer mit Schwindel behaftet war, dürfte sich schwer getan haben. Die Tiefe drohte, der rutschende Schotter bot wenig Halt. Sœur Anastasia aber schritt ohne Zögern hinab, und einen Augenblick lang überkam mich die Halluzination, sie schwebe ins Leere hinaus.

Nach fünf Stunden Marsch rann der Verdus im Tal wieder neben uns her. Das erste Haus von Saint-Guilhem erschien, an dem sie unverzüglich zu ihrer Klause zurücksteigen wollte. Etwas Überraschendes geschah. Sie wandte mir, Abschied nehmend, ein Antlitz zu, über das ein Vorhang geglitten schien; sie lächelte nicht mehr und senkte wortlos die Augen. Ein fast zögernder Händedruck, eine Umarmung für meine Frau, dann stieg sie entschlossen in die Berge zurück. Nein, einmal hielt sie noch inne und winkte ganz leicht mit den Fingern der angehobenen Hand.

War dieses knappe Adieu ein Ausdruck dafür, daß ihre Gedanken bereits wieder in ihrer Einsamkeit weilten? Scheute sie das Eingeständnis einer Empfindung? Oder war es nicht der Ausdruck eines geheimen Schmerzes, einer Sehnsucht, Mensch unter Menschen zu sein, und lag nicht gerade in seiner Überwindung die letzte, die größte Freiheit? – Vielleicht, doch ich weiß es nicht.

Über Stock und Stein

Von Saint-Guilhem übers Gebirge nach Usclaz, der nächsten Wegestation, zu gelangen, schien anfangs leicht. Nach Pilgerart zog ich früh vor Tag, diesmal allein, den nun schon bekannten Steig vom letzten Haus in den Berg empor, dann an Notre-Dame-de-Belle-Grâce vorüber, wo Sœur Anastasia in der Felsschlucht drunten den Morgen gewiß auf den Knien erwartete, ins Kar. Die Dunkelheit bereitete wenig Schwierigkeiten; der Fuß kannte seine Spur. Schien der nächste Schritt heikel, half das Strählchen der Taschenlaterne nach. Im Asphodelenhang streifte mich erste Helligkeit; als ich aufsah, wurde mir ein unvergeßlicher Anblick zuteil. Droben flammten die Felsen des Kammes, vom ersten Licht erfaßt, in überirdischer Glut. Mochten sich die Waldgründe dahinter auch noch in Schwärze hüllen, nach ohnehin gebotener Rast würde auch dort der Tag aus den Federn kriechen.

Bis zu dem Punkt, an dem wir vor einer Woche ins Tal von Gellone umkehrten, ging alles gut. Dann aber begann das Abenteuer. Plötzlich verlor sich die Spur, längst von der Natur überwuchert, zwischen Felsrippen und Heidekraut. Gut, daß zwischen den Wipfeln gelegentlich hell beschienen die Fernseh- oder Wetterstation auf der Kuppe von Sainte-Baudille zum Vorschein kam. Irgendwo mußte, der Karte nach, wenn auch quer, ein Forstweg verlaufen. Statt dessen umschloß mich unerbittlich das Dickicht; der Fuß verstrickte sich in Ranken, Zweige schnellten mir ins Gesicht.

Fast eine Stunde lang schlug ich mich mit Gebüsch, Steilhängen und tückischen Bodenlöchern herum. Doch als ich eben waldtoll zu werden begann, stand ich unvermittelt am Rand des Sträßleins. Zwar führte es nach Arboras ins offene Weinland zurück, aber es blieb keine Wahl. Das große Gewoge der Höhen und Felsen verebbte. Nach Stunden lag endlich Usclaz vor mir. Gedämpften Triumph in der Brust, weil es alles bestanden, wenn auch nicht voll gelungen war, zog ich ein. Drüben an der Ringstraße warteten bereits, wie abgesprochen, die Meinen und winkten.

Usclaz ist ein kleines Bauernnest in den Hängen westlich von Saint-Guilhem. Ich weiß nicht, wie ich darauf verfiel, der Ort habe mit der Tolosana zu tun, und ihn schon daheim mit einem Merkzeichen versah; offenbar war Divination im Spiel. Jetzt kam sogar wie bestellt der richtige Mann daher, dem ich mein Verslein vortragen konnte, der Bürgermeister, wie sich erwies.

»Le chemin de Saint-Jacques?« Doch, er nickte mit Nachdruck. Von dort, wo rückwärts in den Bergen Sainte-Baudille aufragte, führte die Route der Pilger mitten durch den Wald, dann die Weingefilde zum Dorf heran. Unter dem gedrückten Bogen drüben waren sie einmarschiert. »Aber kommen Sie«, sagte er plötzlich, »es gibt hier manches zu sehen.« Der Heimatstolz packte ihn. Hinter dem Bogen nämlich öffnet sich die Ortsstraße zur Burg, lauter romanisches Dächergeschachtel, manchmal Steine mit verwitterter Schrift. Hinter grobem Bruchsteingemäuer scholl das Gebelfer der Dorfköter in aufgeregtes Hühnergegacker hinein; eine Hundenase preßte sich schnaubend durch den Spalt einer Brettertür. Auch das hatte dazu gehört. Schatten unendlicher Vergangenheit nisteten in dunklen Toren. Im einfachen Kirchlein, in dem noch der Weihrauch der Morgenmesse hing, prangte hoch an der Altarwand ein Sankt Rochus als Jakobspilger. Verstand ich? Montpellier lag nicht weit, da schloß frommer Sinn den lokalen Patron gleich ein, um doppelter Fürsprache sicher zu sein. Dort hinten aber, in der letzten Kapelle rechts, waren noch drei der berühmten Stèles discoïdales, scheibenförmiger Grabsteine, zu sehen, die es früher so zahlreich gab, daß man in

Lodève ein Museum damit ausstaffierte. – Hatten sie mit dem Pilgerwege zu tun? – Mein Mentor wiegte den Kopf. Sie entstammt einer Werkstatt in Nant auf der Causse du Larzac. Einer davon, fünf Zentimeter dick, fand sich drehbar aufgebaut. Vorn ließen sich Sonne und Mond, hinten ein großes Kreuz erkennen, aber nicht Name, nicht Datum. Welche Zusammenhänge sich dahinter verbargen? – Allein, das war keineswegs alles!

Man hat nur ein paar Schritte bis zur Gegenseite des Ortes mit dem Friedhof; auf ihm Reste eines Kalvarienhügels. An seinem Tor lief die Santiago-Route vorüber, hinab in die Senke, wo sie nach Westen, nach Lodève umbog, und nun – »Tournez-vous!« – ein alter Bau mit verbretterten Fenstern stand da, ein großes Entrée nebst stolzem Treppenaufgang; nebenan ein Raum mit schwerem Kreuzgratgewölbe, die Mauern ein Meter dick. Über dem Portal aber etwas, das mir die letzten Zweifel nahm, auf dem Pilgerwege zu stehen: eine mächtige Jakobsmuschel und, prall ausgeformt, eine Pilgerflasche. – Aber war die weltläufige Hausung für eine Herberge nicht gar zu üppig? – Man wußte nichts Genaues, nein, leider nicht. Die Religionskriege hatten so vieles, auch die Archive zerstört, und es war alles so lange her ...

Kurz darauf kamen wir im Tal der Lergue gegenüber Lodève an, noch umrankt von der Nachblüte des Judäabaumes, überragt von seiner Kathedrale. Scheinbar unversehrt und doch tief getroffen, wie gelähmt von einer Vergangenheit, die es nicht wollte. Aber das ist nun so, die Leidensmächte fragen nicht lange.

Verstummte Klage

Wie sich das im französischen Süden allenthalben gleicht: Geschichte als Abfolge von Leiden! Nach den Sarazenen die große Häresie, das verzweifelte Aufbegehren der Entrechteten gegen die Fremdherrschaft aus dem Norden. 1348 aus dem Orient eingeschleppt die schwarze Pest, die ein entvölkertes Land zurückließ. Sieben Jahre später drang der Schwarze Prinz auf seinem Raubzug bis an die Tore Narbonnes vor. Sodann Hungersnot, Glaubenskämpfe, Massaker, Camisardenkriege. Wer oder was schwang nicht das düstere Banner des Todes über Dorf und Stadt bis hin zur Großen Revolution, in der die Guillotine das Morden noch einfacher machte? Bedeutet Vergangenheit in diesem Land nicht ein unablässiges Aufstöhnen der gequälten Kreatur? Menschen konnte man die ausgemergelten Gestalten der Verstümmelten, Geblendeten, Geschändeten, von Schwären Bedeckten oft genug gar nicht mehr nennen. Zu den schlimmsten Greueln haben die um 1560 anhebenden Religionskriege gezählt, eine wütende Selbstzerfleischung, nichts weiter.

Lodève war bereits eine uralte Stadt, als das Verhängnis über sie brach. Der Fleiß seiner Tuchmacher hatte es reich gemacht; gegen die Überfälle der Briganten aus den Cevennen schützte eine mächtige Mauer mit dickleibigen Türmen. Als 1573 der Hugenottenführer Claude de Narbonne, Baron de Fougères mit einer Armee, einem Haufen zusammengelaufenen Gesindels, zur Belagerung anrückte, durfte man sich sicher fühlen. Aber es gelang ihm, durch einen Abflußkanal einzudringen, und er bemächtigte sich im wilden Haß des Fanatikers sogleich des Kostbarsten, das Lodève besaß, der Reste des bereits seit sechshundert Jahren im Frieden seiner Bischofskirche ruhenden Heiligen und ersten Kathedralerbauers, Saint Fulcran. Ein satanisches Schauspiel hob an. Der Bandenführer schleifte den vollkommen erhaltenen Leichnam durch die Straßen, jagte ihm voll blinder Wut Schüsse in den Leib, versuchte sodann vergeblich ihn zu verbrennen, hieb ihn endlich in Stücke und ließ die Reste in der städtischen Fleischbank zum zwangsweisen Verzehr verkaufen, um die Bürger zu Mitschuldigen seiner Frevel zu machen. Von Entsetzen gelähmt gehorchten sie, denn in den Straßen knallten die Musketen auf alles, was sich widersetzte; Priester und Notabeln meuchelte man ohnehin, schändete Frauen und Mädchen ohne Unterschied. Es ist keine Schauermär, von der hier berichtet wird, sondern verbürgte Geschichte. Die eigene, katholisch gebliebene Mutter hatte den Mordbrenner später umgebracht, worauf man dem Kadaver den Kopf abschlug und Ball damit spielte. Auch eine Nachfolgezeit war nicht zimperlich. Als sich Henri de Montmorency, Gouverneur des Languedoc, 163 gegen die Krone erhob und die Stadt Partei für ihn nahm – was blieb ihr anderes übrig? – ließ Richelieu einen Großteil der Häuser zerstören, um den Bürgern eine Lektion zu erteilen.

Wer heute nach Lodève kommt, in dem schon Nero Münze schlagen ließ und seit 506 vierundachtzig Bischöfe einander gefolgt waren, findet nichts Altes und schon garnichts mehr aus der Pilgerzeit vor. Was bedeuten schon die wenigen Gassen von früher oder etliche Adelspaläste, darunter der des Kardinals Fleury, der als Premierminister Frankreichs Anwartschaft auf Lothringen sicherte und seiner Geburtsstadt ein eher verhängnisvolles Privileg verschaffte, das Monopol für die Lieferung von Militärstoffen. Die Qualität der Lodèver Tuche geriet bald in Verruf. Freilich, die Schande einer halb zerstörten Kathedrale mit ihrem knochigen Wehrturm wollte man nicht auf sich sitzen lassen, überfing das Innere mit jenem grau-rötlichen Stein, der so schön mit den hellen Rippen kontrastiert, und kleidete den mächtigen, um zweimal vier Stufen erhöhten Chor festlich mit Marmor aus. Kurz, das 18. Jahrhundert tat alles, um die Schändung vergessen zu machen! Nur die Patina endloser Vergangenheit gelang es nicht wiederherzustellen, und einzig im kleinen alten Kreuzgang lassen sich Reste der Bauten des 10. und 13. Jahrhunderts entdecken.

Wir blieben etliche Tage drunten im Hotel an der Lergue und suchten vergeblich. Nein, kein Zeugnis, nicht eine Spur der Pilgerfahrt. Das kleine Museum der Stèles discoïdales blieb obendrein hartnäckig geschlossen. Man feierte unter Lautsprecherspektakel irgendein Fest; die Kneipe in der Rue de la République quoll über von Gestalten mit wildem Haarschopf. Etwas ungemein Vulgäres, Ennuyantes lag über der Stadt. Wir nützten die Zeit, um nach Nordwesten in die Causse zu fliehen, auf der *La Couvertoirade,* der alte Templersitz liegt, den später die Johannesritter von Jerusalem mit hoher Mauer umgürteten. Eine Militär- und Festungsstadt en miniature, die auch einer Handvoll Schafhaltern mit ihren Herden Platz bot. Wenigstens ließ sich erkennen, wie gefährdet diese Region zu Beginn der Neuzeit war, als Räuber die Straßen unsicher machten. Ein kalter Tag hing über der öden Hochebene. Das wärmende Teeglas in der Hand, hockten wir frierend unter dem Gewölbe eines alten Stalles, der nunmehr als Crêperie diente, und blickten resigniert in den freudlosen Hof, halb Bagno, halb Kasernenplatz, von Unterkünften und Festungsbauten hart, nüchtern und grau umstanden. Das Einzige, womit sich die Phantasie beschäftigen konnte, blieb das ewige Einerlei ermüdet heimkehrender Kavalleriepatrouillen, die am Sattel einen zerlumpten Briganten mit sich schleppten, um ihn kurzerhand aufzuknüpfen; es gab draußen, anders als heute, wenig Bäume...

Kommenden Tages aber wärmte die Sonne wieder. Wir rollten von Lodève nach Westen, nach Lunas hinaus und dann durchs obere Orb-Tal nach Süden, wo sich einst der Oberstraße ein weiterer Santiago-Weg zugesellt hatte, der von Norden, von Le Puy kam, um nahe der längst verfallenen Abtei von Joncels Anschluß zu finden, worauf sie vereint einem erneuten Pont du Diable und weiterhin einer anderen Abtei, Villemagne im Bereich alter Erzgruben, entgegenzogen. *La Tour-sur-Orb* mit dem hochgetürmten ›Haus des Baillie‹, das den Toulouse-Lautrec gehört hatte, lag am Weg, um sich geschart ein befestigtes Dorf mit Gäßchen und engem Gemäuer.

Hier allerdings bog der Hauptteil der Jacquaires über die Höhen nach Westen ins Mare-Tal ab. Auch wir gedachten später dieser Route zu folgen. Der andere kürzte den knieförmig nach Osten ausgebuchteten Weiterlauf des Orb durch einen direkten Verbindungsweg ab und gelangte, vorüber an der Kapelle von Capimont, nahe Lamalou auf die von Montpellier kommende Straße nach Saint-Pons. Noch vor Poujol erreichten die vereinigten Wege eine Priorei, *Saint-Pierre-de-Rhèdes,* an der einige unübliche Zierformen denen von Le Puy verwandt sind. Was zu dem nicht unbegründeten Rückschluß verführt, daß die von Norden gekommenen Wanderer aus dem Velay tatsächlich hier durchpassierten. Von der Priorei blieb nur die einschiffige, turmlose Kapelle aus der ersten Hälfte des 12. Jahrhunderts mit drei später aufgesetzten Stützpfeilern für ein Geläute am Westgiebel erhalten – ein Bau in rosa getöntem Sandstein am jenseitigen Hang eines Friedhofes vor dem Grün einer Höhe. Die schmal-hohen lombardischen Blendarkaden des Chores verleihen ihm etwas Hochgestimmtes. Doch sie bedeuten keineswegs das Besondere, nicht einmal die zwiefach gestuften Sohlbänke entlang der Innenwände zwischen den gedoppelten Diensten, die das Spitzbogengewölbe tragen; mögen sie auch den Gedanken aufkommen lassen, der Innenraum selbst habe einmal als Herberge gedient wie der Gimel von Saint-Guilhem.

Vielmehr: das Außenportal der Südseite mit den flankierenden Marmorsäulen aus der Antike überfängt ein Tympanon. In der Mitte ein an den Enden verbreitertes Kreuz auf einem Grund dunkler Lava-Inkrustierung und ebenso marketiert von einem umrandenden Kranz, einem überwölbenden Halbbogen in einer Technik, wie man sie vom Velay her kennt. Wem solcher Hinweis noch nicht genügt, schaue sich nur den Türsturz an. Auf ihm nebeneinander gereiht wie auf den berühmten Zedernholztüren in Le Puy, die stilisierten Zeichen des Alef und Lom aus der kufischen Schrift, deren sich die islamischen Schreibschulen bis ins 12. Jahrhundert für den Koran bedienten: kalligraphische Grüße über endlose Kilometer hinweg.

Allein, es ist noch etwas da, wenn es auch mit Le Puy nichts mehr zu tun hat. Unter dem ersten Arkadenbogen der südlichen Außenseite läßt sich eine fast skurrile Reliefdarstellung erkennen. Weiß Gott, eine Meisterhand war nicht am Werk, dennoch jemand, der etwas aussagen wollte. Ein Männlein mit ausgebreiteten Armen hält dort in der Linken eine Pilgerflasche und den Bordon, in der Rechten einen Krummstab, unter dem sich ein Lesepult für ein Evangeliar befindet. Man hat viel daran gerätselt. Doch zu tiefsinniger Grübelei ist kaum Anlaß. ›Kommt her‹, rief das Pilgerfigürchen den Vorübermarschierenden zu, ›hier findet ihr Herberge und redliche Mönche, die für euch sorgen!‹ Was manchem, der sich über einen Herbergsvater geärgert hatte, willkommen sein mochte …

Einen ganzen Tagesmarsch brauchten die Jacquaires sodann für den Weg durchs Orb- und Jaur-Tal. In den Hängen Wein- und Olivengärten, grüne Eichenwälder und Zypressenhaine unter dem balsamischen Anhauch mittelmeerischer Luft, bis die Abtei *Saint-Pons-de-Thomières* im Quellgrund des Jaur vor ihnen lag. Ach, ganz anders als heute, eine majestätische Mönchsstadt mit einer machtvollen, von Zinnentürmen umstandenen Kirche inmitten. Die Gründung des Raimond Pons III von Toulouse war bereits 1060 unter dem hochberühmten Abt Flotard reich, groß, bedeutend geworden und nach der Zerstörung durch einen der Trencavel erneut aufgestiegen, sogar zum Sitz eines Bistums. Bis auch ihr das Schicksal des Südens widerfuhr und 1567 die Hugenotten darüber gerieten, um ganze Arbeit zu machen.

Gewiß, man hat abermals aufgebaut, aber auch umgestalten müssen. Was von dem erhabenen Cluniazenserbau mit seinen Wehrgängen und Trompenkuppeln in den Turmkapellen erhalten blieb, ist seither vom Kirchenraum als Sakristei abgemauert und nur noch durch eine alte, üppig dekorierte ›Totentür‹ zu erreichen. Leider, die eleganten Säulen, auf denen die Archivolten einst ruhten, fehlen. Nur vier rätselhafte Köpfe lugen wie eh und je aus dem Sims. Hinzugefügt sind dagegen in den Zwickeln die Zeichen von Sonne und Mond, die von der frühesten Kirche stammen, eine Männer- und eine Frauengestalt, verwandt dem Stil des großen Gilduin, der die Altarmensa von Toulouse schuf; nach einer Inschrift hat sie ein Meister Gillo geschlagen. Uralte Verwandtschaften tun sich da kund, vergessene Künstlerpersönlichkeiten drängen heran und bleiben doch Schemen.

Damit die Kirche überhaupt wieder nutzbar wurde, mußte der Altar seinen Platz von Osten nach Westen wechseln. Am einstigen Westportal mit seinen zwei Toren hatten die Bilderstürmer sogar zur Hacke gegriffen, um die Darstellung des Abendmahles nebst der Fußwaschung und die Kreuzigung abzuschlagen. Vom berühmten Kreuzgang endlich blieben einzig vier in Saint-Pons verstreute Kapitelle erhalten. Dem hilft auch der luxuriöse Marmorschmuck des neuen Chores von 1768, helfen selbst die kunstvollen Chorgitter im Innern nicht ab. Es ist, als schriee sogar der geschändete Stein.

Ein heller Morgen. Wir waren nach La Tour-sur-Orbe zurückgekehrt, um auf der klassischen Westroute quer durchs Gebirge nach Castres zu kommen. Das erste, wildeste Getümmel der Höhen schien überstanden, als hinter Boussagués der Weg plötzlich in neue Berge nach Norden wollte.

Noch einmal quoll die alte Wanderangst hoch. Waren wir richtig? Aber diesmal knisterte eine genaue Karte in meiner Tasche, auf briefliche Anfrage hin aus Brassac zugeschickt, Meter um Meter eingezeichnet. Leicht machte es diese Route den Jacquaires nicht. Vorerst freilich öffnete sich friedvoll das Mare-Tal; eine Stunde später lag *Saint-Gervais-sur-Mare* da, eine Handvoll Häuser mit alter Kirche, sogar einer Büßerkapelle nebenan. Gewiß hatte es die Phantasie sich komfortabler ausgemalt; es gab nicht einmal eine vernünftige Kneipe zum Ausruhen, aber dafür kam Mutter Natur zu Hilfe. In Richtung Andabre fand sich am Weg, ein paar Schritte zum Flüßchen hin, grün umwuchert eine Kapelle, Notre-Dame-de-Lorète. Um genau zu sein, Freund Eugen, erst in Murat erwartet, mußte auf Umwegen hergefunden haben und von seinem Anglerinstinkt übermannt worden sein. Denn am Straßenrand stand der Wagen allein, ihn selbst aber hatte eine schattige Baumterrasse mit Bänken fortgelockt. Dort, wo sich flache Felsplatten ins Naß senkten, stand er und sah den Forellen zu. Talab schwang sich eine alte Brücke in drei Bögen zur anderen Seite. Ringsum mächtige Höhen. Das Land allein mit seinem Schweigen, nur das goldflüssige Wasser schwätzte über kleine Felsrippen hin, rann von Tümpel zu Tümpel. Ein Rastplatz aus einem Traum.

Eine Stunde zog ich von hier allein bis Castanet-le-Haut in mäßig ansteigendem Tal, dann hörte der Weg auf, und es ging entschieden bergwärts über etliche Schafhaltereien bis Prat-de-Sèbe, wo auch mich etwas zu einem Abstecher verlockte. Hoch zur Rechten lag die *Croix de Mounis*. Ein scharfer Wind ging droben, schüttelte das Buchsbaumgesträuch um das Kreuz. Aber welch ein Blick! Gegenüber die riesige Mauer des Espinouse, ostwärts verlor sich der Anmarschweg tief im Tal, Kastaniengrün wallte die Hänge empor und verwandelte sich endlich in rotes Braun. Die Schauspiele des Lichtes feierten eine große Stunde. Eine Wolke überschattete den Kamm drüben mit tragischem Grau; Raubvögel kreisten, das schwingende Auf und Ab der Kuppen aber weckte ein Gefühl unendlicher Freiheit. Das Glück der Pilgerfahrt überkam mich: Alleinsein im Raum, das, sofern es dem Menschen oft genug widerfährt, sein Antlitz von nun an mit jener Ferne prägt, die selbst im dichten Stadtgewühl nicht mehr aus seinen Augen weicht und den Alltag wesenlos macht. Bis Murat in der kleinen Senke des auf zwölfhundert Meter wachsenden Bois de Lause, immer querbeet, war es dann nicht mehr weit, aber die eingezeichnete Fußspur stieg unaufhörlich; erst im späten Nachmittag kam ich an.

Die Besiedlung des Hochlandes ist uralt. Vor den Römern weiß man wenig, aber sie und die Westgoten richteten sich bereits auf dem kleinen Höhenvorsprung von *Le Castellat* nahe der Pilgerkirche Saint-Etienne ein. Auch der Chor des Gotteshauses ist früh, entstammt noch dem 11. Jahrhundert. In einer der nischenartigen Querapsiden hingen Glockenseile hernieder; man läutete noch mit der Hand. Zur Rechten, gleich am Zugang des Schiffes, schob sich eine niedere Kapelle wie ein Backofen nach draußen, unter den Kastanien- und Ahornbäumen des Zuwegs aber lehnte ein steinernes Pilgerkreuz an der Kirchhofsmauer. Es bedeutete Konstanz und gefiel uns, wie auch das kleine Hotel im Ort, alles gefiel. Die Höhe war ob der häufigen Regen quick und grün. Tatsächlich strichen bei Dunkelwerden Nebel über sie hin; es tröpfelte etwas. Die Wirtin lachte nur über unsere Besorgnis: »Die Wolken kommen abends oft, wenn sie müde sind, um hier zu schlafen.« Eine Märchenerzählerin, wir lachten mit. Aber im Grunde traf es den Sachverhalt. Der Wein von Olargues unten im Orb-Tal hat mir selten so gut geschmeckt wie nach dem durchwanderten Tag hier oben …

Am nächsten Abend saßen wir bereits in *Brassac* tief in den Wäldern des Agout bei Tisch. In einem Familienhotel vollgestopft mit Kurgästen aus der Provinz. Sie alle erschienen im trüb beleuchteten Speisesaal pünktlich zur Tafel; e war ihre Stunde. Die Mahlzeit, als Abendunterhaltung gedacht, dauerte endlos, während meine strapazierten Beine nach dem Bett verlangten.

Vier Stunden war ich von Murat unterwegs gewesen, vorbei am Stausee von Laouzas, der durch die Stämme schimmerte, dann querbeet nach La Salvetat bis die Spur vor Anglès endlich auf die Straße einmündete. Drei Kreuze am Weg mochten Pilgerzeichen sein. Im nahen Ort, wo ich in einer Epicerie nachfragte, saßen fünf Frauen zum Stricken beisammen; von den Jacquaires hatten sie nie gehört. Ich sollte am besten den Pfarrer fragen, meinte die erste, die zweite schlug den Bürgermeister, die dritte den Lehrer, die vierte den Förster vor. Die fünfte musterte mich von oben herab und murmelte, daß alle Männer nichts taugten. Mein Anzug sah in der Tat strapaziert aus, das Schuhwerk verdreckt. Vier weitere Stunden hatte es gedauert, bis ich südlich am Stausee von Raviège vorüber durch die endlose Einsamkeit der Wälder und Forststeige Brassac erreichte, wo ich sofort Freund Eugen in die Arme lief. Zwei Tage Bergmarsch, meine Füße wußten nun, wie das war!

Dennoch sind wir spät am Abend noch einmal über die neue Agout-Brücke ins Städtchen hinausgegangen. Es war eine leuchtende Nacht. Schwarz ragten die Waldberge im Süden auf, schwarz das alte Schloß, der Turm des Rathauses zur Linken, als schwarzer Scherenschnitt schwang sich drüben die mittelalterliche Agout-Brücke mit ihrer halbrunden Wölbung über den Fluß; wie aus einem Torbogen rann er schimmernd darunter hervor, während sich der volle Mond genau unter der Brückenrundung im Wasser spiegelte.

Leider, die Zeit drängte, am nächsten Morgen rollten wir bequem per Auto durchs Agout-Tal davon, immer am Rande des Hochlandes von Sidobre mit seinen seltsamen Felsgebilden entlang, und ließen – einen Stich gab es mir doch – bei Lacrouzette die nördlich ausholende Schleife der Santiago-Spur liegen, um endlich über Salvage nach Castres einzufahren, genau bis vor die Kirche Saint-Jacques.

Castres ist keine überwältigende Stadt, und selbst trotz seiner Ahnengalerie seit Römertagen, über die Benediktiner von Aniane hinweg, die im 9. Jahrhundert ihr längst vergessenes Kloster Bellecelle gründeten, in keinem Gotha der Geschichte verzeichnet. Einen Namen ausgenommen. Er allerdings ist noch zu gegenwärtig für die Palme der Unsterblichkeit. Jean Jaurès ist hier 1859 zur Welt gekommen und über die Philosophie in die Politik geraten. Derselbe, der sich leidenschaftlich für den unglücklichen Hauptmann Dreyfus einsetzte und am 31. Juli 1914 im Pariser ›Café du Croissant‹ umgebracht wurde, nachdem er verzweifelt versucht hatte, den Ersten Weltkrieg aufzuhalten. Natürlich ruhen seine Reste im Pariser Pantheon. Immerhin bewahrt Castres eine Sammlung von Fotos und Zeichnungen über die leidvolle Affäre in seinem Museum, dem früheren Bischofspalast und heutigen Rathaus. Eine Etage über der berühmten Kollektion von Bildern Goyas, die ein Sammler den Bürgern vermachte: die ›Desastros de la Guerra‹, die ›Caprichos‹, zweiter Abzug, aus der Zeit, als der große Maler ertaubte; dazu Porträts und das düstere Riesenbild der ›Junta de los Filipinos‹ mit König Fernando VII als Präsident.

Sie bedeuten die wahre Unsterblichkeit von Castres. Hinter dem einstigen Bischofspalast liegen, mit knirschendem, weißem Kies bestreut, die ›Jardins à la française‹ der kunstvoll beschnittenen, verschnörkelten Buchsbaumhecken, deren Pflege die Stadt ein Vermögen kosten muß. Doch sie bedeuten ein nationales Prestige, weil Le Nôtre sie schuf. Das Übrige wie Kathedrale, Evêché und Notre-Dame-de-la-Platé mutet in unseren Tagen ein wenig beiläufig an, denn es trägt die gewohnte, teils barocke, teils klassizistische Uniform der französischen Provinzarchitektur. Sie paßt nicht ganz in die Stadt der eiligen Menschen, deren Hast sich ausnimmt, als liefen sie die über zehn Millionen Meter Wollstoffe ab, in die man alljährlich die Ausbeute der Schafschur in den Bergen verwandelt. Man ist so fleißig, wie es die calvinistische Tradition des hugenottischen Erbes gebietet.

Beschauliche Ecken hat Castres dennoch. Vom friedvollen Winkel des Grand Café an der Ecke der Place Jaurès und der Jakobinerstraße blickt man durch die großen Scheiben auf die etwas heruntergekommenen Häuserfronten des linken Agout-Ufers, deren Füße im Wasser stehen; alt, schwer mit Vergangenheit befrachtet. So sah es in dieser Stadt schon aus, als die Jacquaires über die heutige Avenue Desplats von Osten heranwanderten und durch den kleinen Vorhof einzogen in die breithüftige, niedere Kirche Saint-Jacques mit dem eckigen Hausteinturm, in deren Dunkel nur das Ewige Lichtlein schimmert.

Dort steht sie heute in der vordersten Kapelle, links vom Chor, die Figur des Patrons der großen Straße, angetan mit den Pilgerattributen, vor der die Jacquaires ins Knie sanken. Bis sie nach geleisteter Andacht das Gotteshaus nach Westen, zum Jakobsplatz mit dem hohen Kreuz verließen, um nach der Herberge Ausschau zu halten. Ein kleiner Bau mit der Jahreszahl 1648 liegt dort, es mag der letzte in einer Reihe von Vorgängern gewesen sein. Leider, niemand wußte die Antwort, eingeschlossen die hübsche Person im Auskunftspavillon: »Ah! l'Hôpital des Pèlerins …«, und dann schickte sie mich zum Krankenhaus.

Vielleicht war man nicht gern erinnert. Weswegen wir machten, daß wir weiterkamen und davonrollten ins heiße Land, das sich endlos nach Westen hin ausdehnt. Nach Toulouse. Es waren nur noch siebzig Kilometer, eine gemächliche Autostunde. Denn am Weg über Puylaurens lag ohnehin nichts mehr.

Wenigstens blieb uns die Zeit für Gedanken, die wir seit Tagen unausgesprochen mit uns trugen. »Zehn Uhr«, sagte meine Frau, »ob Sœur Anastasia jetzt über dem Cassian sitzt?«

DIE STADT DER ROTEN STEINE

Die Tageszeiten von Toulouse

Wie spät sie erwachen, die Städte des Südens! Längst klatschen die Taubenflügel durch das Schweigen der Höfe, ehe der Schritt des letzten Nachtschwärmers in der Rue du Taur verhallt. Schon jagen mit der erwärmten Luft die ersten Schwalben über die Dächer, rinnt das unvergleichliche Rosa des Morgens hinab über die Backsteinfassaden, bis endlich das Glockenspiel vom nahen Saint-Sernin mit seinem Bimbim-bam zur Frühmesse ruft.

Trotz der überfüllten Stadt haben wir es mit der Bleibe gut getroffen. Nichts von der verstaubten Pracht, die sich so gerne für Luxus ausgibt, dazu von der Pilgerbasilika nur durch das Nachbarhaus und die Ringstraße getrennt! Jeder Schritt vor die Tür bedeutet obendrein zwiefache Rückkehr, auf die Pilgerroute, der hier Unzählige folgten, und zugleich den Passionsweg des heiligen Saturninus, dessentwillen sie kamen. Mögen auch im Café des Erdgeschosses werktags die Studenten lärmen, wenn sie auf dem Weg zur Vorlesung beim Radau der Musikbox den Kaffee nehmen, in unserem Oberstock läßt sich davon nichts hören; in einer Ecke des schmalen Hofes vor dem Bretterzaun, wo es Rückendekkung und einen freien Blick nach vorn, auf die Rue du Taur gibt, hat sich sogar ein stiller Arbeitswinkel gefunden.

Da hocke ich nun über meinem Heft und lasse den Stift dennoch ruhen. Das vorüberrauschende Kaleidoskop ist zu faszinierend, um ihm keine Beachtung zu schenken. Junges Volk allzumal, die Mädchen in den seltsamen Vermummungen der Mode, jedes Gewand die Beschwörung von etwas ganz und gar Einzigartigem, die Haare in wallender Pracht oder nach Negerart in kleine Zöpfe geflochten, und manchem verzottelten Schopf sieht man an, daß er die Nacht nicht im friedlichen Bett daheim, geschweige denn über den Büchern verbracht hat.

Doch an diesem Tag wiegt das Alter vor, zierliche Damen zumeist, die nicht mehr weit bis zur Ewigkeit haben, am angewinkelten Arm die Handtasche mit den Fotos der Enkel, am Ringfinger den Ehereif doppelt aufgesteckt. Denn es ist Sonntag, da geht man nach Saint-Sernin zur Predigt. Warum aber biegen sie ab, um durch das Westportal einzutreten? Ah, vor der Porte Miégeville macht sich bereits das sonntägliche Heerlager von Flachwagen, Handkarren und den watschelnden Motorvehikeln der Vorstädte breit, bauen geschwinde Hände Böcke, Auslagen, gar eine Segeltuchbude zusammen.

Gleich wird auf den breiten Gehsteigen im Umkreis der Basilika der Flohmarkt der Brocanteurs oder Trödler beginnen, die bestoßenes Jugendstilgeschirr oder Druckbilder mit schmachtenden Schönen, zerbrochene Gartenmöbel, verrostete Schlüssel feilhalten. Einer preist sogar alte Nägel an. »Echt Kupfer«, ruft er beschwörend, »es gibt nichts Besseres!« Überall drängen die Menschen, und die angeleinten Schäferhunde, die jungen Doggen, die man spazieren führt, versuchen zwischen den Beinen auszubrechen. Die Rue du Taur versperrt längst ein Gitter gegen die Fahrzeuge. Auch hier schieben sich Menschen vor und zurück, je nach dem Strom, der sie eingespult hat. Doch nun begibt sich etwas und alles hält ein.

Elf Uhr schlägt das Glockenspiel von Saint-Sernin soeben. Ein Kreis öffnet sich, inmitten eine schwarz gekleidete Gestalt im Schornsteinfegerhabit mit Zylinder und Knobelbechern. Auf dem Rücken eine Paukc, die durch Zugdrähte von der Hacke aus bedient wird; auf ihr die Inschrift ›Slippery Mike‹. Darüber ist eine Gabel an einem Holzbrett montiert, die mittels Kabelzuges über einen Kamm zu schnurren vermag. Um den Hals trägt er ein Gestell mit der Mundharmonika, die Arme halten das Banjo. Wieviel Zeit er sich nimmt, sein Instrument zu stimmen und einen Kasten für die Geldspenden aufzubauen! Natürlich ist es Methode, um die Leute aufmerksam zu machen. Dann aber legt er los wie ein ganzes Orchester. Zuerst eine einschmeichelnde Melodie als Anreißer; bum, bum macht der Paukenschwengel, krr, krr schnarrt die Gabel. Dann kommt etwas, das schon gepfefferter ist, und man sieht, wie es den jungen Leuten durch die Glieder zuckt. Schließlich gibt er eine Nummer zum besten, die hoch im Kurs steht. Man gerät in Hochstimmung, klatscht sogar von den Balkonen Beifall, und die Münzen klimpern nur so in den Kasten. Und doch verliert er seine Partie. Einer der jungen Hunde hat das Bein gegen den Kasten gehoben, ein gelbes Pfützlein rinnt unten zusammen, und heilloses Gelächter bricht aus. Slippery Mike meistert die Mißachtung seiner Kunst mit Grandezza, lacht mit und zieht weiter, den Zylinder schwenkend. Sonntagmorgen in der Rue du Taur.

Mittag an der Place Esquirol weit im Süden. An der Café-Seite packen die Blumen- und Zeitungshändler bereits ihre Auslagen in die grünen Holzpavillons, während auf der Restaurant-Seite die Passanten die Speisefolgen studieren; die heilige Stunde der genüßlichen Sättigung steht bevor. Über der Place du Capitole halbwegs zwischen beiden Stationen aber brütet um diese Stunde die Hitze. Die roten Fassaden des Häuservierecks schweigen einander an wie Eheleute, die sich nichts mehr zu sagen haben; unter den Arkaden der Westseite räkeln sich die Gammler aus aller Welt im Schatten, und vor ›Mon Caf'‹ an der Nordseite des Platzes hocken die Spätaufsteher noch immer beim Apéritif. Aber dann geschieht auch hier etwas. Aus der Rue La Fayette wirbelt eine Schar kostümierter Studenten auf die Platzmitte; sie fassen sich bei den Händen und tanzen im weiten Kreisrund mit lautem Singsang eine Farandole, um endlich lärmend im Schatten der Rue Saint-Rome zu verschwinden.

Ach, Toulouse! Immer war etwas los. Immer drängten sich irgendwo die Menschen, immer waren die Bänke unter dem Zederngrün des Square de Gaulle hinter dem Capitole besetzt, immer hockten an der nahen Place Wilson die Paare vor den Cafés und blickten in die sprühenden Wasserspiele hinaus, während die alten Männer unter den Baumschatten des Ringboulevards Boule spielten.

Es lebt eine gesellige Rasse in dieser Stadt. Ihre Verächter mögen zwar ihre spontane Bereitwilligkeit, Freundschaft zu schließen, als wenig verläßlich, ihre Emphase und Begeisterungskraft als Strohfeuer abtun. Aber vermag, wer die ganze Welt umarmen möchte, sich stets mit ein und demselben Menschen zu begnügen? Gewiß, manchmal macht sich auch absonderlicher Geltungsdrang breit, wenn abends in Leder und Helme vermummt die Heroen der Vorstadt auf ihren Maschinen wie Sendboten einer legendären Todesschwadron herandonnern und Rennen um das Rathausviereck fahren, daß die Fußrasten funkenstiebend über den Asphalt schleifen und die Frauen aufschreien. Sofort stellt sich aber auch Harlekin ein; ein älterer Mann in einer Art Sträflingshemd ist es, der mit einem silbernen Galoubet, der Hirtenflöte mit den drei Löchern, auf die Verrückten der donnernden Motorräder zielt und ›pouf, pouf‹ macht. Alles lacht. Natürlich ist er nicht richtig im Kopf. Denn nunmehr dekoriert er den Tresorschlitz der Sparkasse mit Fotos von nackten Frauen und hält eine flammende Rede auf die Liebe, bis seine Tochter erscheint und jammernd die Arme ausbreitet: »Ach Leute, ihr kennt ihn doch.«

Nur einmal, im Krisenjahr 1968 habe ich sie anders erlebt. Da stampfte durch die endlose Alsace-Lorraine eine unübersehbare Menge heran, Phalanx um Phalanx, Besenstiele mit den roten Lappen des Aufruhrs über der Schulter. Sie schwangen wild ihre Rechte und schrien ›grève, grève‹ im Chor. Doch was bedeutet das hierzulande schon? Was tut es gegen das Genie der Unternehmungslust und des Abenteuers? Stiegen nicht ostwärts im Montaudran Mermoz, Saint-Exupéry, Guillaumet zu ihren waghalsigen Afrikaflügen auf, als die Aviatik noch eine Sache auf Leben und Tod war? Schoß nicht in Blagnac im Westen draußen die erste Concorde wie ein silberner Pfeil, der Stolz einer ganzen Nation, in die Luft, mochte das Ding auch noch so aufwendig und überflüssig sein wie Schnee im Juni?

Toulouse, alte Stadt, ich weiß, daß sich dein Wesen nicht in solchen Bravaden erschöpft. Wer durch deine Straßen wandert, spürt den lautlosen Nachhall von zweitausend Jahren Geschichte noch immer, wieviel sich auch wandelte. Es strahlt soviel Beharrungskraft aus den alten Steinen der Rue Saint-Rome, der Rue des Changes, den leergestorbenen Gassen, die sich gewunden zur Garonne bis zur ›Daurade‹-Kirche, die längst nicht mehr die goldschimmernde Capella Palatina der Reine Pédauque oder Gänsefuß, will sagen Westgotenkönigin Ranachilde ist, hinziehen oder nach Saint-Pierre-des-Cuisines, diesem Gotteshaus der ›Coquini‹ oder Armen, vor der Raimond IV von Toulouse-Saint-Gilles, schon in der Toga des Kreuzfahrers, Abschied für immer von der Bürgerschaft Toulouses nahm! Noch immer läßt sich drüben, jenseits des unbeirrbar strömenden Flusses, der den Anwohnern mit seinen Fluten der Schmelzzeit in fernen Bergen so oft zum Schicksal wurde, der alte Brückenansatz, der hohe Einzugsbogen des Hospitals de Saint-Jacques gewahren, durch den die Jacquaires – um sie endlich wieder ins Spiel zu bringen – in die Vorstadt Saint-Cyprien und weiter nach Compostela zogen. Noch immer liegen in deinem Stadtbild verstreut die edlen alten Hôtels der Renaissance-, der Barockzeit mit ihren hoheitsvollen Höfen und Galerien aus der Epoche des großen Wirtschaftsaufschwungs im 16. Jahrhundert, den man das ›miracle du pastel‹ nennt: die schloßartigen Bauten der Hôtels d'Assézat und de Bernuy samt den zahllosen anderen, die dem Dasein reich gewordener ›marchands‹ den gebührenden Rahmen verleihen sollten und oft genug mit einem stolzen Türmchen verziert sind, zum Zeichen, daß der Bewohner zum Capitoul oder Ratsherrn aufgestiegen war.

Gelassen und königlich lagert sich das Hôtel de Ville des 18. Jahrhunderts im rhythmischen Spiel der hellen jonischen Pilaster und des roten Ziegelsteingemäuers auf die Ostseite der Place du Capitole. Wie heiter ist das Dasein im Licht Ihrer französischen Majestät, will es sagen, und bleibt doch eine goldene Schaumünze, deren Rückseite das Schmerzensantlitz der okzitanischen Knechtung trägt. Wer achtet noch auf den Denkstein im Pflaster des Durchgangs zum Square de Gaulle, der die Stelle bezeichnet, an der Henri de Montmorency, der Letzte eines alten Geschlechtes, in der düsteren Cour du Henri IV des vorangegangenen Ratsbaus 1632 der Todesstreich des Scharfrichters empfing? Als Sühne für seine

Rebellion gegen Ludwig XIII., die ein letztes Aufbegehren des Midi gegen die französische Krone war!

Denn wer von Toulouse redet, seiner Größe, seinem Glanz, hat auch des bitteren Menschenleids zu gedenken, das über die Stadt hereinbrach. Es geht hier nicht die Rede von den apokalyptischen Bränden eines derzeit noch in Cité und Bourgs unterteilten Gemeinwesens, angefangen mit dem von 1463, als jählings Rauchwolken von einem überhitzten Backofen aufquollen, die Flammen sich rasend ausbreiteten und ganze Straßentrakte der alten, zweistöckigen Fachwerkhäuser aus Holz und gehäckseltem Lehm verschlangen. Bis man endlich zum Häuserbau nur noch Ziegel verwandte, die anfänglich den Kirchen vorbehalten blieben. Vielmehr von dem wiederholten Ansturm der Widersacher gegen die immer gefährdete Stadt, vor allem Simon de Montforts, mal Herr, mal Belagerer, bis der Quälgeist aus dem Norden 1218 endlich dem Wurf einer Schleudermaschine erlag, die einige junge Tolosanerinnen im heroischen Abwehrkampf bedienten, und mit zerschmettertem Kopf über der Leiche seines zuvor gefallenen Bruders zusammenbrach. Seine Frau Alice de Montmorency erlebte diesen Augenblick allgemeinen Mordens halb als Gefangene zwischen den Linien im okkupierten Château Narbonnais, der alten Feste des damals bereits vertriebenen Grafengeschlechtes, das einmal einen Raimond IV hervorgebracht hatte. Es figuriert noch auf dem Siegel Raimonds VII als Symbol gräflicher Macht.

Schattenbeschwörung

Welche Daseinsfülle in dir, aber auch wieviel Tragik, die deine Vergangenheit durchwaltet hat, alte Stadt! Der Untergang des okzitanischen Herrscherhauses, natürlich. Alle Dynastien haben geglaubt, sich auf der Erde in Ewigkeit einzurichten. Aber in Toulouse ist kein Stein vom Gehäuse ihrer Erdentage übrig geblieben, das genau neben der Porte Narbonnaise im Südzipfel der Stadt lag und sechs vorgeschobene Türme ihrer romanischen Ringmauer einschloß. Den Kern der Anlage bildete die befestigte Burg, halb Bollwerk, halb Wohnanlage, die man nach 1515 abriß, um einem Parlamentsbau Platz zu machen. Behaglichkeit bot das Schloß wenig, aber es verfügte über einen Saal mit gewölbter Decke und reich inkrustiertem Boden, der dem Hof als Remter bei seinen Festen diente, für die vor allem Graf Raimond V berühmt war. Klingt da nicht doch das heitere Gefiedel der Musikanten durch die Nacht der Geschichte? Wir haben uns den Grafen und die anwesenden Damen dabei so gekleidet vorzustellen, wie es Meister Gilabertus, von dem noch zu reden ist, auf seinem um 1120 geschlagenen Kapitell mit der Erzählung vom Tod des Johannes dargestellt hat: König Herodes in langer Tunika mit einem Umhängemantel, den eine Agraffe auf der rechten Schulter zusammenhält. Beide Kleidungsstücke mit breiten Schmuckborten verziert; Salome ist in ein raffiniert geschneidertes, eng anliegendes Festkleid gewandet. Das Haar wallte lang herab, und den Kopf des Fürsten bedeckte eine haubenartige Krone. Vor dem festlich herausgeputztem Publikum boten, wie am aquitanischen Hof, Gaukler, Schauspieler, vor allem aber die Troubadours ihre Künste dar. Diese bevorzugten Lieblinge ihrer Epoche waren immer dabei; sie ritten sogar mit, wenn der Hof, wie so oft, in Saint-Gilles oder Mauguio residierte. Die der Stadt Toulouse frühzeitig gewährte Selbstverwaltung durch gewählte Capitouls dürfte nicht zuletzt auf die häufige Abwesenheit der Souveräne zurückgehen. Einzig die Genehmigung größerer Projekte wie des Bazacle, des berühmten, noch von Rabelais bewunderten, weit in den Strom hinausreichenden Wassermühlenwerkes, blieb die zivile Aufgabe der Fürsten. Im übrigen wurden sie von Privatpersonen, im Fall des Bazacle in Form einer Aktiengesellschaft, einer der ersten Europas, weiterbetrieben.

Doch zu Raimond V zurück, von dem es heißt, Toulouse sei unter ihm glücklich gewesen. Trifft es zu, so doch nur äußerlich. Sehr elitär mutet sein Hofstaat nicht an. Vollends die Troubadours erwiesen sich als fragwürdig. Weniger, weil sie die umstrittene Haltung des Grafen in der Katharerfrage eher billigten. Sie berührte auch andere und selbst in späteren Jahren kaum. Als Raimond VI 1222 exkommuniziert im Château Narbonnais starb, stand ihm der damalige

Abt von Saint-Sernin in der schweren Stunde bei; anwesende Hospitaliter-Ritter von Saint-Jean warfen sogar ihre Mäntel über den eben Verschiedenen. Jedoch muten die Troubadours dieses Hofes aus persönlichen Gründen zwielichtig an. Der durch seine Liebesaffären anrüchige Bernard de Ventadorn fand genauso Zuflucht bei Raimond V wie ein Pierre Rodier, Pierre Guilhem, Guillaume Figuiera, Guillaume Montanhaget, Gerard d'Espagne, woher sie auch immer kamen. Man huldigte am Hof allgemein einer bedenklichen Liberalität, die nicht grundlos in Mode stand. Die gregorianische Reform hatte den adeligen Grundherren die Verfügung über die Kirchengaben der Landbevölkerung entzogen, was sie verarmen ließ und ihre nachgeborenen Söhne zwang, sich als ›bachelier‹, Edelknappe, ›escudier‹, Schildknappe, oder Ritter einem der großen Herren zu verdingen, statt eigene Familien gründen zu können. Sie lebten in erzwungener Enthaltsamkeit, aus der einige Autoren die stark erotische Färbung der Troubadour-Lyrik ableiten. Den Dichtersängern ging es ja keineswegs anders. Schon Oderic Vital beklagte Anfang des 12. Jahrhunderts »diese weibischen Männer und schmutzigen Libertiner … die ihre Nächte mit ausschweifenden Banketten und Saufereien zubringen«.

Es kam noch etwas hinzu, das in der Natur der Sache lag, ein gewisses Abgleiten in allzu üppige Phantastereien, wie das Beispiel des Peire Vidal deutlich macht, der von Geburt Tolosaner, Sohn eines Kürschners nahe dem Garonne-Ufer war. Gewiß ein Talent ersten Ranges, dessen Dichtungen für die Zeit von 1183 bis 1204 bezeugt sind; er schrieb und komponierte mit größter Leichtigkeit, doch seine blühende Einbildungskraft besaß eine Kehrseite. Nicht nur weil sie ihn zu Tollheiten verführte und er im nämlichen Atemzug intrigierte, schnorrte, schwadronierte und sich seiner Erfolge bei Damen rühmte. »E.l meiler cavalier del mon crizia estre e.l plus amatz de donnas«, er sei der beste Ritter und Kavalier der Damen, schrieb er über sich selbst. Schließlich packte ihn der Größenwahn; auch er folgte dem ›mirage oriental‹ und schiffte sich nach Outremer ein. Auf Zypern heiratete er eine Griechin, von der er behauptete, sie sei eine Nichte des byzantinischen Kaisers. Sofort erhob er Ansprüche auf die Thronfolge in Konstantinopel und legte sich ein kaiserliches Wappen zu. Schlimmer freilich blieb seine abgefeimte Charakterlosigkeit, mit der er sich gegen seinen Wohltäter wandte, um sein Glück bei Alfonso II von Aragon zu versuchen. Als Alfonso sich auf den Weg nach Najac machte, um mit König Richard Löwenherz über ein Bündnis gegen Toulouse zu verhandeln – eine Begegnung, die am 14. April 1185 stattfand – ließ Vidal ein Gedicht gegen Raimond hinausgehen, das ob seines hämischen Tones betroffen macht. In der sechsten Strophe schrieb er:

»E si.l reis torn'a Tholos'el gravier
e n'eis lo coms e siei caitiu dardier
que tot jorn cridon: ›Aspa et Orsau!‹ ...«
»... wenn dann der König umkehrt nach Toulouses Ufern
und nun der Graf herauskommt
mit den krummen Lanzenknechten,
die ewig schreien: ›Aspe und Osseau!‹«

dann werde er stolz sein, »dem Feind als erster seine Brust zu bieten« und mit den Zurückfliehenden eindringen in Toulouse, werfe ihm nicht jemand die Tür vor der Nase zu.

Das Gedicht bedarf keiner Deutung; Vidal verriet seine Heimat. Weit davon entfernt, dem ewig lavierenden, allzu wankelmütigen Raimond V aus einem felonen Höfling einen Vorwurf zu machen, offenbart uns die Geschichte doch, wie wenig Rückhalt die Grafen in der eigenen Umgebung fanden, was die kommende Katastrophe Raimonds VI und VII verständlicher macht.

Doctor Angelicus

Haben wir ihnen nicht zuviel Aufmerksamkeit gewidmet? Es sind Bilder, die in einer Szenerie nicht fehlen dürfen, durch die als schweigsame Hauptakteure die Pilger zogen. Doch die Menschen in der Hauptstadt dachten anders. Gewiß gab es Anhänger und Sympathisanten der katharischen Lehre, die ohnehin einer strengen Lebensauffassung huldigten. Der Großteil der Tolosaner blieb seinem Glauben wenigstens äußerlich treu. Dafür sorgte schon der geistliche Oberhirte, der eifernde Bischof Foulques, ein erbitterter Gegner Raimonds VI. Dennoch lehnte die Bevölkerung ihre Grafen nicht ab, sondern hielt zu ihnen; in hellen Scharen strömten die Männer 1213 nach Muret hinaus, um ihrem Herrn gegen Simon de Montfort beizustehen, wenn auch die Hauptlast des Kampfes bei König Peire II von Aragon lag, dem Sieger von Navas de Tolosa und Verfechter der christlichen Sache gegen den Islam. Gerade seine Frontstellung gegen Montfort dürfte den Tolosanern die letzten Skrupel genommen haben. Vielleicht empfand man bereits, daß es längst nicht mehr um Religionsfragen ging, sondern galt, eine Okkupation durch den Norden abzuwehren.

Schwieriger mag die Lage für einen so rechtgläubigen Bekenner wie Domingo de Guzman gewesen sein, der noch im Jahre der Bestätigung seines Predigerordens durch Rom in Toulouse erschien, um eine erste Niederlassung zu gründen. Er hatte in Muret auf der Seite Montforts gestanden, doch besaß er treue Gewährsleute in der Stadt wie Pierre Seila, in dessen Haus an der gegenwärtigen Rue de l'Inquisition zwischen dem 7. und 25. April 1215 die ersten Gelübde abgelegt wurden. Zu Weihnachten 1230 konnte Bischof Foulques im damaligen Jardin de Garrigue den Grundstein der Ordenskirche weihen, deren Bau nach durchgreifenden Veränderungen bis 1292 dauerte. Es ist die Jakobinerkirche, an der heute die Rue Lakanal vorbeiführt, einst jenem Capitoulat der Daurade zugehörig, das Guillaume IV 1076 als Allod oder Freigut dem Kloster Moissac übereignete. Ihre Bezeichnung als Kirche der Jakobiner trägt sie aus einem eher banalen Grund: die Pariser Niederlassung der Dominikaner lag neben der Porte Saint-Jacques, deren Name im Volksgebrauch auf den ganzen Orden überging.

Das Gotteshaus ist der Stein gewordene Geist des orthodoxen Toulouse. Wie eine Festung aus rotem Ziegel steht sie als Zentrum einstigen Glaubens- und Geisteslebens da – sie war der erste ›Sitz‹ der Universität – glatt hochfahrend, uneinnehm- und unbesiegbar. Die Pilgerführer schilderten sie ausführlich, was einer Empfehlung des Besuches gleichkam. Wer eintritt, versteht das. Vor ihm ein schlanker, durchschaubarer Raum, gleichwohl ein wenig befremdend, weil ihm sieben elegante Rundpfeiler in der Mitte das Gepräge eines Doppelschiffs geben, dessen Chor, ausgehend von den Palmettenrippen der letzten Säule, ein elegantes Netzgewölbe überfängt. Riesenhafte Schmalfenster in buntem Feuer, allerdings jüngsten Datums, die Maßwerkfenster und Rosen der Stirnseite erfüllen den Raum mit Leuchten. An der südlichen Langseite reihen sich, wie in der Midi-Gotik üblich, flache Kapellen; zarte Malereien umblühen die Jochbögen. Vor die Mitte der nördlichen Längswand gerückt aber findet sich das, was diesem Raum seine innere Anziehungskraft verleiht: unter einer Altarmensa steht der Schrein des heiligen Thomas von Aquin, des Doctor Angelicus und großen Kirchenlehrers, dessen Reste man 1369 nach hier überführte. Ein Raum der Predigt, ein Raum des lebendigen Wortes, in dem das Dogma zur Form geworden ist. Gleichwohl von einem Wohllaut des Zuschnitts und einer Ausdrucksmacht, die unmittelbar hochstimmt.

Mag der Kreuzgang daneben mit seiner nüchternen Weiträumigkeit auch ein wenig akademisch wirken und Hörsaalatmosphäre hindurchwehen. Man suchte keine beschauliche Meditation, sondern die Diskussion, das Gespräch im Hin- und Herwandeln. Um so festlicher öffnet sich an seiner Ostseite der großmächtige Kapitelsaal, in dem die Novizen und Studenten einst den Worten ihrer Meister lauschten. Nebenan die Kapelle für den Kloster- und Andachtsgebrauch war sogar völlig ausgemalt, damit die bildliche Bestärkung im Glauben nicht zu kurz kam. Leider, erkennen läßt sich nur noch wenig.

Der Bautrakt hat seine große Stunde am Morgen, wenn man aus den Schatten des Kreuzgangs zuschaut, wie die südlich wandernde Sonne über die glatt und gewaltig auffahrende Bastion der Kirchenmauer mit ihren Einmuldungen für die Fenster hinabrinnt, vor allem über den roten, himmelwärts stoßenden Oktogonturm. Ziersimse und Säulen aus hellem Haustein machen ihn zum festlichsten aller ›clochers‹ nach dem Vorbild von Saint-Sernin. In vier kaum merklich verminderten Etagen steigt er über dem Karree des Untergeschosses auf, jede der acht Seiten durchbrochen von

›arcs mitrées‹, den spitzeckig überfangenen Öffnungen nebst ihrem karoförmigen Okulus. Sie verwandeln die spröde Dinglichkeit des Ziegelsteins in ein geistvolles Formenspiel und, wenn man so will, in ein Symbol der ›Fünf Wege‹ des Doctor Angelicus, der in seinem Schatten ruht ...

Pilgerbasilika

Bald freilich müssen wir uns eingestehen, das Bauwerk, in dem sich Toulouses Wesen, sein Charakter als Pilgerstadt am reinsten entfalten, bedeutet weder die Jakobinerkirche noch die Bischofskathedrale Saint-Etienne, sondern die Basilika Saint-Sernin. Nicht nur als gewaltigster umbauter Raum der romanischen Zeit, seit von der Klosterkirche in Cluny nur noch ein wehmütiger Scherben blieb. Es ist der Geist, der sie erfüllt; jener der Pilgerfahrt. Gebieterisch und doch voll Erwartung residiert sie auf weitem Platz; dank schmerzlicher Breschen freilich, welche die Große Revolution in ihre Umgebung schlug – die Konventstrakte, die Herbergen, den Kreuzgang samt allem Übrigen. Dennoch, da liegt sie nun unversehrt mit ihren mächtigen Fluchten von Rundbogenfenstern, jedes mit vielfältig gestufter Umrandung aus hellem Stein, sowie vorgelegten Säulen, die Dachsimse gesäumt von einer Zierborte kleiner Blendarkaden sowie zahllosen Sparrenköpfen ... da liegt also ihr mächtiger Leib in Rosa und Grau, trotz unendlicher Vielfalt von überwältigender Einheit und Geschlossenheit. Da wölben sich aus Querschiffen und Chor die vorgeschobenen, mit dunklen, schweren Steinplatten gedeckten Kapellen, jede ein kostbares Kunstwerk für sich, dreifach emporgestuft bis zum Chorhaupt in der dinglichen, irdischen Schönheit vollendeter Form, die uns die Herrlichkeit des überirdischen Vaterhauses greifbar nahebringt. Allein gelassen mit seinem Auftrag, als Wegweiser zu dienen, wächst der Turm aus der kraftvollen Vierung in den unerbittlichen Himmel des Südens; noch immer ruft seine Stimme hinaus in die gewaltigen Ebenen, um die einst unablässig heranströmenden Santiago-Wanderer heimzuholen in den Schatten der hohen Gewölbe, die nicht den Frieden beschwören, sondern innere Wandlung fordern. Sie verliehen den bestandenen und noch zu bestehenden Wegen erst ihren Sinn!

Die Dimensionen – in zwölf Jochen wallt das Innere des Hauptschiffs bis zur Vierung hin – die Formenspiele dieser im gewaltigen Grundriß des Kreuzes unendlich durchgegliederten Basilika sind zu erhaben, als daß eine Einzelseele oder der stille Beter in den Bänken des Innern ihrer mächtig würde. Es ist ein Traum von Menschengröße in ihr, die über alles Individuelle hinausgeht und erst im ›Schulter an Schulter‹ der Pilgerschaft erfahren wird. Man versuche nicht, obwohl auch wir uns jener dürftigen Praktiken des Geistes bedienen müssen, ihr mit ästhetischen oder kunsthistorischen Maßstäben beizukommen; man wird nur Bruchstücke ernten. Sie läßt sich zu niemand herab, der ihr einen flüchtigen Besuch abstattet, um dagewesen zu sein; er muß sich ihr unterwerfen. Aber jenen Bettler mit dem bitteren Gesicht nimmt sie als zugehörig an, der allmorgendlich an der Porte Miégeville seine Mütze hinhält; er stellt sich in ihre Obhut.

Wie aufrüttelnd muß die Segensmacht des Namenspatrons Saturninus auf die romanische Zeit gewirkt haben, daß sie zu seinen Ehren ein so machtvoll ergreifendes Gotteshaus errichtete, zu dem die Wallfahrer mehr als neunhundert Jahre nach dem Tod des Märtyrers in Strömen herbeieilten! Worin lag die magische Ausstrahlung seiner Person? War es bloßer Zufall, daß der aus der Fremde stammende Apostel des Toulousain ausgerechnet an jenem Tag des Jahres 250 das wahrscheinlich in Gegend der Place Esquirol gelegene Kapitol des römischen Toulouse querte, als man vor dem zugehörigen Tempel ein Stieropfer nach den Riten des Mithras-Kultes vorbereitete? Hätte er nicht umkehren, nicht ausweichen können? Jähe Erkenntnis erfaßt uns: es war Herausforderung, um durch sein Selbstopfer zu überzeugen.

Ohnehin erschien er den einheimischen Priestern längs als ein Dorn im Auge und wußte es. Sogleich ergriffen sie die Gelegenheit, ihn durch einen erzwungenen Kniefall vor eine Götzenstatue zu desavouieren. Der künftige Heilige wei gerte sich mit der Entschiedenheit jenes, der weiß, wa kommt, eine Haltung, die ihm den Rang des großen Beken ners verleiht. Sei es, daß eine stärker als gewöhnlich zufassende Bö des Autan, des so oft wehenden Südsturmes, das Standbild des Idoles faßte oder sich gar ein Mirakel vollzog, die Statue schwankte plötzlich und stürzte zusammen. Für die anwesenden Heiden eine doppelt demütigende Profanation, denn sie kehrte die Rollen um. Daher brach die versammelte Menge in Wutgeheul aus, forderte seinen Tod und schleppte ihn kurzerhand auf die Stufen des Kapitoles, um ihn an die Hinterbeine des davongekommenen Stieres zu fesseln. Eben konnte er noch, wie es der Meister von Cabestany dargestellt hat, etliche neubekehrte Jungfrauen segnen, dann vollzog man jenes grausame Strafgericht, das bare Lynchjustiz war. Angestachelt durch die Piken der Treiber und das Geschrei der Menge jagte das Tier in Panik davon. An der Stelle der heutigen Kirche Notre-Dame-du-Taur soll der Strick gerissen und der blutüberströmte Leichnam liegen geblieben sein, während die verstörte Kreatur weiterhetzte bis ins Viertel Matabiau, wo sie einige Ochsenhirten oder Bious stellten und ›mater‹, bändigen konnten; die örtliche Tradition führt den Namen des Quartiers darauf zurück. – So die Version nach der ›Passio Saturnini‹ aus dem 6. Jahrhundert.

Um den Körper des Toten kümmerte sich bis zum Anbruch der Nacht niemand. Wahrscheinlich wagte es keiner. Im Schutz der Dunkelheit schlichen sich endlich zwei Frauen, vermutlich die zuvor neubekehrten ›Saintes Puelles‹ heraus, legten den Gemordeten in einen Holzsarg und begruben ihn. In der zweiten Hälfte des 4. Jahrhunderts ließ der nachmals kanonisierte Hilarius, Bischof der inzwischen christlich gewordenen Stadt, über der Gruft eine steinerne Confessio und nahebei ein hölzernes Oratorium erbauen, aus dem Notre-Dame-du-Taur hervorging. Doch war der Zulauf von Gläubigen bald so angestiegen, daß sein Nachfolger beschloß, dem Toten unweit der jetzigen eine Ruhestätte in einer geräumigeren Kirche zu richten, der später Um- und Neubauten folgten, bis die heutige Basilika entstand. Allerdings erst nach einem bedeutungsvollen Zwischenspiel.

Die alte, die Grabeskirche betreuende Kanonikerschaft

stand in enger Beziehung zur Stadtaristokratie. Ämterkauf und Pfründenwirtschaft waren längst eingerissen; manche der geistlichen Herren lebten zudem in einem unzulässigen Eheverhältnis. Bis der energische Bischof Izarn eingriff und dem ein Ende machte, wobei er freilich seinen Willen nach langem Hin und Wider nur teilweise durchsetzte. Das Kapitel unterwarf sich einem ›ordo canonicus‹ und nahm die Augustinerregel an, die zwar ein Gemeinschaftsleben in persönlicher Armut vorschrieb, aber viel Freiheit ließ. Dies freilich gegen die Gewährung reicher Einkünfte für die Gemeinschaft, die den Namen einer Abtei annehmen durfte, was sie keineswegs war, und jetzt den dringend benötigten Neubau einer Kirche zu beginnen vermochte. 1080 wurde mit der Anlage einer erhöhten Krypta begonnen, über der sich bald das Chorhaupt wölbte. Den Architekten kennen wir nicht, hingegen den ›Operarius‹ oder geistlichen Leiter der Bauarbeiten, der sein Amt 1096 übernahm, Raymond Gayrard. Ein Mann der guten Stunde, schon nicht mehr jung. Auch er war ungeachtet seines geistlichen Standes verheiratet gewesen, hatte sich aber nach dem Tod seiner Frau vom Saulus zum Paulus gewandelt. Die Pilgerschaft verdankte ihm bereits einiges, das Hospital Saint-Raymond gegenüber dem Westportal der Basilika und eine steinerne Brücke über den Hers-Bach im Osten der Stadt, damit die Jacquaires leichter einziehen konnten. Jetzt betrieb er den Neubau der Kirche mit ebenso viel Genie wie Eifer, denn Eile tat not.

Die große Epoche der Pilgerzeit war angebrochen; die Wallfahrer kamen in hellen Scharen. In Toulouse trafen sich nicht nur die Wege über Carcassonne und das Agout-Tal, sondern ein dritter kam hinzu, eine Querverbindung von Conques aus. Es war keine schwierige Route, wenn sie auch durch eine Schicksalslandschaft führte. Sie verlief über Saint-Michel in Lescure, querte in Albi den Tarn und zog an *Saint-Salvy* vorbei. Die herrliche Backsteinkathedrale Sainte-Cécile, die machtvolle Bischofsburg de la Berbie, in der heute die Bilder Henri de Toulouse-Lautrecs hängen, existierten noch nicht, dafür aber ein längst untergegangenes Burggemäuer der Trencavel, in dessen Nähe später der große Maler zur Welt kam. Von dort ging es nach Gailla und endlich *Rabastens,* dessen Kirche Notre-Dame-du-Bourg noch Erinnerungen an die Pilgertage bewahrt – ein Wandbild im Chor, das den Zug des toten Apostels auf dem Ochsenkarren durch Galicia darstellt, und eine alte Jakobusfigur mit den Pilgerattributen einschließlich der Büchse für die Compostelana in der Sakristei. Nördlich Lavaur, in dem – schreckliches Menetekel der vergangenen Zeit! – die Truppen Montforts die greise Schloßherrin in den Brunnen gestürzt hatten, bog der Weg nach Süden ab. Die Weite des Garonne-Tales öffnete sich vor den Jacquaires, und fern am Horizont ragte die Turmspitze der Pilgerbasilika von Saint-Sernin auf ...

Pilgerbasilika? Das 19. Jahrhundert hat den Namen für eine kleine Gruppe von Gotteshäusern an den Santiago-Wegen geprägt: Saint-Martin in Tours, Saint-Martial in Limoges, beide nur noch Erinnerung, Sainte-Foy in Conques, Santiago de Compostela und endlich Saint-Sernin in Toulouse. Ihre Namenspatrone, ihr reicher Reliquienschatz machten sie zu vielbesuchten Pilgerzielen. Gleichwohl bleibt es erstaunlich, wie tief die Übereinstimmung zwischen ihnen reicht. Ihr Grundriß ist der einer Kreuzbasilika; daß sie genügend Raum bieten mußten, versteht sich ohnehin, und allen gemeinsam ist der Chorumgang mit Radialkapellen, der den Zugang zu den Krypten erleichterte. Gleichzeitig vervielfachte sich die Zahl ihrer Schiffe; in Toulouse und Compostela sind es deren gar fünf. Die Offizien am Hauptaltar sollten durch nachdrängende Wallfahrer, die vor den Reliquien knien wollten, nicht gestört werden. So führte man sie durch die äußeren Nebenschiffe – sie umziehen sogar die Quertrakte – an ihr Ziel. Dennoch, das abschließende Meßopfer blieb der Kernpunkt jeden Pilgerbesuches; das Mittelschiff, vor dem es der Priester zelebrierte, bekam daher eine feierliche Überhöhung, die gleichzeitig zwang, die begrenzenden Rundbogenarkaden mehr als gewöhnlich emporzuführen und über den Seitenschiffen Tribünen anzulegen. Sie vermochten den Druck der Gewölbe auf die Widerlager der Außenwand abzuleiten und durch ihre Fenster das dunkle Mittelschiff indirekt zu beleuchten. Ohnehin ließen sich die Emporen gut brauchen. In Santiago de Compostela haben sie lange dazu gedient, Pilgern, die anders nicht unterkamen, ein Nachtlager zu gewähren.

Die wunderbaren Spiele des Raumes, der Durchblick auf Gewölbe, Säulen, Bögen wären nur dank eines Kalküls entstanden? Doch gerade darin besteht die unvergleichliche Leistung mittelalterlicher Baumeister, dem Notwendigen eine geistige Überhöhung zu verleihen und die einzelnen Kompartimente zum Abbild einer hierarchischen Weltordnung zu machen. Vollends gilt es für Saint-Sernin. Die Macht, die von seinem Innern ausgeht, ist die einer vollkommenen Harmonie. Nichts wirkt schwer, selbst die gewaltigen Pfeiler des hohen Mittelgewölbes nicht. Das liegt keineswegs nur an den perspektivischen Fluchten, sondern auch an der kunstvollen Verwendung des Baumaterials; wechseln im Schiff die Schichten von Ziegel- und Haustein, um ihre Nuancen zu einer spirituellen Grundstimmung zu vermischen, sind ihre teils von der Sonne gebleichten, teils vertieften Farbschübe am Außengemäuer kräftig gegeneinander gesetzt.

Gewiß, am schweren Baublock des Westteiles ist das anders. Trotz des mächtig geschwungenen Doppelportales, einer in fünf eingemuldeten Rundbögen quergezogenen Galerie der ersten Etage oder des riesenhaften Rundfensters zuoberst – war die Kraft zuende? Die geplanten Fassadentürme gediehen nur bis zum Ansatz des Daches und selbst diese Untergeschosse verflachen in der Monotonie einförmigen Ziegelwerkes.

Allerdings, bedeutet dieser scheinbare Mangel nicht viel mehr einen Glücksfall, daß Saint-Sernin nur diesen einen machtvollen Ziegelturm besitzt, der über der Trompenkuppel der Vierung aus der Schulter des Bauwerkes wächst? Ein König kann keine Nebenbuhler dulden. In erhabener Einsamkeit fährt er in drei von Rundbogenfenstern durchbrochenen Achteckgeschossen empor. Das 13. Jahrhundert hat ihn um zwei Etagen in spitzigen ›arcs mitrés‹ erhöht und ihm endlich eine Spitzhaube aufgesetzt. Jedes Geschoß mit seinen vorgelegten Eck- und Zwischensäulen aus hellem Haustein ein wenig zurückgenommen, damit nichts ins Kolossalische geriet.

Was die Basilika freilich in Wahrheit bedeutet, ewiges Ringen, ewigen Sieg, offenbaren erst die Skulpturen, die den steinernen Leib mit unvergänglichem Leben erfüllen. Gewiß hat es rund anderthalb Jahrzehnte gebraucht, ehe die Steinmetzen von Saint-Sernin über das Konventionelle hinaus gelangten. Bis sich am 24. Mai 1096 etwas ereignete, das uns heute als Stunde der Erfüllung erscheint.

An diesem Tag zog Papst Urban II. in die schon fertiggestellten Teile der Basilika ein. Es gibt keine Belege dafür, welchen Zugang die feierliche Eskorte wählte. Vielleicht die dem südlichen Querhaus vorgelegte, nach Art eines römischen Stadttores aufgeführte Grafenpforte mit ihren drei Torbögen, von denen einer als Grablege für die Sarkophage von Angehörigen des tolosanischen Grafenhauses bestimmt war. Mithin jenen Zugang, vor dessen Stirnwand die längst verschwundene Figur des Saturninus stand.

Im Gefolge des von seiner Kreuzzugspredigt in Clermont-Ferrand über Toulouse heimkehrenden Pontifex Maximus befanden sich fünfzehn Bischöfe, dazu Graf Raimond IV, der sich auf seinen Palästina-Zug vorbereitete, sowie der neue Operarius Raymond Gayrard. Irgendwo abseits stand unter der neugierig herandrängenden Menge ein Trupp von Steinmetzen, der Meister an ihrer Spitze. Er sah klopfenden Herzens zu, wie der Papst sich anschickte, den neuen Hauptaltar einzuweihen, der sein Werk war. Man hatte den Opfertisch ein wenig anders als heute, erhöht aufgebaut; dort, wo sich gegenwärtig der barocke Hochaltar befindet, genau über der Krypta des Kirchenpatrons.

Es war ein mächtiger und doch dem ersten Anschein nach kein ungewöhnlicher Altar aus Pyrenäenmarmor mit einer Mensa von zwei Metern dreiundachtzig Länge. Der Form nach gehörte er als eines der letzten Werke zu jenen Altären, die man seit dem 9. Jahrhundert in Narbonne schlug. Sie besitzen einen flach erhöhten Rand mit ausgesparten Lappenbögen, deren nach innen vorstehenden Spitzen meist ein Blumenzierat schmückt. Rinnen durchfurchen die Platte. Angeblich, damit der geweihte Wein, das Blut Christi, nicht durch Abfließen profaniert werden konnte. Was die Einbuchtungen betrifft, sollten darin die zur Kommunion der Gläubigen bestimmten Brote rings um die Hostie des Priesters ausgelegt werden. Aber war es nicht einfach so, wie Marcel Durliat meint, daß man ähnlich geformte, zum täglichen Gebrauch bestimmte Steintische aus dem Orient als Vorbild benutzte? Allerdings mit einer Veränderung: waren sie dort rund, so nunmehr rechteckig.

Der Altar von Toulouse besaß sein Besonderes und das Herzklopfen des zuschauenden Steinmetzmeisters seinen Grund. Er nannte sich Gelduinus, hatte dem Werk seiner Hände eine neue Note verliehen, wie sie nur noch der Altar in Lavaur besitzt, und seine breiten, abgeschrägten Säume nach Art von elfenbeinernen Tragaltären mit Reliefs überzogen. Unter einem geschuppten, den Wolkenhimmel symbolisierenden Oberrand, der den gesamten Tisch umzieht, ist auf der Vorderseite der Christus der Parusie zu sehen, umzogen von einer Glorie mit Perlenrand, die stürmisch niederfahrende Engel tragen. Sie wenden ihre Blicke scheu zur Seite, um darzutun, wie sehr der strahlende Glanz sie blendet. Weitere Engel, ebenso lebhaft bewegt, weisen das Kreuz als Zeichen des Menschensohnes vor oder halten lang hinabwallende Stoffbahnen, die leeren Leichentücher des Grabes. Gelduin hatte die Schmalseiten ähnlich gestaltet mit den Darstellungen von Christus, der Jungfrau und Jüngern hüben wie drüben, dazu einer Nebenerzählung, die denn doch verblüfft, der legendären Himmelfahrt Alexanders. Zweifellos, um am großen Beispiel der Geschichte den Aufschwung der Seele darzustellen. Die Rückseite endlich überzog er mit kostbarem Filigran von Vögeln und Rankenwerk. Eine Inschrift besagt, das Werk sei zu Ehren des heiligen Saturninus geschaffen, mit dem lapidaren Zusatz: ›Gelduinus me fecit‹.

Da war sie also, die Parusie, das große Thema der Wiederkunft Christi, das die Pilger an den anderen Hauptrouten allenthalben begleitete! Aber das machte es nicht einmal. Wer Augen besaß zu sehen, konnte erkennen, daß der lautlose Blitzschlag des Genialen hindurchzuckte. Der Meister war gewiß ein orthodoxer Künstler, der immer wiederkehrende Gestaltzüge wie Haare, Augen, Profile, Mundkerbungen in der nämlichen Manier darstellte, und doch pochte er unaufhörlich an die Grenze, die seiner Kunst gesetzt schien. Er nahm es nicht länger hin, daß die menschliche Gestalt als Träger des Ausdrucks sich mit einer Lückenbüßerrolle neben Ranke und Zierat bescheiden sollte. Eine Reihe von Kapitellen seiner Hand bezeugen, daß er die Selbständigkeit der Figur anstrebte. Doch dann genügte ihm auch das nicht. Er hatte zur Stunde, von der ich erzähle, bereits den Schritt ins Monumentale gewagt und drei Reliefplatten für den Chorumgang geschaffen. Sie stellten das Höchste dar, das sich sein Zeitalter ausdenken konnte: zwei Engel, zwei Apostel, ein Cherub, ein Seraph, in der Mitte aber der Herr!

Die Pilger mußten in der neuen Kirche daran vorüber, wenn sie das feierliche Rund der Krypta umzogen, um durch eine Art Fensterschacht einen Blick auf den Sarkophag mit dem Heiligen zu werfen. Niemand durfte hinab. Wenigstens behauptet dies Marcel Durliat, während uns andere Autoren von drei Zugängen des ›Martyrium‹ genannten Raumes berichten. Vielleicht war es zeitweilig so, möglicherweise, weil das Kapitel bei der Vielzahl der dort gestapelten Heiltümer einen Raub, eine Profanierung fürchtete. Oder weil es die Auffassung der Grabeshüter von Heiligkeit gebot, Distanz zu wahren. Einerlei, es ist wie mit dem unsäglichem Raum in Santiago de Compostela, in dem der Schrein des Apostels ruht. Man schiebt sich in engem Gang vorbei, blickt ins Kerzengeflimmer und muß schon nach kurzem Verharren weiter. Es kam für den Pilger, der endlose Wege unter die Füße genommen und sein Leben aufs Spiel gesetzt hatte, darauf an, diesen sehnsüchtig erwarteten Augenblick in höchster Präsenz und Bereitschaft zu nützen, in den sich ohnehin etliche Verwirrung mischte. Alles erschien neu, geheimnisvoll fern, von Erschauern umwittert …

An den Weg durch den Chorumgang, der diese Minute atemloser Versenkung einschloß, hatten die Erbauer der Basilika in Toulouse die großen Marmorreliefs des Gelduinus gestellt. Sie sollten bewußt machen, daß in der Krypta nicht nur der Blutzeuge Gottes beigesetzt war, sondern Gott selber wohnte. Uraltes Menschengeheimnis liegt in dem Gedanken, daß der Geopferte ein Teil Gottes geworden ist. Die

Aufgabe, die sich dem Bildhauer stellte, mutet beinahe unlösbar an. Mit einem von Wissen schweren Gesicht sitzt der Herr vor uns; die machtvollen Augen weit geöffnet, die Nase schmal und lang. Um den Mund mit der ein wenig verdickten Unterlippe spielt kaum merkliche Freundlichkeit. ›Pax vobis, Friede sei mit euch‹ steht in dem aufgeschlagenen Buch in seiner Linken geschrieben. Dieses Antlitz wirkt, als tauche es aus dem Dunkel des Weltalls, ist über alles Zuständliche und Daseiende weit hinaus, in dessen Begrenzung sich allein Schönheit entfalten kann, und so wirkt es auch eher hieratisch, und doch verkörpert es eine entschiedene Wendung ins Personale: Christus steht hinter allem.

Es mag den vorüberschreitenden Pilgern zumute gewesen sein, als eskortiere der himmlische Hofstaat ihren Umzug. Gleichwohl bedeutet es mehr. Wie sehr gelang dem Meister zugleich das schier Unmögliche, die menschliche Gestalt zum Träger der Welträtsel zu machen! Gelduins ›humanistischer Idealismus‹ wurzelt darin; er sollte, von hier ausgehend, alle Skulpturen von Saint-Sernin, auch die späterer Meister, inspirieren, eingeschlossen die berühmte Porte Miégeville. Sie ist das zweite große Ereignis an der Basilika.

Die Bildhauerei des Toulousain erreicht ihre wegweisenden Höhepunkte der romanischen Zeit in der grandiosen Pilgerbasilika von Saint-Sernin in Toulouse und den im dortigen Augustiner-Museum bewahrten Resten der Kreuzgänge von Saint-Etienne und der ›Daurade‹.

22 *›Christus in der Glorie‹, Relief im Chorumgang von Saint-Sernin von der Hand des Bernard Gelduin, um 1100.*

23, 24 *Skulpturen aus dem Relief ›Die Zeichen des Widders und des Löwen‹ von der später zerstörten Westfassade von Saint-Sernin, kurz nach 1100, in enger Beziehung zum ›David‹ der Puerta da las Platerias in Santiago di Compostela entstanden. Die Darstellung geht vermutlich auf eine tolosaner Sage zurück. Toulouse, Augustiner-Museum.*

25 *Teilstück vom ›Fest des Herodes‹; Kapitell aus der Kathedrale Saint-Etienne in der höfischen Gewandung der Zeit von der Hand des Gilabertus. 1130-40, Toulouse, Augustiner-Museum.*

Wer heute durch die alte Grand' Rue, längst Rue du Taur geheißen, heranwandert, um Saint-Sernin zu besuchen, tritt hinter einem Torbogen der Renaissance-Ummauerung durch das Portal der Südseite des Langhauses ein, das man ob seiner der Stadtmitte, okzitanisch ›mieja vila‹, zugewandten Lage die Porte Miégeville nennt. Es ist 1113 in einer Zeit höchster Entfaltung romanischer Kunst vollendet worden, würdig eines Königspalastes, schlank, monumental, überschaubar in drei Etagen gegliedert. Nichts könnte einfacher, nichts überzeugender sein, denn so konzentriert sich alles, was es auszusagen galt, auf die von Petrus und Jakobus, dem Pilgerpatron, an den Ecken flankierte Mittelzone, genauer das Tympanon und den Türsturz.

Gewiß besitzen die vermutlich von einem Steinmetz aus Jaca geschlagenen Kapitelle der Gewändesäulen mit der Schilderung des Bethlehemitischen Kindermordes, die dem Tor zu seinem zweiten Namen der ›Porte des Innocents‹ verhalf, ihren kunsthistorischen Rang. Aber erst auf dem Tympanon erweist sich das Unausweichliche dieses Torbaus. Es beantwortet eine der innerlichsten Fragen, die sich dem romanischen Zeitalter stellten. Christi Himmelfahrt wird gezeigt. Wie aber kann diese Rückkehr zum Allerhöchsten, mit dem er doch wesensgleich ist, Gestalt werden? Bereits ist der Auferstandene im himmlischen Bereich über den Wolken angelangt. Den Kopf aufschauend nach links gewandt, hebt er das Buch, während die Rechte ihr Wundmal zeigt, und diese Gebärde sagt alles, ist Sieg, Hingabe, Verschmelzung. ›Rex‹ steht in seinem Kreuzesnimbus geschrieben, allein auch das ›Alpha‹ und ›Omega‹ der Apokalypse und endlich ein ›Deus Pater‹, eine Zusammenschau, die auf das Johannes-Evangelium zurückgeht: »Wer mich erblickt, sieht auch den Vater.« Mag sein, daß die Kanoniker von Saint-Sernin mit dieser Darstellung gleichzeitig häretische Gedanken über die Natur Christi abwehren wollten. Aber ihr tiefstes Anliegen dürfte die Unio mystica gewesen sein. Sie betraf den Kern ihres Glaubens.

Feierlich und getragen, wie sich versteht, aber auch voll Festlichkeit, wird diese Rückkehr dargestellt. Sechs Engel verteilen sich, ganz im Sinne des Gelduin, über die Flächen zu seiten Christi. Zwei stürmen emphatisch mit lobpreisend emporgeworfenem Arm aus den Zwickeln, zwei andere mit ausdrucksmächtigen Köpfen empfangen den Herrn wie Herolde. Zwei kleinere endlich drängen sich eng an Christus, die Hände stützend an seine Brust, seine Hüfte gelegt, um ihm empor auf den Thron zu helfen, den sein Auge bereits erblickt.

Es ist eine jener selten dargestellten Szenen, die das ›elevatus est et assumptus est‹ der Acta apostolorum wörtlich wiedergeben, und die Teilnehmer stehen da, kühne, hakenförmige Falten über den Leib gezogen, aufs Monumentale bedacht, wie in einem Mysterienspiel. Auf dem Türsturz darunter aber starren, nur durch eine fruchtschwere Weinranke getrennt, die auf Erden zurückgebliebenen Apostel mit Gebärden des Erstaunens zum Himmel empor; zwei geflügelte Männer, phrygische Mützen auf den Köpfen, unzweifelhaft die ›weißen Gestalten‹ der Apostelgeschichte, tun ihnen kund: »Was stehet ihr Männer von Galiläa und sehet gen Himmel? Dieser Jesus, welcher von euch ist aufgenommen, wird wiederkehren ...«

Es ist die Vorankündigung des großen christlichen Dramas der Parusie, und schon schicken sich die Apostel an, nach Jerusalem umzukehren, um davon zu künden. Fünf von ihnen setzen bereits das Schrittbein vor, so eilig haben sie es, den Menschen die Endzeitnachricht zu bringen. Sie geben diesem Bildwerk erst seine Spannung. Nichts ist zuende mit Christi Aufstieg, denn sie wird kommen, die große Stunde, da er niedersteigt in der Wolke, für den einen Absturz ins ewige Verderben, den anderen ewige Seligkeit.

Noch aber ist das Figurenprogramm dieses Portales nicht ausgeschöpft. Die beiden Statuen an den Ecken dürfen nicht fehlen: Petrus als künftiges Haupt der Kirche, die Hand zum apostolischen Segen erhoben, an den Füßen die liturgischen Sandalen, steht zur Rechten. Er ist der irdische Bewahrer des Heiles, dem zwei Engel von oben – eine Zutat unbekannter Herkunft durch Viollet-le-Duc – die Attribute der geistlichen Herrschaft zureichen. Unter seinen Füßen kauert der niedergestürzte Simon Magus, um den sich vor Anstrengung lechzende Teufel bemühen, ein Sinnbild überwundener falscher Prophetie. Jakobus auf der linken Seite weist den Weg des Heiles auf seine Weise mit leicht aufgehobener Grußhand, die den vorüberziehenden Pilgern gilt. Neben sich jene zwei rätselhaft bleibenden, astlosen Stämmchen mit den Löwenköpfen auf ihrer Spitze wie zu Santiago de Compostela. Über ihm ist ein hingekauertes Menschenpaar heillos in Gerank verstrickt, unter ihm das Reliefbild der zwei Löwenreiterinnen angebracht, deren Köpfe ein Mann zusammendrückt. Man will darin ein Abbild von Simonie und Nikolaismus, Ämterschacher und wilder Priesterehe erkennen. Gewiß bleibt einzig, daß hier verwandte Themen und barocke Gestaltzüge wie zu Compostela und León sichtbar werden, mithin engste Beziehungen bestanden.

Saint-Sernin! Nie schien es sich zu erschöpfen. Auch wenn die Bilderstürmer der Großen Revolution vom Westportal, auf dem die Legende Saint Martials dargestellt war, nichts übrig ließen als wenige Kapitelle mit Lianen, Blattwerk und Tieren sowie jene wundervolle Platte der ›Damen auf dem Widder und dem Löwen‹, die »an der dritten Säule des großen Portals zur Seite des Hospitales ganz nahe dem Taufbrunnen« angebracht war und deren Sinn gleichfalls dunkel bleibt. Zahllos freilich die Kapitelle und Sparrenköpfe, von denen viele im Innern der Kirche einst farbig gefaßt waren. Geistern da schließlich nicht alte, verblaßte Malereien durch die geheiligten Zonen des Chorhauptes und Querschiffs, wo immer der Raum nach Erhöhung verlangte? Die Zeit hat sie fast ausgelöscht. Aber an der Auferstehungsdarstellung in ihren fünf aufsteigenden Registern im westlichen Seitenarm des Nordquerschiffs, durch die es wie von ostkirchlichen Ostergesangen tönt, ist immer noch der Engel in seinen zarten Farbnuancen von Grün, Rosa, Ocker zu gewahren, der auf dem leeren Grabe sitzt. Noch läßt sich hoch oben der Auferstandene erkennen, neben sich die Jungfrau und den Täufer, eine regelrechte ›Deesis‹ wie auf byzantinischen Ikonen. Oder das Agnus Dei mit dem Menschenblick im Gewölbe, das nicht fehlen durfte, da der Sieg des Herrn auch der des Lammes blieb. Noch lassen sich auf den abgrenzenden Bögen die Medaillons der gekrönten Jungfrauen ausmachen, dazu Scheiben mit Landgetier und Meeresbewohnern, die dartun wollen, daß die gesamte Schöpfung durch Christi Opfertod gerettet wurde. Alles um 1180 entstanden. Anderwärts findet sich das ›Noli me tangere‹, allerdings kaum noch zu identifizieren, aus der Epoche um 1140, dazu Spuren von Ausmalung in den Chorkapellen, in der Hauptapsis die Apostelfiguren der Ausgießung des Heiligen Geistes, die verraten, daß Pfingsten seit unbekannter Zeit das große Fest von Saint-Sernin war und sich zur Patronanz des heiligen Saturninus die des Heiligen Geistes gesellt hatte. Es fehlen zum guten Ende auch einige Ausstattungsstücke nicht, wie die Figur der Notre-Dame-des-Bonnes-Nouvelles, von den Pilgern einer späteren Zeit in der Marienkapelle des Kreuzgangs hochverehrt. Dieser Kreuzgang selbst aber ging unter wie Abtshaus, Konventsbauten, Pilgerherbergen, kurz alles, was im Umkreis der Basilika lag. Vom unsäglichen Reichtum der Krypta, wie konnte es anders sein, sind nur der Reliquienschrein des Kreuzesspanes in Limousin-Arbeit, Rolands Horn Olifant im Musée Dupuy und das Triumphkreuz der romanischen Zeit übrig geblieben.

Was ist das gegen früher, als der hoheitsvolle Raum des Schiffes überquoll von Form und Farbe, der uns selbst in seiner kahl gewordenen Leere noch fasziniert! Ach, niemals werden wir Nachfahren in einer entgötterten Welt jenes Anblicks teilhaftig, den eine englische Reisende, Mrs. Craddock, noch 1785 von der Galerie des Chores aus erlebte. Da hatte sie zugeschaut, wie durch das weit geöffnete Westportal ein Zug hochgestimmter Menschen ins Innere wallte. Hundert Priester schritten voran, die Mehrzahl in vollem Ornat, die anderen im Chorhemd, jeder eine Kerze in der Hand. Tausend weitere Kerzen brannten im Raum und ließen ihren magischen Widerschein bis hinauf in die Gewölbe gleiten ...

Doch ein wenig muß ich mich korrigieren! Es ist noch einiges da, gehört sogar zum Bedeutsamsten jenes Toulouse, das in der Pilgerzeit zu einem der großen Kunstzentren Europas aufstieg. Ich spreche von den Kapitellen und Statuen, die man aus dem Schutt der Zerstörung bergen konnte.

Abschied im Augustiner-Museum

Wiederum ist es Sonntag. Doch an diesem Morgen lasse ich den Bettler mit dem bitteren Gesicht allein. Über den Himmel rauchen trotz der Jahreszeit nach dem gestrigen Atlantikregen die dünnen Schleier des Autan, der so sehr dem bayrischen Föhn gleicht. Schon im ersten Licht, als die Taubenflügel noch durch die Höfe klatschten, habe ich hoch von meinem Hotelzimmer die tintenblaue Zackenkette der fernen Pyrenäen vor dem Horizont liegen sehen und die Zeichen verstanden. Die Berge rufen; es wird Zeit, weiter zu wandern.

Noch einmal aber ziehe ich durch die Stadt, um Abschied zu nehmen und einiges nachzuholen, das ich in einem alten Buch der Stadtbibliothek verzeichnet fand. Die Füße finden den Weg allein: durch die Rue du Taur, nun die Gambetta, dann die stille, enge Peyrolières zum Garonne-Ufer mit der Daurade, wo der Verkehr trotz der Morgenstunde lärmt. Aber was soll ich vor der kalten Fassade, was im bombastischen Innern dieses Neubaus des 18. Jahrhunderts? Nein, keine Hoffnung, auch nur einen Widerschein der von Goldmosaiken glänzenden Capilla Palatina oder wenigstens eine Spur des alten Kreuzgangs der Benediktinerpriorei des 11. Jahrhunderts zu finden. Drinnen wie draußen schweigen die kalten Steinwände und verstaubten Ziegelmauern. Nur weiter! Die Füße wandern bereits der Rue de Metz und der Place Esquirol entgegen. Eben füllen die Blumenhändler ihre Kübel und Eimer mit dem Farbschmelz der Rosen und Nelken. Schon aber treibt es mich in die jenseitige Rue de Metz hinein, bis zur Abzweigung der Boulbonne. Da ragt er wieder vor mir auf, der absonderliche Turmbau, die abgeschrägte Gegenseite, das riesige Rosenfenster des ›raimondinischen Schiffes‹ der Kathedrale, und nun bricht es doch wie tiefe Enttäuschung über mich herein. Wo lag sie denn, jene halb legendäre Kirche Saint-Jacques in der Verlängerung des Chores, von der ich las? Sie, die schon der Pseudo-Turpin als Gründung Karls des Großen erwähnte, das andere Wallfahrerziel dieser Stadt, mit dem die Kanoniker von Saint-Etienne hofften, einen Teil des spendenfreudigen Pilgerstromes von Saint-Sernin in die Cité zu locken? Wo das Hospital, das als Herberge diente, wo der berühmte Kreuzgang von Saint-Etienne, in den die Santiagesen von ihrem Quartier hineinschauen konnten? Von alledem nichts mehr, nur zwischen gleichgültigen Straßen ein gleichgültiger Bau von 1830, Sainte-Anne geheißen. Die Revolution hat ganze Arbeit geleistet.

Die Revolution? Erst in der napoleonischen Ära, als man aus allen Ecken Europas fremde Kunstwerke an die Seine schleppte, brach man den Kreuzgang der Daurade ab, um einer Tabakfabrik Platz zu machen. Ein paar Jahre zuvor den von Saint-Sernin, Saint-Etienne. Ein kaiserliches Dekret hätte genügt, das Ungeheuerliche abzuwenden. Aber was konnte dem, der die Welt erobern wollte, die Größe einer Vergangenheit bedeuten, die nicht einmal die seine war? In Paris gab es wenigstens einen Alexandre Lenoir, der manche unwiederbringliche Kostbarkeit alter Zeit retten konnte. Aber in einer Provinzmetropole, die sich ohnehin eisern im Griff der Zentralregierung befand?

Gemach, auch Toulouse besaß den seinen, wenn er sich auch erst nach Ende des heroischen Taumels einstellte und, blutjung wie er war, auf den Spuren der Skaliger bis nach Agen oder tief in die Pyrenäentäler streifte, um im halb selbstgewählten Auftrag des passionierten Sammlers ein ›Inventar der Denkmäler‹ anzulegen. Er hieß Alexandre Dumège und tat sich bald mit dem Marquis de Castellane zusammen. Die Ernte war so reich, daß sie schon 1817 eine ›Galerie der Antiken‹ eröffnen konnten, eingeschlossen die aus dem Schutt geretteten Stücke in Toulouse selbst. Gewiß, Dumège erregte mancherlei Anstoß; er besaß keine wissenschaftliche Legitimation, seine Ungenauigkeit der Beschreibung war groß und die von ihm erfundene Herkunftslegende des Saturninus-Sarkophages von Saint-Hilaire, die er mit gefälschten Dokumenten belegte, um seiner habhaft zu werden, blieb ein Skandal. Trotzdem besäße Toulouse ohne ihn nicht seine wunderbare Sammlung im alten Augustiner-Konvent, die ich nach jahrelanger Schließung und Neuordnung just an diesem Tag vergeblichen Schweifens zum ersten Mal wieder geöffnet finde …

Denn da stehen sie nun in der Kalligraphie ihrer Korbgeflechte, Ranken, Figurenspiele wie einst von Säulen getragen auf ihren Stelen im alten Kreuzgang hintereinander als schweigende Dokumente der Pilgerzeit und ihres Geistes: die Kapitelle der Kreuzgänge von Saint-Sernin, der Daurade, der Kathedrale Saint-Etienne nebst ihren Kämpfern oder Deckplatten. Manche gedoppelt, andere übereck gezogen. Gewiß, gegen die Unzahl von früher nur noch wenige und doch, welche Fülle an Gestalt, Phantasie, Vielfalt! Dazu die Gewändestatuen von den Resten zweier Portale zu den Kapitelsälen der Daurade und Saint-Etienne, und es wirkt, als sei mit ihrer Rettung aus dem Schutt des Abbruchs die mittelalterliche Stadt wiedererstanden. So hat man gelebt, gefühlt, gedacht! Erblicken wir nicht am Ende dieser Reihe von Kunstwerken jenen bedeutsamen Bildhauer, der mit seinen Skulpturen vom Kapitelsaal in Saint-Etienne das Tor zur Gotik weit aufstieß? Ihn, der seine Arbeiten mit seinem Namen Gilabertus signierte und um 1135 mit seiner Werkstatt in Toulouse gearbeitet hat, wahrscheinlich sogar aus der Stadt stammte. Allein, der Reihe nach.

Die Kunst geht mit leisen Schritten und man wird dieser Werke nicht ohne Versenkung inne. Woher sie stammen mögen, sie stellen das Subtilste dar, das die romanische Epoche ersann, wenn sie auch nur dem vernehmlich werden, der die Sprache der Steine versteht. Ach, wie wenig läßt sich davon hier nachvollziehen! Noch weht der Atem des Westportals mit seinem üppigen Pflanzendekor durch die wenigen überkommenen Werkstücke vom Kreuzgang der Pilgerbasilika Saint-Sernin. Nicht länger aber bedienen sich ihre Steinmetzen exotischer oder antiker Muster, um die Vegetation in Gebilde von reinstem Wachstumsgesetz zu verwandeln, damit sie zum Abbild des himmlischen Gartens Eden werden. Ein neues Erlebnis der Umwelt hat eingesetzt; das Entrollen des Farnblattes am langen Stengel, das Aufbrechen von Blütenknospe und Samenkapsel wird als das Wunder der Natur empfunden. Löwen mit überlangen Pfoten und fein gelegten Mähnen, Vögel mit ziseliertem Gefieder schieben sich dazwischen; alles ist kostbar, stilisiert. Auf der Deckplatte aber läßt der Steinmetz seiner Erfindungsfreude freien Lauf. Dort schnäbeln sich Vögel, jagt ein Hund den Hasen, zeigen Tänzer ihre Künste.

Drolerien? Ist es nicht viel mehr der Flageoletton des Spielerisch-Heiteren, der das Grundthema begleitet? Auf einem erzählenden Kapitell dagegen – sehr beschädigt leider – wird der Kontrapunkt dazu geschildert, ewiger Kampf, ewige Überwindung im Widerstreit der Engel mit den Dämonen in Gestalt geflügelter Schlangen. Es geht auf Leben und Tod. Fast waagerecht schieben sich die Köpfe in der Wucht des Anpralls über die Szene. Eine Welt der Spannungen zwischen anmutiger Erscheinung und untergründiger Bedrohung in zwei deutlich unterscheidbaren Serien von entsprechend verschiedenen Händen. Die erste entstand um 1120, die andere zehn Jahre später.

Völlig verschieden dagegen die Arbeiten aus dem Kreuzgang der Daurade, deren erste Werkstatt schon um 1100 gleichzeitig in Moissac an der Arbeit war. Möglicherweise auf Anweisung des Abtes Ansquitil von Moissac, dem die Daurade als Priorei unterstand. Cluniazensischer Geist waltet. Die Kapitelle besitzen die nämliche Grundform hier wie dort: die eines umgekehrten Pyramidenstumpfes, den ein triangelförmiger Galon überfängt. Die Bildhauer sind ohne Verzug aufs Ganze gegangen und beschwören die gleichen hinweisenden Geschehnisse auf die Heilslehre wie im Mutterkloster. Der musizierende David ist da, Daniel in der Löwengrube, das Gastmahl des Herodes, die Geschichte des kananäischen Weibes. Und doch wiederholt sich kein Detail, so viel haben die Bildhauer zu sagen. Einzig in der Daurade aber treten die Szenen auf, vor denen die Kapitellkunst eine gewisse Scheu empfand: das Letzte Gericht mit dem thronenden Christus, die Auferstehung der Toten, archaisch, streng und früh. Auf den Kämpferplatten hingegen zeigen sich auch hier unterhaltsame Episoden. Knaben hokken vor ihren Fibeln, lernen das Lesen. Gut, Unterweisung war schließlich der Benediktiner Teil. Was aber sollen die ergötzlichen Darstellungen aus dem Volksleben, diese Musikanten, Gaukler, die Trick-track-Spieler? Galt müßiger Zeitvertreib nicht als Verleitung zur Sünde? Und wiederum gibt es einen Gegenpol, der das Widersprüchliche zusam-

26 *Himmelwärts mit Ziersimsen und Säulen aus hellem Haustein: der Achteckturm der Basilique des Jacobins in Toulouse.*

27 *Saint-Guilhem-le-Désert, ein malerisches Klosterdorf im Languedoc.*

menbindet, diesmal aus künstlerischem Bereich; er ist von der Achtung des Bildhauers vor der Fläche des Korbes geprägt, über die er seine Figuren mit genau bezeichneten Bewegungen und Formen der Haltung spannt. Immer wird der Blick des Betrachters frontal auf das Bildwerk gelenkt, selbst kleine Randfiguren zeigen sich sorgfältig dem architektonischen Rahmen eingefügt.

Die Steinmetzen einer um 1135 anhebenden zweiten Schaffensperiode an der Daurade gehen einen anderen Weg, suchen sich von der Fläche zu lösen und eigene Bildräume zu entwickeln. In den Szenen der Fußwaschung und des Abendmahls grenzen kleine Eckpfeiler die Bilder ab. Schon aber, als fürchte man sich, neuen Zwängen zu unterliegen, zieht sich die Darstellung über den Rahmen hinaus, gerät in Bewegung. Auf sieben Kapitellen sind Bögen ohne tragende Stützen gleich Thronhimmeln über die Szene gespannt, gleichzeitig wird das Motiv ins Tiefe gedeutet: mit Hilfe des Engels entsteigt der auferstehende Herr einem Sarg.

Wie, geschieht da nicht Ähnliches wie auf dem Tympanon an der Porte Miégeville? Oder beim Wettlauf mit Petrus zum Grabe Christi: Johannes, zuerst ans Ziel gekommen, lugt hinter einer Säule hervor in die leere Totenkammer. Das Bildwerk bekommt eine illusionäre Dimension. Die Figuren machen sich vom Korb unabhängig, sind meist schlank und aufrecht wiedergegeben, um der Erzählung Würde und Adel zu verleihen. Minutiös ziehen sich die Gewandfalten über die Körper. Die Meister haben den Goldschmieden auf die Finger geschaut; auch die ›gaufrierten‹, gewaffelten Hintergründe machen es sichtbar. Und doch bewegt sie bei aller Suche nach dem Kostbaren im Grund etwas anderes. Immer hat der Künstler die leisesten Schwingungen der Zukunft aufgenommen wie ein Seismograph. Ihre Bildwerke drängen zur fortlaufenden Erzählung hin, bis bei den Kapitellen vom Kreuzgang der Kathedrale daraus wahre Novellen werden, eine Entwicklung von außerordentlicher Bedeutung; ihre Welt ist in Bewegung geraten, geradewegs auf den letzten großen Meister der romanischen Epoche zu, Gilabertus, der mit seiner Werkstatt am Kreuzgang der Kathedrale Saint Etienne tätig war.

Gewiß, einige vorzügliche Arbeiten von Saint-Etienne entstammen, gleich der Maria Aegyptiaca, nicht seiner Hand. Dennoch, das schönste Stück im Augustiner-Museum wird immer des Gilabertus' ›Fest des Herodes‹ mit dem Tanz der Salome und dem Tod des Johannes bleiben, das sich über die Ecken des Blockes fortspinnt. Es ist eines jener unsäglich ahnungsvollen Werke auf der Schwelle einer neuen Epoche, die alle künftigen Entwicklungen bereits in sich tragen und daher beinahe die Dichte des Märchens besitzen. Das plastische Hervortreten der Figuren, die gelöste Bewegtheit der Szenerie, die Modellierung der Glieder durch fließende Stoffe, ihre subtile Fältelung endlich – bis ins Detail kulturhistorisch getreu – unterrichten uns genauer über die Zeit der tolosanischen Grafen als ein Geschichtsbuch. Der Geist des Höfischen hat sie geprägt. Wenn Herodes die voll weiblicher Grazie herantretende Salome unter das Kinn faßt, entsteht eine Bewegung voll sprechender Zärtlichkeit; wenn der Henker einer der Frauen den Kopf des Johannes überreicht, schließt die Gebärde ohne jedes Psychologisieren eine ganze Sequenz von Empfindungen ein. Eine der bittersten Episoden der biblischen Geschichte wird so mit genialer Formkraft bar jeder Beschönigung in den Bereich des Gültigen erhoben. Die selbstbewußte Attitüde des Schergen, aber auch Weibeslist, verwoben mit der Unwiderstehlichkeit der Anmut, erschließen Zusammenhänge, die kein Wort auszudrücken vermöchte.

Doch Gilabertus beherrscht noch eine andere Dimension, die des Monumentalen. Da sind die beiden Portale der Kapitelsäle, über deren wahre Anordnung und Ausstattung der wissenschaftliche Streit nicht verstummen will. Zweifellos besitzt das der Daurade über seinen eher konventionellen Statuen erlesene Kapitelle mit der Geschichte Hiobs und der berühmten Bärenjagd, die ein anonymer Künstler geschlagen hat. Sie allein würden genügen, dem Augustiner-Museum seinen Rang zu sichern. Das andere jedoch, das Portal von Saint-Etienne mit seiner Folge von sechs Aposteldarstellungen im Gewände entstand mit einiger Sicherheit unter Anleitung des Gilabertus, auch wenn die äußeren, mit gekreuzten Beinen posierenden Figuren der aufgekräuselten

Faltenspiele noch einmal an die Künstler von Saint-Sernin und der zweiten Daurade-Werkstatt erinnern.

Gilabertus, von dessen Hand die beiden in der Mitte aufgestellten Apostel Andreas und Thomas stammen, die eigentlich den Durchgang flankierten, hat seinen Auftrag nicht wie seine Gesellen konzipiert; vielleicht wollte er diesen Widerspruch. Er kehrt zum Statuarischen zurück; er will die Gewänder nicht mehr von außerweltlichen Stürmen durchbeben lassen, sondern hüllt seine Gestalten in ruhig fallende Kleider, läßt diese selbst mit leicht vorgeneigten Köpfen völlig gelöst und in sich versunken auftreten. Was in ihnen vorgeht, kommt nicht mehr von außen; sie horchen nach innen. Zweifel an seiner Urheberschaft gibt es nicht; an den Sockeln waren nach den Berichten des freilich nicht besonders zuverlässigen Dumège jene Inschriften angebracht, die 1892 bei einem Transport wegbrachen: ›Gilabertus me fecit‹ oder ›vir non incertus me celavit Gilabertus‹. Doch seine Kunst wird auch sonst bezeugt, sein Stil bleibt ohnehin unverkennbar.

Dennoch hat es eine besondere Bewandtnis mit diesen Figuren. Sind das noch frontal gegen den Betrachter gewandte Reliefbildwerke der romanischen Zeit? Treten sie, die am Durchgang postiert waren, in Wirklichkeit nicht bereits in den Raum hinaus? Lag nicht schon im Bewegungsstrom der zweiten Daurade-Werkstatt und vollends in den Kapitellen des Gilabertus ein Vorzeichen solch gotischen Empfindens? Ein neues Zeitalter brach für die Kunst des Midi an. Der Andreas und Thomas entstanden ungefähr gleichzeitig mit den Gewändestatuen von Saint-Denis, ohne daß sich von gegenseitiger Abhängigkeit sprechen ließe, 1140 oder ein wenig früher. Ein grandioser Abgesang der Kunst des Languedoc? Der Anbruch eines neuen Weltempfindens!

Am nächsten Morgen ging es zeitig hinaus nach Westen. Noch einmal an der Daurade vorbei, von der man in Pilgertagen auf den ›Pont Couvert‹ hinabblickte, die von den Schmelzwassern der Garonne später weggerissene, gedeckte Brücke. Auf ihr erreichten die Santiago-Wanderer das Hospital Saint-Jacques jenseits des Flusses in Saint-Cyprien. Es ist jener große Gebäudetrakt am anderen Ufer mit dem heute noch sichtbaren Brückenansatz und dem Bogendurchgang, der, wenn auch vielfältig umgebaut, noch immer einer ähnlichen Bestimmung, nämlich als Krankenhaus dient.

Von dort führte die Tolosana, abermals aufgegabelt, in zwei Richtungen weiter, auf der Hauptroute westwärts und mit einem Nebenzweig, dem wir schließlich gefolgt sind, nach Süden. Geradewegs in die Berge. Auf dem Umweg über den jetzt, am Montag, von endlosen Fahrzeugkolonnen bedrängten Pont Saint-Pierre nahmen wir sie unter die Beine, nicht ohne vom alten Hôtel-Dieu de Saint-Jacques, besser vom Durchlaß einen Rückblick auf die Pilgermetropole zu werfen. Ein wenig Schmerz war dabei. Toulouse, zur Heimat geworden, würde nur noch eine Station sein, wenn wir zurückkehrten, um zum allerletzten Mal aufzubrechen zum Weg durch die Gascogne, dem Somport entgegen.

Einerlei, die föhnblaue Gebirgskette am Horizont lockte und, was auch kommen mochte, das Abenteuer der Südroute lockte auch.

ZU FERNEN BERGEN

Reiterschlacht vor Muret

Die Pilgerfahrt bestand nicht nur aus einem Kaleidoskop erhebender Bilder; Menschliches, Allzumenschliches mischte sich ein. Wir wissen von München darüber Bescheid. Am Alten Markt versammelten sich nicht nur die Jacquaires, sondern auch manches Gesindel recht zweifelhaften Gewerbes.

Auch in Toulouse gab es das. Wer die Stadt über die alte Garonne-Brücke in Richtung Compostela verließ, querte zwischen dem Fluß und der Route nach Süden ein unübersichtliches Ufergebiet, den ›gravier‹, in dem sich die ›filles publiques‹, arme, flitterbehängte Weiber mit grellem Lachen und den geübten Gebärden der Verlockung herumtrieben. Bis es allzu arg herging und der Viguier oder Landvogt 1271 eine Verfügung erlassen mußte, die den erbosten Anwohnern erlaubte, liederlichen Personen kurzerhand die Kleider wegzunehmen und sie »nudas vel indutas« vor ihn zu bringen. Ertappte Pilger kamen ungeschoren davon. Sie standen zwar unter einem Gebot der Enthaltsamkeit, aber das war schließlich ihre Sache. Sie hätten nicht Wesen von Fleisch und Blut sein müssen und ließen obendrein gutes Geld in der Stadt. Niemals hätte sich das Viertel um Saint-Sernin ohne sie in solcher Eile entwickelt.

Aber es gab neben Ärgernis und Wucher auch Kehrseiten, welche die Pilgerschaft im Innersten gefährdeten. Wie weiterkommen, was tun, wenn man in eine der vielfältigen Auseinandersetzungen zwischen Graf und Montfort geriet? Was endlich, wenn sich schwere Kriegswolken über dem Land zusammenbrauten, unversehens der Blitz niederzuckte, und das Unwetter alles im Mahlstrom des Schlachtenschicksals fortwirbelte, ohne nach Freund oder Feind zu fragen? Weiß Gott, wie sich einer daraus salvierte! Wer Anfang September 1213 durchs Garonne-Tal unterwegs war, um auf der Südroute Muret zu erreichen, konnte ein Lied davon singen. Es bedarf nicht viel Phantasie, um sich die hilflose Angst auszumalen, mit der sie auseinander stoben, mag es auch an authentischen Zeugnissen fehlen. Wir wissen's ja wieder.

Muret! Es sei nicht nur aus solchen Gründen davon berichtet. In seinem Namen offenbart sich Okzitaniens tragisches Schicksal, und noch immer hallt es wie der Ton der Sterbeglocke durch die Geschichte, wenn sein Name fällt. Mögen die Ereignisse auch mehr als ein dreiviertel Jahrtausend zurückliegen, noch immer sind sie bitterste Gegenwart!

Dies war voraufgegangen: Der tolosanische Graf, der des dämonisch getriebenen Montfort nicht Herr wurde, hatte sich um Beistand an seinen Schwager, König Peire II von Aragon, gewandt und ihn als Gegenleistung zu Saragossa der Lehnsabhängigkeit seines Landes versichert. War es ein Abfall von der Krone der Kapetinger? Der von Paris geschickte Baron aus der Ile de France weilte doch längst als Usurpator im Toulousain, mochte die Häresie auch nicht völlig gebannt sein. Daß Rom ihm starrsinnig beistand und dem aragonesischen Nachbarn jedes Eingreifen untersagte, einem König, den Innozenz nach seinem triumphalen Sieg über die Almohaden doch einen ›lieben Sohn‹ nannte, machte die Sache Montforts nicht überzeugender. Auf okzitanischer Seite galt es rasch zu handeln, wollte man ihn aus dem Lande werfen und vollendete Tatsachen schaffen. Schon bereitete der Lateran ein allgemeines Konzil vor – es fand Ostern 1215 statt – das die Verhältnisse neu regeln sollte. Nach dem Status quo, wie denn anders?

Trotz warnenden Briefes aus Rom stieg König Peire II auf kürzestem Weg über den schwierigen Pyrenäenpaß von Venasque und stieß unverzüglich durch das obere Garonne-Tal auf Toulouse vor. Montfort, der nur über eine kleine Truppe verfügte, fünfzehn- oder sechzehnhundert auf etliche Stützpunkte verteilte Mann, mußte von einem Levée en masse hinweggefegt werden. Er weilte soeben in Fanjeaux.

Eine seiner Bastionen, Poujol unweit Baziège, hatte Graf Raimond VI bereits nach blutigem Überfall einnehmen können. Nur Muret mit seiner kleinen Besatzung lag noch als Sperriegel zwischen Aragon und der ihrem Grafen getreuen Hauptstadt; man würde damit leicht fertig werden und vielleicht auch mit dem gesamten Spuk aus dem Norden, sofern man alle Kräfte zusammenraffte. Die Okzitanier kamen in Scharen. Peires Armee war kampferprobt, er selbst stand seit Navas im Ruhm glänzender ›Parage‹, wie man es im Süden nannte, hoher Abkunft und sieggewohnten Feldherrntalentes. Rechnete man Raimonds Truppe und das Eingreifen der tolosanischen Miliz hinzu, stieg die okzitanische Überlegenheit von zwei zu eins an Ritterschaft und mindestens das Zehnfache an Menschen.

Wie an den übrigen Pilgerwegen entstanden auch an der Via Tolosana viele Gotteshäuser, deren größte wie Saint-Sernin in Toulouse durch ihren künstlerischen Rang bezeugen, wie eng sich das mittelalterliche Leben mit den Einflüssen der Santiago-Fahrt verflocht.

28 *Saint-Sernin in Toulouse, das von Harmonie erfüllte, schon 1096 geweihte Chorhaupt mit dem gewaltigen, in gotischer Zeit um zwei Geschosse erhöhten Vierungsturm, der den Pilgern als Wegweiser diente.*

29 *Detail des Westportals der ehemaligen Kathedrale Sainte-Marie in Oloron-Sainte-Marie, einzig erhaltener Rest der romanischen Kirche vom Anfang des 12. Jh. mit einer Fülle von Anklängen an das Volksleben des Béarn.*

30 *Die kleine Pilgerkirche von Hôpital-Saint-Blaise vom Ende des 12., Anfang des 13. Jh. wird von einer Rippenkuppel hispano-maurischer Prägung reinster Form überfangen.*

31 *Blick in die unerhört wuchtige Krypta der Klosterkirche von Leyre in Navarra, die schon 1057 geweiht worden ist.*

32 *Kapitell vom Südportal der Kathedrale von Jaca, ursprünglich im Chor angebracht. Ende des 11. Jh. ›Das Opfer Abrahams‹ mit der kühnen Nacktdarstellung Isaaks gehört zu einer Reihe von Werken, die weithin an der Pilgerstraße Schule machten.*

Der Feldzug werde nur eine Bagatelle sein, schrieb der König denn auch in einem unvorsichtigen ›billet galant‹ an eine Geliebte, Azalaïs de Boissezon, Gräfin von Lombers, die er bei dieser Gelegenheit wiederzusehen gedachte. In einem Brieflein übrigens, das Montfort abfangen konnte, womit er gewarnt war. Es ging für ihn um Sein oder Nichtsein. In Eile befahl er seine verstreuten Detachements nach Muret; er selbst marschierte durch den Vixière-Grund über die heute längst verschwundene Abtei Boulbonne und das Ariège-Tal nach Nordwesten, um endlich bei stürzenden Regengüssen am Rand der riesigen Garonne-Senke zu stehen. Sehen konnte er nichts; aber er ahnte, was seiner wartete.

Am Abend des 11. September langte er jenseits Muret an, einem kleinen Städtchen mit befestigtem Schloß auf der Landspitze am Einfluß der Louge in die Garonne, und querte sogleich die alte Brücke über den Strom. Erleichtert begrüßt von seinen Leuten, die sich, schwer bedrängt von den Steinschleudern der tolosanischen Miliz, kaum noch hinter den Mauern und Gräben zu halten vermochten. Denn die Bürgerwehren der Hauptstadt waren, nach Abertausenden zählend, zum Teil mit Raimonds Truppen marschiert, zum Teil auf einer riesigen Flottille von Booten und Barken gekommen, die bei der ›kleinen Jofrérie‹ vertäut lagen, und hatten sich unverzüglich bis ans Louge-Ufer vorgeschoben. Von dort konnten sie jede Bewegung auf dem ›mercadal‹, dem Markt von Muret, kontrollieren.

Simons Herz muß schwer geworden sein. Er wußte jetzt, daß ganz Okzitanien aufmarschiert war und die berittenen Kontingente des Feindes bereits draußen in der Ebene nach Seysses zu kampierten. Peire wie Raimond hatten, der eine von Süden, der andere von Norden, die alte Römerstraße etwas westlich der heutigen Route durchs Tal benutzt. Jenen Weg eben, den die Santiago-Wanderer wählten, um Muret zu erreichen, das eine Station ihrer Route war und eine noch heute existierende, wenn auch umgebaute Kirche Saint-Jacques besitzt …

Sie hatten in diesen Tagen kein Glück und gerieten beim Auszug aus Toulouse zwischen marschierende Kolonnen, bis man sie endlich mit groben Worten davonjagte. Verstört suchten sie abseits Zuflucht, aber selbst auf entlegenen Höfen konnte sie niemand brauchen, weil Fouragetrupps die Umgebung durchstreiften. So mochten sie endlich nach Saint-Lys gelangt sein, den einzigen größeren Ort, der ungefähr so ausgesehen haben muß wie heute, ein Nest aus einem Geviert roter Ziegelhäuser um einen winzigen Marktplatz, und fanden vielleicht in einem leeren Schober Platz. Wer will es noch sagen, wer berichten, wo und wie sie den Hunger stillten, die Nächte verbrachten, während die Furcht in ihren Herzen anschwoll, die Woge des Verderbens werde auch über diese ihre Zuflucht hinbranden. Immerhin hörte es auf zu regnen, vom Ortsrand aus sah man ferne Wachtfeuer glimmen …

Die Herren in den okzitanischen Lägern berieten. Peire II beschloß, den endlich eingetroffenen Montfort am nächsten Tag anzugreifen. Graf Raimond warf zwar ein, vielleicht sei es besser, den Feind im verschanzten Lager zu erwarten, schwieg aber betreten, als ihn Miguel de Luesia aus der Gefolgschaft des Königs unverblümt einen Feigling zieh. Allgemeine Siegeszuversicht herrschte. Montfort tat sich schwerer. Er wollte nicht, er mußte attackieren, weil er nur noch für einen Tag Verpflegung besaß. Vielleicht, daß es in der Nacht noch zu einem Vergleich kam? Bischof Foulques von Toulouse, der sich zu ihm durchgeschlagen hatte, verhandelte, sowohl mit den abtrünnigen Kindern seines Sprengels als auch mit dem verfeindeten Grafen, um sie auf die Seite Montforts zu ziehen. Absurde Lage: zwei Armeen, geführt von den Vorkämpfern der gleichen Glaubenssache, um die es vorgeblich doch ging, standen gegeneinander. Aber es war nur die halbe Wahrheit. Tatsächlich maßen sich bereits Okzitanien und Frankreich. Montfort verbrachte einen Teil der Nacht in Saint-Sernin, einer Kirche von Muret, die nicht mehr steht. Der mitgekommene Domingo de Guzman lag in der Rosenkranzkapelle von Saint-Jacques auf den Knien. König Peire II indessen hatte seine Azalaïs bei sich, und er ging leidenschaftlicher her, als ihm guttat.

Am nächsten Morgen war in den Verhandlungen noch immer keine Entscheidung gefallen, als unvermittelt ein Trupp aragonesischer Ritter herangaloppierte und sein

Lanzen gegen die hastig geschlossene Porte de Toulouse warf. Das war die Herausforderung. Montfort bekam es plötzlich sehr eilig, er mußte dem Gegner zuvorkommen, ließ satteln und den Gäulen die Pferdeharnische überstreifen. Als er aufsitzen wollte, riß der Riemen, der seine Beinschienen hielt; man reparierte ihn hastig, aber sein Pferd wurde darüber nervös, stieg, keilte aus, brachte seinen Herrn mit einem Hufschlag zu Fall. Ein schlechtes Vorzeichen? Die tolosaner Milizen sahen von ferne zu, lachten und spotteten. Dann aber war er im Sattel, und nun ging alles im Handumdrehen. Guillaume de Barres übernahm die erste Abteilung, Bouchard de Marly die zweite, der Feldherr selbst nach klassischem Brauch die dritte. Im Sichtschutz der Burgmauern ritten sie hinaus und marschierten in der Ebene zu drei Treffen auf.

Auch im aragonesischen und tolosanischen Lager schmetterten die Trompeten. König Peire II, der an diesem Tag die zweite Linie führen wollte, kam nur schwer auf den Gaul. »Habia jagut ab una Dona«, er hatte mit einer Frau geschlafen, wie sein Kaplan Gil äußerte, wir erwähnten es. Das erste Treffen kommandierte der Graf von Foix, das letzte Raimond VI. Noch konnte der König seinen goldenen Schild mit einem Gefolgsmann tauschen, als die Okzitanier voll Überraschung die Franzosen dicht geschlossen in Karriere heranjagen sahen. Es schien bei der Überlegenheit Aragons heller Wahnsinn und erwies sich dennoch als richtig. In der Wucht des Anpralls drang Barres tief in die Reihen des Gegners ein. Es hatte die Wirkung einer jede Ordnung sprengenden Bombe. Schon war das zweite Treffen unter Marly heran, brach in die Phalanx des Königs. Zwei Gefolgsleute Montforts, Alain de Roucy und Florent de Ville, die geschworen hatten, Peire zur Strecke zu bringen, attackierten den Ritter mit dem goldenen Schild. Der aber wich vor dem doppelten Angriff aus. »Das ist der König nicht«, schrie Roucy. Da erhob der Aragonese seinen Säbel: »Der König ist hier.« Ach, törichter Stolz, den die Parage gebot! Einen Augenblick später sank er tödlich getroffen vom Pferd.

»Als unser Graf sah«, sollte später Pierre des Vaux de

Cernay berichten, und er meinte Montfort damit, »daß unsere Truppen sich mitten im Feinde befanden, chargierte er nach links und faßte den Gegner in seiner Flanke.« Das Unfaßbare begab sich, das ungeheure Karussell aufeinander eindreschender Ritter löste sich auf, die Okzitanier flohen, erlagen dem nachsetzenden Montfort in Einzelkämpfen. Von Raimond und seiner Abteilung aber schweigen die Quellen. Wurde er im Strudel mitgerissen? Hatte er das böse Wort Luesias nicht vergessen? Trotz abermaligen Mißgeschicks mit dem Steigbügel, bei dem er zu Fall kam und sich eines Angreifers nur mit dem Dolch entledigen konnte, gelang es Montfort bis zur tolosanischen Miliz durchzubrechen, die vor Muret lag und die ihm jubelnd entgegenlief, weil man ihn nicht erkannte und den Sieg gewonnen glaubte. Das gewohnte Gemetzel begann. Gefangene gab es kaum. Die Chronik will von fünfzehntausend Gefallenen auf Feld und Ufer wissen. Wieviele bei sinnloser Jagd nach den rettenden Schiffen vor der Jofrérie ertranken, weiß niemand. »Kein Haus in Toulouse, das nicht einen Toten beweinte«, heißt es.

Als alles vorüber war, kehrte Montfort nach Muret zurück und kniete nieder. Dann schenkte er sein Pferd, seine Waffen an die Gefährten. Er dürfte in diesem Augenblick kaum völlig begriffen haben, was dieser Sieg bedeutete. Wohl, daß es beim Gegner mit allen Hoffnungen auf ein gemeinsames, okzitanisches Reich, »das auf den Pyrenäen ritt« zuende war, von dem König Peire angeblich geträumt hatte. Es gab diesen Gegner nicht mehr. Aber daß sich die Auswirkungen des Tages erst 1229 in ihrer ganzen Bedeutung zeigten, als auch er bereits tot war und Raimond VII, seines unentschlossenen Vaters tapferer Nachfolger, vor Notre-Dame in Paris im Büßerhemd Abbitte für die tolosanischen Irrtümer leistete, die nur in der Selbstbehauptung bestanden, konnte er nicht voraussehen. Doch die Kraft des Midi war gebrochen, und er sollte fortan nicht okzitanisch, nicht spanisch, sondern französisch sein.

Muret heute. Von jener Zeit ist fast nichts mehr zu finden. Die Altstadt auf der Landzunge, das Schloß auf der Spitze

Saint-Sernin sanken hin. Gewiß, den Mercadal gibt es noch. An der Porte de Toulouse von einst liegt noch immer mit hohem gotischen Spitzturm an der gleichnamigen Straße Saint-Jacques die Pilgerkirche, zu der die Santiago-Wanderer gewollt hatten. Das Innere des Schiffes ochsenblutfarben mit weißen Bogenumrandungen ausgemalt, dazu blauem Gewölbe und klassizistisch verwandeltem Chor; in ihm steht statt des Heiligen der Straße Sanctus Dominicus mit erhobenen Händen, begleitet von Engeln, wie er im Strahl der Morgensonne himmelwärts steigt. So hat es frömmelnder Biedersinn gewollt. Aber die Rosenkranzkapelle des 12. Jahrhunderts, in welcher der Subprior von Osma während der Schlacht im Gebete lag, ist noch da wie ursprünglich – die Stelle, an der ihm die Jungfrau befahl, hier den Geist des ›Rosaire‹ zu verkünden. An die Neustadt, die schon sehr alt ist, hat sich eine Straßentangente herangeschoben, der Boulevard Niel, durchbebt vom grauenhaften Lärm nicht endender Fahrzeugströme.

Am Les Pesquiès genannten Wäldchen draußen, wo der kleine Marclan-Bach entspringt und man einst zu Ehren König Peires am vermeintlichen Ort seines Todes – er kann es keineswegs gewesen sein – eine Gedenkstele in okzitanischer Sprache errichtet hatte, ist nichts mehr wie einst. Eine um Auskunft angegangene Frau, die in einem der Häuschen nahebei lebte, wußte genau Bescheid. »Drüben steht sie doch, Ihre Pyramide«, sagte sie und kam gleich mit. Aber sie war nicht da. »Vielleicht am Friedhof ... gewiß, man hat sie dorthin gebracht!« Doch auch da gab es nichts. »Dann ist sie jetzt im Museum«, meinte meine Begleiterin endlich achselzuckend. Es gab in dieser Stadt kein Museum. Dafür befand sich eine Umgehungsstraße im Bau, und ringsum breitete sich die Saat der Spekulanten, eine erste Siedlung auf dem Schlachtfeld von einst ...

Manchmal zwar gibt der Boden oder der Ufersaum der Garonne noch ein paar Waffen oder auch etliche Knochen frei, aber es bedarf kaum großer Phantasie, sich vorzustellen, wie es aussah, als die Jacquaires verstört aus ihren Verstecken abseits im Lande krochen und einige Vorwitzige sich sogar nach Saint-Jacques wagten. Schließlich, warum nicht?

Niemand, der ihnen noch etwas zuleide tun wollte. Aber was sie unterwegs sahen, ehe sie nach Muret gelangten, verschlug ihnen den Atem. Gefallene mit glasigen Augen allüberall, Pfützen von geronnenem Blut, Pferde, denen das Todeswiehern zwischen den Nüstern stecken geblieben war, umgestürzte Wagen, verstreutes Kriegsgerät …

Zwei dieser ruhelosen ›nomades de prière‹, wie ein Franzose sie einmal genannt hat, wandern über das Schlachtfeld dem Ort entgegen. Sie wollen nichts auslassen auf ihrer Fahrt und stoßen auf einen toten Graukopf, der, geschändete Karikatur seiner Jahre, mit den Verrenkungen eines Jahrmarktgauklers am Boden liegt und ins Leere starrt. Seine durchstoßene Brust liegt offen; und so beugt sich der Jüngere, um ihm ein Amulett vom Halse zu knüpfen. »Paß auf, daß man dich nicht als Fledderer hängt«, warnt sein Wandergenosse. »Laß nur«, kommt die Antwort, »ich nehme es nach Compostela mit.« »Ja, machen wir uns auf die Beine«. Vor ihnen breitete sich das Garonne-Tal im Zauber des Abends; der Himmel nahm keine Notiz von den Greueln des Menschenhaders. In Muret freilich fanden sie alles überfüllt von erschöpften Soldaten. Sie lagen in jeder Ecke und schliefen, die Gäule standen mit hängenden Köpfen und mahlten geduldig den Hafer aus ihren Futterbeuteln. In Saint-Jacques hatte man die Verwundeten des Tages mit ihren klaffenden Blessuren auf Stroh gebettet. Der Anblick von soviel Elend ließ sich nur schwer ertragen. Sie machten sich hastig davon und krochen, als es dunkelte, draußen im Lande unter.

Im Westen strahlte die Belle Maguelone klarer als sonst, der rauhe Stoff ihres Umhangs, den sie über das Antlitz zogen, mutete vertrauter und weicher als sonst an. Jedes Wort, das sie sagten, klang wärmer, wie es immer ist, wenn uns das Ungeheuerliche des Untergangs gestreift und ausgelassen hat. Worauf sie am kommenden Morgen bei erster Helligkeit voll Zuversicht in den leuchtenden Frühdunst des Garonne-Tales hinaus- und weiterzogen über die alte Pilgerstation von *Cazères*, in dem man noch heute die Reliquienbüste des heiligen Jakobus neben jener der Sainte Quitterie findet, nach *Palaminy*. Dort wollten sie in der Kirche draußen, weit hinter dem Burghaus, an der Rue du Couvent, die Reliquien besuchen.

Ich habe sie nicht mehr zu sehen bekommen und glaube, daß sie längst nicht mehr dort sind. Dafür gab es auf dem Friedhof nebenan etwas, das mich faszinierte: uralte Gräber mit kleinen Moospolstern auf dem grauen Stein. Am Kopfende auf einem Sockel barocke Kreuze mit vielfach gewulstetem Schaft wie üppige, exotische Gewächse, die Enden umgebogen zu Spiralen und in der Mitte, wo sich die Balken trafen, noch einmal ein innerstes Kreuz, Meisterwerke an Steinmetzkunst, ›croix fleuries‹, der Tod in Gestalt von Blumen. Die ganze Bitterkeit dieser Erde durch das Wunder der Form in die leuchtende Zuversicht des Glaubens verwandelt.

Später kamen sie durch *Martres-Tolosane,* dessen gotische Kirche auf dem uralten Boden der gallo-römischen Besitzung Chiragan steht. Noch im vorigen Jahrhundert hat man hier dreihundert Statuen und Büsten ausgegraben und ins Museum Saint-Raymond nach Toulouse gebracht. Die Jacquets freilich bewegte ein anderer Grund zur Einkehr; man verehrte in dem kleinen Nest als örtlichen Heros und Märtyrer einen heiligen Vidian, vermutlich den Vivien aus der Chanson de Geste des Guillaume d'Orange, der ob seines Kampfes gegen die Mauren zu den Leitgestalten der Pilgerfahrt gehörte. Übrigens in einer alten Totenbasilika auf dem frühchristlichen Friedhof, von der im Schiff der heutigen Kirche noch ein romanischer Torbogen zu sehen ist und Zutritt zur Vidians-Kapelle mit den Resten des Tapferen in einem Steinmonument der Flamboyant-Zeit gewährt. Am Sonntag nach Pfingsten feiert man sein Andenken wie im spanischen Alcoy in einem Scheinkampf von ›moros y christianos‹.

Bilder einer Landschaft

Wieviele Schicksale hat sie erlebt, welche Zeitdimensionen seit frühesten Menschheitstagen durchmessen, die Völkerstraße des Garonne-Tales! Um Saint-Gaudens am Südostrand des Plateaus von Lannemazan werden die Zeugnisse so dicht, daß uns die alte Frage bedrängte: wie, wenn alles schon ausgelebt wäre und wir im Aufschäumen der letzten Woge nur noch am äußersten Saum der Geschichte über die Erde gingen?

Da höhlt sich nach Salies-de-Salat die Grotte von *Marsoulas* in den Grund; drinnen an den Wänden erste Zeichnungen von Menschen, vielleicht fünfzehntausend Jahre alt, ein wenig karikiert eingeritzt, als habe sich der Steinzeitmaler schon damals nicht sonderlich für die eigene Spezies begeistert, während er doch wundervoll gesehene Tierparaden auf die Wände zauberte. Oder die Höhle von *Gargas* unweit Saint-Bertrand-de-Comminges, die zugleich als Wohnstätte und Heiligtum gedient hat: hunderte von Handabdrücken, nebenan Mammut, Pferde, Rinder des Solutréen. Wieviel Tausende von Jahren der Mensch darin hauste, bleibt ungewiß; aber hier spürt man bereits, daß das ›älter als Rom‹ nur ein mitleidiges Lächeln verdient. Wer noch tiefer zurücktauchen will in die Schächte der Zeit, mag von Saint-Martory nach Westen wandern. Bei *Aurignac* hat ein Erdarbeiter 1852 unter einem Fels eine Grube mit Knochenresten entdeckt, die Lartet dem Cro-Magnon-Menschen zuschrieb, der vor rund dreißigtausend Jahren lebte; nur zwanzig Kilometer weiter kam in der Save-Schlucht bei *La Hillère* gar die kunstvoll geformte ›Venus von Lespugue‹ aus der Epoche des Übergangs vom Gravettien zum Solutréen ans Licht, ein Fruchtbarkeitssymbol mit überlängtem Hals, kleinem Kopf, ungeheuren Brüsten und ebenso ausgeprägter Beckenpartie aus einer noch menschenarmen, gefährdeten Zeit, in der die Erhaltung der Art alles bedeutete.

Da stehen wir also an den schwarzen Löchern zwischen den Koordinaten unseres Zeitgefüges wie der Astronom vor jenen der Galaxien und blicken in eine magische Welt zurück, deren Relikte wie Botschaften von fremden Sternen anmuten. Läßt sich überhaupt eine Brücke schlagen? Und doch muß es geheime Verwandtschaften geben, denn es gehört dem nämlichen Raum an wie das gallische Oppidum von Piroque, während im nahen *Saint-Plancard* das, was nun in der Welt historischer Frühzeit erwachte, sichtbar wird, erstes Drängen ins Überirdische, Mauerreste vom Hei-

33 *Pyrenäenlandschaft bei Cazères, einer alten Pilgerstation im Garonne-Tal.*

34 *Im Kreuzgang der Kathedrale von Saint-Bertrand-de-Comminges. In der Mitte der sogenannte Evangelistenpfeiler mit Figuren, die wohl einer antiken Säulenstatue nachgebildet wurden.*

35 *Saint-Just-de-Valcabrère, ein um 1200 errichtetes Totenkirchlein abseits von Saint-Bertrand-de-Comminges.*

ligtum einer aquitanischen Gottheit, latinisiert Sutugius geheißen und den Eigenschaften des römischen Mars verwandt. Noch galt der Krieg als heilig und Vater aller Dinge. Und wie man sie und mit ihnen das Leben zu lieben begann!

Wieder ganz nahe, abermals bei La Hillère entstand die gewaltige römische Villa, eher ein Marmorschloß mit zweihundert um Binnenhöfe gelagerten Zimmern, Heizungs- und Badeanlagen, Säulenhallen, Gärten, Fontänen, die den Nachfahren eines gewissen Nepotianus gehörte, von dem sich der Name des ganzen Gaues, des Pays de Nébuzan ableiten sollte. Da war an Gäste, Freundschaft, gesellige Muße gedacht. Die Stadt Lugdunum Convenarum, das spätere Saint-Bertrand-de-Comminges lag nicht fern, zählte im 1. Jahrhundert bereits sechzigtausend Bewohner. Bis sich erneut der Abgrund öffnete, in dem alles Menschenwerk versank. Die Schatten der apokalyptischen Reiter glitten über das Land; Vandalen, Westgoten, Sarazenen kamen, plünderten, schwanden.

Wiewohl von den Westgoten denn doch etwas blieb! Die Verwandlung des Sutugius-Heiligtums in die Grablege eines Anführers, dem auf dem großen Ritt nach Iberien das Mißgeschick widerfuhr, zu sterben. Über ihm endlich hat die romanische Epoche nach mehr als einem halben Jahrtausend des Schweigens das Totenkirchlein Saint-Jean-des-Vignes im Zypressenhain des Friedhofs draußen vor Saint-Plancard errichtet. Das bedeutet nicht trockene Geschichte oder Vergangenheit, sondern die Einbettung des Gebietes von Nébuzan in das abendländische Schicksal seit dem Erwachen der Menschheit. Mögen solche Zeitdimensionen auch schwindeln machen und die eigene Gegenwart als flüchtige Weltsekunde entlarven, sie beweisen doch eine stete Wiederkehr des Lebens an seine Brunnen wie der Zugvogel von seinem Nistplatz nicht abzubringen ist. Wozu sich in Saint-Jean jene Botschaft gesellte, die einer neuen Epoche den inneren Auftrag verlieh.

Denn bei aller Einfachheit des Raumes mit der flachen Holzdecke ist seine Chorpartie völlig ausgemalt, leider die Fresken längst verblaßt, manches gar enigmatisch geworden; die Kreuzigung, die Himmelfahrt Christi vom Marterholz aus lassen sich nur erahnen und verraten dennoch ein erstaunliches Selbstbewußtsein: hingestrichen in einer kühnen Technik, die gleichzeitig Tradition ist. Wiewohl erst um 1100 entstanden, sind sie mit rotem und gelbem Ocker, Zinnober, Schwarz, Weiß, Grau, kurz in der nämlichen Farbskala gemalt, welche die karolingische Zeit verwandte. Auch thematisch folgte der Künstler, der seinen Namen über dem Adler des Johannes mit Hieronymus angab, karolingischer Überlieferung. An der Parusie links vom Mittelfenster läßt es sich deutlich erkennen; der Herr erscheint in der Mandorla, bereit zur Wiederkehr, umgeben von den Evangelisten mit Buch oder Schriftrolle nebst ihren Symbolen, und nun wird es sichtbar: Matthäus taucht, wie ehedem auf karolingischen Darstellungen, die Feder ins Tintenfaß, um Christi Verkündigung im Wort festzuhalten. Den Trägern der Lehre sind schließlich – und auch dies nach altem Brauch – Verse des Coelius Sedulius beigegeben wie zu Fenollar, an das die Malweise ohnehin erinnert.

Der Kapelle schließt sich südwärts ein kleines Nebengelaß mit winziger Apside an, das etwas später ausgemalt ist. Da ändert sich das, wird das Balladenhafte, Erzählerische fortgenommen, tauchen romanische Formen auf, wiegt das Geistige vor: der Sündenfall, bei dem die Schlange Eva die Frucht im Maul zureicht, während Adam gleich einer Gliederpuppe daneben steht, mehr Zeichen als Zeichnung! Über dem winzigen Altarraum aber offenbart sich Gottvater persönlich in Gestalt einer mahnend aufgehobenen Hand, von Engeln in einem Pneuma gleich einer schwebenden Blase gehalten. Allein, die Totenkapelle gibt noch andere Botschaften preis: aufgestapelte Steine seitab, Beigaben, Grabstelen, Aschentröge fühester Zeit. Alles ist aus dem Boden geborgen und dabei das ganz Besondere dieses entlegenen Landschaftswinkels entdeckt worden: Gräber von Santiago-Pilgern mit Bordon und Muscheln, Heimkehrern von der großen Wanderung, die den Weg nach Hause nicht mehr vollenden konnten und nun in der Geborgenheit sanfter Frühlingshügel ruhen.

Die uns darauf aufmerksam machte, war eine herzliche, weißhaarige Elsässerin, Madame Braun, die beglückt wieder einmal das Deutsch ihrer Kindheit sprach. Aber sie fühlte sich in der gewählten Fremde, im blumenbedeckten Haus am Dorfrand sehr wohl, wo wir sie absetzten, um nach langem Zurückwinken durch Saint-Plancard über ein Brücklein und stürzendes Wasser, darauf durch maronenbekrönte Höhen zurückzukehren nach Saint-Gaudens. Mochten manche Jacquaires, wie doch die Gräber beweisen, auf uralter Route auch durch Saint-Plancard gezogen sein, die Mehrzahl wählte die Völkerstraße, um nach Montréjeau und Saint-Bertrand zu gelangen. *Saint-Gaudens* war eine Station der Route.

Im Städtchen hoch über der Garonne, von dessen Boulevard Bepmale man so hübsch ins Land blickt, wartete dann freilich eine Enttäuschung auf uns. Die dem Märtyrer und Namenspatron der Stadt geweihte romanische Kirche ist nachgebaut, nur in wenigem echt, im Äußeren stark abgewandelt. Immerhin, die eigens für die Santiago-Pilger eingezogenen Tribünen im Chor existieren noch, etliche alte Kapitelle dazu. Alles andere hatten protestantische Parteigänger 1569 oder später die Vollstrecker der Großen Revolution zerschlagen. So blieb es der einzige Trost, daß man sich die Jacquaires auf den Emporen vorstellen konnte, wie sie rechtschaffen müde durch die Arkadenbögen ins Schiff hinabschauten. Denn was half es, daß man dort, wo Saint-Gaudens, der fromme Hirte, in einer Zeit der Wirren zwischen dem 6. und 8. Jahrhundert an einer ›La Caoue‹ genannten Stelle den Todesstreich von Henkershand erlitt, im vorigen Jahrhundert eine Erinnerungskapelle erbaute; die Zeugenschaft des Ortes als Pilgeretappe ging verloren. Auch die später von Hospitaliter-Rittern erbaute Herberge existiert ja nicht mehr.

Kurz darauf langten wir auf dem Weg nach Saint-Bertrand-de-Comminges in *Montréjeau* an, wo sich plötzlich etwas begab. Für den, der es zum ersten Mal erlebt, ein Ereignis. Im Ort über der Talschleife der Garonne öffnet sich der so lange von Vorbergen verstellte Blick in das breite Tal des von Süden heranströmenden Flusses. Hinter ihm ist das Gebirge plötzlich greifbare Gegenwart, von den Höhen des Ariège-Tales bis fern in den Westen, noch jetzt, Mitte

Mai, von Schnee überzogen. Hinter Luchon in der Kerbe des Grundes buckelt sich die königliche Maladetta-Gruppe auf, nach Südwesten zu sticht der Pic du Midi de Bigorre über die Höhen. Noch immer erscheinen die Grate als geschlossene Zackenmauer. Schon aber lassen vorgelagerte Bergkulissen die Staffelung der Massive erkennen, schieben sich blau dämmernde Schattenzungen in das makellos schimmernde, über dem Dunst endloser Rücken, Matten und Täler schwebende Weiß der Giganten. Im Vordergrund aber öffnet sich dinglich, vertraut, dem Herzen ganz nah, die quellgrüne Flußaue, der ein kleiner Höhenzug schützend den Arm um die Schultern legt.

Es ist die Stelle, wo die Straße nach Saint-Bertrand samt der nach Luchon in steiler Kurve aus Montréjeau nach Süden abzweigt, um kurz darauf wieder nach Westen auszuscheren. Worauf sich abermals etwas begibt. Die Häuser von *Valcabrère* sind erreicht. Die eben noch grandiose und weiträumige Landschaft verwandelt sich in einen Romantikertraum. Mitten im Berghang steigt voraus über quergestrichenen Hausdächern eines Höhendorfes fast unwirklich ein graues Gemäuer der Gotik auf, die Kathedrale von *Saint-Bertrand* mit dem schlanken Karreeturm der romanischen Zeit. Durch einen amphitheatralischen Wiesenhang, in dem überwucherte Steine wieder ans Licht drängen, sind wir hingelangt. Es ist das Tal des römischen Lugdunum Convenarum, in dem laut Flavius Josephus seit 39 nach Chr. Herodes Antipas, der Johannes den Täufer hinrichten ließ, in der Verbannung lebte. Jenes, in dem Gondowald, angeblich natürlicher Sohn Chlodwigs, des Frankenkönigs, dem Ansturm der Burgunden erlag, worauf es für fünfhundert Jahre verwüstet liegen blieb.

Bis Bertrand de l'Isle-Jourdain erschien, seit 1073 geistlicher Hirte von Comminges, um hier oben einen neuen Bischofssitz einzurichten. Vielleicht um darzutun, daß seine Kirche über jeden Untergang triumphierte, vielleicht, um sich im Kernland seiner Widersacher anzusiedeln. Ein glühender Parteigänger der gregorianischen Reform, hochgebildet und Ritter zugleich, ein Mann, der den geschundenen Bauern Hilfe brachte und dem erpresserischen Kleinadel

Pari bot. Ein Mann endlich, der dem Wort Papst Gregors VII. nachlebte, der verkündet hatte, daß Friede sein müsse und jedem, wer er auch sei, sein Recht gebühre.

Sah er wirklich so aus, wie er sich auf dem Tympanon seiner Kathedrale zeigt, kraftvoll, die Beine fest gegen den Boden gestemmt, oder nicht eher asketisch? Er richtete doch alle Härte, die sein Amt ihm abverlangte, zuerst und vor allem gegen sich selbst. Seine Ausstrahlung muß ungeheuer gewesen sein. Er war an die Siebzig, als er seinen Traum verwirklichen und seine Kirche auf der Akropole von Lugdunum erbauen konnte. Sie wuchs rasch. Ein paar Jahre später, als er den Tod in sich fühlte, ließ Bertrand sich in die Marienkapelle seines Gotteshauses tragen und tat dort den letzten Atemzug. Man schrieb den 16. Oktober 1123. Allerdings sah der Raum derzeit anders als heute aus, geprägt von der Strenge der Frühe. Einer seiner Nachfolger, Bertrand de Got, nachmals Papst Clemens V., ließ das Bauwerk ob des Andrangs der Menschen vom vierten Joch an gotisch erweitern. Seit Bertrand zur Ehre der Altäre erhoben war und sich das alte Lugdunum nach ihm benannte, stiegen die Pilger in langen Zügen den Berg hinan; auch die Jacquaires. Weswegen Jean de Mauléon in der Renaissance einen geschnitzten Chor für die Kanoniker einfügen ließ, damit sie Ruhe bei ihren Offizien fanden.

Das Portal mit seinem Bild auf dem Tympanon, dem ich nun in einiger Distanz am Tisch vor dem Hotel gegenüber saß, hatte der Heilige selbstverständlich niemals gesehen. Er hätte sich mit Entrüstung dagegen gewehrt.

Ruhe auf der Flucht

Über mir rauscht es plötzlich auf, ein Windstoß wuselt durch die Blätter der Weinstöcke, die quer an der Hauswand verlaufen, tanzt nunmehr auf dem schrägen Platz mit Papierfetzen und Staubschleiern eine Pirouette. Die spielenden Khiou-Khious, zwei junge Pyrenäenhunde, auf den breiten Terrassenstufen halten verwundert inne, aber die Dohlen im Karreeturm hoch gegenüber begreifen die Sache sofort und lassen sich mit breiten Flügeln hinausfallen in den Luftstrom, der sie hoch, immer höher trägt und endlich über die waldige Kuppe davonwirft.

Noch möchte der Schreibstift weiter, um die Ackerfurchen des täglichen Pensums auf dem Papier hinter sich zu bringen, da kehrt der Wind wieder. Diesmal wirft er gleich einen Stuhl um, der schräg auf dem Gossenrand balanciert; ein dicker Tropfen klatscht auf meinen Gartentisch und alsbald erscheint auch Madame, die Wirtin, unter der Haustür und ruft sorgenvoll: »Kommen Sie schnell, Monsieur, es gibt ein Gewitter.«

In der Tat, schon prasselt es aus den schwarzen, gelbgerandeten Wolken hinter dem Kirchturm hernieder. Wie gut, droben ein geräumiges Zimmer, groß wie ein Saal, zu haben, mit Möbeln wie aus dem Biedermeier und natürlich dem müde gewordenen Spiegel. Doch mit dem elektrischen Licht ist es seit dem ersten Blitzschlag vorbei, Dunkel im ganzen Haus. Was macht es? Im Reisegepäck befindet sich stets ein Paket mit Kerzen. Draußen aber steht es schlimm. Aus dem Fensterchen im Badezimmer kann man weit ins Land schauen, wenn man sich über die Wanne hinwegbeugt, sie ist absonderlich schmal, wie für einen Schlangenmenschen gemacht. Der Blick fällt auf uralte, mürbe Ziegeldächer; die fernen Berge dahinter sind völlig im Finstern verschwunden. Unter mir geht es hoch her. Die Fächerpalme im Garten, die sich nicht beugen, sondern nur Hilfe rufen kann, ist außer sich; die Oleander- und wilden Orangenbüsche samt dem Lorbeer, die sich sonst brüderlich in den Armen liegen, haben sich in einen händeringenden Chor verwandelt. Es faucht und orgelt, die Läden schlagen, und im Hause hasten die Schritte vorbei, um den letzten Fensterriegel noch fester einzuklemmen.

Ach, Sturm von Saint-Bertrand, noch immer sehe ich den Turm mit der hölzernen Dachhaube von Blitzen umzuckt unerschütterlich aufragen. Im Portal des Bodengeschosses drängen sich ratlose Touristen, Bauern aus dem Val d'Aran mit Baskenmützen und auswärts gebogenen Knien, Gefangene der Sintflut, die niederströmt. Ich aber hocke vor meinem Tisch mit der Marmorplatte beim Kerzenschein und darf nachdenken, was mich an diesem Ort, eingeschlossen das Unwetter, verzaubert. Denn es kann doch kein Zweifel bestehen, daß mir das Gebirge einen Salut darbringt. Schon läuft der Schreibstift wieder über das Papier, mag auch das Kerzenflämmchen schwanken und der lange Fenstervorhang sich aufbauschen, weil der Sturm draußen so wütend gegen die Läden poltert.

Natürlich hatte ich längst hinter mir, was es zu sehen gab, das Kirchenportal mit dem Marientympanon, auf dem die Drei Könige der Gottesmutter mit dem Kind voll Devotion ihre Gaben darbieten, während niederstürmende Engel die Weihrauchfässer schwingen und einer den Stern anhält. Dazu jene seltsame Inschrift, von der sich nur das ›Maria Mater‹ und ›Filium Dei‹ verstehen läßt, nicht aber der Rest mit ›Far, Miron et Aspron‹, was nach kundiger Auskunft auf Myrrhe, Gold und das geweihte Brot der Könige hinweisen soll.

Neben dieser Szene großmächtig die Bischofsgestalt mit der Segenshand. Noch fehlt der Nimbus; er war derzeit noch nicht kanonisiert, als das Tympanon entstand. Auf dem Türsturz darunter aber stehen die Apostel unter Arkadenbögen wie auf der Porte Miégeville in Toulouse. Wird da auch keine neue Epoche der Kunst eingeläutet, es liegt etwas Zutrauliches darin: der Bischof und die Namenspatronin seiner Kirche unbeschwert nebeneinander.

Das blieb auch im unregelmäßig angelegten Kreuzgang so, dessen Südseite zum Bergtal offen liegt. Vogelgesang und Waldesrauschen dringen hinein; freilich auch die zerstörenden Wetterschwaden. Eine naive Anmut webt in allem, wenn sich auch manches nur schwer entziffern läßt: geflügelte Drachen, die sich an einem Menschen gütlich tun wollen, Adam und Eva in der Verführungsszene oder bei der Vertreibung, sodann Kain und Abel, die exemplarischen Leitbilder, die selten fehlen. Doch dann kommt etwas Besonderes, der Evangelistenpfeiler mit Figuren wie aus dem Altertum, offenbar einer antiken Säulenstatue nachgebildet; gewiß spürbar vereinfacht gemeißelt und doch geht eine merkwürdige Wirkung von diesem Bildwerk aus. Ob man sich auch allein im Raum weiß, es ist stets jemand da, an den man sich wenden darf. Wie sinnfällig, vertraut das doch ist!

Die Kapitelle besitzen das alle, die Eule mit ihrer winzigen Beute, der Hahnenkampf, die Pferdehalter, Mann und Frau, selbst der Laubschmuck, das Flechtwerk der anderen Galerien, schließlich der Nordflügel an der Kirchenseite mit Spitzbogengewölbe und Nischengräbern – nirgendwo bedeutsame Kunst, aber es geht etwas Malerisches und Poetisches davon aus, eine tiefe wärmende Liebe zur Umwelt.

Drinnen im gotischen Innern, in dem man vom Kreuzgang aus eintreten kann, aber ist alles Hoheit. Weiß und hell streben die Gewände zwischen den riesenhohen Fenstern zu den klaren Gewölben empor, damit das farbige Licht der Scheiben sie mit Widerschein färbe. Auch das bedeutet Poesie; man denke, hoch auf der Bergschwelle eine Kathedrale im Licht! Es gilt auch für das Schnitzwerk des Kanonikerchores der Renaissance mit seinen verspielten oder lächelnd moralisierenden Allegorien. Es gilt für den Schrein des großen Kirchenfürsten mit den bunten, nach Bauernart gemalten Darstellungen seiner Wundertaten, die wenig zu ihm passen und eher von frommer Phantasie ersonnen scheinen. Was endlich bedeutet die marmorne Liegefigur des Hugues de Châtillon, der die Kathedrale im 14. Jahrhundert vollendete, in der Marienkapelle anderes als eine klangvolle Elegie? Allein, was wird nicht zum Gedicht in Saint-Bertrand? Die Häuser im Ziegelmosaik, die Winkel und kurvigen Gäßchen wie das zur Porte Majou hinab, die alte Ummauerung, die blumengeschmückten Häuschen, deren Blüten der Sturm in diesem Augenblick zausen mag, schließlich der Ausblick von der Barbacane nach Valcabrère hinaus, wo inmitten des Friedhofs, von Zypressen umstanden, die Basilika Saint-Just liegt …

Der Sturm dauerte die ganze Nacht, während wir in den wahrhaft üppigen Betten lagen wie eingewiegt. Dennoch muß ich eines kurzen Traumes gedenken, mit dem ich einschlief und wieder erwachte. Ruhe auf der Flucht hieß er, und es war nicht schwer zu ermessen, aus welchem Seelenwinkel er kam. Geborgenheit auf umgetriebener Reise, wieviel Zuversicht geht davon aus! Denn auf der Flucht sind wir alle, seit Menschen über die Erde gehen, aber vor wem und wohin?

Draußen, im ebenen Schwemmgrund des Tales, den die Höhenrücken der Vorberge ehrfürchtig umziehen, liegt weit abseits vom Dorf gleichen Namens das, was jeglicher Ruhe auf der Flucht einen hintergründigen Sinn verleiht, einen metaphysischen, *Saint-Just de Valcabrère.* Ein Totenkirchlein in der Verlassenheit der Felder. Man sagt, es habe einmal, ehe Saint Bertrand seine Bergkathedrale erbaute, als Bischofskirche gedient und nach neueren Grabungen der Archäologen war ihm gar ein Kreuzgang angefügt, was doch voraussetzt, daß es Mönche betreuten. Doch im Grunde will es allein sein, um Kraft für den Tag zu sammeln, an dem sich die Deckel von allen Grüften heben und sich der schweigsame Zug der Unzähligen auf den letzten Weg macht, den zum Gericht. Mag sein, daß sich darunter auch jener Idumäerfürst befindet, den sie Herodes nannten, und neben ihm seine Frau Herodias oder gar der vom Matacane-Felsen gestürzte Frankenführer Gondowald. Aber was tun da noch Namen in der unabsehbaren Menge, die stumm hinausziehen wird in das Wetterleuchten des Jüngsten Tages!

Saint-Just dient also seit zweitausend Jahren oder wenigstens seit frühchristlicher Zeit als Begräbnisstätte, das Ziel und der Endpunkt aller Agonien, die im Lande erlitten wurden und werden, wenn der Zustrom auch nachgelassen hat. Es gibt sich ganz einfach, breit hingelagert, fast schmucklos mit einem kraftvollen, gedrungenen Turm; ringsum der Totenacker mit seinen blaßblauen Iris und den trauerdunklen, alten Zypressen am Rande. Wer herantritt, sieht freilich, daß es so gering garnicht ist und neben zwei schmalen Seitenschiffen ein ansehnliches Mittelhaus besitzt, alles mitsamt in zwei seltsam hufeisenförmig ausgebuchteten Apsiden und einen halbrunden Hauptchor auslaufend. Draußen hat man versucht, die vorstoßenden Raumkompartimente mit einem gemeinsamen Dach zu überfangen. Ein schwieriges System nach außen geöffneter Nischen ist so entstanden, das etwas aussagen will. War diese Minderung, dieses Entwerden der Ausdrucksgebärde, die jedem gefügten Stein innewohnt, nicht gewollt? Der Bau ist gegen 1200 erwachsen in einer Zeit, die begriffen hatte, daß verringertes Volumen die architektonische Sprache vergeistigte. Eine Totenkirche, was will man? Erst im Mysterium des Abscheidens ist Erlösung möglich, und jeder stirbt in sich hinein!

Aber das wahre Geheimnis von Saint-Just liegt dennoch im Stein. Es ist aus den Marmorblöcken des Untergangs und zum großen Teil aus alten Sarkophagen errichtet. Manchmal tauchen aus den Wänden noch Inschriften oder Zeichen auf wie an dem zum Fenstersturz gewordenen steinernen Schrein mit der freilich fast erloschenen Erzählung von Jonas, den der Fisch verschlang, ausspie, worauf der Unglücksprophet sich unter einem Baum ruhend wiederfand. Oder jener im Innern des westlichen Schiffsteiles eingemauerte Grabstein der Valeria Severa und des Priesters Patroklus aus dem Jahre 347 nebst dem konstantinischen Chrismon.

Der Heilige, dem die Kirche den Namen verdankt, Saint Just, ruht unter einem späten Ciborium, auf dem er samt seinem Gefährten Pastor dargestellt ist – beide starben gemeinsam am 5. August 304 in Alcalá de Henares den Märtyrertod – in einem schmucklosen Sarkophag hinter dem Altar. Ein winziges kryptenförmiges Gelaß ist darunter gemuldet. Pilger, die das Heiligtum aufsuchten, konnten sich darin der Gnadenemanation aussetzen, wie ich es nur von Bamberg kenne. Das Ungreifbarste der Santiago-Fahrt, das rein Spirituelle, hier ist es Gegenwart! Aber die Spuren verschollenen Daseins geistern allenthalben durch diesen Raum. Wer über seinen Marmorboden aus dem Stein vom nahen Saint-Béat geht, schreitet über uralte Grabplatten. Allein, diese Kirche im lichtübergossenen Tal besitzt noch etwas Besonderes, es ist beinahe ihr einziger Schmuck, ihren Zugang, der an der Nordseite des Langhauses liegt.

Wer auf dem knirschenden Kies des Friedhofsweges durch die Gräberreihen heranschreitet, sieht sich einem flachen Torbau gegenüber, in dem sich ein Portalbogen mit wulstigen Archivolten wölbt. Alles atmet einen hohen Grad von Schönheit, die jene der Einfachheit ist. Nur eine Zahnschnittleiste rahmt das Tympanon ein, auf dem der Herr mit Buch und aufgehobener Segenshand in der Mandorla thront. Zu seiten stehen die Evangelisten, deren zwei die Glorie stützen, eine Formel der Pyrenäenkunst, freilich auf andere Weise in Saint-Aventin hoch im Gebirge wiederholt.

Von oben eilen zwei Engel mit Räucherfässern heran wie allenthalben.

Doch wer achtet darauf überhaupt? Das Auge wird magisch angezogen von den vier großen Standfiguren im Gewände, Bildwerken von ungewöhnlich statuarischer Würde, deren enge Beziehung zum Evangelistenpfeiler von Saint-Bertrand unübersehbar bleibt. Die Köpfe mit sorgfältig gelegtem Haar, lächelnder Miene und einem Hauch Kindhaftigkeit des Ausdrucks, dazu die sorgfältig nach antikem Vorbild aufgebauten Körper bekunden den Wunsch nach monumentaler Wirkung. Die Kapitelle über ihnen machen durch die Schilderung ihrer Passion sichtbar, um wen es sich handelt: an den Außenseiten Sankt Justus und Sankt Pastor, an der linken Innenseite Sankt Stephan, der zweite Patron dieser Kirche. Gegenüber endlich die einzige Ausnahme des Märtyrertores, eine gekrönte Frau mit einem Kreuz in der Hand. Aber ist es wirklich die Kaiserin Helena, die Christi Marterholz wiederfand, wie man erkennen will? Das Kapitell über ihr zeigt eine seltsame Szene: ein Mann fordert eine Frau auf, ein Pferd zu besteigen. Beide halten den Wanderstab der Pilger in Händen, der Mann hat daran ein Trinkfäßchen gebunden; beide tragen die Besace, den Brotbeutel der Jacquaires mit dem schräg über die Brust laufenden Halteguurt. War die Kreuzessuche als Pilgerfahrt verstanden worden und hatte man ihr darum die Attribute der Santiago-Fahrer verliehen, weil niemand sich die Heilssuche noch anders vorstellen konnte?

Eine Woche blieben wir noch in Saint-Bertrand, nicht nur der Ruhe auf der Flucht willen, sondern weil es uns nicht losließ. Bis es abermals Zeit wurde und wir gerührten Abschied von Madame nahmen, die uns ihr wärmstes Lächeln mit auf den Weg gab, der weiter, immer weiter am Gebirgsfuß entlangführen sollte, bis wir nach Lourdes im Lavedan gelangten.

Es war eine veränderte Welt, durch die wir über La Barthe und Bagnères zogen. Etwas fehlte darin. Keineswegs, daß uns die Berge im Stich ließen, höchstens verstellte ein Frühlingshügel hier, ein Wald dort die Fernsicht für einen Augenblick. Das Vallée d'Aure öffnete sich, das schönste der Pyrenäentäler, der Pic du Midi kam zum Vorschein, überall quellende Natur, reges Leben; auch an Zeugnissen einer bunten Geschichte fehlte es nicht: *Mauvezin* ragte am Weg, die Grenzfeste des legendären Gaston Phoebus von Foix, Herrn des Béarn, der noch 1391 mit sechzig Jahren den Bären anging; und südwärts lag, stets vom Schicksal bedrängt, die hochberühmte Zisterzienserabtei *Escaladieu*. Das letzte Unheil, der Brand von 1966, hatte wenigstens ihren kostbarsten Bauteil, den uralten Kapitelsaal verschont. Nur das Erwartete stellte sich nicht ein.

Es gab jene Spuren nicht mehr, die ich suchte. Die Santiago-Wanderer mußten hier doch in Scharen gezogen sein. Selbst in *Tarbes* nicht, das wir auf langwierigem Umweg erreichten. Dort, immerhin, fand sich ein Hinweis: dreimal war die Kathedrale des 12. Jahrhunderts von den Hugenotten verwüstet und endlich zerstört worden; wir befanden uns im Land der Jeanne d'Albret, Mutter Heinrichs IV. von Navarra, die den Grafen Montgomery mit seinen Truppen auf Brandschatzung schickte; was nur papistisch roch, sank in Asche. Die Religionskriege, das andere Schicksal des Südens! Schließlich erlagen wir der Verlockung eines Aussichtssträßchens und langten reichlich verspätet im Talgrund des Gave du Pau an, sozusagen vor der Haustür von Lourdes.

Da kam nun der Hauptgrund ans Licht, warum sich so vieles verändert hatte, neue Straßenzüge und hinauswuchernde Siedlungen die letzten hinweisenden Zeichen zerstörten. Eine neue Pilgerschaft hat die des Mittelalters ungeschehen gemacht und überlagert. Eine, in der es nicht mehr um das ›Ego sum via‹, den Weg an sich und den prometheischen Traum des ›e ultreya‹ ging, sondern einzig um den Besuch jener Stätte, an der 1858 die ›Dame‹ der kleinen

Bernadette Soubirous erschienen war – nie hatte das Mädchen sie anders genannt! Die wundertätige Muttergottes von Lourdes mit anderen Worten, zu der seit mehr als einhundert Jahren in unaufhörlich wachsender Zahl die Kranken und die Gläubigen Europas strömen. Im Wagen, Bussen und Eisenbahnzügen.

Lourdes, das Wort wiegt schwer, und niemand kann an ihm achtlos vorübergehn. Antwortet es nicht auf eine brennende Frage unserer Zeit, wie sehr das Leiden auch immer der Menschheit Teil war? Ging von der Aufforderung der Dame an Bernadette, mit ihren bloßen Kinderhänden nach einer Quelle zu graben, und schließlich der ersten Heilung nicht die Wirkung eines Fanales aus? Seither erscheinen sie, die Gequälten der Erde, von den Verkrüppelten bis zu jenen furchtbar Entstellten, die man selbst in der Stadt des Erbarmens in den entlegenen Winkeln der Hospitäler verbirgt. Es kommen andere Kranke, denen kein Arzt mehr zu helfen vermag. Siebzigtausend waren es 1975, die zur Grotte der Erscheinungen zogen, auf den Lippen die Anrufung, wie der Priester sie vorspricht.

»*Herr, gib, daß ich gehe,*
Herr, gib, daß ich sehe,
Herr, dein Wort kann mich heilen ...«

Jene, die nicht mehr zu Fuß sind, in den verdeckten Sitz- oder Liegewagen, gezogen von den ›Brancardiers‹ mit dem Tragegurt um die Schultern, den freiwilligen Helfern, die sie nach der Andacht zu den Bädern mit dem heilsamen Quellwasser bringen.

Es kommen die Gläubigen; drei Millionen sind es im nämlichen Jahre gewesen: »Jésus, fils de Marie, ayez pitié de nous!« Sie stehen vor der Grotte und starren brennenden Auges ins Dunkel. Man sieht ihnen die Ergriffenheit an; vielen steigen Tränen ins Auge. Sie knien mit kreuzförmig ausgebreiteten Armen und warten des großen Augenblicks, an dem sie sich dem unablässigen Zug durch die Grotte eingliedern können. Es geht langsam, sehr langsam. Jeder will die kostbare Minute nützen und mit der Hand den Stein berühren, auf dem die Jungfrau der Vierzehnjährigen erschien, jeder ihr Marmorbild rechts, hoch hinter dem Stein betrachten, um versunken wie bei der Eucharistie, vorbei an der heute abgedeckten Quelle, an den brennenden Votivkerzen vorüber wieder hinauszugehen.

Die Berührung mit dem Überwirklichen ist der erste Höhepunkt ihrer anstrengenden Reise, und doch nur der Anfang. Sie nehmen an den Messen und Andachten teil, die man für sie im Freien, sogar jenseits des Gave im Anblick der Grotte, oder im riesigen Gotteshaus der Pilger quer vor dem Nordhang des Kalvarienberges veranstaltet, das eigentlich aus drei über- und hintereinander gestaffelten Kirchenräumen besteht und seine schräg zur Estrade emporführenden Rampen gleich Armen um die Place du Rosaire schmiegt: sei es in der ebenerdigen Rosenkranzbasilika ›romanobyzantinischen Stiles‹, sei es in der Krypta des Zwischengeschosses für die stillen Gebete oder der oberen, neugotischen Basilika mit dem hohen Spitzturm und den vielen Exvotos.

Ich habe sie endlich versunken über den vorgelagerten Rosenkranzplatz zur großen Jungfrauenstatue des Bildhauers Fabisch aus Lyon wandern sehen, die mit Kunst so wenig zu tun hat wie ganz Lourdes. Aber sie entspricht genau dem Geschmack der einfachen Leute. Sie empfinden sie schön, weil sie die Gottesmutter ist. Die zahllosen Halteringe am Gitter der Rundrabatte um den Sockel sind stets vollgesteckt mit frischen Blumensträußen, und die Frauen vom Land, die gerne in Tracht kommen und ein wenig nach Mottenpulver riechen, kaufen sich im nächsten Laden einen Gipsabguß davon; dem können sie künftig ihre Sorgen vortragen oder die Kümmernisse eines einsamen Lebens im Hinterhof. Waren sie bei ihr nicht gewissermaßen zu Gast? Es versetzt sie in Hochstimmung wie alles in dieser Stadt, in der man kaum jemals einem niedergeschlagenen Antlitz begegnet. Selbst bei den Kranken nicht, die an dem wenigsten teilhaben können, ob ihnen der Besuch geholfen hat oder nicht. Sie, sonst nur Gegenstand herablassenden Mitleids, haben einmal in ihrem Leben im Mittelpunkt gestanden; das verleiht ihrem Leiden einen besonderen Rang, und sie nehmen dieses Bewußtsein als wärmende Erinnerung in die Verlassenheit ihrer Kammern mit, die dem täglichen Leben draußen so fern liegen wie der Nordpol.

Die Übrigen aber treibt es umher, wenn sie Freizeit haben. Es gibt so viel zu sehen! Das Cachot oder ehemalige Ortsgefängnis, in dem sich die Lebensmisere des bankrotten Müllers Soubirous und seiner Familie im ungefähr vier mal fünf Meter großen Erdbodengelaß abgespielt hat. Sie waren so entsetzlich arm, daß der Anblick wehtut! In diesem Loch hat die Kleine von ihrer unaussprechlich schönen Dame geträumt, die ihr achtzehnmal draußen in der kalten Grotte am Gave-Ufer erschien. Hätte ihre geschwätzige Freundin Abadie, die sie bei ihrer trancehaften Verzückung beobachtete, die Geschichte nicht gleich herausposaunt, wäre davon nichts an die Öffentlichkeit gedrungen. Oder da ist die ehemalige Mühle von Boly, in der Bernadette zur Welt kam, als es noch besser ging; da ist das ›Hôpital Bernadette‹, in dem sie bei den ›Sœurs de la Charité‹ den Unterricht besuchte und eine herzlich schlechte Schülerin war.

Sie wandern durch die hügelige Stadt und entrüsten sich durchaus nicht wie die Schöngeister über die Bündel von Rosenkränzen in den Devotionalienläden und nicht einmal über die Plastikflaschen in Form der Madonnenstatue, die es wirklich wert wären. Warum? Man kann darin das Quellwasser mit nach Hause nehmen, ohne daß etwas zerbricht, und hat das Jungfrauenbild obendrein. Manche, die sich nicht genug tun können, wandern noch einmal zum Kalvarienberg hinan oder fahren mit dem Lift am Ende der Rue Bondidier zum Château-Fort auf dem Felsklotz inmitten der Stadt empor, in dem es ein herrliches Pyrenäenmuseum gibt. Aber viel schöner bleibt, daß man so weit, so tief hinabschauen kann auf Lourdes, das längst nicht mehr das trübe Nest der bleigrauen Dächer »unterhalb der Straße« ist, das Hippolyte Taine 1855 noch sah, sondern eine respektable Stadt, in der sich ein Hotel neben das andere drängt und drüben, jenseits des Gave, die Cité religieuse mit den Basiliken halb unter den herrlichen Bäumen versteckt.

Endlich aber kehren sie alle zurück, denn es ist Abend geworden und für den Einbruch der Dunkelheit Lichterprozession angesetzt, bei der jeder eine Kerze mit der Windtüte in der Hand trägt. Zu Abertausenden formieren sie sich vor der Grotte, Italiener, Spanier, Flamen, eine Gruppe aus Bayern, was gerade da ist, hinter dem Namensschild ihres Landes, Rollstühle dazwischen, und ziehen als leuchtender Heerwurm unter der Rampe hinweg, an der Jungfrauenstatue vorbei in die Dunkelheit der doppelläufigen Prozessionsstraße bis zum Wendepunkt im Gave-Knie. Und nunmehr klingt es auf, das Lied von Lourdes, mit seinen zahllosen Strophen, das der Abbé Gaignet aus der Vendée 1874 erdacht und komponiert hat. Es ist vollkommen naiv und von ganz einfacher Melodie. Aber es packt jeden so an, daß er den ganzen Abend davon nicht loskommt.

»*Sur cette colline*
Marie apparut
Au front qu'elle incline
Rendons le salut ...«,

worauf wie ein dreifacher Hornruf, dann lang hinschleifend der Refrain ertönt:

»*Avé – avé*
Avé – Mariá!«,

und endlich noch einmal dasselbe.

Schon nähert sich die Spitze des Zuges wieder den Basiliken. Die Augen der Menschen schimmern; jedermann rieselt es über den Rücken. Massensuggestion hat es Tucholsky genannt, aber es ist etwas ganz anderes. Man fühlt, wie man durch dieses Lied, diese hinreißende Stunde eines geworden ist mit den Nebenleuten, nein, mit der ganzen Christenheit. Bereits ziehen die Vordersten die Rampen hinauf, bis alles von Lichtern gesäumt, der Platz von Lichtern erfüllt ist, und endlich aus abertausend Kehlen das große Credo in den Nachthimmel steigt.

Ein Tag in Lourdes. Morgen früh werden sie sich, sofern ein besonderes Fest gefeiert wird, zur Messe in der unterirdischen Basilika Pius X einfinden, die sich unter dem Rasen neben dem Prozessionsweg hinzieht und zwanzigtausend Menschen faßt ...

Ich habe auch jene besucht, die das alles als vierzehnjähriges Mädchen zum Leben erweckt hat und über diesen Nachhall ihrer ›apparitions‹ erschrocken wäre. Jene Bernadette Soubirous, die später als Ordensfrau im Konvent Saint-Gildard in Nevers lebte und mit fünfunddreißig Jahren an einem Krebsleiden starb. Dort liegt sie im Glassarg der Klosterkapelle aufgebahrt, wie man sie nach jahrzehntelanger Grabesruhe unversehrt aus der Erde barg. In ihrem Nonnenhabit, kindhaft, mit einem zarten, kleinen Gesicht, als schliefe sie.

Ach, unvergeßlicher Franz Werfel, man muß es lesen, dein Buch ›Das Lied der Bernadette‹, das du, der Jude, 1940 auf der Flucht vor der deutschen Besatzung in Lourdes während einiger Wochen angstvollen Abwartens zu schreiben gelobtest und konzipiertest, um es nach deinem Entkommen in Los Angeles zu Papier zu bringen. Es steht alles darin, wie es kein anderer zu sagen vermöchte, was sich im Winter 1858 in Lourdes und hernach in Nevers und Rom begab, als man die Müllerstochter heiligsprach. »Ein Lied« nanntest du es. Das ist es geblieben, eines, das Wirklichkeit wurde und die ganze Welt durchhallt.

Der Aufstieg zum Port de Boucharo

Am Abend, als alles vorüber war, saßen wir, um ein Inselchen der Besinnung bemüht, vor der Brasserie des Hotels und ließen die Stimmen der Heimkehrenden an uns vorüberziehen. Sie hatten einander so viel zu sagen; es klang wie das leise Fortrauschen eines von langem Aufwallen nachbebenden Meeres. Daß wir alle inmitten der Zeit, die wir Gegenwart nennen, nur Getriebene sind und niemals anlangen, hat mich selten so angerührt, wie an diesem Abend in dieser Stadt, in der sich die meisten am Ziel glaubten. Sobald ich die Augen schloß, sah ich meine Jacquaires vor mir, die auf der Suche nach einer Bleibe für die Nacht hindurchzogen, um nach kurzer Sammlung der Kraft wieder hinauszuwandern nach Westen, doch auch nach Süden.

Denn abermals zweigt in Lourdes einer der ›chemins secondairs‹ ab, wie an der Tolosana so oft, einerlei ob von der oberen, der klassischen Route von Toulouse nach Auch und

Oloron zum Somport oder jener am Fuß des Gebirges entlang, der wir zur Stunde folgten. Zwischenwege gab es allenthalben; sie durchquerten die Gascogne und das Béarn gleich Harfensaiten. Die Pyrenäen besaßen für die Jacquaires eine magische Anziehungskraft, als hätten sie es nicht erwarten können, auf die andere Seite zu kommen. Was lockte, was stachelte sie, nicht die gebahnteren Übergänge abzuwarten? Wo sich ein Flußtal nach Süden öffnete, bogen sie kurz entschlossen ab, einerlei welche Schwierigkeiten das Überqueren der Bergmauer brachte. Offenbarte sich in solcher Unbedenklichkeit vielleicht die gleiche Mentalität, die den Kreuzfahrer zu seinem Gelübde antrieb, niemals mehr heimkehren zu wollen, sondern sein Grab draußen, irgendwo in der Fremde zu suchen?

Zwar benutzten selbst Heere, Detachements oder ganze Armeen solche Übergänge, aber sie mochte ein militärischer Grund zur Eile treiben, wie einst König Peire II, als er über den Port de Venasque hinab nach Muret in den Tod ritt. Wir hatten das von Saint-Bertrand aus nachvollzogen: elfhundert Meter Höhenunterschied vom letzten Blick auf die Hänge der Maladetta bis zum Hospice de France bei knapp vier Kilometern Luftlinie an Distanz! Wenn auch die endlosen Kehren des Maultierpfades die Steile des Abstiegs ein wenig milderte und das trockene Wetter dem Weg seine gefährliche Glätte nahm. Aber handelten die Santiago-Wanderer, denen wir durch das Neste-Tal von La Barthe aus über Vieille-Aure – dort stand in der Kirche nicht grundlos eine Santiago-Figur ›en pèlerin‹! – nach Aragnouet und endlich Bielsa auf der spanischen Seite folgten, anders? Damals gab es noch nicht den Straßentunnel unter der Peña de Hercules hinweg, den wir schließlich voller Beschämung wählten, weil ich beim ersten Versuch, die Höhe zu queren, schon nach wenigen Minuten hilflos im Harsch des letzten Winterschnees steckenblieb.

Wann hätten sie anders als in so früher Jahreszeit wandern sollen, wollten sie rechtzeitig vor dem Wettereinbruch des Herbstes zurück sein? Sie mußten über den Port Vieux in 2438 Metern Höhe, und daß sie emporstiegen, steht außer Frage. Victor Allègre hat uns berichtet, was er selber an diesem Weg gefunden hat: »Patronymes, coquilles, statues«. Zudem, wo sich die Standorte der romanischen Kirchen in den Hochtälern häufen, sind allemal Pilger gezogen. Es ist, als hätten erst sie das Leben in diese Regionen gebracht, in denen vordem nur etliche Hirten und Gemsenjäger hausten. Natürlich mußten bereits früheste Besiedler, die Gallo-Römer, die Handelsleute der Antike, römische Militärtrupps, spätere Erobererhorden oder Flüchtlingstrecks wie Westgoten und Vasconen das Gebirge queren; die aber hielten sich an die großen Verbindungswege und überließen die Chemins secondairs denen, die sich im Lande auskannten.

Doch zurück nach Lourdes! Von hier führt eine Straße nach Süden durchs Tal des Gave du Pau, die sich anfangs wie ein Maienspaziergang ausnimmt, um nach drangvoller Verengung gegen den unersteiglich scheinenden Cirque de Gavarnie zu stoßen, in dem sich jeder Übergang in waghalsige Akrobatik verwandelt.

Ein junger Tag ist über dem Lavedan aufgestiegen, das sich im Tal von Argelès zu einem weiten Becken öffnet. Es liegt ein unsagbares Versprechen im Anblick. Auf den nördlichen Bergen hängt zarter Dunst, verhüllt noch die Kuppen; von den Höhen wallen Wiesenmatten, von Laub quellende Baumgruppen hinab, und zahllose kleine Bauwerke klimmen vom Grund in die Hänge, durch die abends die Lichter heimkehrender Fahrzeuge gleich Johanniskäfern schwärmen. Da aber der Zauber der Landschaft erst ganz erblüht, wenn sich das Erhabene mit dem Innigen mischt, ragen weit im Süden die Zinnen des Viscos, noch ferner der Pico de Vignemale, der von Balaïtous in elementarer Kraft empor.

Gott hat diesen wundervollen Landstrich nicht allein gelassen. In *Saint-Savin* auf der Landschwelle über dem Tal steht sein Altar im machtvollen Chor, von den Apsiden gleich Paladinen bewacht. Der Binnenraum ist ganz kurz, das Querhaus breit gelagert. Es kommt darauf an, daß sich die Augen zur Vierungskuppel erheben. Nichts darf leere Gebärde bleiben, und so wächst aus den Schultern nur ein gedrungener Achteckturm mit dem knappen Ansatz eines Daches, dem einzig ein Spitzkegel wie ein Löschhorn aufgesetzt ist. So haben die Benediktiner nach 1050 allenthalben im Béarn und Bigorre gebaut. Wer es genau erkennen will, muß die Pläne des untergegangenen Saint-Orens im Irady-Tal tief gegenüber studieren.

Auch Saint-Savin hat der Zeit Tribute gezahlt. Vom doppelstöckigen Kreuzgang sind nur noch etliche, im herrlichen Kapitelsaal gestapelte Kapitelle übrig, und doch blieb genug! Die tragenden Säulen der zwei kleinen Schiffe behäupten bleckende Masken, Vögel, Sterne, ungelenke Tierfiguren aus verschollener Frühe, eher Rätselbilder als Kunst. Der Träger des Weihwasserbeckens mit dem vorgelegten Cagot, wie man die Nachkommen der Leprösen nannte, mahnt er nicht zu allumfassendem Erbarmen? Schließlich die maurischen Lappenbögen an zwei Türmen zum Glockenturm und hinten im Schiff – berichten sie nicht, daß Steinmetzen durchzogen, die von der großen Wanderschaft heimwärts kehrten? Das alles ist lange her, so lange wie jene Zeit zurückliegt, als drüben im rostigen Ruinengemäuer von Beaucens am jenseitigen Talgrund, in dem heute ein Falkner die Raubvögel des Landes vorführt, die Vizegrafen des Lavedan hausten. Die Herren jenes kleinwüchsigen, leicht braunhäutigen Volksschlages mit dem suchend-sehnsüchtigen, fast brennenden Blick, den auch Bernadette Soubirous noch besaß.

Bald aber verengt sich das Tal zur Schlucht, weitet sich nur noch einmal, um *Luz* mit den hoch von Mauern und Zinnen umgürteten Templerkirchlein und seinen Karreetürmen gleichsam nebenbei Raum zu gewähren. Denn den Ort überstrahlt noch immer der Glanz weißer Häuser aus der Zeit der Kaiserin Eugénie, die drüben in *Saint-Sauveur* die ›Station des Dames‹ besucht hat und Luz somit hoffähig machte. Aber sie gleichen keineswegs die graue Verkrustung der Not aus, welche die Felsen in der Umgebung erkennen lassen. Denn nun heben abermals die Schluchten an, während das Wasser wild und tosend neben der Straße herschießt.

Endlich zweigt nach heftig steigender Kehre in Gèdre das Sträßlein zum Cirque de Troumouse ab, und bald ist *Gavarnie* da, eine Karawanserei von Gasthäusern, Ställen und

Parkplätzen heute, die sich nach Süden in den Cirque, den ungeheuren, von Felswänden umragten Kessel vorschieben. Siebzehnhundert Meter ragen die Grate über dem Talgrund auf, schwer emporgeworfen oder in Querbändern und Sokkeln abgetreppt, ein Stein gewordenes Drama der Erdgeschichte, das erst der endlose Absturz des Wasserfalles inmitten erfaßbar macht. Hoch im zackig säumenden Rand eine tiefe Kerbe. Dort hat der Sage nach Roland sein Schwert in den Kamm des Abgrunds geschlagen. Am Boden des Kessels werfen sich Hügel auf, zerfaserte Wälder fließen von den Geröllhalden zu Tal, und auf verzweigten Wegen trotten heute die Mulis und Gäule der Touristenkavalkaden bis zum Sockel der Wände.

Wahrscheinlich haben die Pilger bei ihrer Ankunft einander ratlos angesehen: wo sollte es weitergehen? Und da es Abend war, schauten sie vielleicht zuerst nach einer Bleibe aus, um sodann, gleich uns, zum Kirchlein zu wandern, einem bescheidenen Gotteshaus, grau wie das meiste und früher von der Priorei der Hospitaliter-Ritter beschirmt. In der Kapelle ›Zum guten Überweg‹ links vom Hauptaltar stehen zwei kleine Figuren von Santiago-Wanderern zu seiten von Notre-Dame-du-Bon-Port, die eine Pilgerkalebasse in der Hand trägt; da wußten sie endlich Bescheid, daß sie sich auf der richtigen Route befanden und sanken ins Knie. Was sie angesichts ihrer Betroffenheit über dieses Gebirge erflehten, ist unschwer zu erraten.

Der nächste Morgen: sie sind früh auf den Beinen. Diesmal lacht keiner, wie sonst üblich. Sie wissen nun, wo sie hinanklimmen müssen, rund zweihundert Meter zurück, dann links ins Vallée des Espécières jenseits des Steilhangs des Pic de Mourgat hinein.

In den Abgrund von Gavarnie kann man von dort, wo heute eine Mautstraße in über zwanzig Kehren hinan zum Port de Boucharo in Höhe von 2270 Metern führt, nicht hinüberblicken. Es mag sie erleichtert haben. Dann steigen sie wie gewohnt in gemessenem Schritt, vorüber an der Kapelle von Notre-Dame-des-Neiges, auf. Plötzlich aber umhüllt sie, wie mich einst in Bielsa unter lachender Sonne der Winterschnee, der Schwaden, für den Gavarnie berüchtigt ist; aus ihm beginnt es zu regnen, klatschender Schnee wird daraus. Wer zurückschaut, kann unter sich das Kirchlein von Bareilles schon nicht mehr erkennen. Die steilen Serpentinen, die sie zum Keuchen bringen, holen weit nach Norden und Süden aus; manchmal scheint es, als schiebe sich der obere Rand einer Kehre genau über die untere. Der Weg ist nicht befestigt wie heute und schon gar nicht geschottert.

Gelegentlich klaffen Abbruchstellen darin, an denen sie einander die Hände reichen müssen, und doch rutscht einer jählings ab; sie können ihn eben noch fassen. Ach, ein Seil wäre zu brauchen, aber wenigstens bewährt sich ihr Stock! Als sie endlich in einer lang auslaufenden Geraden oben anlangen, muß es Mittag sein. Wolken, die nur gelegentlich aufreißen, rauchen über die Höhe. Voraus im Vordergrund verstellen die Klippen der ›Sarradets‹ den Blick auf die Brèche de Roland; doch dahin wagt sich ohnehin niemand. Drüben ragt der Marboré noch tausend Meter höher empor; unter dem Gletscher an seinem Fuß strömt die Kaskade hernieder …

Allein, was kann ihnen das alles helfen, was bedeuten? Sie kauern nieder, wo ein Stein vor dem eisigen Luftstrom Schutz bietet und starren auf das arg mitgenommene Schuhwerk, und jetzt erst, am Rande der äußersten Erschöpfung, überfällt sie tiefes Erschrecken. Etwas, das sie gleichzeitig lähmt, halb Ohnmacht, halb Schwindel, zieht sie unwiderstehlich dem Bodenlosen zu. Wo gibt es Halt, wo Sicherheit, und wie furchtbar muß Gott sein, der in dieser Leere wohnt? Die Erhabenheit der Natur? Sie wissen noch nichts davon, hocken wie Statuen, um sich nur nicht rühren zu müssen.

Bis einer beim Aufreißen des Schwadens endlich tief, tief unten am steilen Südhang etwas erkennt, einen fadendünnen Wasserlauf, daran ihr nächstes Ziel, das Kapellchen San Nicolás. Es gibt einen Ausweg! jubelt es in ihm. Und nun kehrt das Leben in alle zurück. Mit unendlicher Vorsicht klimmen sie über die Ränder abwärts, erreichen nach Stunden das Ara-Tal, dann den Ort Toria. Morgen abend werden sie in Jaca sein, merkt einer tröstend an. Oh gewiß, aber im erleichterten Auflachen klingt ein Erbeben mit, das sie noch im Traum nicht losläßt.

Wir freilich kehrten noch einmal zurück über Lourdes, um auf dem Hauptweg weiterzuziehen nach *Saint-Pé-de-Bigorre,* einst eine große Abtei mit zwei Kirchen, Saint-Pierre-et-Paul und Notre-Dame-des-Miracles genannt, seit 900 Ziel einer Wallfahrt. Nach den Religionskriegen stand davon nichts mehr als ein romanischer Turm und ein nachgebautes Schiff, diesmal Saint-Pierre-et-Notre-Dame geheißen. Als Entschädigung für die entzogene Patronanz heftete man der Paulusfigur Pilgermuscheln an. Saint-Pé war ohnehin längst eine der bedeutendsten Etappen des Weges geworden, in der es alles für die Wanderschaft gab, was das bitterarme Lourdes nicht bieten konnte.

Es war selbst für uns ein schwerer Tag, und ich habe es tief genossen, abends vor der Stadtmauer zu sitzen und ins Tälchen zu blicken, durch das die Bahn von Lourdes nach Pau bummelte. Wie vertraut konnte die Erde sein! Gegenüber wuchsen die Vorberge als eine eng geschlossene Mauer direkt aus dem Wiesengrund. Keineswegs abweisend, vielmehr besaßen sie etwas von einer gutmütig hingelagerten Elefantenherde. Die Wolken schwammen zutraulich aus der Ebene heran und legten sich hoch in den schmalen Tälern schlafen, als sei dies ihr Ankerplatz. Eine nach der anderen. Offenbar waren auch sie rechtschaffen müde.

In den Tälern von Ossau

Doch das Überqueren des Gebirges vermochte auch eine andere Empfindung als Schrecken auszulösen: das Hochgefühl einsamer Überwindung. Auf dem Weg von Saint-Pé zum Col des Moines, dem letzten der Nebenrouten vor dem Somport, ließ es sich lernen. Es war ein Tag wie geschaffen zum Unterwegssein, frisch und durchsonnt, und am liebsten liehe ich mir die Anfangsworte von Jammes' ›Hasenroman‹ aus: »In dem Thymian und dem Tau des Fabeldichters.« Sie bezeichnen die Örtlichkeit haargenau. Längst lagen die Höhen von Bétharram, in denen ich vor Jahren einmal den Unterweltsfluß befuhr, längst das Kloster gleichen Namens, der Abzweig nach Westen bei Asson zurück. Zur Linken stand tintig die Bergmauer, die Hügel wallten grün vor uns her, und manchmal lugte uns aus den wogenden Feldern ein unternehmungslustiges Haus nach bis zum nächsten Waldrand, wo das Laub wieder über uns zusammenschlug. Es dauerte einige Zeit, bis die Augen etwas Neues entdeckten: *Mifaget* lag vor uns, einst ›Commanderie‹ oder Pilgerstation im Schoß der Buchenwälder am ›dritten vizegräflichen Weg‹ von Saint-Pé nach Ossau, um 1110 entstanden. Von ihm hat sich, wenn auch gotisch überfremdet, das Kirchlein Saint-Michel erhalten. Hochwürden im Haus gegenüber kam gleich mit dem Schlüssel, so schnell es die Beine zuließen, als wir das romanische Tympanon am Seitenportälchen mit dem flachen Lappenbogen studierten: ein Chrismon überfangen von ›angelots‹, kleinen Engeln, an beiden Seiten flankiert von hintübergebeugten Gauklern, die ihre Köpfe zwischen den Beinen durchsteckten.

Es war ein weißhaariger Herr, der in dem weit verstreuten Dorf nur noch auf Abruf saß, aber noch rüstig. Leider, er hatte es eilig, mußte zum Kommunionunterricht, aber seine Kirche sollten wir dennoch sehen können, das wäre noch schöner! Wußten wir, daß sie eine Krypta besaß, kreisrund, fast die einzige im gesamten Béarn, und darin einen Altar auf gedoppeltem Säulenfuß, aus dem abermals ein Engel hervorsah? Droben im sorgfältig gebohnerten Schiff gab es seltsam grobschlächtig gearbeitete Kapitelle an den Säulen im Chor, stilisierte Bäume und Schlangen. Darauf hatten schon die Augen der Pilger geruht, die von Santa Cristina kamen oder dahin wollten, dem Mifaget unterstand, merkte er nachdenklich an. Aber nun mußte er wirklich fort, ließ uns den Schlüssel da. Wir mochten ihn an seinem Haus auf die Fensterbank legen oder einfach steckenlassen; Kirchendiebe, von denen man soviel las, gab es bei ihm gottlob noch nicht. – Draußen auf den Wiesen genossen die Füllen das Glück ihrer jungen Beine, galoppierten neben den Stuten her und lernten, wie man es richtig macht.

Hinter Pé-de-Hourat ging es lange von einer Gebirgsmauer begleitet durch einen Grund. Weit und breit kein Mensch, bis sich endlich das Tal des Gave d'Ossau öffnete und wir nach Süden ins Gebirge abbiegen mußten. Im verwinkelten *Castet* mit dem Schloß hoch auf dem Berg watschelten Enten über die Straße zum breit hinströmenden Fluß. Dann hatte der Wald uns wieder, und manchmal konnte man die sonnenbeschienenen Matten unter den Graten des Pic du Moulle de Jaout sehen, der über zweitausend Meter ansteigt. Schon zeigte sich Laruns im zweiten Kessel, wo es zum Col d'Aubisque abgeht, hoch umragt. Auf den Bergsockeln überall verlorene Dörfchen. Die Straße verwandelte sich in eine Klamm, führte steil empor. Es mußte vor kurzem geregnet haben. Aus hohen Wänden sprühten Bäche ins Tiefe, spitze Felsnasen ragten in Dunst und Blau, bis *Eaux-Chaudes* mit seinen heißen Quellen auf überwaldeten Felsterrassen erschien, ein winziger Kurort, in dem die Kranken wie eingesperrt saßen. Die Straße zeigte sich in den Fels gehauen; da mußte es früher doch wenigstens einen Saumpfad gegeben haben. Freilich wo? Drüben am Pont d'Enfer, der Höllenbrücke?

Für einen Pfad war auf dem anderen Ufer kein Platz; die Welt hatte sich ins Phantastische verwandelt: Felswände, Steingepolter, bemooste Bäume, der Himmel nur noch ein blaues Brunnenloch. Aber die Frische der Luft nahm dem Ort alles Beklemmende. Der Gave schoß seitab durch mächtige, von den Höhen herabgestürzte Steinblöcke: kochend, strudelnd, in weißem Gischt. Buchs wuchs in mächtigen Büschen, und Efeu umschlang die Bäume bis hoch in die Wipfel. Eine Märchenwelt, über die voraus hoch der Pic de la Sagette aufragte, der sich im Augenblick mit dichten Schleiern umzog. Eine gute Stunde später sahen die Jacquaires *Gabas* vor sich liegen, genauer das Hôpital de la Miséricorde de Gabas, eine von Augustinern aus Candanchu betreute Pilgerherberge als Zuflucht und Raststation, die Gaston le Croisé von Béarn 1121 gegründet hatte. Unterstellt war sie gleich Aubrac einem Commandeur, von Brüdern und Schwestern, Donats und Donades, besorgt, nach denen sich der nahe Berg, der nahe Paß Col des Moines, dem der Mönche nannte.

Es ist davon nur eine Kapelle geblieben, ein uralter, von Kreuzgratgewölben überfangener Raum, von manchem Schicksal getroffen. Selbst bis hier waren die Horden der Religionskriege gedrungen, und in der Revolutionszeit mußte der kleine Bau als Scheune herhalten, bis 1815 der Curé von Laruns ihn seinem alten Zweck als Andachtsstätte zurückgab. Es war das erste Ereignis auf dieser Strecke: Raum, dem Zeugenschaft innewohnte wie dem Gimel von Saint-Guilhem-le-Désert. Winzige Farbfenster, vornehmlich blau und rot, erfüllen ihn mit durchscheinendem Leuchten. Man hat zum Gedächtnis seiner Bestimmung von einst ein hohes Kruzifix in Form eines Pilgerstabes darin aufgestellt und daneben die Figur eines kleinen, wandernden Jakobus. An einem Rundpfeilersockel hängt eine Tafel und sagt den Text dazu, eine ›Prière du Pèlerin de la Montagne‹, verfaßt von dem Kanoniker Volluz vom Hospice de Simplon, in dem die Verse vorkommen:

»Laß es geschehen, Herr, daß ich pilgere,
daß ich über die Höhen Dir entgegen steige,
die Bürde meines ganzen Lebens mit mir trage,
mit allen meinen Brüdern, mit der ganzen Schöpfung,
in kühnem Mut, Dich zu verehren.«

Ein wenig Stimmung vom ›Sonnengesang‹ des Franz von Assisi weht hindurch, aber wer findet gleich die richtigen Worte? Daher hatte der Schweizer Dichter ein bekräftigendes »Ainsi soit-il« darunter gesetzt.

Ein alter Traum, mit dessen Erfüllung durchaus nicht zu rechnen war, verwirklichte sich: in Pyrenäenhöhen greifbare Pilgerspuren! Denn nun ging es auf ihnen das Gebirgssträßchen zum *Lac de Bious* empor, dem schon die Jacquaires folgten. Tief rauschte das Wasser nebenher; wieder einmal wurde es steil, dann kam das Stauwehr des künstlichen Sees, wo einmal der Saumpfad verlief. Aber das Ankommen muß ganz ähnlich gewesen sein. Denn von hier führte der Weg wie einst weiter nach Westen, immer im Anblick eines der schönsten der Pyrenäenberge.

Um uns stand nach den Regengüssen ein wunderbarer, klarer Tag. Jedes Blatt, jeder Wipfel umflimmert von einer Lichtaureole. Der kleine Stausee lag, noch etwas abgemagert, da und ringsum hoben sich ernste, schwere Bergbuckel, unten waldig ummantelt, höher hinan von Schroffen durchbrochen. Über alles aber stieg, rauchblau bis violett und von weißen Wolkenfetzen umzogen, die gewaltig aufschießende Spitze des Pic du Midi d'Ossau, zu der man durch schimmerndes Laub und schwarz im Gegenlicht stehende, flechtenbehangene Stämme aufsah.

Eine verzauberte Welt! Früher, als die Pilger durchzogen, mag es eine gefährliche Wildnis gewesen sein. Noch heute gibt es in dieser ursprünglichen Natur Gemsen in Fülle, sogar einige Bären, Auerhahn, Marder und Wildkatze. Aber die Unberührtheit mag auch die Santiago-Wanderer mit dem wehrhaften Stock in der Hand bewegt haben. Es war kurz vor Mittag, warm und doch nicht heiß. Nach Norden schwangen sich Matten auf, überragt von felsigen Rippen. Ein Raubvogel kreiste einsam darüber. Fetzchen Schnee lagen noch in den graugrünen Höhen, die schon wieder des nächsten Winters zu warten schienen, und allenthalben gegenwärtig und sichtbar, jetzt dunkelviolett, umschwebt von rauchender Wolkenfeder, der Pic du Midi! Der vollkommene Friede des Hochgebirges und der Wildnis herrschte, während wir vorwärts zogen über ein Brücklein des Gave de Bious, dann einen beschwerlich steilen Weg hinan, von kaum übersteigbaren Felsbrocken verschüttet, in denen meine Frau nicht mehr weiter kam. Sie winkte herauf, würde warten. Droben öffnete sich eine grüne Hochfläche, und dies war das zweite Ereignis des Tages, sich auf sanftem Rasen im unermeßlichen Raum zu verlieren ...

Schon lagen voraus der Lac d'Ayous, der Pic des Moines greifbar nah, als mein Blick eher zufällig auf die Uhr fiel und mich erschrecken ließ. Mittag! Da mußte ich nolens volens zurück und konnte den Pilgern nur Gedanken nachsenden: drüben nach Santa Cristina auf spanischen Boden hinüber – es dürfte kaum Schwierigkeiten bereitet haben – hüben hinab nach Urdos im Aspe-Tal kurz vor dem Somport. Sie sind auf beiden Wegen gegangen.

Gewiß schwang ein heimlicher Schmerz mit. Gibt man denn gern kurz vor dem Ziele auf? Aber dann beschwichtigte es mich, daß die Höhe erreicht war, und zudem fand ich meine Frau im Steilweg hörbar aufatmend wieder. Sie hatte sich Sorgen über mein Ausbleiben gemacht, und so zogen wir beide dankbar zurück auf dem Wanderpfad übers

Brücklein bis dorthin, wo Eugen samt Wagen zwischen den silbrigen Stämmen der Bergtannen wartete. Auch er ein wenig kleinlauter als sonst. Es war ja ein erster Abschied vom Wege, denn es galt umzukehren nach Toulouse, um endlich der Hauptroute über Auch zu folgen.

Das Wirtshaus am Col d'Aspin

Wir haben für die Rückkehr nach Toulouse dann nicht die gleiche Talstraße benützt, auf der wir bis Saint-Pé vorgedrungen waren, sondern die Bergroute von Laruns nach Luchon über die vier berühmten Pässe zwischen Gave d'Ossau und Garonne, die dem Hauptkamm des Gebirges so nahe wie möglich bleiben. Die Umwege schienen uns als Lohn für bestandene Wandermühen angemessen. Es webt um die Pyrenäen ja jene geheimnisvolle Macht von etwas Unendlichem, das gleichzeitig anzieht wie abweist. Wer sie herausfordert – und wer erläge der Lockung nicht – wagt die Prankenschläge des Wetters, mag ihm die Leibesmühe heute auch abgenommen sein.

So ging es von Laruns im Ossau-Tal gleich die Serpentinen zum ersten der Cols, dem von Aubisque empor. Gewiß lockte das gleich manchem Pyrenäenbad aufs Altenteil geratene Eaux-Bonnes nur wenig, das hoch darüber ins Valentin-Tälchen gehorstete *Gourette,* ein Ort des Wintersports aus der Retorte, dafür um so mehr, weil es sich genau in die Steilhänge gegenüber dem Pic de Ger und der Pène Blanque bettet, in denen kein Grasfleck mehr wurzelt. Spät kamen wir an, fanden trotz der Jahreszeit sogar ein Hotel geöffnet und starrten nun gebannt vom Balkon hinaus. Abend im Gebirge! Das Licht wurde blau, das Grün der Matten, der wenigen Büsche am Fuß der ungeheuren Klippe golden. Noch erscholl das Gebimmel einer grasenden Kuhherde aus der Tiefe. Schon aber wuchsen die Schatten der Nacht. Nur hoch auf den Zinnen hielt das letzte, unvergleichliche Licht aus, bis eine unsichtbare Hand von unten darüber wischte und nun alles in ein Blau überging, das immer samtener, immer abgründiger wurde und die Sterne zum Aufglänzen brachte. Der Zauber der Pyrenäen: die großen Schauspiele Himmels und der Erde währen den ganzen Tag.

Schon am nächsten Morgen freilich trieb das Wetter seinen Schabernack. Noch schweifte der Blick hoch vom Col, einer der schönsten der Pyrenäen, vom Pène Médaa über das wuchtige Massiv der Gabizos bis zum anderen Pic du Midi, dem von Bigorre. Doch als der Wagen hinter der Höhe in den schwierig zu fahrenden Cirque de Litor einbog, umhüllte uns jäh ein Nebel, der nun noch einmal aufriß, als sich eben hoch aus dem Dunst ein riesiger Vogel mit gespreizten Schwungfedern in die Steilwand schwang und niederäugte. Was war das, ein Geier, ein Königsadler? Ich gestand meine Unkenntnis ein; Eugen, Fachmann in solchen Fragen, wiegte zweifelnd die Hand, doch schon hatte sich die drohende Himmelserscheinung wieder davongeschwungen, vielleicht, weil nunmehr aus dem Abgrund zur Linken der Schwaden in allzu dicken Ballen quoll.

Pyrenäenlaunen! Bis zum Tal von Argelès im Lavedan hielt das an, bis alles wie ein Spuk verflog. Friedlich sonnte sich *Saint-Savin* im Berghang; ein halbes Stündchen später bog der Tourmalet bereits von Luz-Saint-Sauveur ab, der uralte Überweg, den Menschen von Stande, wie noch Madame de Maintenon, früher nur mit der Tragesänfte passierten. Selbst Pilger mochten durchgewandert sein, die über Gavarnie weiter wollten, wenn ein Hochwasser ihren Saumpfad durch die Gorge de Luz südlich Saint-Savin versperrte; die Straße entstand erst im 19. Jahrhundert. Der Tourmalet-Paß, längst ein Trainingsdorado für Radrennfahrer, führt als endloses, breites Tal hinan, ausgenommen die Kehren um *Barèges,* dessen ›eaux d'arquebusades‹ seit alters Verwundete oder Verletzte kurierte.

Uns freilich nützte die heilsame Wirkung wenig, denn abermals begann der vertrackte Nebel zu rauchen, und droben am Col in über zweitausendeinhundert Metern Höhe habe ich meine letzte Hoffnung begraben, jemals auf dem sechs Kilometer lang ansteigenden Kammsträßlein den Pic du Midi de Bigorre, und sei es zu Fuß, zu erreichen. Wie oft war ich vergeblich hier oben gewesen! Aber man sah kaum die Hand vor Augen. Wer mag schon ins Leere hinausgehn?

Der Berg lehnte mich ab, er hatte für Maientouristen nichts übrig. Erst tief unten von Sainte-Marie-de-Campan im kargen Adour-Tal aus geisterte er eine Sekunde lang, jäh von der Sonne beleuchtet, als weiße Zackenspitze nebst Observatorium durch die Himmelsschwaden, hohnvoll, so schien es mir. Doch da hatten wir uns bereits für den anschließenden Col d'Aspin entschieden und taten gut daran. Denn im Hinanrollen wurde es merklich kälter, worauf wir uns in *Espiadet* kurz vor der Höhe zur Einkehr in einer Auberge am Weg entschlossen, hübsch anzusehen, ein stattlich hingelagerter Bau, in dem sich nun eine Art Burleske anspann.

Die enge Gaststube voll von Menschen, Kälteflüchtlingen gleich uns, die freilich nur einen wärmenden Schluck tranken und wieder verschwanden! Aber es ließ die Besorgnis wachsen, nicht mehr unterzukommen. Die Uhr zeigte halb sechs. Konnten wir bleiben, konnten wir essen? Madame mit einer behaarten Warze auf der Oberlippe, die jede Sprechbewegung mitmacht, begrüßte es mit Emphase. – Aber waren die Zimmer nicht zu kalt? – Man würde durchheizen im Abend, oh gewiß, doch der Landwein, den wir da tranken, war nichts für uns. Im Keller hatte sie etwas Besseres liegen, kam bereits zum Vorschein damit, was wiederum unseren Argwohn stachelte. Unter den Zimmern droben mochten wir nach Belieben wählen, sie lagen alle nach links heraus. »Alles frei, Monsieur«, sagte sie etwas kläglich.

In der Tat, sie führten auf einen Galeriegang, den Wäschedrähte überspannten. Offenbar hatte hier in Jahren keiner gewohnt. Als wir uns, Anne und ich, für einen Raum mit zwei majestätischen Doppelbetten entschieden – nach Frauenart hatte sie sofort die Tagesdecke gelüftet, aber die Wäsche war sauber – kam beim Aufziehen des Vorhangs gleich die Stange mit der Gardine herunter. Einerlei, so würden wir mit gerefften Segeln ins Traumland fahren. Doch als beim Andrehen der Heizkörper halb aus der Wand fiel, der Kleiderschrank beim ersten Öffnungsversuch nicht länger zurückstehen mochte und den geschnitzten Aufsatz aus Großvätertagen abschüttelte, sahen wir uns bedenklich an. Aber dann meldete das Kofferradio, daß der Tourmalet wegen Schneefalls gesperrt werden mußte; auch vor unserm

Fenster wirbelten plötzlich Schneeflocken durch die Luft. Worauf uns der Galgenhumor überkam und wir ins Lachen gerieten. Eugen hüben, ich drüben, stellten wir uns auf den Gang, zupften an den Wäschedrähten und erfanden Stegreifcouplets: »Nang, nang, nang, die Straßenbahn macht dang«, bis wir lachend zum Essen hinunterstiegen.

Madame, schon bei Jahren, hatte Verstärkung herantelefoniert, eine Tochter aus dem nahen Payolle. Wir fröstelten im großen Speisesaal vor uns hin. Dann freilich folgte eine Überraschung der andern. Der Heizkörper unter meiner Hand erwärmte sich; auf dem Tisch schob sich eine Platte mit kunstvoll angerichteten Hors d'œuvres hin, nun ein Brett mit riesigen Würsten; mochten wir essen, soviel wir wollten, munterte die Hilfsperson auf. Man hörte Monsieur mit Ächzlauten hinter dem dunklen Küchenloch hantieren. Es kam der Braten, war vom Feinsten, dann Käse, ein riesiger Holzteller voll, zum Abschluß ein ganzer Rodonkuchen, während schon wieder eine neue Flasche auf dem Tisch stand. Wir sahen es staunend, dachten an die Rechnung und dankten so souverän wie möglich. Seltsamer Abend in der Einsamkeit der Berge! Es reimte sich nichts zusammen. Droben zogen wir noch den Notvorrat aus der Tasche – ein letztes Glas Wein gegen die Nachtkälte konnte nicht schaden – lagerten malerisch im Zimmer und stießen gehobener Stimmung mit den Gläsern an, bis das Bett, das meiner Frau als Lager diente, mit Krachen und Spleißen auf dem linken Hinterfuß zusammensackte ...

Die kalligraphische ›facture‹ des nächsten Morgens erschien anfangs astronomisch; doch erwies sich, daß man noch in der alten Valuta rechnete. Madame bedankte sich mit zeremoniöser Verbeugung, ergriff plötzlich meine Hand und schüttelte sie. Jetzt erst verstand ich. Heutigen Tages fuhren die Leute mit ihren schnellen Wagen alle ins Tal zurück; ihr Lebenstraum vom Feinschmeckerlokal in den Bergen war zerstoben. Da hatte unsere Einkehr ihnen ein Stück Selbstvertrauen zurückgeschenkt. »Du wirst sehen, Jean, es wird doch noch was. Es spricht sich herum«, hörte ich sie in Gedanken sagen, aber dann übertönte das alberne »Nang, nang, nang, die Straßenbahn macht dang« vom

ATORIBVS

36 *Lourdes, Kapelle der hl. Bernadette: Detail des Mosaikschmucks an der Rückwand des Altars, der der berühmten Bernadette Soubirous gewidmet ist.*

37 *Die obere Basilika (der Unbefleckten Empfängnis) in Lourdes, 1862–70 im neugotischen Stil errichtet.*

Vorabend bereits ihre beschwörende Stimme. Wir rollten empor zum Col, erst am großen Marmorbruch vorüber, nun durch den singenden Bergwald, in dem die Flechten an den Zweigen der Tannen wehten. Von Schnee keine Spur mehr. Bis wir plötzlich oben waren und der Blick sich in die unermeßliche Weite des Neste-Tales öffnete. Auch die Pyrenäen taten ihr Bestes. Ab und an wischte ein Sonnenfinger über die heroische Felsmauer gegenüber, fern, fern lagen überglänzte Schneekuppen, Lichtbündel meißelten Ort nach Ort aus dem Grund der unendlichen Farbnuancen, in den die Straße in unerhörten Kehren hinabglitt, um hinter Arreau unverzüglich zum Peyresourde hinan zu steigen. Und zum letzten Mal zeigte sich, königlich nebeneinander gereiht, die Front der Dreitausender bis zum Pico de Aneto in der Maladetta-Gruppe, die der Pyrenäenlandschaft soviel Spirituelles verleihen.

Es sollte offenbar ein Hinweis sein. Denn nun folgten hinter der letzten Höhe die Bergnester einander in Richtung Luchon; unter ihnen *Saint-Aventin* mit der wunderbaren Kirche links hoch über der Straße. Da rann der Pyrenäengeist noch einmal ganz dicht in einem Bauwerk zusammen: die stolzen, edlen Türme des Gotteshauses mit den festlichen Arkadendurchbrüchen; das dreischiffige Innere mit den jüngst freigelegten, kaum mehr lesbaren Malereien, sehr hoch gezogen; der Chor mit kostbarem Spiralgitter verschlossen. Noch einmal trat jene, dem heroischen Empfinden der Frühe entsprungene Mentalität der Gebirgler zutage, die an den Übergängen ins Sarazenenland Wache hielten. War der heilige Aventin nicht maurischer Mordlust zum Opfer gefallen, dessen Grabstätte ein Stier wunderbarlich wiederentdeckte, damit die Reliquien in Winterkälte und Sommerglut den Segen von oben als hilfreichen Beistand auf den Ort der Bewährung lenkten? Wieviel Rätselhaftes, über die Grenzen hin Verbindendes mischte sich nicht darein! Das uralte Weihwasserbecken mit dem Lamm und dem Lappenbogen im Grund; die der Wand tief eingesenkten, namenlosen Totensteine; die einer ungelenken Hand entstammende Madonna mit der Jesaias-Umschrift nach tolosanischem Muster; die scharfe Meißelschrift des Tympanons ...

Wenig später rollten wir in *Luchon* ein, wo die Badegäste eben erst ihre Morgenrunde machten, um in Toulouse anzurufen – ja, unsere Zimmer im Hotel bei Saint-Sernin standen bereit – und dann auf dem Weg König Peires nach Norden hinaus zu fahren. Vorüber an Saint-Béat mit dem Marmorbruch seitab, Saint-Bertrand-de-Comminges zur Linken, Saint-Gaudens, Muret schweren Angedenkens, bis endlich die Hauptstadt vor uns lag, von der wir schon morgen zur letzten, der allerletzten Route des Pilgerweges aufbrechen wollten.

IN DER GASCOGNE

Tage der Bewährung

Wer von Toulouse auf dem Hauptweg der Tolosana nach Westen zieht, gelangt schon nach dreieinhalbstündigem Marsch hinter Léguevin, ohne es freilich zu merken, in ein anderes Land, die Gascogne.

Es ist jener ursprünglich von Iberern besiedelte Raum, den die Garonne, der Pyrenäenkamm und der Küstensaum des Atlantiks begrenzen. Dasselbe Gebiet, dem die Römer zur Unterscheidung von ihren übrigen aquitanischen Eroberungen zwischen Loire, Rhône und Gebirge den Namen einer Aquitania Novempopulana, eines Neunvölkergebietes verliehen. Ein Schicksals-, ein Durchzugsland. In ihm liegen die Pyrenäenübergänge nach Spanien, denen die Eroberer aus dem Norden folgten: die Alanen und Vandalen, die 409 die alte Hauptstadt der Novempopulana, Eauze, zerstörten, endlich die Westgoten, die es ihrem knapp einhundert Jahre währenden Königreich Aquitanien mit der Hauptstadt Toulouse einverleibten, ehe sie dem Ansturm des Frankenkönigs Chlodwig wichen.

Es behielt seine Bezeichnung nicht lange, die ohnehin nach der Arroganz von Kolonialherren klang. Denn unterdessen hatten sich in erstaunlicher Gegenbewegung zum westgotischen Abzug in dem eben verlassenen Gebiet Einwanderer vom mittleren Ebro angesiedelt, Vasconen geheißen, die ihm zu dem Namen einer Gascogne verhalfen; eine lebenstüchtige Rasse überdies, die den Iberern manche Blutesauffrischung brachte. Nur auf eines verstanden sie sich wenig. Sie verfügten nicht über die Unbedenklichkeit von Staatengründern, wenn auch ein Herzog Eudes von der Gascogne um 720 das Aquitanien des Augustus noch einmal wiederherstellte. Zwölf Jahre später geriet er in eine verzweifelte Lage und rief seinen fränkischen Nachbarn, Karl Martell, um Hilfe gegen den Angriff der Sarazenen an; Martells Sieg war so vollkommen, daß er den maurischen Feind bis weit nach Süden verfolgte, und er fand dieses, des Eudes Land so schön, daß er nicht mehr ging. Eudes' Enkel, Herzog Waïfre, fiel denn auch, wie in ›Aquitanien‹ berichtet, nach verzweifeltem Aufbegehren von der Hand eines gedungenen Mörders.

Ungefähr blieb die Lage der Gascogne immer so, ob in der karolingischen Zeit oder während der über einhundertvierzig Jahre andauernden normannischen Einfälle. Auch ein zweiter Versuch, zu einer staatlichen Identität zu gelangen, schlug fehl, endete mit der Zerstückelung des Landes in Feudalherrschaften. Bis der bordelaisische Teil samt dem Führungsanspruch Mitte des 11. Jahrhunderts durch Erbschaft an die Grafen von Poitiers fiel, seither aquitanische Herzöge, die wiederum durch Aliénors von Aquitanien zweite Heirat von 1152 ihr Erbe an die Plantagenets und damit an die englische Krone weitergaben. Erst nach jahrhundertelangem, blutigem Ringen gelang es den Capetingern, auch sie im Grund Usurpatoren, die zerfallende britische Dynastie vom Festland zu verdrängen.

Und die anderen Bestandteile der Gascogne? Armagnac erlosch mit dem Tod des Grafen Jean V. Das Béarn hingegen, längst nicht mehr von angestammten Herren regiert, sondern durch eine Familie von Grundbesitzern namens Labrit aus den Landes, die sich d'Albret bezeichneten und mit Navarra versippte. Sie sollte endlich mit dem berühmten Vert Galant, Henri Quatre, den französischen Thron übernehmen, bis ihn der Dolch Ravaillacs traf. Erst 1622 hält Louis XII von Frankreich Gascogne völlig in der Hand, und Richelieu kann beginnen, letztes Zeichen politischer Eingliederung, die Bastionen im Lande zu schleifen.

So in verwirrenden, gleichwohl viel zu dürren Zusammenhängen zweitausend Jahre gasconischer Geschichte, die dem Namen des Landes zwar niemals zu staatspolitischer Bedeutung verhalf, aber sich wie eine Ballade liest. Und doch blieb eines unzerstörbar, die innere Substanz der Bevölkerung, deren Zusammensetzung uns manche Rätsel aufgibt. Sie hat Frankreich bedeutende Menschen geschenkt, zwar weniger in der Kunst, dafür aber erfinderische und realistische Männer der Tat, große Soldaten, Rechtsgelehrte, Diplomaten und Höflinge sowie geistvolle, oder überschäumende Gestalten wie Artagnan, den ersten der ›Drei Musketiere‹ aus dem Roman des Alexandre Dumas, mit wahrem Namen Charles de Batz vom Château de Castelmore geheißen.

Die Gascogne war schon seit dem 11. Jahrhundert ein aufblühendes Land. Unverzüglich ging man nach dem Erlöschen der Normannengefahr um 1000 daran, die leergeplünderten Gebiete durch Abteien neu zu besiedeln; um sie wuchsen die Bauerndörfer. Zerstörte Städte wie Oloron, Lescar, Saint-Bertrand, Nogaro, La Réole, Saint-Sever und viele andere entstanden aus der Asche. Die Anlage von Sauvetés, die jedem Asyl gewährten, der Gottesfriede, der den notorischen Hader, die Raubzüge des Kleinadels beendete, steigerten die Wohlfahrt. Äcker, Weinhänge, Fruchtgärten dehnten sich an der Stelle von Wäldern und Sümpfen. Vereinbarungen regelten die Zuweisung von Weideland für die Sömmerung und den herbstlichen Abtrieb von Horn- und Wollvieh. Garonne und Adour sowie die verschiedenen Gaves deichte man ein, mehrte somit den Fischbestand. Kurz, ein Zeitalter des Auflebens hob an, zu dem weitgehend die Pilgerstraßen nach Compostela beitrugen.

Sämtliche vier Hauptrouten samt ihrem Netz von Nebenwegen zogen ja durch das Land, an denen Hospitäler, Commanderien und Kapellen entstanden. Was aber vielleicht noch wichtiger war, sie brachten einen wachsenden Handel, aber auch den Austausch von Handwerkern aller Art mit Aragon, Navarra und nicht zuletzt, wie uns manches Kunstwerk, manche Architektur erkennen lassen, mit dem nördlichen Frankreich mit sich. Denn ein Durchzugsland war und blieb die Gascogne, mochten auch reißende Flüsse oder der Pyrenäenwall die Verbindungen in einem kaum vorstellbaren Maß erschweren. Der Mensch des Mittelalters hat dies wie immer mit dem einfachsten Mittel, das es gab, bewältigt, mit seinen Füßen.

Wer das Punkt um Punkt nachvollzieht, es muß nicht

einmal stets zu Fuß sein, spürt erst, was dahinter steckt. Wieder nahm ich Damonte, will sagen, die Aufzeichnungen des unbekannten italienischen Pilgers von 1477 zu Hilfe, der die Tolosana von Ort zu Ort registriert und manchmal sogar ein wenig kommentiert hat, wenn auch mit recht stereotypen Bemerkungen. Die Karte von 1648 bezeichnete den Weg allzu kursorisch. Da erwies sich recht bald, daß dies eine für die Epoche verblüffend dicht mit Gast- und Rasthäusern gesäumte Strecke war, was immerhin den Rückschluß auf die Notwendigkeit und dazu eine große Anzahl von Pilgern gestattet.

Gewiß hat es die Route nicht leichter gemacht. Eine Woche waren sie nach meiner Rechnung auf dieser Straße von Toulouse bis zum Gebirgsfuß in Oloron-Sainte-Marie unterwegs. Eine Woche durch Hügelland, unaufhörlich hangauf, hangab, sofern sie täglich vierzig Kilometer hinter sich brachten. Die Sommertage der Gascogne sind heiß und trokken. Mittags mußten sie von elf Uhr ab rasten, wie es die Leute des Südens noch heute halten, um erst nach dem Abklingen der Glut wieder aufzubrechen. Es war durchaus keine Strecke, die ein Höchstmaß an Anstrengung forderte, aber durch die Monotonie unendlich wiederholter Bilder erschöpfte. Es läßt sich denken, daß ein zur Aufmunterung angestimmtes Lied sofort wieder erstarb, die Gebete, die Litaneien und Anrufungen matter und schaler klangen; daß die Hitzeschleier sich immer dichter vor ihre Augen senkten, die der rinnende Schweiß ohnehin verklebte; daß Reizbarkeit aufkam, böse Worte flogen und man eine Viertelstunde in stummer Erbitterung nebeneinander herzog, bis man sich plötzlich seines Auftrags erinnerte und dem andern beschämt die Hand hinhielt. Aber noch schlimmer war es, wenn sie jene nur allzu verständliche Verzagtheit überkam, die hinter jeder andauernden Überforderung lauert, und jemand nach der Rast nicht mehr weiter wollte, ›ich gebe auf‹ dachte und sich endlich doch bezwang, um am Abend glücklich über die schweigsame Selbstüberwindung zu sein.

Es war der Punkt, um den es im Grunde ging. Man vermag die Motive zur Santiago-Fahrt wie jeder anderen Pilgerschaft zwar aus der Antike abzuleiten, wie es Pierre André

Ségal in seinem ausgezeichneten Buch ›Les marcheurs de Dieu‹ getan hat, und auf biblische Vorbilder verweisen, auf Abraham, der seine Heimat um des verheißenen Landes willen verließ, oder den jüdischen Exodus. Man vermag darin eine Annäherung an monastische Ideale zu erkennen, denn sie bedeutete in der Tat ein freiwilliges Exil unter dem Gebot der Askese, anders gesagt, einen Bruch mit der Welt. Man kann darin sogar die Absicht erkennen, die Selbstaufopferung der Glaubensmärtyrer nachzuvollziehen. Aber das bleiben im Grunde akademische Fragen.

Gleichgültig, ob es dem Pilger um Devotion an sich oder Ablaß, um die Erfüllung eines Gelübdes, eine Heilung, Sühne für eine Missetat ging oder am Ende gar wie dem Kreuzritter, der nicht wiederzukehren gelobte, darum, an heiliger Stätte zu sterben. Eine Mentalität, die in der testamentarischen Verfügung mancher Wanderer der Tolosana nachklingt, im Fall des Abscheidens an Ort und Stelle begraben zu werden. Natürlich, wo denn anders?

Aber man mißt den Mönch nicht nach seiner Regel, sondern nach ihrer Erfüllung. Bei der Santiago-Fahrt, die Körper wie Geist gleichzeitig forderte, blieb der Weg nicht weniger wichtig als das Ziel. Er war ein Exerzitium, das durch asketische Wandlung zur Überhöhung des Daseins führte, und gerade dazu bot die Strecke von Toulouse nach Oloron Gelegenheit. Nicht Berge, nicht Abenteuer vermittelten dem Pilger auf dieser Route die innere Erfahrung, sondern die Monotonie der Tage.

Über der Straße liegt die brütende Hitze der sommerlichen Gascogne. Schon haben sie hinter Léguevin die Kehre von Pujaudran am Ausläufer des Waldes von Bouconne erreicht und wandern nun durch den Save-Grund nach *l'Isle-Jourdain.*

Das ist derzeit nach Damontes Gewährsmann ein »bello chastello«, in dem es »molto buone hosterie« gibt. Heute erinnert in dem trostlosen, lärmenden Ort nur noch die von Lombez kommende Straße Saint-Jacques und die alte Figur des Wegeheiligen im Spital an die heroischen Pilgertage. Schon wollen sie weiter, wandern direkt auf Garbic abseits der gegenwärtigen Chaussee zu, dem alten ›cami roumieu‹

nach. Um sie nichts als die flimmernde, wogende Weite von Ödland, mageren Wiesen, Feldern und Weinäckern. Vier erschöpfende Stunden brauchen sie noch bis zum Tagesziel, dem spindelförmig angelegten *Gimont* über dem weiten Bachgrund. Unter dem hohen Rippengewölbe von Saint-Justin mit der Rochusfigur finden sie erste Kühlung. Als sie indessen aufstehen wollen, dreht es sich in den Köpfen, versagen die Beine; taumelnd stützen sie einander bis zum nahen Quartier. Ein Gewaltmarsch liegt hinter ihnen, zu dem sie sich noch in Toulouse entschlossen hatten, um am folgenden Tag Zeit für Auch zu finden. Sie denken nicht mehr an das Essen, verlangen nur noch nach einem kühlen Trunk. Dann lassen sie sich auf die Strohschütte fallen, sinken sofort in traumlosen Schlaf.

Sie sind ohnehin an das enge Lager gewöhnt wie jeder im Mittelalter, an das Schnarchen des Nebenmannes, an die stickige Luft der Kammer. Es macht ihnen nichts, wenn einer nachts in der Dunkelheit über sie stolpert. Nur halb ausgeschlafen stecken sie in der grauen Frühe des kommenden Morgens den Kopf in den Wasserzuber und geben sich für den Hunger mit dem harten Brotkanten des Beutels zufrieden; waschen kann man sich am nächsten Bach, nahe der Kapelle von *Cahuzac* mit dem Jakobus auf der Schnitztür. Es ist erst sieben Uhr früh und bereits heiß wie am Vortag, als sie *Aubiet* auf der Höhe über dem nächsten Tal erreichen. Im Kirchlein mit dem zeltartigen Chor und dem muschelbehängten Sankt Rochus hocken sie zusammengesunken auf den Bänken. Nur einer beginnt zu murren, weil man ihm die Gascogne als Gelobtes Land dargestellt hat, aber was er hier aushalten muß, ist eher ein Vorgeschmack auf das Fegefeuer. – Lästiges Geschwätz, denken die anderen, wenn er nur schwiege! Jeder hat mit sich selbst zu tun.

Am schlimmsten wird es am Nachmittag, als ihnen die Sonne ins Auge sticht, die Schatten hinter ihnen sich längen und die Mägen ernsthaft rebellieren. Gasthäuser gibt es genug, aber wenn sie nach dem Preis fragen, schrecken sie zurück. Die Wirte wissen die günstige Jahreszeit auszunützen. Das Brot beim Bäcker wird erst in zwei Stunden gar sein; sie müssen sich mit altbackenen Resten bescheiden. Zu viele sind jetzt unterwegs. Sie aber wollen weiter, wollen die Strecke hinter sich bringen, vorüber an Marsan mit der Burg der Grafen von Armagnac, die sie nur als dunklen Schattenriß gewahren.

Denn schlimmer als die Mühsal der Dauer und die Pein der Fliegen, der Mücken und Bremsen, die sie unaufhörlich attackieren, ist dieses Einerlei, ist die Gleichgültigkeit einer Erde zu ertragen, die sich zu keinem Aufschwung entschließen kann und sie gegen sich aufbringt: immer wieder Äcker, Landbuckel, Öde und nur manchmal an der Ostseite eines Talhangs ein Stück fernen Waldes. Daher wandern sie so weit sie können und dann, so lange bis sie schon gar nichts anficht. Tagein, tagaus, eine Woche lang, an deren Ende ihre Gesichter schmal sind. Träfe sie jemand von Zuhause, er würde den Kopf über ihre Verwandlung schütteln.

Wir Menschen eines anderen Zeitalters dürfen es anders betrachten, dürfen die tausend Plagen dieser Tage als beiläufig empfinden und in der durchmessenen Landschaft sogar eine fremde, spröde Schönheit erblicken. Denn es folgt nun das Tal des Gers, der sich eben anschickt, aus den unabsehbaren Hügeln des Vorlandes der Gascogne, durch das die Straße verläuft, hinaus in die große, nur noch mäßig bewegte Ebene des Nordens, der von Lectoure zu fließen. Drüben auf dem steilen Hügel jenseits des Flusses liegt *Auch,* das wir aus einem von 1575 datierten Stich der Cosmographie von Belleforest kennen.

Noch waren die Ufer des Flusses weder begradigt und befestigt, noch stützten Aufbauten nebst mächtigen Widerlagern die Terrasse der Place Salinis mit der Tour Armagnac und dem benachbarten Bischofspalast, beide in eine hohe Mauer einbezogen, die den Bereich der heutigen Kathedrale umschloß, der erst 1489 begonnenen Nachfolgerin des romanischen Bauwerks. Daß sich von der Bischofskirche selbst kaum etwas erkennen läßt, mutet verständlich an. Sie war derzeit keineswegs fertig. Die klassizistischen Fassadentürme sind diesem spätgotischen Bau sogar erst 1665 vorgelegt worden.

Es ist wahr, ein wenig seltsam mutet dieser Stolz von Auch schon an, in dem sich noch andere Stilformen mischen; denn auch die Zeit des Flamboyant und der Renaissance strichen vorüber, ehe die Kathedrale vollendet stand. Gleichwohl, wer sie in ihrer repräsentativen Würde, die dem Herzen der Stadt samt dem Rathaus und den hohen Allées d'Etigny, der in endlosen Stufen zum Gers hinabwallenden Treppe das Gepräge gibt – wer sie dort am Ende der Place Sainte-Marie aufragen sieht, fühlt sich in eine Residenz des Ancien Régime versetzt. Auch das dreischiffige Innere mit den ein wenig gedrückten Gewölben, allenthalben von Kapellen umzogen, paßt dazu. Denn es eignet solchen späten Kirchen, die nicht mehr das Feuer der frühen Gotik durchloht, stets eine gewisse Nüchternheit. Sie gewänne sogar die Oberhand, wäre der Kathedrale nicht der weiträumige Kanonikerchor der Renaissance eingezogen, den Dominique Bertin aus Toulouse seit 1510 in mehr als vierzigjähriger Arbeit schnitzte. Da ist von Adam und Eva bis zu Sankt Peter und Paul, einverwoben der hebräischen Geschichte, ein wahrhaft unerhörter Zyklus Gestalt geworden, der allerdings mehr durch die Fülle des exegetischen und mythologischen Wissens, das wir garnicht auszuloten vermögen, als seine künstlerische Sprache überwältigt.

Doch damit bescheidet sich das Gotteshaus nicht. Denn dieses ebenso gelehrte wie verspielte Filigran der Chorgestühle aus härtestem Eichenholz überscheinen die achtzehn Fenster des Arnaut de Moles aus Saint-Sever in den Chorkapellen. Er hat, welche Kühnheit, einen zweiten, überhöhenden Zyklus israelischer Historie geschaffen: in den Sockelzonen fast karikierte Physiognomien in einer derben, zufassenden Art, die an altdeutsche Malerei erinnert; daneben zarte, innige Szenen, die Gottesmutter ihr Kind anbetend; malerisch kostbare Details, so Jonas, der dem Meeresungeheuer vorgeworfen wird; Realistisch-Düsteres wie die Ermordung des Johannes im Kerker.

Darüber auf den Großflächen der Oberteile sehr monumentale Propheten, weissagende Frauen des Altertums – wie denn das Weibliche eine besondere Rolle in diesem Zyklus spielt – schließlich Apostel. Anfang, Mitte und Ende aber werden durch die drei Hauptereignisse des Daseins und der Schöpfung markiert: das erste Menschenpaar in der Versuchungsszene, die Kreuzigung, die Auferstehung Christi. Gemalt in wunderbaren, leuchtenden Farbschüben des Purpurrot, Blau, nuancierten Grüns, eines nur leicht getönten Brauns, wie es der fast kindhaft-zuversichtlichen Art dieses großen französischen Meisters unter den Malern seiner Epoche entspricht. 1507 begann er mit seiner Arbeit und fügte seine Bildwerke aus ungewöhnlich großen Glassegmenten zusammen, um ihre Aussagekraft nicht durch eine Vielzahl von Bleistegen zu stören. Sie erfüllen den Chor nicht mit dämmerndem Schein, sondern bilden kräftige Akzente, die das Auge nicht loslassen. Auch hier steht ein Programm voll Tiefsinn im Hintergrund. Man betont gern, der damals amtierende Kardinalerzbischof von Auch, Clermont de Lodève, der die italienische Renaissance und die Sixtina gut kannte, habe es ersonnen und so gebühre ihm der eigentliche Ruhm. Doch kann Kennerschaft für einen wahrhaften Künstler mehr als Anregung bedeuten?

Es bleibt dem, der den Santiago-Spuren folgt, allerdings noch etwas anzumerken: in der Radialkapelle, dem Blickfang der Kathedrale, ist wie angedeutet als höchstes Thema die Kreuzigung dargestellt; unter ihr drei Gestalten: auf den Seiten David, der Vorfahr, und Zacharias, der messianische Prophet. In der Mitte aber im Pilgergewand Jakobus. Solch hoher Rang wird ihm selten zuerkannt; es besitzt seinen Grund. Bis ins 18. Jahrhundert kamen die Jacquaires in Mengen nach hier, um in der Krypta die fünf Heiligengräber zu besuchen.

Sie zogen auf der heutigen Avenue d'Alsace heran, querten den Gers auf der Brücke der Porte de Treille bei der Priorei Saint-Orens und stiegen müden Fußes durch die engen Gassen der Altstadt am Hang empor. Um nach der Reverenz in der Kathedrale zur heutigen Rue Garibaldi zurückzukehren, wo sich an der Stirnseite eines nur wenig verbreiterten Straßenwinkels ihre 1765 in klassizistischer Form umgebaute Herberge befindet. Ein Gynäkologe praktiziert jetzt darin. Als Zeichen einstiger Bestimmung trägt das Haus noch immer die Coquille, die Pilgermuschel, an der Supraporte der Haustür.

Am nächsten Tag verließen sie die Stadt durch die enge

Rue Saint-Jacques, um weiterzuziehen. Denn natürlich blieb Auch nur eine Zwischenstation.

Der Alte von Mirande

Sie haben in der Kathedrale von Auch einen hübschen Brauch. Wenn etwas jemand die Seele bedrückt, vertraut er seinen Kummer einem Papier in der Verkündigungskapelle an. Der Küster bindet die Blätter mit einem hellblauen Band zusammen und legt das Bündel auf einem malerisch rot drapierten Tischchen vor dem Marienaltar nieder, damit Bernadette Soubirous' ›Dame‹ in ihrer Freizeit nachschauen kann, was sich machen läßt. Wahrscheinlich gibt es schon eine ganze Bibliothek solcher Wunschbücher. Ich selbst traute mich natürlich nicht, mein Anliegen gleich vor die höchste Instanz zu bringen, die man wahrscheinlich nur mit Herzensangelegenheiten behelligt.

War es Reisemüdigkeit, die Ermattung der Hitze oder hatte ich mich zu sehr in den Gedanken der Askese verrannt? Etwas mißfiel mir an diesem Teilstück der Tolosana, aus dem es das Gold der Erzählung zu schlagen galt. Vermutlich lag es in mir selbst. Mit dem Schreiben ist es wie mit dem Schwimmen, es kommt darauf an, den Kopf oben zu halten; seine grauen Seiten besitzt jedes. – Als es mir durch den Kopf ging, hatte offenbar meine bloße Anwesenheit genügt und die ›Dame‹ bereits geholfen. Zogen wir nicht durch uraltes Kulturland, mochte es auch ungewohnte Akzente besitzen?

Nun tut man sich leicht, wenn ein Wagen dabei ist. Ach, diese schwingende Weite des Nordens, diese welligen Weinfelder des Gersois, die den Rebensaft für das ›Eau de vie‹ liefern und deren Reihen von Horizont zu Horizont rennen oder wenigstens von Kamm zu Kamm bis zum nächsten Dorf mit seinen Hühnerhöfen, Krautgärten und schnatternden Gänsen auf der Wiese. Wege schlendern hindurch, die wahre Sommerseligkeiten sind, auf ihnen die Gespanne der weißen Ochsen mit den sanften Augen und breiten Hörnern. In jedem Grund liegt ein Gehölz mit Pappeln und Eichen, und immer wieder taucht ein Schloß, eine Ruine auf wie das zyklopische Gemäuer von *Lavardens* in seinem pathetischen Verfall, das der Vert Galant schleifen ließ, oder gar *Tauzia* aus dem Hundertjährigen Krieg auf seiner Viehweide, aus dem ein Riesenschwarm Tauben aufstob, als wir heranschritten, um die wahrhaft afrikanische Kakteenhecke an seinem Fuß zu bestaunen. *Lébéron, Chasseigne,* gallo-römische Turmstümpfe, alte Nester wie *Larressingle,* die eine einzige Festung sind! Überall bricht die Geschichte aus dem Boden. Weinduft schwebt darüber, und in der aufgelassenen Zisterzienserabtei von *Flaran* ist es gar der des Armagnac, der in den alten Trakten reift und das Holzgebälk braun gebeizt hat.

Mit der asketischen Strenge der Pilgerstraße hat es zwar seine Richtigkeit und mit der Hitze auch. Aber südlich davon beginnen die Wälder, und darin liegen wiederum alte Burgen und Schlösser, solche wie *Loubersan,* auf der Kardinal Rohan aus der berüchtigten Halsbandaffäre sein Exil bis zu seiner Rehabilitierung verbrachte, aber es geht schon auf Merowingertage zurück. Ein Pariser lebt heute darin, der endlose Geschichten über sein Besitztum wußte. Drüben auf den nächsten Hügel sollte ich gehen, da sah man die Pyrenäenkette aus fünfzig Kilometer Entfernung, und wirklich, der Pic du Midi de Bigorre schwebte darüber und sandte mir seine felonen Grüße.

Wir würden doch auch *Montaner* besuchen? Mit dem Wagen war es nur eine Kleinigkeit; man richtete das riesige Festungsgemäuer des Gaston Phoebus mit seinen zwanzig Ecken eben wieder her. Natürlich mußten wir auch *Vic-en-Bigorre* besuchen, da gab es ein Restaurant, wie es in Paris nicht besser sein konnte. »Die getrüffelte Gänseleberpastete, Monsieur, Sie verstehen!« Wenn mir an Kirchen lag, legte er mir *Romieu* und *Simorre* ans Herz, wahre Gottesburgen. Er war zwar Freimaurer, aber das schloß seine Freude an Architektur nicht aus. Kurz, ich sah ein, daß sich die ›Dame‹ auch weiterhin meiner annahm, wenn sie sich sogar dieses Erzketzers bediente; immerhin blieb sie verantwortlich für die Gascogne. Denn nun merkte er an, wenn auch Schlösser seine Passion seien – *Marignan* westlich Mirande, wundervoll, in Wiesen und Parks gebettet, mußten wir wirklich sehen – sofern er uns für den Pilgerweg einen Rat geben durfte: Mirande, nur neun Kilometer nach Westen, war alte Pilgerstadt, in der es sogar noch eine Herberge gab. Auf dem Schloßhof läutete unterdessen die Glocke zu Tisch, worauf er die Achseln zuckte: »La soupe! Madame hat eine Gerbure gemacht, und die muß heiß sein!« Wir schieden mit Händewinken.

Mirande, das sich selbst gern Mirande-la-Jolie nennen läßt, ist eine kleine Stadt an der Grande Baïse, bei der wiederum die ›Dame‹ Vorsehung spielen mochte, denn der Fluß der zahllosen kleinen Biegungen prägt dem Bild der Gascogne einen solchen Zug von Anmut ein, daß ich überrascht innehielt. Die Requisiten waren sehr einfach: eine Flußschleife, geböschte Ufer mit Gesträuch samt Bäumen, die sich tief über ihr Spiegelbild neigten, Lichtgefunkel durchs Blätterdach und ein Schwan, der lautlos in sich versunken auf der Undinentiefe schwamm.

Das Städtchen dabei, etwas abseits und hoch auf dem Ufer, ist eine jener Bastiden, die genau nach dem Plan des Geodäten angelegt sind, in Schachbrettform mit acht Meter breiten Straßen und niederen Wohnquartieren von fünfzig Metern Seitenlänge. In ungefährer Mitte liegt der Marktplatz mit den ›couverts‹, auf Holzständern vorkragenden Obergeschossen. Davon haben sich allerdings in Mirande nur zwei Seiten erhalten; nahebei fährt inmitten der Dächer die Kirche Saint-Jean empor, ein Musterbeispiel der Languedoc-Gotik mit mächtigem Torturm, dem ob seiner Schwere ein stützender Vorbau mit zwei über die Straße springenden Widerlagern vorgelegt ist. Dazwischen ein Portal mit Christus und der Apostelversammlung.

An dieser Stelle wurde ich zum ersten Mal fündig. Der Jakobus droben trug Stab, Pilgerhut und Flasche. Wie, hier abseits der Route die Pilgerzeichen? Wie kam das hierher? War Mirande Station gewesen, mußte ein Nebenweg über Saint-Maure und Tillac ins Bouès-Tal verlaufen sein, wo einmal die Herberge Saint-Antoine lag, dann weiter nach Marciac auf die alte Route zu. Mein Pariser Schloßbewohner hatte offenbar recht. Aber ging da nicht auch von einer Herberge die Rede? Nachdenklich schlenderte ich um die kleine Stadt, entdeckte an der Südostecke an der Straße ein Kreuz und dann drunten auf einem Platz ein zweites.

Am jenseitigen Rand zur Baïse hin gab es etliche Häuschen; vor einem saß auf der Bank ein schwerer, gedrungener Mann; den konnte ich fragen. Er blickte mit traurigen Augen hoch, das Gesicht auf einer Seite blaurot verfärbt. An der rechten Hand fehlten zwei Finger, hatten Narben hinterlassen, die nicht verheilten. Es war milde hier unten; offenbar wollte er die Sonne noch sehen, so lange es ging. Viel Zeit blieb ihm nicht mehr. Aber ich tat so, als merkte ich nichts und fragte. Da war er plötzlich in seinem Element: »Ah, le pèlerins de Saint Jacques ...«; er wies mit dem Stock auf ein Haus zur Rechten. Da lag sie, die Herberge, völlig erhalten, neu hergerichtet. Ein Haus mit Bogeneinfahrt und einer Etage. In einer Nische stand ein Jakobusfigürchen. Die Bewohner lugten scheu aus der Tür; nein, sie ließen niemand hinein, gewährten nur einen Blick in die Einfahrt, eine Tenne, eine Treppe nach oben, nach Pilgerart sehr bescheiden. Draußen an der Wand ein Schild, dies sei das ›Hôpital Saint-Jacques‹, ein Asyl für die Compostela-Fahrer an der Baïse-Furt. Ich stand ratlos, eine Furt? Aber da winkte mein Kranker bereits mit dem Stock. Dort, den kleinen Weg entlang bis zum Ufer! Und ich ging, spähte hinab ins Undinenwasser. Eine breite Aufmauerung ließ sich unter dem Spiegel erkennen, das einfachste System der Welt. Die Jaquaires brauchten nur die Schuhe auszuziehen, die Gewänder ein wenig zu schürzen, während das Wasser ungehindert fortströmen konnte. Man hatte neben dem Übergang eine Reihe von Gegenständen gefunden, die einmal den Pilgern gehörten, und im Museum von Mirande zusammengetragen, gab mein Kranker preis; es war eine der kuriosen Sammlungen der Provinz, die immer geschlossen halten, weil doch niemand kommt. Es blieb das einzige, das mir die ›Dame‹ an diesem Tage vorenthielt.

Beim Fortwandern winkte mich der Kranke noch einmal heran; der Versuch eines Lächelns zog über sein Gesicht. »Hören Sie, Monsieur«, sagte er heiser, »mir ist etwas eingefallen. Als wir noch jung waren und beim Feuerwehrfest einen über den Durst getrunken hatten, verschwor sich Luc, der immer ein wenig schreckhaft war, daß er in seinem neuen Sonntagsanzug über die Mauer balancieren wollte. Das hatte noch niemand gemacht, denn die Steine sind etwas glitschig. Aber er zog seine Schuhe aus, krempelte die Hosen hoch und ging! Als er ungefähr in der Mitte war, schrie Vincent, der es immer dick hinter den Ohren hatte, plötzlich lauthals ›Feuer, es brennt. An die Pumpen!‹ Luc bekam einen solchen Schreck, daß er ausrutschte und längelang ins Wasser fiel. Sie hätten ihn sehen sollen, wie er mit Algen und Grünzeug garniert wieder auftauchte. Wir haben ihn alle nach Hause gebracht; seine Frau besaß eine scharfe Zunge...« Dies alles mit Verschnaufpausen, versteht sich. Doch nun schüttelte ihn das Lachen so sehr, daß er nicht mehr weiter konnte.

Eine Dorfgeschichte, ein Schabernack. So sind sie hier. Noch in der nächsten Generation wird man davon erzählen. Als ich im Herbst wiederkam und die Baïse wenig Wasser führte, sah ich den Sockel aus dem Spiegel ragen; uralte Steine, im Lauf der Jahrhunderte von tausend und abertausend Füßen begangen. Sonst alles wie einst. Nur mein Alter saß nicht mehr vor seinem Häuschen; die Scheiben waren zerschlagen, und eine schon halb zerrissene Gardine wehte unschlüssig, ob sie noch länger Dienst tun sollte, aus dem halb geöffneten Fenster.

Alle Völker

Rückgekehrt auf die Hauptroute von Auch nach Westen sank uns die bleierne Hitze erneut wie Zentnerlast auf die Schultern. Bei Blassan ging es durch das »tiefe und schreckliche Tal«, in dem früher an der ›voie publique de Saint Jacques‹ die Herberge von Sèregrand lag; in L'Isle-de-Noé folgte die nächste, in Montesquiou, wo man gleichsam als sichtbaren Beleg eine Reihe von Pilgermuscheln wiederentdeckte, eine weitere, worauf in *Bassoues,* immer hinab, hinauf und ganz nach Programm, der riesige Donjon des Schlosses aus seinem Grün tauchte, zuvor freilich die ›Basilika‹ Saint-Fris auf der ›l'Etendard‹ geheißenen Ortsseite, geweiht dem vorgeblichen Sohn eines Friesenfürsten, der 732 im Kampf gegen die Sarazenen gefallen und ein Heros der Pilgerstraße war. Irgendwo blieben sie dann; ein guter Tagesmarsch lag hinter ihnen. Ein guter? Sie lernten auf dieser Strecke, was Pilgerschaft eigentlich bedeutete: Dauer, die Unablässigkeit einer Körperbewegung, bei der jeder Widerstand gegen die Selbstaufgabe in der ewigen Anrufung schmolz, die der Takt ihrer Glieder vollzog.

Die Route war reich mit Herbergen versehen; in *Marciac*, das sie kommenden Tages erreichten, gab es allein deren vier. Was nötig war; immer mehr Wandergenossen stellten sich ein. Aus Vic-Fésenzac nahe im Norden sind eine Reihe von Testamenten von Santiago-Fahrern bekannt, die ähnlich den Rittern der Kreuzzüge im Todesfall am Wege begraben sein wollten. Eine Floskel im Grunde. Wer hätte ihre Überreste zurückbringen sollen? Aber es zeigt die Unbedingtheit an, mit der man sich der Fremde überantwortete. Sogar zwei Cagots, die Nachfahren der Leprösen, ein Guillaume Crestian und Raymond Cramalh gesellten sich 1418 als erste ihres gemiedenen Standes hinzu; andere kamen von Roquebrune.

Kurz, eine bunte Gesellschaft fand sich auf der Straße zusammen, die am nächsten Tag ihre schlimmste Bewährung bestehen sollte, den Marsch durch die Flußtäler von Arrous und Adour, die gleich einer Tonscherbe im Brennofen glühten, nur durch den Hügelrücken von Auriébat unterbrochen, während das Vieh auf den Weiden die Köpfe regungslos in einen Baumschatten zusammensteckte und die Gänse auf den Hofwiesen, statt schnatternd herbei zu eilen, die Schnäbel hechelnd geöffnet trugen.

Übrigens gab es kaum Bauerngehöfte. Hinter *Maubourguet,* dieser Festung aus Engländertagen mit den hockenden Figuren am Kirchenportal, erreichten sie endlich die Randhöhen, um in durchbuschtes, welliges Land zu tauchen, was die Sonne nicht hinderte, die ohnehin dünnen Schatten der Jungkiefern aufzuheizen. So gelangten sie nach Luc und traten am folgenden Mittag weit hinter Anoye, wenn wir Damontes ›Nugia‹ richtig interpretieren, in Saint-Jammes aus den Wäldern – Menschen gleichend, die lange verschollen waren, mit schmal gewordenen Gesichtern und Augen, in denen die Ferne wohnte. Schweigend zogen sie ein in Morlaas, das nach unserem italienischen Führer derzeit der Schwester des französischen Königs gehörte, »ed è della sorella del re di Francia«.

Morlaas, entthrontes Landstädtchen, einst ›un bello chastello grande‹ und vom 9. bis 12. Jahrhundert Kapitale des Béarn, ich stehe an deinem Lindenplatz seitlich der endlosen Straße, die sich durch deine Vergessenheit furcht. Sooft ich die Augen schließe, sehe ich die Schatten der Jacquaires durch die niederen Häuserreihen heranschreiten und einbiegen zur ›fonte d'acqua viva‹ – der Brunnen ist immer noch da – wo sie ihre hohlen Hände ins Naß tauchten und das Wasser abkühlend über Schläfen und Antlitz rinnen ließen, ehe sie durstig zu trinken begannen. Dann aber traten sie hinüber zum Gotteshaus des 12. Jahrhunderts, dessen Stein noch heute von den Bränden der Religionskriege durchglüht ist, standen endlich wieder dem gegenüber, das die Leitmelodie ihres Lebens bedeutete: dem von einer inneren Heiterkeit getragenen Bildwerk der Fassade, das sie ob der Hölle, die hinter ihnen lag, einen Augenblick lang verwirrte. Die Apostel am Portalgewände oder auf dem seitlichen Mauerwerk gleichsam schwebend und mit preziös gehaltenen Händen. Sankt Petrus erschien gar als Alamode-Herr. Am Türpfeiler Pflanzengeschlinge, zwischen dem ein Hirte herumstieg, um seine beim Naschen entwischte Ziege einzufangen. Der Türsturz zeigte den bethlehemitischen Kindermord. Aber verlieh ihm der hinweisende Engel zur Seite nicht eine bestimmte Note? Mochte der Scherge, dem Herodes den schrecklichen Auftrag erteilte, vor Entsetzen erstarren, ein Gesicht tief aus dem Torbogen auftauchen wie aus einem Verlies, eine Hand gar ein Kind vom Knie des Schlächters reißen: es war die realistische Grausamkeit des Märchens; die Geschichte zum Fürchten steckte voll Poesie. Darüber königlich Christus zwischen dem geflügelten Menschen und dem Adler, Symbole für Matthäus und Johannes, nur dies: Verkündigung. Selbst der einfache Pilger mußte nicht lange herumbuchstabieren.

Auf den Archivolten aber musizierten die Könige der Apokalypse wie es kam, denn sie ließen sich durchaus im

Gespräch nicht stören. Den Bogen, auf dem sie saßen, trugen zwei gekrümmte, ächzende Mönchsgestalten, und da gerieten sie doch ins Lachen. Die äußerste Wölbung endlich zeigte sich mit fünfunddreißig Richtern besetzt, wie sie Platz fanden. Daß hier mitten im Grün des Pyrenäenvorlandes ein Zug marschierender Gänse auf den Archivolten nicht fehlen konnte, verstand sich beinahe von selbst. Und keineswegs erwiesen sich die gefesselten Sarazenen, welche die Mittelsäule trugen, so qualvoll zusammengedrückt wie in Oloron, von dem gleich zu berichten ist, sondern ein Quentchen leichter, wie hier alles unbeschwerter blieb; ein bißchen spielerischer, ein wenig feundlicher. Was schließlich sollte man von diesem Adler auf seinem Kapitell im linken Seitengewände denken, der die Trompete blies – war das nun Drolerie, symbolische Anspielung auf die Johannes-Offenbarung oder gar die Zutat des Restaurators vom Anfang dieses Jahrhunderts, des Bildhauers Bouey, auf dessen Rechnung ohnehin einiges ging?

Es ist anzunehmen, daß Damontes Landsleute nicht lange blieben, sondern schon am Ortsende von Morlaas in die Heide von Pont-Long abbogen, um möglichst bald über Arthez nach Orthez zu gelangen, von dem sie nach Roncesvalles zogen. Die Zeit, in der sie wanderten, bevorzugte den Schauplatz von Rolands Tod. – Sagen wir ihnen endgültig Adieu, um in Richtung Somport durch lange, umbuschte Hohlwege mit ihrem kühlenden Hauch an der Chapelle de Berlanne vorbei, am Stadtrand von *Pau* nach Westen abzubiegen. Denn die gegenwärtige Kapitale des Béarn greift mit lufthungrigen Straßenzügen immer weiter hinaus ins Land, und so wird der Boulevard des Pyrénées, von dem man morgens den Pic de Midi de Bigorre so strahlend aufschimmern sieht, oder das Renaissance-Schloß daneben fast gleichgültig, gäbe es nicht Unvergeßliches darin: die große Schildkrötenschale, in der ›Lou Nouste Henric‹, nachmals Henri IV, seine ersten Atemzüge tat, nicht die königlichen Räume der ersten Etage.

Freilich waren auch Pilger durch Pau gezogen. Auf einem alten Stich erblickt man über den Gave du Pau, den Pont Jurançon und das Schloß hinweg, wie sehr der Turm von

Saint-Jacques nahe dem Geburtshaus Bernadottes das Stadtbild beherrschte. Sonst erhielt sich allerdings wenig. Pau ist nach der zweiten, den reiselustigen Engländern zu verdankenden Blütezeit des 19. Jahrhunderts eine Zuflucht für die ermatteten Zugvögel der Zivilisation geworden, leider auch ein Wespennest des Durchgangsverkehrs, der nach Lacq mit dem 1951 entdeckten Erdgasvorkommen hinausbrandet. Es vermag dem Suchenden nur noch wenig zu sagen.

Denn in jener Epoche, von der ich erzähle, beherrschte ein anderer Name die große Passage des Gave-Tales, *Lescar,* in dem wir nun auf seiner Anhöhe standen, die älteste Hauptstadt der ›Beneharner‹, Sitz ihres Bischofs seit den Tagen der Christianisierung und Grablege ihrer Fürsten, das sich nach der totalen Zerstörung durch die Normannen von 850 nie mehr richtig erholte. Daß es 1101 eine Pilgerherberge erhielt und knapp zwanzig Jahre später seine mehrtürmige, romanische Kathedrale, die einer Erscheinung gleich über der Ebene stand, wenn die Nebel des Gave du Pau ihren Fuß umrauchten, half dem nicht ab. Denn gerade der Kirche willen wurde Lescar wieder und wieder heimgesucht.

Sie war der ins calvinistische Lager übergewechselten Landesherrin Jeanne d'Albret ob ihres dämmernden Goldschimmers ein Ärgernis, bis der berüchtigte Montgomery sie nach wüster Plünderung anzünden ließ. Frühe Restaurationsversuche haben ihr Bild nur entstellt. Vom Außenbau blieb einzig der Chor, während das neuerlich restaurierte Innere wenigstens seine architektonischen Grundzüge wiedergewann: das feierliche Tonnengewölbe des Schiffes, die hierarchische Stufung zu den quergelagerten Seitenkapellen, das Weben des Lichtes um den Altar im sonst dämmernden Raum mittels der durchbrochenen Trennwände zwischen Apsiden und Chorhaupt. Freilich blieben da auch die Kapitelle der Vorlagesäulen, durch die ein Nachhall von Saint-Sernin oder Saint-Etienne in Toulouse oder gar in den obligaten figürlichen Themen ein fernes Echo von San Isidoro in León oder Moissac klingt. Aber bedeutet in der Kunst nicht der schöpferische Vorgang ursprünglicher Formfindung alles? Selbst das eher kuriose Jagdmosaik im Boden des Chores, auf dem ein Jäger den Keiler angeht, ein Mohr mit einer

Beinprothese, wie sie sarazenische Ärzte verwandten, den Bogen spannt, der Esel den an seinen Schwanz gebundenen Wolf fortschleppt, läßt sich wieder bewundern, ein fabulöses Geschehen freilich ohne Hintersinn …

Allein, es gibt noch etwas: da steht sie nun, die Kathedrale auf ihrem Hügel, zu der man durch das alte Stadttor, die Porte l'Esquirette hinansteigt, mit ihrer so töricht klassizistisch verblendeten Fassade und ist nicht mehr sie selbst, sondern eine bedrohte Insel in einer mehr und mehr technisierten Industrielandschaft; nach Süden dehnen sich öde Werks- oder Lagerhallen, nach Westen ziehen die lärmenden Stränge des Verkehrs, vom Flugplatz im Nordwesten dröhnen die Motoren. Nur das alte Kirchlein Saint-Julien zu ihren Füßen, in dem Sancho VI Guillaume, Graf der Gascogne ruht, erinnert daran, welche Stimmung über dem Land lag, als ein nie abreißender Strom von Menschen zum Somport oder nach Roncesvalles zog. Von der alten Zeder, vom Lindenplatz draußen läßt es sich noch beschwören, wenn der Morgendunst gnädig die Ferne verhüllt. Dann scheint der mythische Raum wieder Wirklichkeit, durch den Angehörige aller Völker Europas wanderten, ein umgetriebener Menschenstrom auf der Suche nach dem Heil. Es war das Aufmarschgebiet der Pilger, die sich anschickten, über Navarrenx, Saint-Blaise und Lacommande-Aubertin auf Wegen, denen auch wir zu folgen gedachten, die Pässe zu erreichen.

Alle Völker! Das Wort klang in mir nach. Wenn die Tolosana ein Menschheitsweg war, so *Navarrenx* das Nadelöhr, durch das alles mußte, was von Osten kommend über Roncesvalles nach Spanien wollte, den ausholenden Umweg über Orthez zu vermeiden, um direkt über Saint-Palais nach Süden abzubiegen. Seit Henri II d'Albret das Städtchen am Gave d'Oloron mit Wällen und sogar Geschützbastionen versehen hatte, blieb niemand etwas anderes übrig, als die Stadt bis zur Porte Saint-Antoine zu queren und durch den Festungstunnel sowie über die alte Brücke zu verlassen. Es war keine gute Zeit für die Jacquaires. Besonders seit es Krieg gab, Jeanne d'Albret sich 1569 in Navarrenx gegen Charles IX von Frankreich verschanzte und die eisernen Kanonenkugeln über die Wälle bis auf die Place d'Armes in der Stadtmitte flogen. Wir hingegen hatten in einer von Grün überquellenden Landschaft herrliche Tage, spazierten auf den mächtigen, begrasten Wällen um die Stadt und blickten auf die alte Flußbrücke, die so viele Füße getragen, und die jenseitige Gave-Seite hinab, an der sommers die Salmfischer aus aller Welt ihr Wettangeln veranstalteten, oder tranken, wenn garnichts los war, an der Wirtshausbar des ›Commerce‹ beim harten Wortgeknatter vierschrötiger Basken einen Ricard.

Ganz anders dagegen in *Saint-Blaise,* nur wenige Kilometer im Süden, auf gewundenem Weg zu erreichen, einsam im Schoß grüner Hügel und Wälder gelegen. Dort lebte es sich im weißen Gasthof auf kleiner Bergterrasse wie in einem Wachtraum. Ein Wasser rauschte durchs Tal, und im kleinen Dorf ragte zwischen den Bauernhäusern der tief überdachten Balkone jenes Kirchlein auf – eine der Kostbarkeiten des Pilgerweges – das sein spitzes Dach über dem kurzen Achteckturm nur zaghaft aus den Firsten der Kreuzschiffsarme emporschiebt. Alles blieb von zierlichstem Maß und verband doch eine erstaunliche Kraft des Mauerwerkes damit, die jede Fensterleibung in einen Trichter verwandelte. Den Öffnungen lagen kunstfertig mit dem Meißel durchbrochene Steingitter vor – in Ovalformen oder grobes Geflecht vortäuschend, endlich gar in Gestalt jener Achtecksterne, die der islamischen Architektur so teuer waren. Die liebreizende Nu'm aus dem ›Halsband der Taube‹ steckte den Kopf in unsere Träume. Ein mudejarischer Baumeister aus Spanien war um 1100 am Werk gewesen. Und wie das Äußere derzeit immer nur Hinweis blieb, entfaltete sich seine höchste Kunst erst im Innern.

Da zeigte sich, wie jene Epoche einen Bau, der im Grund nur aus Apsiden und einem quadratischen Zentrum von gut fünf Metern Durchmesser bestand, durch überwölbende Bögen ins Große zu steigern wußte. Denn ihre Form nahmen die Zwickel auf, welche die überhöhte Mitte in ein Achteck verwandeln, über dem sich eine aus Mauersegmenten gefügte Kuppel wölbt. Einzig gestützt von jenem auf Konsolen ruhenden Achteckstern, einfache Rippen, den ich von Cordoba kannte: sich schneidend, sich kreuzend, ein kunstvolles geometrisches Netz, das den Menschen der Pilgerzeit den Jakobsstern vorspiegeln mochte und doch maurisches Erbe war. Das Himmelszeichen besaß ja wirklich wegweisende Bedeutung.

Denn Hôpital-Saint-Blaise diente keineswegs, wie der Name vermuten läßt, nur als Krankenstation, sondern zugleich als Herberge. Ein besonderer Pilgerweg führte einst von hier durchs Saison-Tal ins Gebirge bis zum Kloster Sainte-Engrâce, das in der Bergeinsamkeit von Felsen und Waldkuppen liegt und früher eine Reliquie der portugiesischen Märtyrerin Gracia besaß. Selbst dort in der Abgeschiedenheit vermochten die Wanderer zwar etwas ungelenke, doch recht phantasiereiche Kapitelle béarnaisischen Zuschnitts bewundern, die Schöpfungsdarstellung, derbkräftige Gauklerszenen, vor allem die schöne Geschichte von Salomon und der Sulamithin. Daß sie lange davor standen, ist allerdings kaum anzunehmen; sie krochen frühzeitig ins Stroh. Am nächsten Morgen mußten sie mehr als elfhundert Meter zum Paß des Collado de la Piedra de San Martîn aufsteigen, um ins Tal von Roncal und endlich direkt nach Kloster Leyre in Aragon zu gelangen ...

Wir hingegen kehrten fast bis Lescar zurück, um von *Lacommande* endlich dem Weg zum Somport zu folgen. Aus dem alten Herbergsort, den Graf Gaston IV von Béarn um 1120 anlegen ließ, ist ein verstreutes Bauerndorf mit schiefergedeckten Häusern in den Wäldern abseits der großen Straße geworden. In der Mitte ein weitläufiger Platz mit buntlaubigen Bäumen hier und dort, blühende Rosen; daran die Kirche des gedrungenen Karreeturms als bedeutendster Rest des Mittelalters. Es läßt sich von Pilgerromantik träumen; greise Hausungen mit langsam einsinkenden Dächern ergeben sich der Müdigkeit ihrer Jahre, die zerbröckelnde Wehrmauer überrankt alter Efeu. Es ist alles so lange vorbei, daß man dem Steinwerk immer wieder sakrale Torsen einflicken mußte, gestufte Lisenen nebst Doppelsäulchen, Türbögen, feinste Meißelarbeit zum Füllsel abgesunken, an der Nordkapelle gar ein Fenster in Form eines Ochsenauges, das ein Fünfpaßbogen umrandet.

Das Gotteshaus, einst gotisch eingewölbt, erlag dem Bauerngeschmack; etwas skurril, etwas auf billige Rechnung, trägt es nun einen Bretterplafond, und dennoch konnte es eine Kostbarkeit bewahren: es besitzt einen der schönsten Chöre der Pyrenäen. Die Kunst an der Pilgerstraße, im Béarn meist etwas derb, blüht darin zu erlesener Feinheit auf. Drei Fenster durchbrechen die obere Region des Altarraums, darin kleine Säulen nebst Kapitellen: schnäbelnde Tauben, eine Eule im schuppigen Federkleid, Wildgetier, Kamele und Affen, die bei Jahrmärkten mitgeführt werden mochten. An den dreizehn Säulen, die das Untergeschoß umstehen, wird man schon anspruchsvoller: Hähne mit Menschenköpfen und Judenmützen, wildbeschopfte Sirenen, der Zentaurenkampf mit dem Bogen, Vagantenvolk, Krieger, etliche Darstellungen aus der Schrift wie Daniel in der Löwengrube, die Flucht nach Ägypten – vom Motiv her gewiß wenig Bedeutendes. Aber es wird in so vollendeter Form, in so ausgeprägten Reliefs und einer so geschickten Ausnutzung der Lichtwirkung erzählt, daß man verblüfft innehält. Das Wunder des Béarn, das sich zuweilen einstellt: ein großer Meister des 12. Jahrhunderts war offenbar durchgereist und niemand weiß, woher und wohin.

Nach Oloron am Eingang zum Somport war es von hier, wenn auch auf Umwegen, nur noch ein Katzensprung.

Die Kreuzabnahme von Oloron

Wer nach kurzer Fahrt durchs Land am Rand von *Oloron* anlangt, will im Grund nicht mehr halten. Eine tiefe Unruhe hat ihn erfaßt, der Name Aragon rumort in seinem Gehirn. Was soll ihm das Landstädtchen noch, in dem sich jetzt, am Morgen eines Markttages, die Menschen drängen, alle Straßen verstopft sind und sich kein Platz für den Wagen findet? Die beiden Gaves, die von Ossau und Aspe, die sich drunten im Tal zum Gave d'Oloron vereinen, zwingen den Ort zu schwierig durchschaubarer Verkehrstaktik. Findet sich drüben am Park eine Fahrzeuglücke? Aber schon wird er von energischer Polizistenhand umgeleitet; ein scharfer Pfiff auf der Trillerpfeife ermahnt ihn, den Fahrzeugstrom nicht mutwillig aufzuhalten. Bereits nähert er sich dem Bahnhof draußen und muß immer noch durch Reihen von Zeltdächern und Auslagen fahren; Vieh steht angebunden, ein Kälbchen drängt sich noch einmal an die Mutter, ehe der Käufer sie für immer trennt, und so von Bildern ungewiß trauernder Kreatur und schiebender Menschen begleitet, gelangt er weit hinaus, bis er endlich einen Platz findet – schnell, nur schnell, damit ihm niemand zuvorkommt!

Endlich stand ich, vom langen Rückmarsch ermüdet, auf dem Hügelsporn, der sich weit in die Flußgabel vorschiebt, und gewann Überschau! Drüben im Westen lag im Quartier gleichen Namens Sainte-Marie, die alte Kathedrale, und vor mir im Süden klomm ein Weg mit Kreuzen heran. Drunten führte die alte Handelsstraße zum Somport über die Place Saint-Pierre hinaus, welche die Jacquaires benutzten. Ich war offenbar in dem ganzen Quartier völlig allein; nur ein Paar alter Frauenaugen folgte mir argwöhnisch aus einem düsteren Hauseingang, was ich da anstellte, bis ich im Innern von Sainte-Croix verschwand, mehr aus schlechtem Gewissen als angetrieben, weil mich der festungsartige Kirchturm mit dem hohen Quergang abstieß, bis ich plötzlich im Innern gefangen, nein fasziniert war.

Es ist ein Gotteshaus, um sich darin geborgen zu fühlen, mochten auch die Seitenschiffe in ihrer Überfangung von Dreifünftelgewölben Kopfschütteln auslösen; die Mauerung des Mittelschiffes strömte in gesammelter Kraft hin, und sogar Verzauberung stellte sich ein. Denn als ich unter der Vierung aufschaute, stieg mein Blick in eine Kuppel empor, die sich über muschelartig verkleideten Trompen rundet, und abermals wie zu Saint-Blaise trug ein achteckiger Rippenstern die Last des Gewölbes. Dazu wurden, seit sich das Auge an das dämmernde Licht gewöhnte, allenthalben Kapitelle erkennbar: im Chor, in den Apsiden, meist mit herkömmlichen Szenen, und doch fanden sich ungewöhnliche Themen darunter. Eine Menschengestalt mit einer Mütze auf dem Kopf und mit drei Gesichtern entstieg einer Art Zuber. War es eine Anspielung auf die Dreifaltigkeit? Oder gleich am Choreingang: Christus, dem ein Arbeitsmann den Plan der Kirche darbietet. Da er am Marterholz gelitten hatte, galt er wohl als Patron. War Voraussicht im Spiel, als sich das Gotteshaus in seinen Schutz stellte? Seine Geschichte las sich wie eine Schreckenschronik. Man errät die Gründe sehr leicht; es waren die üblichen.

Leider, sie gelten auch für die ehemalige Kathedrale Sainte-Marie. Von ihr, die der Stadt den Rang eines großen Erlebnisses am Pilgerweg sichert, blieb nur das Kirchenportal ursprünglich bewahrt, wenn auch ein wenig renoviert. Es entstand, als Gaston IV von Béarn, der sich bei der Eroberung von Jerusalem hervortat, heimgekehrt sein Land in der Gewalt von Sarazenen fand. Er verjagte sie und stiftete zum Dank eine Kirche, die den Namen der Gottesmutter trägt.

So ist ihr Portal fast zum Triumphtor geworden. Ein stämmiger Mittelpfeiler, den, ähnlich Morlaas, zwei aneinander gekettete, unter der Last keuchende Sarazenen tragen, stützt das mächtige Tympanon und läßt zwei Torflügel entstehen. Jede der Türen überfängt ein eigenes, kleines Tympanon, übrigens späten Datums: Christus hüben bedroht, drüben umschmeichelt von Löwen, Symbolen der gefährdeten und der siegreichen Kirche. Sie wiederum überwölbt das Haupttympanon mit der Darstellung der Kreuzabnahme. Schon ist die rechte Hand des Herrn vom Nagel gelöst; steif fällt der Arm der assistierenden Maria Jakobäa entgegen. Rechts müht sich Nikodemus, den Körper stark zurückgebogen, den Nagel der Linken mit erhobener Zange zu lösen, während Joseph von Arimathia den zusammensinkenden Leichnam eng mit den Armen umschließt, um die Last zu halten. In den Außenseiten rahmen die Gottesmutter und Johannes das traurige Geschehen. Tiefe Ergriffenheit waltet hindurch.

Kaum Zufall, daß ihr Meister die Szene als Flachrelief wiedergab. Das körperliche Schwinden von dieser Erde soll ausgesagt werden; alle realistischen Details außer den notwendigsten fehlen. Sind es imaginäre Erdschollen, die so stilisiert gleich einer überschlagenden Woge die Füße Josephs von Arimathia tragen? Sind es Kissen, auf denen die übrigen Personen stehen? Die Andeutung mußte genügen. Wichtig aber war, daß Sonne und Mond in der Verhüllung der Trauer über die Kreuzesarme lugen, wichtig auch, daß dieses Marterholz Edelsteine überziehen. Stellt es seither nicht ein Symbol der Opferung dar? Ein Chrismon darunter, abermals tiefer der gehörnte Kopf eines Tieres mochten als Heilszeichen und – vielleicht – Emblem de Béarn verstanden werden. Entscheidende Bedeutung kam schließlich dem bewegten Faltenflug der Gewänder bei den teilnehmenden Personen zu. Ihr Schwung will die innere Dramatik des Augenblicks spiegeln. Sonst bleiben die Platten von jeder Darstellung frei, und gerade darin liegt die exemplarische Wirkung. Nichts konnte neben diesem Augenblick bestehen, als die Leere. Wie hatte die Droste die lichtlose Stunde im ›Geistlichen Jahr‹ beschrieben?

»Ein Schweigen grausiger als Sturmestoben
schwamm durch des Raumes sternenleere Gassen ...«

Archivolten überrunden das erschütternde Geschehen, bleiben im innersten Bereich bar allen Schmuckes, um sich nur zaghaft mit Zierat zu beleben. Erst dann folgt jenes Szenarium, das dem kostbaren Kunstwerk die einzigartige Fülle des Daseins verleiht: in dichter, gedrängter Folge werden Darstellungen des mittelalterlichen Lebens in Oloron vorgeführt. Stehen dahinter die Verse des Matthäus-Evangeliums, der Himmel gleiche einem König, der seinem Sohn die Hochzeit ausrichtet? Gewiß bleibt nur, daß die Vorbereitungen zu einer festlichen Mahlzeit ihr Hauptthema bilden. Da trägt man den Käse heran, bindet der Küfer das Faß, wird das Schwein geschlachtet, der Schinken geschnitten, der riesige Salm herangeschleppt und für das Mahl hergerichtet. Aber es sind auch andere Tätigkeiten geschildert. Ein Mann tritt mit der Hippe auf, um auf dem Feld zu arbeiten, ein anderer trägt den Schmiedehammer. Geht es also um mehr als ein Fest, nämlich das tägliche Leben schlechthin, das hier sub specie aeternitatis geschildert wird? Der gewaltige, mehrfach gezeigte Salm könnte doch auch bekunden, welche Rolle der Fischfang in den Gaves derzeit für die Menschen spielte.

Alle Beteiligten sind angetan mit weiten, bis auf die Wade fallenden Hosen. Daß die Satansfratze inmitten dieser Folge auftaucht, so wie in der Königsarchivolte darüber das mystische Lamm? Er lauert im Alltag doch immer, mag das sagen. Ein bedeutungsvoller Umstand kommt hinzu, dem man erst nach einiger Versenkung Beachtung schenkt. Aller Augen sind mit ekstatisch hochgezogenen Brauen dargestellt. Da ist denn wohl doch davon auszugehen, daß sie eng mit dem visionären Geschehen verflochten bleiben ...

Denn daß hier eine apokalyptische Vision gemeint war, bekunden die vierundzwanzig Ältesten im äußeren Halbkreis, deren Auftreten im Kommentar des Beatus wurzelt, wahrscheinlich aber von Moissac angeregt ist. Nicht freilich mit Bechern wie dort, sondern mit orientalischen Phiolen, die sie in den verschiedensten Haltungen tragen, hingehockt wie es gerade kam, offenbar, um auch bei ihnen die innere Bewegung darzutun. Die Augen weit geöffnet und – wie bei allen mitagierenden Lebewesen – mit Steinchen in Schwarz und Weiß inkrustiert, um sie blickhaft zu machen. Die Körper obendrein ockergelb bemalt, damit sie auch farblich hervortreten. Eine Fassung, die nach Expertenmeinung allerdings nicht als ursprünglich gilt. Kurz, jedes Ausdrucksmittel ist benützt, um die Wirkung zu steigern. Natürlich wird das allenthalben, wo es nur angeht, von Ungetier, Symbolen des Bösen umlauert und in polare Spannung gebracht. Am sichtbarlichsten durch zwei Figurengruppen. Rechts reitet nach Art der Konstantinsdarstellung ein Ritter aus der Wand hervor, in dem wir vermutlich Gaston IV, den Sarazenensieger, zu erblicken haben; unter den Hufen des Gaukes krümmt sich ein bärtiger Mann, vielleicht ein Häretiker. Zur Linken verschlingt ein Löwe als Verkörperung Satans, gestützt auf ein weiteres Monster, einen Menschen mit der landesüblichen, kurzen Hose.

Da hat man's, das Abbild der Zeit, in der die Pilger zogen. Ihr Denken, Fühlen, Tun und Treiben, ihre Furcht, ihre Hoffnung, die im Opfertod Christi beruht. Es lassen sich weitere Anspielungen entdecken. Links und rechts oben in den Zwickeln der Archivolten finden sich zwei kurzberockte Relieffiguren eingelassen, die Rätsel aufgeben. Sind es, wie man lesen kann, Leibwächter aus dem kaiserlichen Palast in Byzanz, die Gaston auf seinem Kreuzzug im Gefolge Raimonds von Saint-Gilles erblickte? Sie befanden sich offenbar früher an anderer Stelle. Die Hand in die Hüfte gestützt, macht der Hellebardenträger die Bewegung eines Schutzmanns, der jemand heranwinkt; der andere mit der Lanze streicht sich den Schnurrbart in der köstlichen Attitüde aller Korporäle der Erde.

Auch die letzte Frage, wer hier im 12. Jahrhundert am Werk war, läßt sich nicht eindeutig klären. Vermutlich durchwandernde Meister, die sich auf der großen Route befanden …

Zum Somport hinan

Nach unerträglicher Schwüle hat es in der Nacht ein Gewitter gegeben. Noch um sechs Uhr früh ist es draußen rabenschwarz; Wasserwände rauschen hernieder, geisterhaft zuckt ein letzter Blitz, rollt ein langes Echo durch die Bucht der Vorberge. Dann wird es endlich still, aber es mag Stunden dauern, ehe das Wasser abrinnt. Ans Wandern läßt sich nicht denken. Wir hatten uns das so schön ausgemalt, dem Gebirge in die Arme zu laufen, Eugen irgendwo an der Straße wartend, und so im Wechselspiel zwischen Fahrzeug und Fußmarsch weiter. Die Strecke will ja bewältigt sein, weit mehr als fünfzig Kilometer bis zum Somport. Der Wagen muß sofort herhalten, es hilft nichts.

So geht es zu, daß wir trotz verspäteten Aufbruchs plötzlich viel zu früh dran sind und uns schon vor Mittag tief, tief im Aspe-Tal bei Accous befinden, wo das Wetter keine Gewalt mehr über uns hat, als sei es niemals gewesen, und die riesenhaften Berge den plötzlich weit gewordenen Grund der ›Sieben Dörfer‹ so einladend umstehen wie auf einem Werbeprospekt. Im Hintergrund ragt der Felskamm von Arapoup auf, rechts voraus der Pic de Burcq im Neuschnee. Um uns wuselt das Gedränge einer Schafherde mit semitischen Köpfen und gedrehten Hörnern, die man erst jetzt bei abgetrocknetem Gras auf die Weide treibt. Wir sitzen darin gefangen, und ich habe meine melancholische Stunde, weil alles so prächtig mißlingt …

Denn Saint-Cristau seitab unter den grünen Bäumen, die erste Pilgerstation, hatte liegen bleiben müssen, so troff es von allen Zweigen. In *Escot,* das ich unbedingt sehen wollte, weil hier früher die Zone der ›fors‹, der Sonderrechte für die Montagnards begann, auf die man noch Louis XI von Frankreich schwören ließ, ehe er passieren durfte – in diesem Escot, mit dem das Vallée d'Aspe eigentlich anhebt, war es dasselbe. Der Gave neben uns schäumte aufgebracht, und die wasserumwaberten Wagen auf der ›Nationale‹ warfen im singenden Hornissenton der nassen Reifen Dreckschleier über die Scheibe.

Erst in *Sarrance,* dem Wallfahrernest ein paar Meter hoch neben der Straße, schien es friedlicher. Aber was war das nun? Das Klösterchen, mitten im strengen Häusertrakt um eine der siebzig wunderbarlich von einem Hirten oder Stier aufgefundenen Jungfrauenstatuen Frankreichs gebaut, wie ausgestorben. Grabesruhe in der niederen, buntgemalten Kirche; das Ewige Licht brannte einsam. Im doppelstöckigen Kreuzgang spielten die vorgebauten Schiefergiebelchen ihre Tropfmelodien ohne jegliches Publikum. Bei einem jungen Mädchen, das mit einem fest unter dem Kinn zusammengehaltenen Umschlagtuch vorbeilief, habe ich versucht, nachzufragen, wo denn die ›Marguerite des Marguerites‹ gehaust und ihren ›Heptameron‹ geschrieben habe. »Oh das«, sagte die Kleine verlegen, »verzeihen Sie, Monsieur, wenn ich zum Bäcker muß, wir haben noch nicht vor die Tür gekonnt.« Von Pilgerherberge ohnehin keine Spur, und es hatte hier doch eine gegeben.

Wenigstens hoben sich draußen die Schwaden, rauchten sie durch den weiten Kessel aus Bergen und Schroffen, Wäldern und geschwungenen Kuppeln im Umkreis wie durch einen Krater davon; sogar ein Fetzchen Himmel kam zum Vorschein. ›Fac ut ardeat cor meum‹, habe ich auf dem Sokkel des Kalvarienberges im Klostergarten gelesen. ›Mache mein Herz brennen‹, gab ich preis, als ich triefnaß bis zu den Knien und klamm vor Kälte zum Wagen zurückkam. Eugen sah mich bedenklich an. »Fahren wir weiter«, meinte er nur.

So also endlich *Accous,* wo alles längst zuende und vom langen Aufruhr der Elemente nichts mehr zu sehen war als ein graues Wolkengeschiebe im Norden. Ich hatte den Besuch beim Dorfpfarrer im verzwickten Ort bereits hinter mir. »Pilgerherberge?« sagte er mürrsich, weil er zu Tisch wollte, »davon weiß ich nichts. Wir haben andere Sorgen.« ... »Wie wäre es mit *Lescun?*« meinte meine Frau sehr sanft, als ich zurückkehrte und die Schafherde längst davon war. Eugen zögerte. »Dann sind wir endlich aus diesem Tal«, kommentierte sie. Für eine Mittagspause schien der Vorschlag nicht übel. Gegenüber Estanguet ging es steil in den Berghang, Kehre um Kehre; die Tiefe sank immer tiefer, die Berge stiegen noch höher. Droben alles Weite und Licht ...

Es erwies sich, daß meine Frau über eine Sehergabe verfügte. Über die Kuppe, vierhundert Meter über dem Talgrund, zog sich ein Dorf, durchrankt von einer Straße mit Bruchsteinhäusern, am Ende einladend ein Hotelchen, von dem der Saumpfad zum Pic Anieto emporstieg. Ein schönes Haus über uns, die wir am Sonnenhang rasteten, äugte freilich mit leeren Fensterhöhlen ins Weite, doch sonst zeigte sich alles sauber wie nach dem Hausputz.

Uns aber lockte nach dem trüben Morgen die Sonne. Der Blick fiel über eine Hochprärie, Hügel nach Hügel, in weitem Umkreis umrundet von den erlauchten Massiven der Pyrenäenkämme mit Graten und Wänden; genau im Westen ragte im wundervollen Grauviolett des Dunstes, vielgezackt die Table des Trois Mages auf. Knapp unter uns bog das Sträßlein, auf dem wir heraufgekurvt, als Fahr-, sodann Höhenweg nach Süden bis dort, wo eine silberne Kaskade aus dem düsteren Schoß der Wälder am Bergsockel stürzte. In einer Eingebung griff ich nach der Karte. Es war die Jahrtausende alte Römerroute, die über den Col de Palo, vorbei an La Mina ins Hecho-Tal und Siresa über dem Rio Aragon Subordan führte – Siresa, das ich mit seinen stützenden Arkaden, dem Bruchsteingemäuer und der kostbaren Musterung des Bodens der Kirche aus hochkant gepflasterten Kieseln von Bildern her kannte: Spanien! Ein wenig geriet ich ins Träumen. Das lag nun alles vor uns. Eugen machte ein Nickerchen; wie wohl das tat, die Sonne nach der Kühle des Morgens! Bis meine Frau erschreckt hochfuhr: »Es wird Zeit, wenn wir Borce noch sehen wollen ...« Borce war unser erklärtes Ziel, die letzte Pilgerherberge vor Santa Cristina. Hatten wir diesmal mehr Glück?

38 *Von der spanischen Grenze nach Lourdes: der Gave de Gavarnie, hier mit den Pyrenäen im Hintergrund.*

39 *Der Cirque de Gavarnie – der eindrucksvollste einer Reihe von ›Cirques‹, hoch von Felsbarrieren umschlossenen Gebirgskesseln in den mittleren Pyrenäen.*

40 *Der Col d'Aubisque, etwa 40 km südlich von Pau.*

Kurz darauf rollte der Wagen erneut tief durchs Tal; es konnte nicht weit sein, vorbei an Celle-Eygun, wo die Eisenbahn, die durch den Aspe-Grund fährt, zumeist in Tunneln, wieder einmal zum Vorschein kam. Zur Rechten führte ein Sträßlein halbhoch in den Berg, daran fern ein Dorf. *Borce,* das mußte es sein. Nach ein paar hundert Metern an einer leichten Biegung ein Haus mit Spitzdach und Rundbogentor. Davor schoß aus dem Steilhang ein Bach in einen neu gerichteten Ableitungsgraben. Südwärts wies das Gemäuer eine Ausbuchtung mit einem kleinen Fenster auf. Wir hielten, traten voll Spannung näher: war es die alte Herberge?

Das Tor stand offen, drinnen sortierte ein Mann, der uns rätseln hörte, seine Zwiebeln, richtete sich nun auf und lachte: »Sie können ruhig deutsch mit mir sprechen.« Er war Kriegsgefangener in Niederbayern gewesen und hatte es bei einem alten Bauernpaar, das den einzigen Sohn in Rußland verlor, sehr gut gehabt. Vom Haken neben der Tür holte er eine verblichene Landserjacke mit sorgfältig entferntem Hoheitszeichen, von dem eine dunkle Spur geblieben war. »Die dunkle Spur der Zeit«, sagte er dann. »Darin haben sie mich mit dem Transport nach Hause geschickt; es war nichts anderes da – übrigens Ihre Pilgerherberge, à votre service.« Es war ein wacher Mann meines Alters, das Gesicht schon etwas zerknittert.

Die Herberge von Borce! Wie oft hatte mein Auge an diesem Namen gehangen, und nun stand sie vor mir. Hinten verdämmerte der Raum, öffnete sich zu einem Nebengelaß, die Ausbuchtung, die wir von draußen sahen: die Jakobuskapelle, dürftig durch die Scharte erleuchtet, heute als Heustadel benutzt. Konnten wir auch genug erkennen? Es befanden sich verblaßte Malereien an der Wand, sehr alt, eine Art Fries, in barockem Schwung hingestrichen, großmächtige Blumen und Geranke. Über das flache gotische Gewölbe zogen sich Rechteckrippen. Geschlafen hatten die Jacquaires natürlich droben auf dem Tennenboden. Eine Leiter führte hinan. Wenn ich wollte, durfte ich Probeliegen, um zu sehen, daß es nicht so wie auf einer Matratze war.

Der Dachstuhl darüber geräumig, holzgewölbt, blaudunkel mit wechselnd roten und ockerfarbenen Sternen betupft.

Verschiedene Bretter weggebrochen; uraltes Gebälk kam zum Vorschein. Später hatten hier bei einem Durchmarsch napoleonische Soldaten logiert und die kleinen, karikierten Männchen in Uniform auf die gekalkte Rückwand gezeichnet. »Generäle«, schmunzelte unser Mentor. Drunten gab es ehedem ein altes Weihwasserbecken; was das Waschen anlangte, fand sich draußen am Sturzbach die beste Dusche der Welt. Alles ganz einfach, alles wie gestern gewesen, und es fehlten nur die Jacquaires, die durch die Tür eintraten und ihre Wanderbeutel ablegten, um es wieder in gelebte Gegenwart zu verwandeln.

Durch die Gorge du Pont d'Enfer sind wir weitergerollt. Links führte der ›Chemin de Mâture‹ ins Geklüft der Gorge de Sescoué, ein abenteuerlich in den Fels geschlagener Saumpfad, auf dem die Schiffsbauer aus Bayonne früher die Hölzer für ihre Masten aus dem Bois du Pacq drei Stunden weit in den Wäldern holten, um sie bei Hochwasser auf dem Gave talab zu flößen. In düsterer Steilwand zeigten sich die Luken und Kavernen des alten Forts du Portalet, in dem während des Zweiten Weltkriegs mißliebige Personen gefangen saßen. Kurz darauf kam *Urdos,* die französische Zollstation, endlich hinter dem Ort der Weg vom Col d'Ayous, in dessen Nähe ich gestanden und zurück gemußt hatte. Worauf sich die Straße in langen Windungen hob; rechts ging es zu den Forges de Abel ab, nur noch Reste vom wuchernden Grün umschlungener Arbeitshallen, bei denen sich die Bahn endgültig im Berg verkriecht, um erst in Canfranc wieder ans Licht zu kommen.

Von hier aus sind wir zu Fuß weitergestiegen, wollten den Schluß nach Pilgerart hinter uns bringen. Denn nunmehr begann der eigentliche Paß, schien einer Wendeltreppe abgeschaut, immer durch Baumschleier hinan. Die Brust keuchte mühsamer von Schritt zu Schritt. Bis auf einmal die Bäume zurückblieben und alle Beschwer vergessen war. Ein unsäglicher Anblick bot sich dar, ganz auf große Farben gestellt: zartblau die Ferne, die roten Berge mit den beglänzten Schneehauben um ihren mächtigen Kessel aufbrennend in der Glut des beginnenden Abends. Aus violettem Grund stieg eine fast weiße Kalkklippe neben dem zögernden Oliv einer grasigen Kuppe. Denn schon verflachte die Steigung, bog die Straße seitab von Schafhaltereien und Höhenpfaden über die eigentliche Grenze hinab.

Aragon, von tausend Gedanken umworbenes Ziel, öffnete sich, wie es vor den Jacquaires gelegen hatte. Auch wenn die Spanier hinter dem Col als Gerümpel der Zeit eine Reihe Sporthotels in die Hänge postierten. Es war uns etwas feierlich zumute, und ich glaube, es ging den Pilgern nicht anders.

Etwas tiefer am sumpfigen Kahlhang zeigten sich aufgegrabene Spuren. Dort hatte *Santa Cristina,* die große Herberge des Mittelalters, gelegen. Kein Stein mehr auf dem anderen. Aber in den Gräben sah man die roten Fundamente noch tief in den Boden versenkt, hier und dort gar einen kleinen, gemauerten Bogen. Fünfzig Meter schritt ich als Längendimension ab, fand die Lage einer Apside und die von Kammern und Gängen heraus, aus deren Fenstern der Blick unmittelbar auf den Rio Aragon fiel, hier noch ein Bach, der aus den nahen Höhen kommt und es eilig hat.

Ob den Jacquaires bewußt war, was die Ersteigung der großen Barriere des ungeheuren Weges bedeutete? Sie hatten ein Fanal für die Nachwelt aufgerichtet und schweigend jene selbstgewählte Aufgabe erfüllt, die in der geleisteten Überwindung besteht, »pour rompre la muraille«.

EPILOG IN ARAGON UND NAVARRA

Halbmond und Jakobsstern

Es hat dem Mönch Beatus de Liébana, der um 788 die ›Kommentare zur Apokalypse‹ für den Gebrauch seiner Mitbrüder schrieb, trotz des Friedens seines asturischen Bergklosters, kaum Mühe bereitet, sich in die notwendige Stimmung zu versetzen. Er kannte die Endzeitschrecken. Seit fast achtzig Jahren streifte ein Feind durchs Land, dessen Reiterhorden gnadenlos niedermachten, was ihnen unter den Krummsäbel kam. Er kannte den kalten Schwelgeruch verbrannter Dörfer, den unerträglich süßlichen Gestank der Verwesung und die dumpfe Ergebung der Menschen, die kniend den Todesstreich empfingen oder sich willenlos in die Sklaverei treiben ließen. Allahs Sonne über dem Abendland!

Spanien, wir vergessen die bittersten Stunden deiner Erniedrigung nicht, die deine seelische Kraft für Jahrhunderte lähmten, bis sie schließlich um so elementarer aufbrach. Sie haben dem Wesen deiner Menschen tiefe Spuren eingebrannt. Vom schwermütigen Umkreisen des Todes bei Gustavo Adolfo Bécquer bis zur Glut mystischer Hingabe einer Teresa de Jesús und der militanten Religiosität eines Ignatius von Loyola. Selbst die kalte Raubgier der Conquistadoren im Zeitalter der Entdeckungen, was bedeutete sie anderes als den jähen Gegenschlag des Pendels? Mochten letzte Überlebende in den Tälern Asturiens, Navarras oder Aragons schon frühzeitig aufbegehrt haben: Es glich mehr den letzten Zuckungen eines todwunden Körpers, wenn ein Pelayo 722 aus dem Hinterhalt über eine sarazenische Vorhut herfiel und sie bei Covadonga vernichtete – vielgepriesener Sieg der spanischen Geschichte, wie wenig brachte er ein! So mag es schwerer gewogen haben, daß in Navarra ein Iñigo oder Enneco Arista, daß im aragonesischen Zipfel von Jaca ein Aznar Galindez insgeheim die Menschen des Landes, dazu Flüchtlinge aus allen Himmelsrichtungen um sich scharten. Da bereiteten sich neue Staatsgebilde vor, die freilich erst nach langer Ohnmacht, internen Streitigkeiten oder selbst zeitweiligem Paktieren mit dem Feind soviel Stärke entwickelten, bis die Versprengten aus den Schlupfwinkeln des Gebirges wie am oberen Aragon zum Gegenangriff auf die islamischen Bastionen in der ›spanischen Ebene‹ um Huesca und Lérida anzutreten wagten. Großtaten wie die siegreichen Kämpfe um Calatayud, Daroca, Barbastro unter Mithilfe fränkischer, aquitanischer Kontingente dringen erst aus späterer Zeit an unser Ohr, als die Leidensschwelle der Jahrtausendwende längst überschritten war und Karls des Großen Eingreifen samt der Katastrophe von Roncesvalles von 778 oder die berühmte Schlacht von Clavijo gut fünfzig Jahre später sich in Heroenlegenden verwandelt hatten.

Allein, Geschichte ereignet sich keineswegs nur im Geklirr der Waffen. Sie vollzieht sich genau so im Alltag der Jahrhunderte, selbst in der Bauernkate oder der Klause des Eremiten. Die großen Leistungen erster Könige dieser Region sind durchaus nicht militärischer Art. Unter Ramiro I aus dem navarresischen Hause Pamplona, der durch Erbfolge in den Besitz eines Aragons gelangt, das im wesentlichen aus dem Raum um Jaca besteht, unter seinen Nachfolgern, besonders Sancho Ramirez, hebt im 11. Jahrhundert die Wiederbevölkerung des ausgebluteten Raumes an. Sei es durch Emigranten aus dem Innern Spaniens, die unter islamischem Einfluß besondere Formen der Lebensweise, des Bauens, der Liturgie entwickelt haben, sogenannte Mozaraber, die Kirchenanlagen, Klöstern und wiedererrichteten Städten ihre architektonische Eigenart einprägen. Sei es durch Einwanderer aus der Gallia Narbonensis, welche die auf Innerlichkeit gerichteten Vorstellungen benediktinischen Klosterlebens mitbringen; den Mönchsgemeinschaften kommt ja höchste Bedeutung zu. Als Hort des Glaubens werden sie zur Seele des Widerstandes. Schon entsteht in Sasave nahe dem Somport-Paß aufs neue eine erste aragonesische Diözese, wird in

Nuestra Señora de Iguácel eine örtliche Wallfahrtsstätte für das Tal von Garcipolera gestiftet, erwächst in Jaca die früheste romanische Kathedrale Spaniens, bei der die Stilbezeichnung gleichbedeutend mit dem Willen zur Anbindung an das christliche Europa ist und einen Wandel zur römischen Liturgie mit sich bringt. Die Beziehungen zu den französischen, italienischen Nachbarn verdichten sich ob des verstärkten Warenaustausches unaufhörlich. Von Narbonne führt die große Handelsstraße über Oloron und den Somport nach Jaca und Pamplona, nach der Wiedereroberung von Saragossa auch dorthin. Barmittel kommen durch die Zölle zwischen Canfranc und Jaca ins Land, von denen ursprünglich auch erste Santiago-Wanderer nicht ausgenommen werden. Neue Zuströme von Menschen ergießen sich in die Täler, die man nicht lange nach ihrer Vergangenheit fragt, sondern in Freistätten ansiedelt, mit ihnen Handwerker, selbst angeworbene Herbergswirte. Auch militärische Erfolge sind dieser Zeit beschieden. Das Wunder des spanischen Wiederaufstiegs hat begonnen. Freilich, unter wieviel Opfern!

Doch dann erlischt die Lebenskraft der ersten Dynastie der ›Ramirez‹. König Ramiro II hinterläßt nur eine Tochter, Petronila, die am 11. August 1137 in Barbastro den katalanischen Grafen Ramon Berenguer IV von Barcelona heiratet. Ein zweiter Königsstamm mit mittelmeerischen Erfahrungen übernimmt die Herrschaft der so vereinigten ›Reiche‹, aus dem ein Alfonso II, ein Peire II – derselbe, der vor Muret fällt – ein Jaime I, el Conquistador zubenannt, hervorgehen, der Aragon weit über Teruel ausdehnt.

Und nun wächst alles ins Große. Bald wird der Name Aragon auf Neapel und Sizilien überspringen, König Fernando II von Aragon im tatkräftigen Bund mit Isabella von Kastilien 1492 gar der endgültige Sieg über die Mauren beschieden sein, deren Herrschaft siebenhunderteinundachtzig Jahre, mehr als Dreiviertel eines Jahrtausends gedauert hat. Aber im Namen Fernandos klingt gleichzeitig etwas Neues, anderes auf. Er willigt trotz kaum erschwinglicher Kosten ein, daß Columbus, der sein Glück vergeblich bei anderen Thronen versucht hat, aus spanischen Häfen zur Erkundung des ›Seeweges nach Indien‹ ausläuft und Amerika entdeckt. Noch glücklicher erweist sich trotz aller menschlichen Schwächen und Leiden die Verbindung seiner Tochter Juana mit Philipp dem Schönen von Habsburg, aus der Kaiser Karl V. hervorgeht, als spanischer König Carlos I genannt. Beide Ereignisse machen Fernando von Aragon in der Folge zum Ahnherrn einer ›Hispanidad‹ von weltumspannender Größe – wer könnte sich solche Ausblicke versagen!

Wenn man so will, hat das zu seinem Teil in dem uralten Jaca begonnen, durch das jahrhundertelang die Pilger vom und zum Somport zogen, wie nunmehr auch wir, die wir vom Pyrenäenkamm mitten hineinliefen in eine der Wochenstuben spanischer Geschichte.

Es war ein anderes Land, in das wir kamen, gewaltige Gebirge mit bizarr aufsteigenden Felsen wechselten mit fruchtbaren Tälern. Ortschaften, Städte suchten auf der Höhe der Mallos, Erhebungen aus Nagelfluh, Zuflucht vor den Gefahren der Ebene, boten sich gar dem Himmel als Opfertisch dar. Denn ohne Bereitschaft zum Opfer gewährt die Geschichte weder Sieg noch Schutz!

Daß sich hoch am oberen Aragon-Lauf, an der Straße vom Somport nach Jaca nur wenig aus jenen frühen Epochen erhielt, die das Wesen des Landes prägten, mutet verständlich an. Eine Völkerstraße kommt nicht ohne Narben davon. Da hat zuletzt die Eisenbahn, dann eine Autostraße hergemußt. Aber lag nicht abseits auch *Sasave* in der Einsamkeit der Weite hinter Borau, bereits in westgotischen Zeiten Sitz eines Klosters, nach den Sarazenenstürmen Residenz des Bischofs? Dort mußte man doch erkennen, unter welchen Vorbedingungen Aragon aufgestiegen war. Vom letzten Ort, Borau eben, ging es eine Stunde zu Fuß im Flußtal des Lumbier ins Menschenleere. Gerade als ich am Gelingen meines Vorhabens verzweifelte, sah ich voraus ein kastenartiges Gemäuer aus der Zeit um 1100 liegen, San Adrian de Sasave selbst, tief im Gesteinsstrom des ausgetrockneten Bergwassers versunken.

Es mußte auf einer Landspitze am Zufluß eines Baches gestanden haben. Ein aufgeworfener Steinwall zog sich herum, offenbar Resultat eines Bergungsversuches. Zum

Portal mit der offenen Holztür führte ein Trepplein hinab, von blaugrünem Wasser überspült. Durchs Fenster des halb verschütteten Chores ließ sich drinnen ein kleiner See gewahren, aus dem der bleiche Umriß des versunkenen Altares geisterte. Eine Bischofskirche? Eher eine nachgebaute geistliche Villeggiatur; immerhin hatte der Oberhirte hier einst residiert. Was sich an Architektur erkennen ließ, war auf die einfachste Formel gebracht, nur kahles Mauerwerk, einzig am Dachsims des Außenchores etlicher Schmuck: Margeritenblüten, eine Hand mit einem Kreuz und ein Frauenkopf, Anspielungen auf die Patrone San Adrian und Santa Natalia.

Da hatte man ihn, Aragons Geist der Frühe, seinen Willen zum Aushalten und Überleben in einer Wüste aus Stein. Nichts als das Notwendigste, bergende Mauer, der Opfertisch und der Hinweis, wer in Himmelshöhen darüber wachte. Wer macht sich dergleichen schon klar, wenn er von der Reconquista hört? Strenge Waldhöhen sahen auf die Szene herab, die einst in wüster Sturmnacht wilde Regenfluten aus den Bergen durchtobt haben mußten, die alles andere, was um das winzige Gotteshaus lag, fortrissen ...

Die andere Erinnerung an die Frühzeit, *Nuestra Señora de Iguácel,* nahm sich freundlicher aus. Ein Sträßlein führte nahe Castiello de Jaca nach Osten, vorüber an dem völlig verlassenen Ort Arcin durch Stangenwald zum Bett des Iguácel, der sich nur auf knöcheltief überronnener Staumauer queren ließ. Also Schuhe und Strümpfe aus! Drüben ging es dreiviertel Stunden hinan, bis die alte Einsiedelei, gleichfalls ein Kastenbau, aber von edelstem Zuschnitt im Schoß der Berge, auf einer Lichtung erschien. Im Hintergrund stob ein Wasserfall hoch herab. Aus dem Innern quoll Staub, scholl Gehämmer, Steinmetzen werkelten daran herum. Leider, hinein konnte man nicht. Doch ließ sich am Außengemäuer islamischer Einfluß erkennen: ein ›Alfiz‹, eine mozarabische Rahmung, umzog die Fenster und am kleinen Portal besagte eine uralte, wunderbar in den Stein gemeißelte Inschrift, daß der Bau 1072 in der jetzigen Form erneuert war. Ein Datum von hohem dokumentarischem Rang, weil einige der Kapitelle im Innern Motive aus Jaca wiederholten, die Kathedrale des Landes also schon vorher bestand. So ließen sich die Anfänge wenigstens annähernd datieren, aber auch, wie lange der mozarabische Geist in romanischer Zeit noch fortgewirkt hatte. Ein tiefer Einblick in die aragonesische Seele gab sich preis, das Herbe durch den Adel der Form zu erlesener Wirkung erhoben, mochte es auch von den Erinnerungen einer schweren Zeit durchgeistert sein. Beharrung und Künftiges durchtränkten, steigerten einander.

Sehr passend offenbarte sich nebenbei ein anderer Wesenszug der aragonesischen Mentalität, der zweifellos in der Geschichte wurzelte: ihre Sympathie für den Fremden. Kaum sah mich einer der Werkleute, der eben unter Geträller ein Huhn für das Mittagsmahl zerlegte – das Fett schrie bereits in der Pfanne über dem offenen Feuer – als er mir seinen Weinbeutel darbot. Gewollt oder nicht, mußte ich einen langen Strahl in den Mund springen lassen und die samtrote Kurve nach Landesbrauch ›abbeißen‹, wie man sagt. Als es gelang, nickte der Brave befriedigt. So sind sie, stolz darauf, dem anderen eine Freundlichkeit zu erweisen.

Da sie spät essen, war die Uhr bereits vorgerückt. Wir mußten an den Rückmarsch, die Weiterfahrt bis nach Jaca denken und langten doch erst bei Dunkelheit an. Ein stilles Hotel fand sich am Stadtpark, die Zeit reichte nur noch zu einem kleinen Rundgang, vorbei an der Santiago-Kirche im westlichen Stadtteil natürlich. Eine Abendandacht mit viel alten Frauen ging eben zuende. Der uralte, präromanische Turm verdämmerte hoch über uns, aber das Innere zeigte sich ganz renoviert, und außer einem alten Kapitell, das als Träger des Weihwasserbeckens diente, ließ sich nichts Frühes sehn. Wenigstens gelang es, zum Abschluß noch ein paar Schritte an den Rand des Parkes über dem Aragontal zu tun.

Ganz unerwartet steigerte sich der Tag jetzt im Abend zu seiner großen Stunde: der Mond stand hinter uns. Vor uns die ungeheure Breite des Flußtales bis zum fernen Pyrenäenwall im Norden. Kein Laut. Die Luft war ganz klar, schneeüberglänzt die Grate der Höhen. Nur über dem Fluß lag leichter Dunst, während ungewisses Licht über den Feldern vor dem Gebirge geisterte; sogar der Schattenbogen einer hochgewölbten Brücke ließ sich drunten erkennen. Ein leichter Wind strich herauf, der das Laub der Silberpappeln im Stadtpark erschauern machte. Es gab im Grunde vor uns nichts Störendes, nicht Schornstein, nicht Fabrik, nicht einmal heranrollende Autos oder erleuchtete Fenster. Die ungeheure Stille der Nacht lag über dem Land wie vor einem Jahrtausend oder mehr, und grade dieses unermeßliche Schweigen ließ es gewisser als anderes erscheinen, daß das, was sich hier einst zutrug, erst gestern geschehen war.

Jaca oder Die verlorene Zeit

Ein Hornstoß, Wecken in der Ciudadela am Nordrand des Burgo Nuevo von *Jaca.* Der Ton flatterte hoch wie ein aufgescheuchter Vogel, ließ sich sodann energisch fallen, mahnte etliche Male und schwang sich endlich davon in den endlosen Raum zwischen der Festung und dem fernen Gebirge, dessen unentwirrbare Kette jetzt, im Morgen, rosenfarben über dem Dunst der Täler erblühte. Vermöchten wir die Kuppen genauer zu unterscheiden, es klängen darin lauter vertraut gewordene Namen auf, die uns hierher geleitet haben. Von der Brèche de Roland bis zur fernsten Ferne des Pico de Aneto der Maladetta-Gruppe.

Der auf Wache stehende kleine Soldat in der zu groß geratenen Uniform am Tor der fünfsternigen Zitadelle mit den zyklopischen Mauern und Bastionen, an deren Ecken die Wachhäuschen von einst wie Knospen einer Kaktee hängen, achtet nicht darauf. Er sieht auch nicht den mächtigen Umriß der Peña de Oroel, welche die Stadt im Süden gleich einem gestrandeten Riesenschiff überragt, von dem nur noch der Bug aus dem Wasser taucht. Nicht die gotische Bogenbrücke San Miguel im Tal, auf der die Santiago-Wanderer herangezogen. Selbst die glatten Festungsmauern, an deren Eingangsportal er auf der alten Zugbrücke hin und wieder schreitet, nimmt er längst nicht mehr wahr, nicht das große Wappen Philipps II. von Spanien über sich, der hier die alte Kirche des Burgo Nuevo, kurz ›Burnao‹ genannt, nebst dem Palacio, der Unterkunft für die Regular-Kanoniker von Santa Cristina, abreißen ließ, in der die Herbergsväter vom Somport 1558 Zuflucht fanden, als man ihrer oben nicht mehr bedurfte. Ein Bollwerk an dieser Stelle gegen die französische Grenze rund dreißig Kilometer nördlich in den Bergen schien der argwöhnischen Vorsicht des Königs geratener, und er behielt Recht damit.

Der kleine Soldat aus der Mancha, der an die Ebene gewöhnt ist, käme, nach Felipe Segundo befragt, in Verlegenheit; er muß in der Schule davon gehört haben, aber derzeit schien ihm das Fußballspiel wichtiger. »Déjate de historias«, denkt er jetzt noch, »was soll ich damit«. Dagegen nimmt er mit Wohlwollen die alte, gebeugte Gestalt in der Soutane fern auf dem Trottoir der Carretera wahr, die er jedesmal um die gleiche Zeit vorbeiwandern sieht, wenn er auf Wache steht. Es ist Don Galindo, Kanoniker der Kathedrale, dem man eine bequeme, abgelegene Wohnung mit frischer Luft aus den Bergen und mit der Hoffnung besorgt hat, daß er endlich resigniert und von seinem Amt zurücktritt. Aber er denkt trotz seines Alters, das biblische Maße längst überschritten hat, nicht daran, sondern nimmt in seiner ergebenen Sanftmut den doppelten Anweg in Kauf, um pünktlich zu Messe und Chorgebet zu erscheinen.

Der kleine Soldat sieht ihn, ohne ihn freilich zu kennen, gern, weil gleich die Ablösung kommen muß. Seit dem gestrigen Nachmittag steht er alle vier Stunden auf Posten; am Abend zuvor war es in der Cervezeria an der Calle Mayor spät geworden; so atmet er auf, als ein Kamerad seine Stelle einnimmt, und er schläft auf der Pritsche der Wachstube unverzüglich ein, volle zwei, drei Stunden bis zum Mittag. Don Galindo aber sitzt unterdessen erneut im Chor der Kathedrale am Mercado unter den rotweiß gekleideten Amtsbrüdern und respondiert auf die Vorleser mit etwas brüchiger Stimme wie die meisten der Herren. Alles wirkt alt, am ältesten die Kathedrale selbst. Ja, ist es überhaupt noch jener feierlich-strenge Bau, geschaffen von Italienern, die auf der Pilgerstraße heranwanderten und um die Mitte des 11. Jahrhunderts ans Werk gingen? Wo besitzt er seinen Glockenturm? In der Tat, er wurde nie fertig. Was sich sonst erhielt, ging in Umbauten unter; verloren der Kreuzgang, erst vollgestellt mit überflüssigem Kirchengerät, jetzt mit Skulpturen, Bildern, sogar ganzen von der Wand gelösten Freskenzyklen aus der Umgebung in ein Museum verwandelt. Wie diese Kathedrale einst aussah, läßt sich nur an der südlichen Chorapsis zur Calle Mayor erkennen. Freilich, wer nimmt noch wahr, daß sich hier der Geist der Pilgerstraße im Werk der Hände des Meisters von Frómista an den Metopen und Sparrenköpfen am reinsten offenbart?

Don Galindo hat nichts dagegen, daß seit Jahrhunderten Spitzbogengewölbe voll Kraft des Aufschwungs den alten romanischen Bretterplafond ersetzen; daß hoch in die Zwikkel Seitenfenster eingebrochen sind, die ihm das Lesen erleichtern; daß, wie könnte es bei einem Spanier anders sein, hohe Figurenretabel die Fluchten der Seitenschiffe in Kapellen unterteilen, goldstrotzend im Geflirre von Formen und Schnörkeln. Machen wir ein Ende mit der Nüchternheit dieser romanischen Arkaden zu den Seitenschiffen, will das sagen, die sind allenfalls für die Laubengänge eines Platzes gut, aber für eine Seele, die sich im Unendlichen verlieren will?

Allein, der alte Stil ließ sich nicht ganz unterdrücken. Tritt er an der edlen Kuppel der Vierung mit dem Wohlklang der reifen Form nicht offen zutage, sogar mit jener leicht fremdartigen Note, welche die maurischen Gurtbänder einbringen? Es gibt einen Punkt, da wird er sogar unausweichlich, soll die Kathedrale nicht ihre Identität verlieren! Wer durch die zwei Joche lange, tunnelartige Vorhalle, in der vielleicht einmal Pilger lagerten, auf das Westportal zuschreitet, stößt auf ein Tympanon mit einer verwirrend gedankenschweren Darstellung, in der sich Schriftzeichen und Bildwerk mischen, aus dem Jahr 1060. Zwei offenbar Buchmalereien nachempfundene Löwen schreiten auf ein aragonesisches Chrismon mit acht Speichen zu, die in stilisierten, griechischen Buchstaben die Apokalypse und den Namen des Herrn symbolisieren. Möge man gleichzeitig, fordert eine Umschrift auf, im P den Vater, im A den Sohn und im doppelten O, dem Omega, den Heiligen Geist erblicken, denn sie seien in Wahrheit ein und dieselbe Person.

In der Tat, eine verblüffende Umdeutung griechischer Schriftzeichen, mit der die tiefsinnigste Spekulation der christlichen Welt ins Bewußtsein gehoben wird. Nicht minder hintersinnig die Löwen, nach der Apokalypse Sinnbilder

Christi. Drückt der rechte die Verkörperungen des Bösen, Bär und Basilisk, nieder, richtet der linke den in Sünde gestürzten Menschen – eine Schlange in seiner Hand deutet es an – wieder auf, wie weitere Inschriften bekunden. Doch damit der Anspielungen nicht genug.

Der Oberrand des Chrismons nämlich wird von einer Querplatte begrenzt, die offenbar früher farbig gefaßt war. Sie beweist dem Betrachter nichts Geringeres, als daß die enigmatische Darstellung, so wenig künstlerischen Rang sie als solche besitzt, auf eine mozarabische Fassung des Beatus-Kommentars zurückgeht. Da rührt uns uraltes Geheimnis Spaniens an. Es ist keineswegs islamischer Einfluß am Werk, sondern koptisches und nordafrikanisches Erbe, das gleichsam unterschwellig fortlebte.

Noch freilich sind die Geheimnisse dieser Kathedrale nicht ausgeschöpft. Denn da ist die Kapitellskulptur, die dem einmal voll herber Größe hinwallenden Kirchenraum die Akzente verlieh, bis ihre kostbarsten Werke einer Erweiterung des Chores weichen mußten, um endlich in der Vorhalle des Südportales einen neuen Platz zu finden. Zum Teil geschlagen von einem Meister, der in Loarre gearbeitet hatte und an der Pilgerstraße weiter nach Frómista zog, wo man seine Hand am Chorhaupt leicht wiedererkennt. Oder vom nämlichen Künstler, der den vom nahen Seros stammenden Sarkophag der Dona Sancha, heute bei den Benediktinerinnen in Jaca, schuf. Schließlich vom Meister des Sixtus-Kapitelles. Bildhauer allesamt, die weit nach Spanien hinein und sogar bis nach Toulouse jenseits der Pyrenäen hinauswirkten: der ›Balaam‹, auf dem der falsche Prophet mit der Eselin dem Engel begegnet – welche harmonisch gelöste Bewegung der Figuren! ›Abrahams Opfer‹ mit dem in kühner Nacktheit auf einem Säulenring stehenden Isaak. Endlich ›David und seine Musiker‹ in seiner bewegten Gestaltenfülle das vielleicht bedeutsamste Stück. Da warten sie nun am kleinen Mercado von Jaca darauf, daß jemand ihre Botschaft vernehme. Wer freilich gönnt ihnen mehr als einen flüchtigen Blick? Alte, graue Kathedrale, erster romanischer Bau auf spanischem Boden: rechnet man die im Museum des Kreuzgangs auf nachgebaute Wände und Apsiden applizierten

Fresken aus Bagués, Osía oder Uriés hinzu, was bleibt dann von den üppigen Retabeln, mit denen eine spätere Zeit den Innenraum ausgestattet hat, mehr übrig als ein wenig Theaterdonner?

Es war in Jaca wie in der Pilgerzeit allenthalben. Die Not hatte den Glauben, das Bekenntnis die Kunst groß gemacht. Gewiß, der Versenkung bedurfte es schon. Die Kunst vermag nicht mehr auszusagen, als das Auge des Betrachters vernimmt.

Brüder, nehmt die Brüder mit

Freilich, genügte der winzige Zipfel von Jaca, um von einem Land zu berichten, das für die Pilgerfahrt so hohe Bedeutung besaß? Wir hockten auf der Terrasse des ›Somport‹-Hotels beisammen und hielten vor der Karte Kriegsrat. Über einige Zeit verfügten wir noch. Es war nicht weit, um zur Pilgerstraße nach Süden zu queren, auf der die per Schiff ins Land gekommenen Santiago-Fahrer von Barcelona heranwanderten und mit ihnen jene, die von Ripoll den Umweg über den Montserrat machten, um gemeinsam in Sangüesa auf die Jacquaires der Somport-Route zu stoßen. Ich dachte zwar an mein Buch, dessen Umrisse festlagen, und zögerte. Würde indessen ein letztes Abschweifen von der eigentlichen Tolosana zu barer Kenntnisnahme das Bild nicht bereichern? »Packen wir's«, sagte Eugen und stand auf, »in einer Stunde können wir in Huesca sein.« Da ihm die Mühe des Fahrens oblag, gab es nichts einzuwenden.

So kam es, daß bereits nachmittags Sabiñánigo, ein Stück des Gallego-Tales samt dem Paß von Monrepos hinter uns lagen und wir durch *Huesca* zogen. Wir sollten es nicht bereuen. Noch einmal kamen Tage, die gleich einem Wachtraum vorüberglitten – dem Traum von einem hochgestimmten Aragon, dessen Menschen nicht mehr im erbitterten Widerstand aus dem Hinterhalt erlahmten, sondern selbstgewiß, den Blick kühn erhoben, hinausritten, um dem sarazenischen Todfeind Stück nach Stück des okkupierten Landes zu entreißen. Sah er es nicht bereits als eigenes an? Zu welchem Zweck, wenn nicht für Dauer, entstanden seine

Moscheen, richtete er seine Taïfate, Kleinkönigreiche, ein? Trotz mancher Zwistigkeiten im maurischen Lager ließ sich auf einen inneren Zerfall nicht hoffen.

Dies war die eine Lockung für uns: der Geist der Ritterzeit. Die andere blieb der Pilgerweg, der hier dem weichenden Feind gleichsam auf dem Fuße folgte und durchaus politische Bedeutung besaß. Denn jeder Bedefahrer, woher er auch kam, brachte Zuspruch mit und manch einer blieb sogar als hoch willkommener Einwanderer im Lande. Es war eine friedliche Reconquista, eine Wiedereroberung oder Durchdringung, um die sich bald die Sage rankte, von der im Mittelalter soviel inspirierende Kräfte ausgingen: in Lerida hatte sich Jakobus auf seinem legendären Weg nach Galicia einen Dorn in den Fuß getreten und konnte nicht weiter; alsbald schickte der Himmel ihm einen Engel, der den schmerzenden Stachel mit wundertätigen Händen entfernte. Gott hilft den Seinen. Noch heute wird des Mirakels alljährlich in einem Volksfest gedacht. Die Route fand erstaunlich früh Zuspruch. In Monzón, in dem später der junge Sohn des vor Muret gefallenen Peire II und der Maria von Montpellier, der nachmalige ›Conquistador‹ oder Eroberer Jaime I unter der Obhut der Templer aufwuchs – in diesem Nest am Rio Cinca gab es schon 1096 eine Santiago-Kirche. Auch bare Neugierde mochte anreizen. Von der Eroberung Barbastros im fruchtschweren Somontano hatte sich Guillaume VIII von Aquitanien jene glutäugigen Sarazenensklavinnen mitgebracht, die seinem Sohn, dem ersten Troubadour, wenigstens nach einer Theorie der Gelehrten, das kunstvolle Singen beibrachten. – Waren nicht viele Mauren im Lande verblieben?

Huesca, das römische Osca in seiner weiten Ackerebene, in dem wir nun weilten, quoll von solchen und anderen Reminiszenzen über. Im Flug verrannen die Stunden vor den Ruhestätten König Ramiros II, den man 1147 in einem antiken Sarkophag in der Grabeskapelle von San Pedro el Vieijo beigesetzt, und Alfonsos el Batallador, den man von Montearagon nach hier überführt hatte. Oder da war der Kreuzgang der Kirche mit den Zyklen der Kapitelle vom Leben und Leiden Jesu aus der Zeit um 1160, sei es von der Hand des Meisters von San Juan de la Peña, von dem gleich zu reden ist, oder der seiner Schüler. Wir standen vor dem Chrismon des Tympanons der Kirche, jenem zweiten über dem Portal des Kreuzgangs, das die Dreikönigsszene überfängt; wir liefen durch alte Straßen, durch welche die Santiago-Wanderer gezogen, schritten über die Stufen der Calle Palacio – es hatte in Huesca erst einen maurischen, dann einen christlichen Palast gegeben – oder der Calle Petronila. Allenthalben ließen sich unter dem alten Gemäuer islamische oder mozarabische, wenn nicht gar römische Fundamente erahnen. Wir zogen durch die Calle Santiago zur spätgotischen Kathedrale mit dem Sterngewölbe über quadratischem Grundriß; er war identisch mit dem der alten Moschee, die der zeitgenössische Bischof Pedro von Huesca als vollkommenste auf spanischem Boden bezeichnet hatte, und die Kathedrale noch immer ein Anziehungspunkt, weil darin der kostbare Alabasterretabel des Donatello-Schülers Damian Forment hinter dem silbernen Hochaltar aufragt. Es hatte noch mehr solcher Heiligtümer des Islams gegeben, die in christliche Andachtsstätten verwandelt waren: die Kapelle Santa Cruz in der ehemaligen maurischen Zuda oder Burg, oder jene andere Moschee, die, in ein Gotteshaus zu Ehren des Herrn verwandelt, endlich der Geschichte zum Opfer fiel. Wie doppelbödig diese Erde unter dem gewaltigen Himmel doch war!

Doppelbödig noch in einem anderen Sinne! Denn nachmittags quoll diese morgens so stille Stadt von Menschen über. Dann traf man sich vor den Cafés unter den Arkaden der Villahermosa, hockte mit lebhaften Gebärden und blitzenden Augen beim Gin-Tonic oder einem Kaffee in dichten Menschentrauben um winzige Tischchen. Lachen quoll auf. Wie viel sie einander zu erzählen hatten! Der Boden bedeckte sich mit einer raschelnden Schicht achtlos fallen gelassener Zuckerpapierchen und Schalen von Sonnenblumenkernen, während sich zwischen den Sitzenden und den Geschäften im Rücken ein unablässiger Strom von Menschen hinschob, Kinder, Frauen mit Paketen beladen, viele in Umständen; Halbwüchsige, die sich einen Spaß daraus machten, mit geschickter Körperwendung an allen vorbei, durch alle hindurch zu drängen; einsame Alte, die sich mühselig an ihrem Stock vortasteten. Niemals fiel ein Schimpfwort, ein unablässiges Geraune von Stimmen lag über der treibenden Menge, während auf der Fahrbahn nebenan die Motorfahrzeuge vorüber rauschten, manchmal noch ein Pferdefuhrwerk mit einem mageren Rößlein dazwischen.

Nahebei im lichten Pinienschatten des Stadtparks hockten unterdessen die Matronen aus dem Volk, die auf die zappeligen Kleinen mit den tolpatschigen Beinchen aufpassen mußten und an endlosen Geflechten strickten, bis eine plötzlich erschreckt über dem Reden innehielt, um die Maschen zu zählen oder hinter einem kleinen Ausbrecher herzurennen. Die großen Stunden aber brachte erst der Abend. Dann begegnete sich, was grade erst beieinander gesessen, mit entzückter Umarmung und Wangenkuß von neuem, während in der nahen Calle de Berenguer schon wieder der Teufel los war, dichte Gruppen diskutierender junger Leute mit geschwungenen Fäusten beieinander standen; es gab hier ein viel besuchtes Studentenlokal. Wer aber dachte, es werde gleich zu einer Schlägerei oder einer Revolte kommen, wenn plötzlich alles davonrannte, um zehn Meter weiter das Palaver fortzusetzen, täuschte sich. Zwei riesige, gefleckte Doggen lagen malerisch hingebreitet auf den Trottoirs, schliefen schnarchend, kümmerten sich um nichts und niemand trat ihnen auf die Pfoten.

Dies also war das andere Huesca, das lebende, das sich über die Vorzüge eines Fußballers, eines Toreros oder auch die neuesten Accessoires der Mode stritt, eifervollen oder auch überschwenglichen Mundes, doch immer mit lachenden Augen, wozu über das Ganze der Losverkäufer seine weithin hallende Prophetenstimme erhob: ›Para hoy, para hoy‹ ...

Am nächsten Morgen hat uns die Pilgerroute des Südens wieder, schnurgerade verläuft sie durch die Ebene nach Nordwesten. Am Horizont stufen sich Berghänge empor, auf den blutroten Äckern reifen bereits die Mandeln, bis endlich *Loarre* in Sicht kommt, die älteste romanische Burg Spaniens, doppelt von Mauern samt acht Türmen umringt. Eine Anlage, die Kloster und Festung vereint, hoch überragt von der mächtigen Kuppelkirche, die König Sancho Ramirez hatte errichten lassen. Ein uneinnehmbares Bollwerk für den muselmanischen Feind, der immer wieder und immer vergeblicher anrannte, bis sich die gnadenlose Zeit für Aragon langsam in Sieg verwandelte. Von den Türmen und Terrassen, deren höchste sich nur mit Leitern erklimmen läßt, schweift der Blick über die ungeheure ›spanische Ebene‹ bis zu den Montes de Cuarte, die ein ideales Gelände für die jähen Attacken der maurischen Kavallerie bot, und da ließ es sich spüren, welche Bedeutung Loarre besaß. Es war die Mole, an der die Flut sich brach. Drunten gilbte es bereits, während hier oben die Wildblumen zwischen den herumliegenden Gesteinsbrocken noch hingebungsvoll blühten. Zuoberst aber stieß der Fels elementar hervor, halb von Gesträuch überwuchert, ein Dorado der vorwitzigen Ziegen; ihr Anführer mit dem mächtigen Gehörn gefiel sich darin, wie ein erzenes Standbild gegen die leuchtende Ebene zu stehen, als wir hinter der Höhe zurückbogen.

Ob die Pilger in Loarre Zutritt fanden? Im Tal ging es weiter, bis sie hinter roten Klippen *Agüero* liegen sahen, das zu ihren Stationen gehörte. Es besitzt auf der Höhe über sich eine ausnehmend schöne Santiago-Kirche, wenn davon auch nur ein geräumiger Chor steht. Welche Ausdrucksfülle in diesem Torso über dem Dorf und den Mallos de Riglos! Da kriecht auf dem Tympanon des Seitenportales in der Darstellung der Dreikönige einer der Magier auf dem Bauch heran, um dem göttlichen Kind den Fuß zu küssen; in der südlichen Apsidiole weckt der Engel die im Bett nebeneinander ruhenden Magier wie auf dem berühmten Kapitell zu Autun, und sichtbarlich waren der Meister von San Juan de la Peña, der Meister von Santo Domingo de la Calzada am Werke gewesen. Wie aber kam der elegante Bau in die Einsamkeit dieser Höhe? Doch zum Nachforschen bleibt keine Zeit.

Seltsames, von heroisch gestimmten Bildern erfülltes Aragon, das sich gleichzeitig so rückhaltlos der Lebensfreude überläßt! In *Uncastillo* war besonders zu spüren, wie mit der steigenden Sicherheit das Selbstbehagen gewachsen war. Es mußte Fiesta gewesen sein. Noch standen die Wagen herum, von denen die Leute dem Durchtrieb der Stiere zugeschaut hatten. Santa Maria mit ihrem Vorplatz, hoch überragt vom verspielten, spätgotischen Turm, schien ein Brennpunkt des Spektakels gewesen. Es war nicht übel gewählt, denn das Seitenportal mit den schmucken Gewändesäulen bestätigte, daß Gott nicht nur das Hochheilige liebte, sondern auch einen derben Spaß vertrug. Die lustigen Szenen auf den Archivolten, wo die Kuh neben dem Bauern bei Tisch saß, der Mann sich mit seiner Frau balgte, Musikanten aller Art aufspielten, eine Schafherde einherzog – was war das, ungeachtet hoher Kunstfertigkeit, anderes als der Geist Sancho Pansas?

Das Land draußen aber verleugnete seine herbe Note nicht. Hügelauf, hügelab zog sich über vier Stunden eine schattenlose Strecke hin. Nicht Baum, nicht Strauch. Wer seine Kalebasse nicht sorgsam gefüllt hatte, kam in Bedrängnis. Ein Tal mit Binsenwuchs, in dem Libellen und Schmetterlinge flügelten, war ein Ereignis. Zahllose Generationen von Weidevieh hatten magere Grasbuckel in Stufenarenen verwandelt. Auf Ödstreifen blühte manchmal ein Teppich von zartlila gefärbten Herbstzeitlosen, die sich in der Jahreszeit geirrt haben mußten. Bis die Linien der Landschaft plötzlich zu schwingen begannen und sich hoch über einer noch fernen Berghöhe der Finger eines Belfrieds erhob: *Sos del Rey Católico*. Das ist ein großer Name an dieser Strecke; Olivenbäume zollten ihm ehrerbietig Tribut, umkränzten die Hänge mit zarten Schleiern flirrenden Laubes; darüber erhoben die Häuser ihren Anspruch und staffelten sich Zeile um Zeile hintereinander, zuoberst nicht nur von jenem Wachtturm, sondern auch dem Glockenstuhl der Kirche San Esteban überragt.

Es war der Höhepunkt dieser Route: völlig bewahrtes Mittelalter. Stolze Gassen, gewundene Steige schwangen sich um die Kuppe, Blumentöpfe hingen in schattigen Mauerschluchten von den Balkonen, und im Schoß der hinauf- und hinabwandernden Sträßchen öffnete sich ein köstlich intimer Platz mit dem üppigen Portal des Ayuntamientos, einer Lonja zu einer Szenerie wie aus einem Degen- und Mantelstück. Treppen klommen zu Bastionen empor, vor denen das freie Land der Tiefe in zarten Nuancen vergilbte, während drinnen, am Ende der würdigen Calle Mayor aus dem offenen Oberteil einer Stalltür ein Schimmel mit den samtdunklen Augen des Märchens lugte.

Die ganze Stadt war ein Märchen, in deren höchstem Viertel sich der Kastenbau des Palacios de Sada lagerte, mit dem es eine besondere Bewandtnis hat. Am 10. März 1452 quartierte man darin die aragonesische Königin Dona Juana Henriquez ein. Sie befand sich, hoch in Umständen, auf der Reise von Sangüesa nach Saragossa und hatte offenbar den Zeitpunkt ihrer Niederkunft nicht richtig berechnet. Jedenfalls kam droben im Hofzimmer neben dem Rittersaal sehr plötzlich ein kleiner Infant mit »klaren Augen, heller Haut, gesund und wohlgestaltet« zur Welt. Die Herren der Eskorte, denen man das Neugeborene durch ein Zimmerfenster zeigte, brachen in Jubel aus, ein Thronfolger war da, der künftige Fernando II, der einst Isabella von Kastilien heiraten und die letzten Mauren aus Spanien vertreiben sollte. Drunten in San Esteban mit dem gotischen Portal und der eigentümlichen Passage unter der Kirche hinweg, die einen Blick tief in die Krypta gewährt, hat man das königliche Kind getauft ...

Unterdessen zogen durch eben diese Passage unaufhörlich die Pilger; sie verweilten kaum lange. Im nahen Sangüesa sollten sie die Hauptroute, die Vielvölkerstraße der Tolosana, und bald in Puente la Reina auch die Allvölkerstraße des Camino francés erreichen.

Sos del Rey Católico! Auch für uns schlug die Stunde des Abschieds von der aragonesischen Weite, um auf der alten Route von Jaca nach Westen einem der großen Augenblicke der Pilgerstraße entgegen zu wandern, dem größten Aragons. Aber das wußten wir zur Stunde noch nicht.

Felsenkloster San Juan de la Peña

San Juan de la Peña ist ein längst verlassenes Kloster in den Waldschluchten der gleichnamigen Sierra, tief versteckt unter dem Überhang eines mächtigen Nagelfluh-Felsens, der zu einem Waldtobel hinabstürzt. Die Pilgerroute von Jaca mußte weit südlich bis Bernués ausholen, um in langen Kehren nach Westen die Höhe der Sierra zu erreichen. Wir haben den Anmarsch von dort zu Fuß nachvollzogen. Was ahnt man schon von der Beschwer einer Zuflucht, fährt man im Auto vor? Denn um eine solche handelt es sich. Nein, um die Herzkammer Aragons.

Die Entstehung des Konventes reicht tief in mozarabische Zeiten zurück, auch wenn er später auf die Höhe des Waldes von San Indalecio verlegt wurde – noch steht von diesem Bau des 17. Jahrhunderts die Kirche – von dessen Rändern der Blick so überwältigend auf die Pyrenäen hinausfällt. Das versteckte Felsenkloster im halben Hang blieb gleichwohl, allerdings völlig restauriert, erhalten. Wer es sieht, wird über die Härte des Daseins erschrecken, der man sich aussetzen mußte, um zu überleben. Mag hier zwar niemals der Todesschrei der Überfallenen erschollen sein, der dicht von Wald umsponnene Ort ist allzu rauh; nur nachmittags fällt die Sonne in den von rötlichen Felsen umlagerten Grund, und sehr treffend hat Miguel de Unamuno, der 1932 hier weilte, die ersten Mönche, die sich unter dem Felsen in ihren Gewölben verkrochen, ›Jabalís‹, Wildebern verglichen, halb Eremiten, halb Kriegsleute. Auf Stunden kein Mensch, nicht Acker, nicht Feld, dafür um so mehr Raubwild, sogar der Bär, und winters der Schnee der Berge. Selbst gebahnte Wege dürfte es nicht gegeben haben, da es doch gerade um das Verbergen zu tun war.

Ich weiß nicht, wie sie unter solchen Umständen ihren selbstgewählten Auftrag erfüllten. Denn die vergangene Lebensnot ist durchaus nicht das Eigentliche an San Juan. In diesem Waldesschoß wuchs Aragons unversiegliche Kraft. Hinter der unauffälligen Außenmauer, die den Fels fortzusetzen scheint, arbeiteten die Mönche mit frostklammen Fingern an ihren Manuskripten, die Weckrufe in einer stumm gewordenen Nacht der Geschichte bedeuteten. Gewiß ahnen wir nicht, was in den beiden verheerenden Bränden des 17. Jahrhunderts untergegangen ist, die zur Aufgabe des Klosters führten; aber die geistige Befruchtung, die von der mozarabischen Bibelhandschrift über das ›Gotische Buch von San Juan‹ bis zur fünfbändigen ›Historia de San Juan de la Peña‹ ausging, muß ungeheuer gewesen sein –

Werke, die das Kloster nach den Worten Unamunos »zum Sprachrohr einer Welt geistiger Felsen, überzogen mit einem Wald von Legenden« in einer Zeit machten, in der die Legende noch als legitime Geschichtsschreibung galt.

Wer heute hierhin kommt, muß in Kauf nehmen, daß etliches fehlt. Aber das Wesentliche ist da und viel mehr fand ohnehin unter dem schützenden Felsdach nicht Platz. Durch die mozarabischen Bauteile von 920 geht es über ein paar Stufen hinab in das nach 1000 entstandene Dormitorium mit seinen schweren, an den Fels stoßenden Gewölben; von hier über ein paar Stufen zur Unterkirche der zwei sorglich durch Arkaden getrennten Schiffe, deren Apsiden noch ausgemalt sind: das Martyrium der Cosmas und Damian, eine einzige Flamme der Glaubensglut, läßt sich deutlich erkennen, Fresken vom hohen Rang des 12. Jahrhunderts wie zu Berzé-la-Ville in Burgund. Seit sich die Mönche der cluniazensischen Reform anschlossen, gab es rege Beziehungen. Das Erstaunlichste bleibt die Weitläufigkeit dieser Kasematten des Glaubens und die sorgsame Mauerung. Allein, es muß in den kellerartigen Gewölben wintertags erbärmlich kalt gewesen sein. In den fast lichtlosen Schlafsaal rinnt obendrein noch ein Wasser aus dem Felsen.

1071, zur Zeit von Sancho Ramirez, ist über dem Unterbau ein oberer Teil entstanden, der etwas weitläufiger sein durfte und den Fels als natürliche Decke benutzt hat: etliche Zellen, ein winziger Speiseraum, eine Küche und in der äußersten Ecke der einzige Ofen zum Wärmen lagern sich um ein nachträglich eingerichtetes Pantheon für die verdienten Männer des aragonesischen Adels, die in Wandgräbern ruhen, die Stirnseiten meist mit einem Chrismon und einem Zahnschnittbogen geschmückt; parallel dazu abermals ein Raum der Toten aus einer Zeit, als San Juan schon verlassen und ein Inbegriff aragonesischer Geschichte war, das Pantheon Real für die Mitglieder des Königshauses im Stil des 18. Jahrhunderts. Natürlich nimmt die Oberkirche den größten Raum ein, die sich mit drei ausgeprägten Rundapsiden, die Wände von kräftigen Blendarkaden umstanden, tief in den Fels höhlt. Für das Schiff hat man sich der natürlichen Decke bedient und ihm schließlich drei Joche mit schweren, beim Sonneneinfall des Nachmittags rotgolden aufschimmernden Gewölben vorgelegt.

Wer die Kirche gequert hat, gelangt in jenen Teil, der den besonderen Zauber von San Juan ausmacht – nach der Erhabenheit des Gotteshauses die fast schüchterne Anmut des Kreuzgangs. Gegen den Fels ist die Kapelle San Victorian im Spitzbogenfiligran der spätesten Gotik geschoben, nebenan das Wasserreservoir und ein sprudelnder Brunnen. Im äußersten Winkel Grablege und Sakristei von San Félix und Voto, den Eremiten, die das Kloster 920 gegründet haben. Von der Brüstung sieht man durch Blättergeflirr den Schnee der Pyrenäen. Aber wer blickt schon hinaus? Denn den Mittelraum nehmen die roten Sandsteinbögen mit den Kapitellen des Meisters von San Juan de la Peña ein, der hier zwischen 1145 und 1175 gearbeitet hat; und nun wandelt sich das ohnehin überwältigte Erstaunen in bare Verzauberung. Zyklen der Genesis, der Kindheit Jesu, aus dem Leben des Täufers und endlich dem des Herrn sind mit unglaublicher Verdichtung des Ausdrucks dargestellt, die Gebärden sehr beredt, die Augen scharf ausgeprägt, jede Kontur, jede Falte mit genau zeichnendem Meißel gearbeitet; eine festliche Stimmung herrscht, wiewohl alles von hohem Ernst erfüllt ist.

Nachmittags, wenn die Sonne über den Berg biegt, stellt sich ein besonders schöner Augenblick ein. Dann schimmert das Licht durch das Grün eines Baumes, dem man Heimrecht auf dem kleinen Plateau gewährt hat, dazu das etlicher Pflanzen, Rosen und Iris, und nun erscheint der Sandstein noch intensiver von Purpur durchflutet. Das Licht gleitet auch über die Seitenwand der Kirche; darin ein edler, von einer Inschrift des 12. Jahrhunderts überfangener Herradura-Bogen, ein eherner Klang, in dem der Hufschlag wandernder Reiterhorden nachhallt; es tastet die anderen in die Wand gelassenen Steine ab, Totengedenken aus verschollenen Zeiten, die genauso Legende wurden wie das gesamte Kloster.

Kamen die Jacquaires der Gründerheiligen willen hierher, hatte die Verbindung mit Cluny San Juan zur Pilgerstation gemacht? Unterzubringen vermochte man niemand, und zu

41 *Fachwerkkunst in Auch: Fassadendetail der Maison du Tourisme.*

42 *Detail einer der erstklassigen Tapisserien, für die das Museum im Schloß von Pau berühmt ist.*

beißen besaß man schon gar nichts. Dennoch gibt es einen Grund, der mir für ihren Besuch als triftig erscheint. Vom 11. bis 14. Jahrhundert hütete man im Kloster den Heiligen Gral, der bei Christi Abendmahl als Kelch gedient haben soll. Jenes heute in der Kathedrale von Valencia bewahrte Kleinod, die Trinkschale aus geschliffenem, violettem Achat, mit goldenen Griffen und von Perlen und Edelstein besetztem Fuß, das man bei feierlichen Anlässen im Kloster als Meßkelch benutzte …

Wer San Juan besucht hatte, konnte gleich weiter ins Tal. Auf einem Pfad, der heute ein breiter Forstweg ist und jede Kurve des Bachlaufes drunten in schwungvollen Kehren mitmacht. Aus blauen Schatten stiegen rötliche, zerklüftete Felsen mit einem Haarschopf von Kiefern, bis sich endlich die Senke öffnete und darin, fast neben uns, das Karree eines Kirchturmes aufwuchs, *Santa Cruz de los Seros*. Mutete er nicht eher wie ein Belfried an? An seiner Seite, nur ein wenig niederer, der Kirchenleib, ein gestauchtes, emporgedrängtes Mittelhaus; das Übrige verbarg sich im Grün.

Unten löste sich dann das Rätsel. Was wie ein Zugangsturm aussah, war ein enorm hochgezogener, massiger Seitentrakt, eine überhöhte Vierung neben sich. Was längs schien, lag quer. Nach dem tief unter den Fels gedrückten San Juan wirkte diese Gottesburg wie ein aus dem Talgrund hoch aufgeschossener Bergkristall; es war sein barer Widerspruch und entsprang doch demselben Schutzgedanken. Die Benediktinerinnen, die hier seit der Gründung durch Graf Sancho Garcez und seine Frau Urraca 992 hausten, hatten der Sicherheit halber die Obergeschosse des Turmes zum Wohnen benutzt, und die so seltsam hochgezogene Vierung barg ein Fluchtgemach, das sich einst nur über eine Leiter, die man hochziehen konnte, erreichen ließ. Sie führte aus der Seitenkapelle des Turmes zu einer Galerie empor, von der ganz schmal und eng eine düstere Steintreppe durch das dicke Gemäuer zu einem achteckigen, überkuppelten Gemach aufsteigt. Man vermochte sogar im Turm noch weiter zu klimmen, zwei, drei Geschosse bis ganz oben unter den kleinen Achteckaufsatz …

Hier hatten also die frommen Damen gehaust, unter

ihnen auch jene nachgeborene Tochter Sancha des Königs Sancho Ramirez, die so beliebt war, daß ihr Neffe Pedro I von Aragon 1097 bei ihrem Tod für sie den kostbaren Sarkophag meißeln ließ, den man später auf Geheiß Kaiser Karls V. zu den Benediktinerinnen von Jaca brachte: auf der einen Seite mit Darstellungen vom Leben und Sterben der Königstochter überzogen, auf der anderen mit den Bildern kämpfender Ritter, die gewiß auf ihre Gesinnung anspielen.

In wundervoller Erhabenheit stand das Bauwerk mit dem gewaltigen Wohnturm gegen die Felsgrate der Höhen, in denen sich das junge Grün des Frühlings mit dem Dunkel der Kiefern mischte, während Krähen und Raubvögel den Aufwind der Mittagszeit nutzten, um sich höher, immer höher zu schrauben. Irgendwo in dem kleinen Ort, der sich im Tal angesiedelt hatte, mußte auch das ›Hotel‹ oder die Posada gelegen haben, für die König Ramiro I eine besondere Dotierung aussetzte. Daß eine solche Herberge vornehmlich den Santiago-Wanderern zugute kam, ist gewiß.

Vorabend in Berdún

Nur vier Kilometer waren es, vorüber an der Einsiedelei von San Caprasio, bis zur Talstraße von Jaca nach Westen, dem Grabenbruch von Berdún, durch den der Weg weiter verlief, abermals in eine völlig verwandelte Welt.

Erst weitete sich die Landschaft zu einem Kessel; *Puente la Reina de Jaca* lag behaglich in seinen Feldern. Für Spanien war es noch früh. Was uns dann trieb, einen Abstecher nach Siresa nördlich in den Bergen zu versuchen? Eigentliche Neugier wohl kaum, eher jene geheime Lockung, der wir unsere besten Entdeckungen verdankten. *Siresa,* nicht weit bergein, ist der Ort, in dem die antike Straße von Lescun fern über dem Tal von Aspe mündete, der wir im Anblick der Table des Mages sehnsüchtige Gedanken nachgeschickt hatten. Unser Weg schnürte ihm neben dem Rio Aragon Subordan bis Hecho entgegen.

Dort ging es lebhaft zu. Man saß an den Straßen und trank, weil Fiesta war. Wer wie die Frauen und Mädchen nicht mithielt, wanderte wenigstens im Sonntagsstaat Arm in Arm straßauf, straßab. Siresa lag voraus, schon wieder im abweisenden Schweigen düsterer, steiler Hänge. Die Kirche als Blickfang mitten unter zwanglos gesiedelten Häusern mit aragonesischen Rundkaminen. Das Gotteshaus rauh, von schweren Arkaden gestützt, Rundbögen überall, die Fenster mit Alabasterscheiben geschlossen. Das Innere öffnet sich mit gewaltigen Bögen voll Schwung, als sei an viele Menschen gedacht. Die breiten Gurtbänder laufen gleich den Beschlägen einer Truhe über die Gewölbe, ein Tedeum bar allen Schmuckes. Wie kam das in diese kleine Bauerngemeinde? Das Verblüffendste blieb jedoch die Tribüne über dem Eingang wie zu Corvey oder Minden, als habe sich gelegentlich ein hoher Würdenträger eingefunden. Immerhin mochte das Leben hier am Rande der bewohnten Welt einmal reicher verlaufen sein, als schon von Römertagen an die Händler durchzogen und für die Kinder gelegentlich eine Frucht, für die Frauen ein Umlegetuch abfiel und sogar der Hufschmied sein Auskommen fand. Doch was erklärte das?

Auf dem Rückweg durchs Tal des Veral galt es einen einsamen Landrücken zu queren. Eine Bogenbrücke seitab verriet aufgegebene Verbindungen. Auch das urechtes Aragon: die Verlassenheit mit sich allein. Bis wir in den Abgrund von Biñiés gerieten. Drei Kilometer lang durch enge, hohe Wände, die sich droben zu einem schmalen Spalt zusammenschlossen. Das schäumende Wasser neben uns mußte mancherlei Mineralisches mit sich führen; als die Straße wieder ins Aragon-Tal stieß, lagen dort aufgetürmte Spitzhalden einer Mondlandschaft ausgeschwemmten Abraums, graublauer Mergel, rote Felderzungen. Hoch darüber hielt *Berdún* die Schildmauer seiner Häuser dem Süden entgegen, ein uraltes Dorf mit Pilgerstation, von der sich natürlich keine Spur mehr fand. Aber es war nach der Einsamkeit ein Aufatmen, durch das von Menschen überquellende Nest zu schlendern. Denn auch hier war Fiesta, Schnüre mit Fähnchen quer über die Straße gespannt, und auf einmal schmetterte, dröhnte und quinquilierte es. Der Festzug kam, füllte die ganze Straßenbreite; die Musik sollte auf dem kleinen Platz vor dem Ort zum Tanz aufspielen.

So flohen wir gleich linkerhand in die Kneipe, in der, zu Eugens Freude, im langen, dunklen Schankraum eine endlose Theke mit Tapas für die Tanzpausen aufgebaut stand; am Ende ging es durch einen Schnürenvorhang auf eine Terrasse hinaus, einen luftigen, breiten Balkon hoch über dem Tal. Ja, hier wollten wir bleiben, konnten es sogar. Die Zimmer sehr einfach, sehr sauber mit einem Rundblick aus dem Fenster als Dreingabe zum Träumen.

Der Abend begann mit einem leichten Ermatten des Lichtes, dann einem Aufbrennen der Farben. Endlich verblichen drunten die roten, hier und dort schon abgeernteten Felder. Die Stimmen drinnen im Gastraum schwollen an; der Rotwein kreiste, erst in den Gläsern von Mund zu Mund, dann in den Adern, während der Mond über den Himmel spazierte und fern auf Martes zu die Baumsäume des Aragonlaufes und noch ferner die Hügelränder erkennen ließ ... Nie erschien sie mir so sanftmütig, so weit und vom friedlichen Duft der reifenden Äcker erfüllt, die von endlosen Pilgerzügen durchwanderte, von Heiligen gesegnete, blutgetränkte Ebene Aragons in der Obhut der Pyrenäen wie an diesem Abend auf der Terrasse in Berdún, denn auch vor uns stand eine Flasche mit Rotem; es war ja Vorabend.

Vorabend? Wer hatte das Wort ausgesprochen? Wir sahen uns an; es konnte jeder gewesen sein. Insgeheim kreiste der Gedanke längst in den Köpfen. Morgen in Sangüesa sollte die Fahrt zuende gehen. Etwas beunruhigte uns daran; es schien uns im Augenblick unmöglich, diese Landstreicherexistenz aufzugeben. Aber das war nun so. Über Sangüesa hatte ich bereits in ›Spaniens Norden‹ berichtet. Worauf wir beschlossen, noch ein letztes, allerletztes Glas zu nehmen, sodann aufstanden und es dem Mond überließen, weiterhin die aragonesischen Ackerfurchen zu zählen ...

Zum letzten Mal brechen wir auf, vorfrüh, wie sich versteht. Noch fallen uns die Schatten lang vor die Füße, liegt über dem Land das Schweigen des erwachenden Morgens. Das ist der Augenblick des Pilgers, zu dessen Abschied es gehört, daß niemand ihm, dem Namenlosen, nachblickt. Dennoch sind wir nicht allein. Schon äugen die Köpfe der Mulis aus den Toreinfahrten, laufen Hunde, die mit aufs

Feld dürfen, unruhig hin und her. Denn auch die Bauern ziehen in dieser Frühe hinaus; mancher mag es mit schwerem Kopf getan haben.

Ach, es hat gar keinen Sinn zu Fuß zu marschieren; die alte Straße neben dem Rio Aragon hat sich in eine asphaltierte Carretera verwandelt, die zwar den Launen der andrängenden Felsen zur Rechten nachgeben muß, aber alle Unebenheiten, denen sie früher so sklavisch folgte, überspringt, damit es die Wagen bequem haben. Escó, als Pilgerherberge verzeichnet, ist längst ein vergessenes Dorf abseits der Route, das sich an nichts mehr erinnern möchte. Dafür weitet sich zur Linken das Bett des Flusses, heben Betonstützen die Fahrspur über einen frisch aus dem Fels gesprengten Sockel, und schon dehnt sich der Aragon als ein endloser, schmaler Stausee, die Embalse de Yesa, über die an Wochenenden die Segelboote gleiten. Fern, jenseits verdämmern im Morgendunst die Höhen der Sierra de Artieda; hoch zur Linken ragt zwischen Straße und Wasser jener Berg mit der Häuserkrone auf, dem meine letzte Hoffnung gilt, noch einmal eine Pilgerstation in Aragon zu entdecken. *Thiermas* ist es; links biegt ein schmaler, rasch ansteigender Weg durch Weinhänge empor, trägt uns hoch hinaus über die Seenfläche, um endlich in das alte Dorf auf der Kuppe einzubiegen und mitten auf dem Dorfplatz vor der Kirche zu enden.

Doch was ist das? Die Fenster vernagelt, drüben eine ganze Fassade zerfallen. Dachsparren stechen als dunkle Schatten ins Morgenlicht. Noch steigt der Karreeturm der Kirche unversehrt, aber in der dunklen Höhlung daneben liegen niedergebrochene Balken, Ziegel, Steinbrocken bunt durcheinander. ›A vender‹ steht wie zum Hohn auf dem Mauerrest eines zusammengesunkenen Hauses. Des Dorfplatzes hat sich bereits die Vegetation bemächtigt. Holunder wuchert in Torzugängen, Dill aus der Schwelle einer halb geöffneten Haustür; eine Akazie spielt sich mit quellenden Schöpfen von Laub auf alter Rabatte als Königin des Verfalls auf. Mitten auf dem Platz aber, wo einst der Dorfbrunnen stand, ragt hüfthoch ein Wasserrohr, verschwendet seine kostbare Flüssigkeit in stoßweisem Schwall. Der Boden trinkt ihn gierig. Gespenstisches Bild der Verlassenheit!

Und nun zeigt sich doch ein letztes Lebewesen, ein alter Mann aus einem abseits liegenden Haus am Höhenrand, in dem noch Gardinen hängen. Neben ihm trippelt die Ziege an ihrer Kette, die er anpflocken will, tapfer mit; sein kleiner, struppiger Hund hat die Sache indessen völlig begriffen. Er rennt nicht mehr herum; er weiß, daß es kein Eigentum mehr zu verteidigen gibt. Ich wage kaum, den Alten anzusprechen: »Thiermas ... die ehemalige Pilgerherberge?« Ein lautloses, bitteres Lachen verzieht seinen Mund, dann macht er eine breite Armgebärde, die das Unsinnige meiner Frage beantwortet: hier haben Sie es! Er sagt keine Silbe dazu, geht wortlos weiter. Der letzte Bewohner. Man hat dem uralten Nest, das auf keiner Pilgerkarte fehlt, den Rücken gekehrt. Aragon heute. Das Land, das sie so erbittert von den Sarazenen zurückeroberten, geben sie jetzt freiwillig auf. Thiermas ist nicht der einzige dieser Orte. Ostwärts im alten Sobrarbe, in Ribargorze finden sich ganze Landstriche entvölkert.

Das läßt nichts Gutes hoffen. Denn der letzte Höhepunkt der Tolosana vor Sangüesa oder Puente la Reina liegt unmittelbar vor uns.

Wiedersehen in Sangüesa

Doch abermals kommt es anders, wie stets auf dieser Fahrt; noch einmal wird uns das Große, das Unvergeßliche widerfahren.

Das Tal hat sich geöffnet, als sei eine Tür aufgestoßen. Noch aber wogen die Berge des Südens, die es begleitet haben, in abflachender Bewegung fort, wirft sich die Höhe im Norden sogar zu einer mächtigen Barriere auf. Sie überschaut weithin die Hügellandschaft links des Aragon, der sich eben anschickt, in unentschlossenen Windungen nach Südwesten abzubiegen. Es ist die Sierra de Leyre, eine mächtige Kalkscholle des verebbenden Gebirges, auf ihren Graten bekrönt von durchbrechendem, ockerfarbenem Fels, jenem Stein, aus dem Kloster *Leyre* erbaut ist, die Eckbastion von Navarra, deren grüne, fast baumlose Haut Steinbrocken wie Scherben durchstoßen. Das mächtige Kloster, Pilgerstation seit alters, liegt droben klein wie ein Vogelnest.

Wer hier saß, kontrollierte nicht nur die Senke des Aragon, sondern auch die in der Umgebung einmündenden Pyrenäentäler von Salazar und Roncal, durch das wie erinnerlich die Pilger von Sainte-Engrâce gezogen kamen. Das schärfste Augenmerk gebührte der Region des Südens und Westens. Hatte sich der sarazenische Feind, wie es schien auf Dauer, in Sangüesa festgesetzt, zwangen seine wiederholten Vorstöße in Richtung Pamplona die dort residierenden navarresischen Könige, eingeschlossen den Bischof der Diözese, in ein Refugium der Sierra de Leyre auszuweichen, das man 1057 durch eine Klosteranlage ersetzte. ›Mitte und Herz meines Königreiches‹ hatte König Sancho der Große den Platz schon 1022 in einem Dokument genannt. Was zutraf, denn derzeit war Navarra noch mit Aragon vereint, das wenig später Sanchos natürlicher Sohn Ramiro erben und selbständig machen sollte.

Die Bedeutung dieses dem Herrn, San Salvador, geweihten neuen Benediktinerkonventes mit der ersten romanischen Klosterkirche auf spanischem Boden für die Pilgerstraße versteht sich von selbst. Es lag unmittelbar über ihr, mochte sich der Zuweg von Yesa ob des steil ansteigenden Hanges auch über vier Kilometer hinziehen. Es blieb davon wenig, eigentlich nur Chor und Krypta in den neu erbauten Trakten erhalten. Aber in welcher Gewalt des Ausdrucks! Mächtig und in der Wucht glatter Festungsmauern steigen da hoch in der unermeßlichen Weite der Landschaft vor dem Betrachter die hinausgeschobenen Rundungen der Außenapsiden auf. Im Innern scheint der Chorraum nicht einmal sonderlich groß, aber er besitzt die Kraft des Massiven und zugleich, bei aller steinlastigen Schwere, eine gewisse Eleganz und herbe Schönheit, die von dem kantigen, nur behauenen Stein aus den umgebenden Bergen ausgeht. Er will keineswegs mehr aussagen oder gestalten, als er von Natur aus vermag: Tonnengewölbe, Gurtbögen, Abstufungen, schmal aufstrebende, vorgelegte Dienste, dazu die kleinen Rundbögen der überschmal emporgezogenen Seitenschiffe. Und gerade darin liegt es: der Stein hat den Geist geprägt.

Gewiß, wo es Akzente oder Übergänge erforderten, sind blockhafte Kapitelle eingebracht, meist mit geometrischen

Zeichen oder rätselvoll hingeschriebenen Runen belebt, die sich noch nicht entschließen können, Schrift oder Figur zu werden. Nur selten finden sich menschliche Gestaltzüge angedeutet, wie sich auf jenem Kapitell der drei Maskenköpfe unter Bögen erkennen läßt: nur hingemeißelt Mund, Nase, Augen. Das will noch nichts Personales wiedergeben, sondern nur Zeichen sein. Gelegentlich ist auch anderes da, Bänder, Geschlinge, gar eine Margeritenblüte – Hinweise, aber nie mehr.

Es wäre davon kein Aufhebens zu machen, wirkte es hinter dem weiträumigen gotischen Schiff, das die Zisterzienser – sie haben das Kloster im 13. Jahrhundert neu besiedelt – vorlegten, nicht wie eine Botschaft der Frühe. Tatsächlich ist sie es auch, jene Botschaft, die Leyre zu einem der großen Ereignisse der Pilgerstraße macht, jener, die sich erst in der Krypta vollkommen ausdrückt. Gewiß sah sich der Magister operarium bald gedrängt, für die ungeheure Last, die auf dem Unterbau ruhen sollte, die gebührende Festigkeit zu schaffen. Aber gerade aus dieser Notwendigkeit entstand eine Architektur, die ihresgleichen nicht hat.

Die Krypta besitzt vier Schiffe statt der oberen drei; der breite Mitteltrakt ist aus Gründen der Statik noch einmal untergliedert. Zwar verteilt sich das Gewicht des Chores auf eine ganze Reihe leichterer Träger, aber die Hauptlast ruht auf zwei gewaltigen Mittelstützen. Nach vier Seiten gehen von diesen Substruktionen äußerst kraftvolle, äußerst schmal hochgezogene Stützbögen aus. Sie stemmen sich auf niedere, gewaltig vorkragende Kapitellplatten, denen gelegentlich verriegelnde Querblöcke aufliegen, um jegliches Ausweichen zu verhindern. Das gesamte System dieser Kreuz- und Querbögen nebst ihren tragenden Blöcken ruht endlich auf kurzen, nicht einmal sonderlich dicken Rundpfeilern, die aussehen, als seien sie unter dem Gewicht tief in den Boden gesunken. Aber sie offenbaren zugleich, daß sich der Baumeister sehr wohl auf die Ableitung der Last verstand.

Doch ging es ihm keineswegs nur um die Konstruktion. Denn eine Reihe der Kapitellblöcke zeigt sich in situ, an Ort und Stelle, mit dem Meißel bearbeitet: in Form von Strigillierungen, aufspringenden Spiralformen oder sich verknubbelnden Kurven, die dem wahrhaft zyklopischen Unterbau eine kaum merkliche, doch um so wirksamere Note verleihen. Der Eindruck des allzu Gewaltsamen weicht dem des Kunstvoll-Bewußten. Dennoch, Stein, nichts als Stein, dem, ob er will oder nicht, seine natürliche Ausdrucksgewalt innewohnt. Da springt denn auch das Symbolhafte elementar hervor: San Salvador, wer auf diesen Namen baut, hat sein flüchtiges Menschendasein auf Fels gegründet.

Es gibt noch etwas Bedeutsames in Leyre, wenn es sich auch neben der Krypta kaum im nämlichen Atemzug nennen läßt: die Skulptur einer späteren Zeit, sowohl die der Kapitelle am kleinen Durchgang zur Grabkapelle der Könige von Navarra von der Hand des an der Pilgerstraße tätigen Meisters Esteban, als auch jene der Porta Speciosa, des Kirchenportales von Leyre. Mag sie ob ihrer krausen Zusammenstellung auch nicht zu den Meisterleistungen wie die Puerta de las Platerias in Santiago de Compostela rechnen, sie bringt Leyre doch eindeutig in den Zusammenhang mit dem ›Camino francés‹.

Da lassen sich, ungeachtet mancher Beschädigung, auf dem Tympanon vier Gestalten erkennen: der Herr, dem die Kirche geweiht ist, die Jungfrau, Sankt Peter und endlich der bartlos wiedergegebene Johannes, insgesamt mit weitärmeligen Obergewändern angetan, die sich nach unten glockenförmig verbreitern, in den Gesichtern ebenfalls recht stilisiert. Auch der Heilige auf dem linken Pfeiler gehört dem Personenkreis künstlerisch an. Einer zweiten Gruppe der Applikationen rechnen die Gewändesäulen und ihre Kapitelle zu mit einem Figurenzierat ähnlich dem von Jaca: Löwen, hingekauerte Wesen, Vögel mit verschlungenen Hälsen; eines gemahnt an Meister Esteban, ein anderes schmükken Früchte und Blattwerk.

Kaum möglich freilich, die bunte Fülle von Lebewesen, Gegenständen, Masken und Monstern auf den Archivolten herzuzählen, auf denen sich die Laune der Steinmetzen freien Lauf ließ. Wie verwirrend endlich, daß wie zu Santiago de Compostela selbst der letzte freie Raum über den Archivolten mit Reliefplatten bedeckt ist, dem Pantokrator, abermals Petrus, daneben unerkennbare Figuren von Noblesse, vielleicht Apostel, dazu die Martyrien der Heiligen Nunilo und Alodia, deren Reliquien man in Leyre verehrte. Selbst das Jonasmotiv läßt sich finden, eine Partie des Jüngsten Gerichtes, Torsen von Heimsuchung und Verkündigung, die man offenbar der Größe nach und wie man sie als Reste eines alten Portales besaß, angebracht hat. Und mögen wir in dem von Weingerank umsponnenen Menschenkopf noch ein Sinnbild der Eucharistie vermuten, so tritt in der Gegenecke ein undeutbarer Heiliger mit dem Stab auf. Ist es Jakobus, stellt es San Marciano, den legendären Abteigründer dar? Die Steine schweigen.

Kurz, es tritt dem Beschauer eine verwirrende Fülle von Bildern entgegen, in denen er keinen erkennbaren Zusammenhang mehr entdeckt, und so können wir sicher sein, daß auch die Santiago-Wanderer, als sie auf ihrem Weg nach Sangüesa in den ungeheuren Raum der Landschaft hinaustraten, weniger die Rätselfiguren im Gedächtnis bewahrten als die Erinnerung an die Krypta, in welcher der Baumeister die Gewalt des lastenden Steines überwunden und ins Gleichgewicht gebracht hatte. Vielleicht bedeutete es ihnen mehr, als wir ahnen. Mochten sie nun darin die alles bezwingende Macht des Geistes über die Materie erkennen oder die unerschütterlich fest gegründete Glaubenszuversicht. – Wer so lange nach einem hohen Ziel unterwegs ist, dem verwandelt sich alles zum Gleichnis.

Die letzten Stunden ... seltsamer Satz, der mir da in die Feder rinnt! Klingt er nicht wie ein Nachruf? Ein wenig Abschiedsstimmung schwingt mit. Eine schier endlose Fahrt geht zu Ende. Nicht nur jene auf der Tolosana, sondern mit ihr jede andere auf den Straßen der Jacquaires ... Ziemlich genau ein Vierteljahrhundert ging vorüber, seit wir zum ersten Mal von Burgund einer spontanen Eingebung folgten und nach Santiago de Compostela aufbrachen ... Die letzten Stunden auf den unendlich verzweigten Wegen der Menschheitszüge! Sie sind mein Schreiberschicksal geworden und nicht weniger das meiner Frau.

Drei Fußstunden, die eine letzte der tausendfach geübten

Entscheidungen fordern, sind es von Leyre aus: Entweder vom Fußpunkt des Klosters auf der Carretera von Yesa nach Westen über Liédana und sodann südlich dem Lauf des Aragon nach, oder vom gleichen Punkt direkt nach Süden auf Javier zu und erst von dort nach *Sangüesa*. Das Ziel bleibt das gleiche, sogar die Entfernung. Ziehen wir jene Route vor, die man früher vermutlich am häufigsten wählte, die zweite, um den Ring zu schließen! Gewandert sind die Jacquaires hüben wie drüben. Bleiben wir abseits der befahrenen Straße; sie hätten es auch so gemacht.

Durch Hügel-, Acker- und Weinland geht es hin; wie damals von Gibraltar nach Harambels sind auch diesmal die Flugheuschrecken mit ihrem blauen Beinsegel unterwegs und prallen uns gegen die Brust. Die Grillen haben ihr volles Orchester aufgeboten, und der wilde Dill träumt an den Straßenrändern. Juni in Navarra, da hat alles bereits seine Pflicht getan und kann sich mit Nebendingen beschäftigen. Schon liegen auch hier einige Felder abgeerntet, hat der Wein angesetzt. Nur eine Rebhuhnfamilie muß noch eilig über die Straße. Bereits ist das Gebirge ins Ferne gerückt. Burg Javier mit ihren Autoparkplätzen mitten im Land bleibt liegen. Je näher wir *Sangüesa* kommen, desto vertrauter wird alles. In den Hügeln steht ein neuer Albergue; noch eine letzte Anhöhe, dann müssen die ersten Häuser kommen, und nun liegen sie vor uns. An der wohlbekannten Kurve geht es hinab in die alte Rua Mayor. Die Straßenzeilen wirken genauso erschöpft wie einst, und drüben im Laden für Propangas sind die Scheiben noch immer nicht geputzt. Unter den großen Arkaden des Rathauses, das einmal das Castillo des Principe de Viana war, spielen die Buben wie gewohnt Fußball; die alten Backsteinpaläste mit den vielen Fenstern langweilen sich nach Gebühr, und drüben steht doch wahrhaftig der Esel Ariosto vor seinem Gemüsekarren wie immer, wenn sich sein Herr bei Juan einen genehmigt.

Links muß die Straße mit dem Palacio Vallesantoro abbiegen, dessen Dachsparren man so weit vorkragen sieht, und nun, voraus, Santa Maria la Real am Aragon-Ufer kommen. Da ist es schon; vor seiner Kirche steht wie immer Señor Cura mit dem zurückgebürsteten weißen Haar und der langen Soutane. Er zündet sich zur Belohnung gerade eine neue Zigarette an, weil er eben einem Schock Touristen die Fassade erklärt hat: daß der Meister von San Juan de la Peña die Figuren im Doppelfries schuf und der Meister Leodegardius aus Burgund die Gewändefiguren ›a la moda de Chartres‹. Natürlich, auch sie sind noch da, die drei Marien, von denen eine die Apostelmutter Jakobäa darstellt, wie es die Theorie von Señor Cura will, weil die Jakobsbrüder hier vorüberzogen. Ganz außen baumelt Judas Ischariot an seiner Kordel, und von der Höhe der Archivolte blickt der geflügelte Lukas-Ochse nachdenklich wie einst auf die unglücklichen Verdammten des Weltgerichtes sowie das Figurengetümmel der Zwickel.

Es ist der Augenblick, an dem sich Señor Cura einzuschalten pflegt und auf Sigurd, den Drachentöter der nordischen Sage verweist, der, seltsam genug für eine navarresische Kirche, unter die bunte Szenenfolge gemischt ist. Aber ich habe darüber bereits vor langen Jahren geschrieben, sehe Señor Cura auf uns zukommen und kann nicht länger den Unbekannten spielen.

»Wir kennen uns!« sage ich.

Er stutzt, merkt auf, tritt zurück. »Sie sind es! Ach, wir werden alle nicht jünger. Wo habe ich meine Augen gelassen?«

»Dort drüben«, sagt meine Frau, die seine Liebe für seine Kirche kennt, und zeigt auf die Fassade. Nun lacht auch er.

»Waren Sie wieder auf der Pilgerstraße?«

»Auf der Tolosana«, erwidere ich, »und ich glaube, wer sie bis hierhin hinter sich brachte, hatte seine Schuld abgebüßt.«

Er wird plötzlich nachdenklich. »Schuld«, sagt er, »das ist ein schweres Wort. Wer will da die Maße setzen, und leben wir nicht alle zwischen doppelter Schuld? Sie waren durch ein Fegefeuer gegangen, und vielleicht hat sogar mancher versucht, fremde Schuld stellvertretend auf sich zu nehmen, um Dem am Kreuz näher zu kommen – verstehen Sie, was ich meine?«

Ja, ich begreife es; manchmal ist es mir selbst durch den Kopf gegangen.

Dann reicht er mir die Hand und sagt etwas; er braucht die gleichen Worte, die der Pförtner in Avila zu Reinhold Schneider gesprochen hat, wie bei ihm nachzulesen steht, und nun steigt mir doch etwas die Kehle hoch, das mich schlucken macht.

»Que no será la ultima vez!«

Mag es nicht zum letzten Mal gewesen sein.

Aber es ist zum letzten Mal; ein Lebensabschnitt geht zu Ende.

Wie abgesprochen steht Eugen mit dem Wagen jenseits der alten Aragon-Brücke. Am Weg nach Rocaforte, wo die Leute von Sangüesa bis ins 10. Jahrhundert der Mauren wegen im halben Exil saßen, halten wir noch einmal an. Noch einmal steige ich zu den Ruinen empor auf dem Weg, den Franziskus gegangen und gewiß auch viele der Pilger, welche die Route nach Puente la Reina durch das Irati-Tal meiden wollten.

Es bedurfte nicht vieler Mühe sich vorzustellen, wie sie da vor mir hinausgezogen waren und hinter der Höhe verschwanden, jene Menschen und zahllosen Gesichter, die ich nie erblickt hatte und die doch Wirklichkeit gewesen und jahrelang durch meine Träume gegeistert waren, um weiter zu ziehen bis Cabo Finisterre, wo die Welt zuende ging. Seltsamerweise war auch eine schlanke, schwarz gekleidete Gestalt darunter, die sich noch einmal umwandte und mit den Fingerspitzen der aufgehobenen Hand herüber winkte, Sœur Anastasia.

Wohlverstanden, ich sah das in meiner Phantasie, wie ja denn diese ganze Fahrt sozusagen eine Reise nach innen gewesen war.

ANHANG

Aus der Stammtafel der Grafen von Toulouse

Pons († 1060)
Graf von Toulouse, Albi, Quercy und
zum Teil von Nîmes (oder von Saint-Gilles)

Guillaume IV († um 1093)
Herzog und Graf von Toulouse, Albi, Quercy,
Graf von Périgord, Carcassonne, Agenais,
Graf von Lodève, Astarac ...
(keine männlichen Nachkommen, aber eine Tochter Philippa,
Gemahlin Guillaume IX, Herzogs von Aquitanien)

Raimond IV von Saint-Gilles († 1105)
Graf von Toulouse, Herzog von Narbonne,
Markgraf der Provence, Graf von Tripolis

Bertrand († 1112)
Graf von Toulouse, Herzog von Narbonne,
Markgraf der Provence, Graf von Tripolis

Pons († 1137)
Graf von Tripolis

Raimond I († 1152)
Graf von Tripolis

Raimond II († 1187)
(keine Nachkommen)

Ende des tripolitanischen Zweiges

Alphonse-Jourdain († 1148)
Graf von Toulouse, Herzog von Narbonne,
Markgraf der Provence

Raimond V († 1194)
Graf von Toulouse, Herzog, Markgraf,
Gemahlin Constance, Tochter Ludwigs VI.
von Frankreich

Raimond VI der Ältere († 1222)
Graf von Toulouse, Herzog und Markgraf,
heiratet in vierter Ehe Jeanne d'Angleterre

Raimond VII der Jüngere († 1249)
Graf von Toulouse, Markgraf der Provence,
heiratet in erster Ehe Sancha von Aragon

Jeanne
Gräfin von Toulouse, heiratet Alphonse de Poitiers,
Sohn Ludwigs VIII. von Frankreich
keine Nachkommen

Ende des gräflichen Hauses von Toulouse

REGISTER

DER AUTOR dankt allen, die seine Arbeit beratend und fördernd unterstützt haben, namentlich Claudia Hrych, Bad Tölz, für die Protokolle des letzten ›Beatus de Liébana-Kongresses‹ in Madrid; Erna-Charlotte Mall in Wabern, Schweiz, für die Verbindung mit Sœur Anastasia Boros; Senta Spriestersbach, Tegernsee, für freundschaftlichste Fahrhilfe. Professor Dr. Werner Haftmann, Gmund, bin ich besonders für Hinweise auf italienische Pilgernachrichten und die Führung nach San Antimo und San Giovanni de Sugana verpflichtet; Eugen Sporer, München, für die Tage gemeinschaftlichen Suchens im gesamten Midi und Aragon. Meiner Frau Anne endlich, die alle meine Reisen mitmachte, unermüdlich Neufassungen des Textes in Maschinenschrift umsetzte und sowohl beratend wie redigierend entscheidenden Anteil an der gesamten Trilogie besitzt, bin ich für aufopfernde Mithilfe zutiefst verbunden.

Bildnachweis

allover, Kleve: Tafel 15 (Manfred Görgens)
Anthony Verlag, Starnberg: Tafel 16 (H. Schmied); 21 (Vondruska)
Bavaria Bildagentur, Gauting: Tafel 4 (Janke); 27 (Rainer Binder)
Hirmer Photoarchiv: s/w-Tafel 7, 8, 25
Bildagentur Huber, Garmisch-Partenkirchen: Tafel 2, 18, 38 (F. Damm); 3, 19, 20 (Giovanni); 14
laif, Köln: Tafel 1, 17 (Heiko Specht)
LOOK, München: Tafel 26, 33, 36, 41 (Christian Heeb)
Werner Neumeister, München: s/w-Tafel 29
Martin Thomas, Aachen: Tafel 5, 34, 35, 37, 39, 40, 42
Photo Zodiaque: s/w-Tafel 6, 9-12, 22-24, 28, 30-32